LES CRISES DE LA VIE ADULTE

G.-R. de Grâce, Ph.D.
Professeur titulaire à l'École de psychologie
Université Laval

P. Joshi, Ph.D.
Professeur titulaire à l'École de ps~
Université La~~'

ré(

Décarie, éditeur
Montréal

Les crises de la vie adulte

Photocomposition : Marcelle Mast

Maquette de couverture et montage : André-Jean Deslauriers

Tous droits réservés
© Décarie Éditeur inc.

Dépôt légal 4e trimestre 1986
Bibliothèque nationale du Québec
Bibliothèque nationale du Canada

Décarie Éditeur inc.
233, ave Dunbar
Ville Mont-Royal, Québec
H3P 2H4
ISBN 2-89134-043-0

Distributeur exclusif en Europe :
Éditions Vigot
23, rue de l'École de médecine
75006 Paris

Imprimé au Canada   1   2   3   4   5   90   89   88   87   86

Sommaire

Liste des collaborateurs

BACHELOR, A., Ph.D.
Professeure adjointe, École de psychologie, Université Laval

BARRY, S., M.Ps.
Pratique privée, Québec

BEAUPRÉ, C., M.Ps.
Pratique privée, Valcartier

BENZAKEN, A., L.Ps.
Responsable, Atelier de recherche en gérontologie, Université Interâges de Nice

BRILLON, M., M.Ps.
Pratique privée, Québec

CLOUTIER, R., Ph.D.
Professeur titulaire, École de psychologie, Université Laval

de GRÂCE, G.-R., Ph.D.
Professeur titulaire, École de psychologie, Université Laval

DORON, R., D. d'E.
Professeur et directeur, Institut de psychologie, Université René Descartes (Paris V)

DROLET, Jean-Louis, Ed.D.
Professeur adjoint, Département de counselling et orientation, Université Laval

JOSHI, P., Ph.D.
Professeur titulaire, École de psychologie, Université Laval

LEAHEY, J., D.Ps.
Professeur agrégé, Département de counselling et orientation, Université Laval

LÉVY-LEBOYER, C., D.d'E.
Professeure et vice-présidente, Université René Descartes (Paris V)

MIGNAULT, L., M.Ps.
Directeur, Maison des jeunes, Ste-Foy

MORIN, P., Ph.D.
Professeur agrégé, École de psychologie, Université Laval

RENAUD, A., L.Ps.
Professeur agrégé, École de psychologie, Université Laval

RIGAUD, J., Ps.
Chargé de mission, SUFCOB, Université de Dijon

SPAIN, A., Ph.D.
Professeure agrégée, Département de counselling et orientation, Université Laval

ZAY, N., Ph.D.
Professeur, École de service social, Université Laval

Remerciements

Nous tenons à remercier le Dr Maurice Payette,
rédacteur adjoint de la *Revue canadienne de santé mentale communautaire*
qui nous a permis de présenter sous forme de chapitre
une version corrigée de l'article suivant :
G.-R. de Grâce et P. Joshi (1986) : Estime de soi, solitude et dépression
chez les chômeurs diplômés d'universités selon la durée du chômage :
une comparaison avec les non-diplômés.
Revue canadienne de santé mentale communautaire, 5, 1, 99-109.

Note de l'éditeur

Cet ouvrage s'adresse principalement aux intervenants et intervenantes des différentes disciplines des sciences humaines dont le rôle est de soutenir des personnes vivant des moments difficiles de leur existence. Il ne faudra donc pas s'étonner d'y trouver quelques recherches empiriques et le matériel statistique propre à ce type de recherches. On trouvera aussi dans ces textes des références constantes aux théoriciens qui les sous-tendent qui, constitueront sans doute des outils de travail précieux pour celles et ceux qui voudraient approfondir ces questions.

Nous pensons par ailleurs que toute personne soucieuse de préserver son intégrité et sa mobilité à travers les vicissitudes de l'existence y trouvera son profit. Ces textes de psychologues, tout en identifiant les divers types de problèmes auxquels une personne adulte peut avoir à faire face dans le monde actuel, manifestent une ouverture peu commune à l'existence humaine, en ce qu'ils se démarquent nettement des tendances, très souvent pessimistes en ce domaine, à n'interpréter les moments critiques de l'existence qu'en termes de pathologie. Abordant ces difficultés de la vie comme des moments inévitables de la condition humaine et y décelant des occasions de prise de conscience, de transformation et d'évolution, nous pensons que ces textes sont un espoir pour toutes celles et tous ceux qui les liront.

Ce recensement, d'influence surtout américaine, et d'auteurs reconnus autant par choix personnel que pour la pertinence de leur recherche et de leur réflexion, n'en privilégie pas moins certains points de vue. Nous n'avons pas la prétention par ce livre, de communiquer à la lectrice ou au lecteur intéressés la totalité de la réflexion actuelle sur le sujet.

L'éditeur

1
INTRODUCTION

1.1

Ces crises
qui font et qui défont
l'être humain

JACKY RIGAUX

1. L'ÊTRE HUMAIN DANS LE CADRE DE LA FAMILLE ET DE LA SOCIÉTÉ D'AUJOURD'HUI

Sans prétendre faire la sociologie de la famille d'aujourd'hui, il convient de situer l'être humain dans la société actuelle (Pitrou, 1978 ; Segelen, 1981). Le passage des sociétés esclavagiste et féodale à la société de classes actuelle marque également le passage de sociétés stables, aux changements longs, à une société où le changement est toujours à l'horizon. C'est ce qui nous fait souvent dire que nous vivons dans une société aux perpétuels changements. Dans les modes de production pré-capitalistes, le rapport de l'homme à la terre et à la collectivité est un rapport *immédiat*, direct, et les différents niveaux de ces modes de production sont liés. La vie au Moyen-Âge illustre cette combinaison des structures et des pratiques : la religion et la politique sont mêlées à l'activité économique et agissent sur la vie quotidienne où la vie privée et l'activité de travail sont indissociables. Une telle organisation sociale favorise la stagnation et est conservatrice. C'est ainsi que la monarchie de droit divin et le discours religieux sont naturellement les piliers de cette société *qui considère l'économie comme un élément secondaire.*

Le mode de production capitaliste, qui s'installe à partir d'une longue période de transformations techniques, se caractérise par la division du travail, travail manuel, travail intellectuel, et par la répartition des tâches selon le sexe et l'âge. Il existait bien une division du travail en fonction des sexes dans la société rurale pré-capitaliste mais elle trouvait ses justifications dans la situation globale faite aux femmes, renforcée par l'imaginaire symbolique. La tâche de cuisinière dépassait la seule fonction de subsistance. Tout un réseau de prescriptions et d'interdits délimitaient d'une manière intangible les rôles masculins et féminins. Les multiples activités des femmes constituaient un savoir-faire, un corps de techniques traduisant une authentique culture féminine. Comme le note Y. Verdier, « n'auraient-elles pas pour fonction sociale d'aménager les étapes qui conduisent de la naissance à la mort ? ». Dépositaire des coutumes qui organisent la vie quotidienne, la femme semble devoir veiller sur le destin de la communauté. Passive en ce qui concerne les prises de décision quant au travail de la terre et non vouée à un métier, la femme de la société rurale traditionnelle règle par contre les grands moments de la vie individuelle (elle « fait » les bébés, elle « fait » la mariée, elle « fait » les morts) [1], et veille au respect des coutumes de la collectivité.

Que reste-t-il de tout cela dans le mode de production capitaliste ? Les femmes, dépossédées de ce corps de « savoir-faire » qui avait valeur de métier, se retrouvent dans une situation de passivité, où les attributs de cuisinière, ménagère ne sont plus valorisés dans la société.

Cette perte de prestige a contribué à leur façonner une nouvelle image dont elles parviennent difficilement à sortir. Par ailleurs, le mode de production capitaliste a aggravé leur situation en utilisant longtemps les femmes (et encore souvent aujourd'hui) comme une main-d'œuvre sous-qualifiée, voir non qualifiée, et donc sous-payée. De nombreux obstacles, aussi bien familiaux que culturels les ont d'ailleurs empêché de poursuivre des études. Les hommes se sont ainsi attribué toutes les fonctions de prestige et de responsabilité. En France, par exemple, de nombreuses carrières n'ont été ouvertes que tardivement aux femmes : École Centrale en 1919, École Polytechnique en 1971, et l'École des Hautes Études Commerciales en 1973, pour ne donner que quelques exemples.

En outre, la division du travail en fonction de l'âge, par une distinction arbitraire entre population active et non-active, a voué les jeunes et les vieux à des situations sociales, économiques et psychologiques nouvelles. « De même que le mode de production capitaliste a bien accentué la dissociation entre l'activité domestique de la femme au foyer et le travail productif de l'homme hors du foyer, de même il a contribué à couper le long temps des études de la vie professionnelle ultérieure. De même la retraite a signifié une *mort sociale*

---

1. Faire, au sens de préparer.

pour ceux qui n'éprouvent plus qu'un sentiment d'inutilité et sont confrontés aux problèmes d'exclusion, de solitude et de vacuité. » (Dufoin, 1981)

Ce n'est pas par hasard que le Travail Social, encore appelé le Service Social, trouve dans ces divisions de la société un terrain propice à ses interventions. Il faut enfin noter que la division ville-campagne arrive également avec le mode de production capitaliste. Le milieu technique a détrôné le milieu naturel, et l'exode rural a, peu à peu, créé des villes tentaculaires avec ses faubourgs, ses bidonvilles, ses banlieues-dortoirs sinistres, qui constituent l'horizon de la société contemporaine pour beaucoup de nos concitoyens (Friedman). Par ailleurs, par une progressive évolution du monde moderne, la campagne a été envahie par les excroissances de la ville (zones industrielles, cités-dortoirs) de sorte qu'on en arrive à un monde totalement urbanisé, où pollution, spéculation foncière et immobilière, déplacements longs et coûteux, deviennent le lot de tout le monde. Si l'on veut parler de l'évolution de la famille contemporaine, c'est cette évolution là qu'il faut mettre en évidence. Nous la vivons encore dans cette deuxième partie du XXème siècle, même si certains proclament que nous sommes déjà dans la société post-industrielle. [2]

Quoiqu'il en soit, il convient de retenir, comme K. Marx l'a souligné, que les relations intra-familiales occupent une place décisive, *mais subordonnée,* dans la société, dans la mesure où le mode d'organisation et la structure historique concrète de la famille, sont déterminés en dernière instance par les rapports sociaux dont est faite chaque société. Ce mode d'organisation a pour but, entre autres, de socialiser efficacement l'individu, de manière à ce qu'il s'insère activement dans la structure sociale d'ensemble. La structure de la famille ne dépend ainsi ni du bon vouloir des parents, ni du déterminisme biologique, mais bien de la loi qui régit les rapports sociaux d'ensemble, à un moment donné de l'histoire. Comme le remarque L. Seve, toute connaissance de l'homme qui voudra se constituer en science doit tenir compte de ce que Marx a démontré, à savoir qu'il faut toujours distinguer l'activité laborieuse individuelle d'une part, qui n'est qu'une manifestation seconde, de l'ensemble structuré d'un mode de *production* sociale d'autre part, qui en est la base réelle, et dont dérivent tous les autres rapports sociaux.

C'est aussi parce qu'il y a eu une crise du mode de production précapitaliste, qu'est né le mode de production capitaliste. K. Marx a expliqué la genèse de cette crise, dans une grande partie de son œuvre. C'est dans le contexte de ce développement historique que la famille est passée de l'équilibre familial pré-capitaliste, avec ses rites, ses statuts, ses rôles... à l'équilibre familial de la société capitaliste. Comme de la société industrielle sortira une autre

---

2. Comme l'affirme l'École de Sociologie de Touraine et ses disciples.

forme de société, on ne doit pas manquer d'y voir aujourd'hui les indices de l'organisation familiale de demain.

On ne pourra comprendre les conceptions des auteurs contemporains connus concernant le rôle des modèles parentaux, qu'en les rapportant à cette toile de fond sociologique. Par exemple, Margaret Mead, anthropologue, analyse les modèles parentaux antérieurs et en propose de nouveaux. Selon elle, il existe trois types de culture :

1. *Les cultures post-figuratives,* où les changements sociaux sont très lents et imperceptibles, où les adultes ne peuvent concevoir pour leurs enfants d'autre avenir que leur propre passé, où le passé des parents est l'avenir de chaque nouvelle génération. C'est le cas de la famille pour les modes de production pré-capitalistes du passé et pour les sociétés actuellement appelées « primitives » (Australie, Amazonie, Afrique...).

2. *Les cultures configuratives* sont celles où les jeunes se tournent de plus en plus vers leurs pairs et de moins en moins vers leurs parents et autres adultes, mais où les aînés sont encore dominants. C'est ce qui se passe aujourd'hui.

3. *Enfin les cultures préfiguratives* seront celles où ce sera l'enfant et non le parent ou le grand-parent qui représentera l'avenir, où les jeunes devront tracer leurs propres chemins sans apport significatif de leurs parents ou de leurs pairs, et où le rôle de parents se limitera à l'amour et à la confiance qu'ils inspireront à leurs enfants.

Pour Conger (1973), psychologue nord-américain, les parents apprennent beaucoup de leurs adolescents, quant à l'adaptation nécessaire à des changements rapides inévitables. Cependant il pense, avec Erikson, qu'un climat d'amour et de confiance est nécessaire au développement sain de l'enfant et de l'adolescent. Sans cela, un enfant a peu de chance de devenir un adulte heureux, raisonnable, fonctionnel, et capable d'apporter sa contribution à la société.

Enfin, selon David Cooper, psychiatre anglais, la famille actuelle est devenue superflue face aux besoins réels de ces enfants. Elle impose des contrôles sociaux qui dépassent de loin ce dont ils ont besoin pour trouver leur voie. Elle freine le développement d'une « identité libre » en obligeant les enfants et les adolescents à percevoir et remplir des rôles familiers, prédéterminés dans leurs interactions avec d'autres institutions sociales. Elle impose un système de tabous non fonctionnels qui répriment l'expression normale de leur sexualité, comme l'expression physique et verbale de leurs sentiments. Dans sa théorie particulièrement incisive de la famille D. Cooper met en relief l'obligation pour la famille, dans le mode de production capitaliste, de conformer l'individu aux exigences de ce système. Cependant, une autre organisation ne sera possible que par l'avènement d'un nouveau mode de production que la société d'aujourd'hui porte déjà en germes.

2. LA QUESTION DE LA SOUFFRANCE ET LES CRISES ORGANISATRICES ET DÉSORGANISATRICES DE L'ÊTRE HUMAIN

Comme la famille évolue au fil de l'histoire, la question de la souffrance est traitée différemment au cours des siècles, et tout particulièrement depuis l'avènement de la science au 17ème siècle.

Dans la tradition occidentale, la science naît avec Descartes qui, par son Discours de la Méthode et ses Meditationes de Prima Philosophia (Les Méditations), instaure la Physique mathématique «dans la conscience de la radicale nouveauté de son episteme» (Gagey, 1984), et la propose comme vecteur central de la modernité. Certes, c'est Archimède qui pressent la Physique mathématique. Mais ce qu'il inaugure, à savoir la recherche de lois à forme mathématique dans les phénomènes physiques «élémentaires» comme le levier, est en totale contradiction avec la cosmologie aristotélicienne. «Ses techniques mathématiques, et en particulier la méthode d'exhaustion, contredisaient la philosophie mathématique ambiante qui, par suite de la trop fameuse confusion entre le plan de la construction théorique et celui de la construction pratique, interdisait de concevoir une démonstration qu'on ne pût approcher par le biais d'une construction «réelle» avec la règle et le compas, condamnant ainsi le recours aux intersections de courbes coniques et mécaniques dont usait en effet Archimède pour sortir les mathématiques de l'univers confiné des problèmes du second degré. (...) En tant que physicien, sa position est pire encore» (Gagey, 1969). Bref, Archimède développe une pensée radicalement incompatible avec la vision antique du monde, qui restera sous le boisseau jusqu'à Descartes, même si le courant archimédéen persiste dans l'ambiguïté, l'ostracisme et l'ésotérisme, en particulier avec les Rose-Croix.

Descartes va donc propulser la raison simplement géométrique vers une appréhension mathématique de la réalité même, par un acte fondateur où l'on repère dans sa continuité la rationalité naissante, tout particulièrement celle des pays de langue française. La tentative de tout objectiver, de tout rendre transparent était née. N'est-ce pas d'ailleurs dans la foulée de l'acte cartésien qu'est née la médecine scientifique, prenant appui sur sa conception du corps-machine pour réduire la maladie à un problème exclusivement matériel et le corps à un fonctionnement mécanique avec les notions d'organes et d'organisme, que le principe d'homéostasie est censé exprimer (Rigaux, 1984).

La psychologie expérimentale, pétrie de positivisme au 19e siècle, reste pour une bonne part dans cette tradition. Cependant avec quelques philosophes de la deuxième moitié du 19e siècle, Kierkegaard en particulier, émerge l'idée que la conscience réflexive n'épuise pas le mystère de l'être. L'Homme est pour lui-même angoisse, opacité et profond mystère. Cela rompt avec la philosophie des Lumières (Aufklärung) du 18e siècle, et bien sûr avec ses héritiers, Hegel, Fichte et Schelling. Il appartenait à Kierkegaard d'annoncer la problématique de l'individuation au sein de la culture occidentale, problématique dont on peut certes trouver les sources dans certains textes mystiques des 16e et 17e siècles, chez Pascal en particulier (« J'ai versé des gouttes de sang pour toi »). La philosophie était cependant incapable de développer une problématique de l'individuation. Or voici qu'au 19e siècle, la question : « qu'est-ce que la conscience ? » surgit, avec cette réponse que « la conscience n'est pas la pensée ». Jusque-là on croyait connaître la conscience, qu'on confondait avec la pensée (excluant l'affectivité, la souffrance et l'angoisse de cette réflexion). Mais, qu'est-ce que cela signifie, être conscient ? Kierkegaard parle de « saut qualitatif » pour rendre compte de l'émergence de la conscience. Les réalités décrites par la science ne sont pas conscientes, et en temps que corps nous faisons partie de ces réalités. Nous participons de l'espace, de l'étendue. Mais voilà qu'au sein de cette réalité surgit quelque chose, quelque chose qui désorganise le fonctionnement du monde et qui introduit le qualitatif ou la jouissance. Par ce saut « qualitatif » naissent la jouissance, la conscience, la faute, le péché. Sans en faire l'ontogenèse, Kierkegaard conçoit la conscience comme une rupture par rapport à mondanité. On savait bien depuis Platon, et sans doute depuis bien plus longtemps, que la pensée n'est pas le corps, qu'elle l'habite, de façon quelque peu accidentelle ! Mais par la notion de « saut qualitatif » Kierkegaard propose que c'est de la corporéité même qu'émerge une sorte d'auto-attestation de soi dans la jouissance, dans la culpabilité. La qualité n'existe pas en soi, elle existe par rapport à une individualité, et l'individualité est revendication de jouissance. C'est cela la conscience, ce qui la fait d'emblée conscience perturbée, où le sexuel prend bien sûr une place considérable. Ainsi la conscience est-elle définie comme l'émergence du corps à la jouissance, dans la culpabilité ! La pensée a disparu. Il reste cette conscience qui est dans l'angoisse et qui essaye de transformer le temps en instant, moment où la temporalité mécanique et quantitative se transforme en une certaine exigence qualitative. La conscience n'est pas l'accompagnatrice du déroulement des phénomènes quantitatifs dans la temporalité linéaire. Elle existe comme moment, par instants. Nous ne sommes pas toujours conscients. L'émergence de la jouissance est une émergence d'instants, dans un instant qui voudrait tout récapituler, qui n'y arrive pas et qui s'épuise alors dans la répétition.

C'est sur cette toile de fond qui se tisse au 19e siècle, avec Kierkegaard en particulier, que Freud va développer une episteme nouvelle, instaurant peut-être même, selon Jacques Gagey, « plus qu'un nouveau champ de la science, une nouvelle rationalité » (Gagey, 1984). Il va construire des concepts, forger des modèles, ce qu'il appellera « métapsychologie », visant l'opérationnalité, s'inscrivant ainsi pleinement dans la science. En ce sens il rompt avec la philosophie, pour construire un modèle opératoire, à la manière du biologiste qui construit le principe d'homéostasie ou le modèle de l'ADN, ou du mathématicien, Couchy par exemple, qui crée le nombre « i », nouvel objet mathématique dont on ne sait pas ce qu'il est, mais qui devient un opérateur enrichissant les mathématiques en ouvrant le champ des nombres complexes. Cette construction est opérante et féconde la pensée mathématique. Par contre, Hamilton voulant construire l'opérateur « j », inaugurant le champ des nombres hyper-complexes, en reste à une grossesse tératologique ! Sa construction est inopérante.

Si Freud construit un objet scientifique, c'est de l'objet psychique qu'il s'agit. Aucune science ne saisit directement son objet, elle le construit toujours. C'est ce que rappelle avec humour le biologiste prix Nobel François Jacob dans son ouvrage La Logique du vivant : « Comme les autres sciences de la nature, la biologie a perdu nombre de ses illusions. Elle ne cherche plus la vérité. Elle construit la sienne ».

Nous avons fait ce long détour par la philosophie et l'épistémologie pour mettre en relief la construction par Freud de l'« objet psychique », dans la foulée de Kierkegaard qui lui, reste philosophe. Avec Freud commencent les « Sciences et pratiques de la conduite et de l'inter-subjectivité », qui peuvent prendre pour nom « psychologie clinique » ou « psychopathologie clinique ». L'heuristique clinique issue de l'acte freudien ne se résume pas à la psychanalyse qui, d'une certaine manière, selon l'expression de Jacques Gagey, en a confisqué la nouveauté. Elle est porteuse d'un grand avenir et en est sans doute encore à ses balbutiements. Elle est en tout cas loin d'être dépassée, c'est pour cela que nous y rattachons les propos qui suivent, par lesquels nous voulons repérer les grands aspects du mouvement d'individuation présent chez tout individu.

C'est à réarticuler la question de la souffrance (Gagey, 1980) que nous invite la psychologie clinique, renouant d'ailleurs avec l'étymologie (Sub-ferre). Toute souffrance porte (ferre) quelque chose sous (sub) elle. Il s'agit en quelque sorte d'une souffrance fondatrice, celle qui nous constitue comme êtres humains. (Les grands mythes ne la mettent-ils pas en scène ?) La dimension pathique devient de ce fait essentielle, et fondatrice de la psychologie clinique, comme l'espace est la condition de possibilité de la géométrie. La pathicité est une dimension fondamentale de l'être au monde. Elle ne peut être éradiquée, mais il nous est possible de la gérer plus ou moins bien. L'objectif de la psychothérapie est d'améliorer la façon dont on la gère, permettant à la crise de se résoudre.

Ainsi chaque être humain vit régulièrement des crises et les résout la plupart du temps sans l'aide de la psychothérapie, offerte à ceux qui ne peuvent plus les affronter seuls, et avec l'aide de leur entourage habituel. Ce qui caractérise l'être humain, dans cette perspective théorique, c'est « le fait que représentations et affects sont parties intégrantes de l'organisation individuelle où ils développent une action très matérielle, selon des lignes de causalité spécifiques, le fait donc que le trouble de la représentation et des affects et le trouble des organes composent sans primauté ni privilège étiologique assuré, faisant de toute maladie une intrication de lésions et de fantasmes, de désordres physiologiques et de plaintes » (Gagey, 1980). L'épice de la psyché dérange ainsi la corporéité à laquelle la physiologie tendait à réduire l'Homme. Aux déterminations matérielles se conjuguent les processus pulsivo-représentatifs, même si ces référents conceptuels s'excluent ! La psychologie clinique voit dans l'individuation le motif d'une histoire, et non le terme d'une évolution. Dans cette perspective, même l'acte thérapeutique est à comprendre « non comme restitutio ad integrum d'un fonctionnement, mais comme restauration d'une historicité individuante au sein même de la souffrance » (Gagey, 1980).

Ainsi Freud « dramatise en l'individualisant l'expérience phénoménologique générale de la conscience intime du temps au profit d'une lecture de l'histoire personnelle faite en termes de ruptures traumatiques et d'après-coup, c'est-à-dire de crises désorganisatrices et réorganisatrices, susceptibles de se reprendre l'une l'autre d'un âge à l'autre de la vie. Dans la conception freudienne de l'après-coup et du traumatisme, l'expérience passée psychiquement non signifiée du sujet peut être reprise en compte à l'occasion d'expériences ultérieures qu'elle influence économiquement et dynamiquement, et qui lui confèrent en retour, rétroactivement une signification qu'à l'origine elle n'avait pu trouver » (Guillaumin, 1982).

Vivre c'est déployer cette dynamique d'individuation à travers de multiples crises, véritables chocs ou traumas désorganisateurs, mais, inséparablement, véritables chances de réarticuler et de resignifier la vie entière, « par la transmutation de ce qui y est demeuré jusque-là psychiquement inaccompli, inachevé ou inassumé » (Guillaumin, 1982).

Notre modèle théorique est celui forgé par Freud, à savoir l'appareil psychique chargé d'une élaboration sui generis, qualitative, de l'excitation. En effet, le comportement n'est pas seulement une réponse à une excitation interne ou externe. L'élaboration de l'excitation n'est pas seulement neurophysiologique, quantitative, périgrination de charges électriques à travers les neurones, comme la physiologie le suggère. Une énergie d'origine somatique, donc bien matérielle, est disponible aux bornes de l'homéostase, mais il s'agit d'une énergie dont les propriétés ne sont pas celles de l'énergie somatique. C'est pour cette raison que Freud la nomme Libido. L'appareil psychique prend donc en charge une énergie disponible au bord du corps, qu'il élabore qualitativement. Elle devient, en particulier, une représentation, qui n'est pas nécessairement consciente.

L'appareil psychique n'est donc pas un organe biologique. Il n'est pas destiné à gérer l'homéostase. Sa fonction est de gérer cette énergie particulière, la libido, qui est toujours accompagnée de représentations. Ainsi, par la sexualité, comme par l'agressivité, l'individu est pris dans une logique qui n'est pas celle de son homéostase. Freud imagine des processus organisateurs, toujours vulnérables car susceptibles d'être remis en question pour permettre le déploiement d'autres processus organisateurs. (Pour les physiologistes aussi, l'homéostasie est vulnérable, le déséquilibre est toujours possible). Il introduit « l'instinct de mort » pour rendre compte de ce fait qu'il n'y a pas de processus organisateur qui ne soit travaillé par la possibilité d'accepter une régression, c'est-à-dire une désorganisation en vue de faire place à une autre organisation. C'est là que se joue le pathos.

L'être humain est, dans cette perspective, essentiellement divisé. « C'est pour une large part dans le mal travail de la division, que s'origine le pathos en ce qu'il a de proprement humain » (Gagey, 1984).

Cette division s'exprime à travers les différentes composantes de l'acte freudien. La pulsion n'a pas d'objet prédéterminé, elle se construit ses objets par ses multiples investissements, primordialement infantiles. Toutes nos conduites sont tramées par la libido, qu'elles se déploient dans le sexuel reconnu socialement comme tel ou dans le non-sexuel produit par la sublimation et donnant ce que l'on nomme culture. Quand l'être humain émerge à la conscience de lui-même il se découvre tenaillé par la culpabilité et dérangé en permanence par sa pulsionnalité, en grande partie condamnée au refoulement. Les différentes instances nées de cette conflictualité incontournable ont un destin séparé, même si elles sont interférentes, et de ce fait, les divers intérêts de chacune poursuivent leurs propres chemins. Enfin, le procès d'individuation est toujours en cours de déploiements, toujours susceptibles d'être désorganisés pour permettre l'avènement de nouveaux processus organisateurs.

C'est dans cette perspective que nous présentons les principales grandes crises que traverse l'être humain, tout en sachant que nous en vivons plusieurs autres, qu'elles s'articulent à celles-ci ou non.

3. APPROCHE DYNAMIQUE ET PSYCHANALYTIQUE DE L'ÊTRE HUMAIN ET DE LA FAMILLE

L'approche psychanalytique de l'individu rompt avec l'approche nosographique et psychométrique. Freud demandait d'ailleurs à ses premiers disciples de choisir entre la psychiatrie et la psychanalyse, car ce sont des problématiques incompatibles. La nosographie psychiatrique est une classification (ou taxonomie) des troubles mentaux considérés comme des maladies mentales. « Une telle classification distribue les maladies mentales dans autant de catégories différenciées qualitativement les unes des autres. Une taxonomie idéale, portant sur des réalités naturelles et non artificielles, doit mettre en évidence des unités morbides singularisées par la symptomatologie, l'étiologie, le pronostic de l'évolution de la maladie livrée à elle-même, enfin par la spécificité de la thérapeutique » (Corraze, 1977). Il s'agit d'une classification typologique que l'on retrouve dans les nomenclatures officielles, comme la « classification des maladies, ICD8 », en France et comme le « Diagnostic and Statistical Manual of Mental Disorder » aux États-Unis. Leur origine commune se trouve dans la classification élaborée par Kraepelin, et présentée dans les 9 éditions de son « *Traité de Psychiatrie* » (1883 à 1927).

Cette classification est issue de l'appropriation médicale de la folie, puis des perversions, au cours des 18e et 19e siècles (Foucault ; Lanteri-Laura).

Quoiqu'il en soit, dans cette perspective, il existe des individus normaux et des individus anormaux, et l'anormalité est le produit d'une *dégénérescence,* d'un manque de quelque chose, ou d'un déséquilibre du système nerveux. Le symptôme pathologique est le *produit* d'une maladie.

La nosographie psychiatrique est le système de référence qui permet d'établir un diagnostic et d'orienter le traitement, c'est-à-dire un objet susceptible de supprimer, ou au moins de réduire la maladie. Cet objet est le plus souvent le médicament. « La psychiatrie aborde la « maladie mentale » en offrant une solution du type internement ou traitement, alors que la psychanalyse, face à la folie laisse la porte ouverte à un affrontement qu'elle ne prétend nullement maîtriser » (Mannoni, 1979).

Pour l'approche nosographique, c'est la réduction du symptôme qui est recherchée. Cela est particulièrement difficile pour les individus les plus gravement atteints, ceux que l'on appelait les dégénérés précoces, et que l'on désigne maintenant par un terme plus savant : les psychotiques.

Dans l'approche dynamique du psychisme inaugurée par Freud, le symptôme n'est pas considéré comme un produit négatif de l'être humain. Il est plutôt le résultat d'un travail du psychisme, travail positif qui témoigne de l'affrontement du psychisme avec une situation (conflits) insupportable où les moyens de travail habituels, réguliers, ordinaires, du psychisme n'ont pas suffi. Ces moyens habituels sont le rêve, les actes manqués, les mots d'esprit, la sublimation. Les symptômes ne sont cependant pas des moyens extraordinaires. Freud décrit à maintes reprises dans son œuvre et en particulier dans « *Psychopathologie de la vie quotidienne* », les multiples activités, comportements... qu'il appelle symptômes de la psychopathologie quotidienne. C'est seulement quand ceux-là sont également insuffisants que l'individu manifeste des symptômes qui témoignent de son incapacité à faire face à la situation. Ces individus sont déclarés fous, ou présentent des signes de maladie, lorsqu'ils sont perçus comme des déviants de la norme sociale habituelle.

Dans l'approche dynamique du psychisme, il n'existe donc pas de différence de nature entre les symptômes décrits comme signes de maladie mentale par la nosographie psychiatrique, et les autres productions du psychisme. Ce dernier est considéré comme un appareil qui travaille dès l'origine. La notion de travail prend effet dès l'origine. « Devant la jouissance interdite, il n'y a pas d'autre possibilité que de la travailler, la condenser, l'inhiber, la renverser, bref la livrer à toute une gamme d'opérations psychiques, et finalement la sublimer, y compris dans le travail » (Green, 1970).

Dès le début de sa vie, l'être humain est affronté à cette réalité, qu'il ne peut obtenir toutes les satisfactions qu'il recherche. Cependant, tous les désirs interdits, toutes les limitations imposées par l'entourage continuent à agir dans le psychisme à l'insu du sujet, par des moyens détournés, déguisés, d'où la théorie freudienne de l'Inconscient, ainsi que les contenus manifestes et latents qui en découlent. Le psychisme peut exprimer par d'autres moyens que les mots, les satisfactions interdites qu'il continue à rechercher. Si les mots pouvaient l'exprimer, la conscience serait alertée. Or l'enfant a dû renoncer à tout cela pour vivre. Il a en effet dû refouler de multiples désirs, de multiples quêtes de satisfaction pour s'adapter à la réalité.

Nous sommes tous ainsi faits, corps et psychisme intimement mêlés « dans la solidité de l'enchaînement causal entre le corps et l'esprit ». Au passage n'oublions pas que parler est un acte corporel ! Par la parole, nous essayons d'exprimer ce qui est consciemment possible. Ce qui ne l'est pas cherchera toujours cependant à s'exprimer et plusieurs possibilités sont utilisées par le travail du psychisme : les multiples perturbations du langage habituel (Freud), les actes manqués (Freud), les rêves (qui sont des réalisations du désir) (Freud), et les multiples symptômes de la psychopathologie de la vie quotidienne décrits par Freud.

Cependant, la situation faite à l'enfant peut être à ce point frustrante, insatisfaisante, incohérente, que les mécanismes psychiques habituels ne suffisent pas. Par ailleurs, la vie confronte régulièrement le sujet à des situations perturbantes, dépaysantes, qui viennent bouleverser l'équilibre toujours précaire des forces en présence dans le psychisme. Pour résumer, on peut retenir de Freud la mise en évidence du fait que le psychisme humain a une partie inconsciente, *dont le sujet ne possède pas la libre évocation*. Cette partie est d'ailleurs l'essentiel du psychisme.

Cet inconscient a une histoire, il provient du *refoulement* exercé sur des représentations (Green, 1970) qui plaçaient le sujet dans un *conflit* insoutenable : ne pouvant réussir à régler ce conflit, l'un des termes en devenait inconscient, c'est-à-dire refoulé. Ce conflit opposait en apparence ses devoirs antagonistes, mais en fait, s'y affrontaient toujours le désir de la jouissance et son interdiction. Cet affrontement renvoyait d'ailleurs à une situation critique de la première enfance (n'oublions pas que le travail du psychisme sur les jouissances interdites commence dès l'origine).

Un des termes du conflit non résolu est devenu inconscient, mais tout conflit non résolu se paye d'un certain prix : *le symptôme* (symptômes hystériques comme dans toutes les douleurs de conversion, la paralysie, la contracture, l'asthénie, ou symptômes obsessionnels, ou symptômes psychotiques,...). Le symptôme représente toujours le coût du maintien du conflit dans l'inconscient, c'est pour cela que la solution est mauvaise.

Dans une psychanalyse ou dans une psychothérapie psychanalytique, par la méthode des associations libres, il est possible de déjouer le refoulement et de rendre peu à peu conscient, en surmontant les résistances, le conflit qui ne l'était plus. Les symptômes disparaissent quand le refoulé est devenu conscient mais cela n'est possible que dans la situation du transfert, où l'analysé investit l'analyste des sentiments conflictuels qu'il a éprouvés à l'égard de ses parents, et dont les antagonismes restaient sans issue. L'analyste sait cependant qu'il ne s'agit pas d'une vraie passion, et qu'elle ne s'adresse pas à lui (Freud). Tous les conflits renvoient, comme Freud l'a mis en évidence, à la sexualité infantile (Freud, 1962), qui se déploie dans les relations affectives.

« Ce sont les perturbations de cette vie de relations affectives qui sont aux origines de la maladie mentale, soit que je me défende contre mon affectivité par tout un arsenal de conduites névrotiques qui parasitent une relation réellement vécue par ailleurs et l'empêchent de se développer complètement, soit qu'une perturbation plus grave m'amène à glisser peu à peu sur la pente redoutable de l'autisme » (Gagey, 1963).

4. LES GRANDES CRISES QUI FONT ET DÉFONT LA FAMILLE

On peut entendre par crise l'alternance de moments critiques dans la vie. Erikson est allé jusqu'à élaborer un tableau des séquences de la vie humaine, chacune étant marquée par une crise. Ce terme ne désigne pas une catastrophe, mais une période cruciale au cours de laquelle l'individu est plus sensible et mieux à même de développer sa sensibilité. Une véritable restructuration s'ensuit généralement, mais l'être humain peut également s'en sortir meurtri. Quoiqu'il en soit, c'est en résolvant des crises que tout être humain forge son identité.

Bref rappel des crises de l'enfance et de l'adolescence

D'une manière générale, l'approche dynamique du psychisme, issue des travaux de Freud, explique le développement de l'être humain par la confrontation avec de multiples situations conflictuelles, donc d'une certaine manière des crises, que ce dernier surmonte plus ou moins bien. C'est ce qu'exprime bien L. Althusser quand il rappelle que l'objet de la psychanalyse ce sont « les effets actuels, chez les survivants, de « l'hominisation » forcée du petit animal humain en homme ou femme » (Althusser, 1976). L'objet de la psychanalyse, on ne le rappelle jamais assez, ce sont bien ces effets, prolongés dans l'adulte survivant, de l'extraordinaire aventure qui, de la naissance à la liquidation de l'Œdipe, transforme un petit animal engendré par un homme et une femme, en un petit enfant humain.

« Que ce petit être biologique survive (...), *enfant humain* (ayant échappé à toutes les morts de l'enfance, dont combien sont des morts humaines, morts sanctionnant l'échec de devenir humain), telle est l'épreuve que tous les Hommes, adultes, ont surmontée : ils sont, *à jamais amnésiques,* les témoins, et bien souvent les victimes de cette victoire, portant au plus sourd, c'est-à-dire aux plus criant d'eux-mêmes, les blessures, infirmités et courbatures de ce combat pour la vie ou la mort humaine. Certains, la plupart, en sont sortis à peu près indemnes, — ou du moins tiennent, à haute voix, à bien le faire savoir — ; beaucoup de ces anciens combattants en restent marqués pour la vie ; certains mourront, un peu plus tard, de leur combat, les vieilles blessures soudain réouvertes dans l'explosion psychotique, dans la folie, l'ultime compulsion d'une « réaction thérapeutique négative » ; d'autres, plus nombreux, le plus « normalement » du monde, sous le déguisement d'une défaillance organique (...)

La psychanalyse s'occupe d'une autre lutte (que la guerre), de la seule guerre sans mémoires ni mémoriaux, que l'humanité feint de n'avoir jamais livrée, celle qu'elle pense avoir toujours gagnée d'avance, tout simplement parce qu'elle n'est que de lui avoir survécu, de vivre et s'enfanter comme culture dans la culture humaine : guerre qui, à chaque instant, se livre en chacun de ses rejetons, qui ont, projetés, déjetés, rejetés, chacun pour soi, dans la solitude et contre la mort, à parcourir la longue marche forcée, qui de larves mamifères, fait des enfants humains, des sujets » (Althusser, 1976).

C'est parce que le petit enfant doit lutter contre les satisfactions, les jouissances interdites qu'il devient sujet. Il est alors contraint à travailler ces jouissances interdites (travail du psychisme), mais tous ces désirs refoulés, tous ces affects, émois, sentiments, représentations refoulées, continuent à agir. À chaque grande époque de son développement (stades oral, anal, phallique, œdipien, latence, adolescence), des renoncements doivent être effectués pour devenir « être humain » parmi les humains.

Lors de la crise des 3 ans (Gesell), l'enfant vit une grande époque, celle de l'affirmation de l'indépendance, liée à la découverte que la relation privilégiée qu'il a eue avec sa mère jusque-là, ne peut être exclusive. Vers 6-7 ans survient la crise œdipienne où l'enfant doit renoncer à ses parents comme partenaires sexuels (Freud). Au moment de la puberté, surgit la découverte des possibilités sexuelles génitales, qui signent la fin de l'enfance et le renoncement à ses plaisirs et à ses privilèges, pour entrer dans le monde des adultes. L'adolescent va s'isoler progressivement de sa famille, il pourra même se comporter comme un étranger. Dans cette révolte pubertaire, il s'émancipera d'autant plus bruyamment qu'il a tardé à le faire. Les parents peuvent être complètement rejetés mais la plupart du temps, il y a rétablissement d'un équilibre où la tolérance réciproque prend le pas sur la soumission et la réprobation. Les parents devront accepter les choix de nouveaux objets libidinaux réalisés par leurs enfants, même s'il s'agit d'attachements plutôt compulsionnels et passagers avec des personnes du même âge, dans une amitié ou un amour intense, ou avec des êtres plus âgés qui représentent des substituts parentaux avec de moins en moins de traits communs avec le développement de la maturation.

Fenichel remarque également que les adolescents cherchent à se rassembler entre eux « dans le but d'échanger des histoires sur la sexualité, ou même d'avoir des activités instinctuelles en commun (identification narcissique) », mais aussi pour se prouver « qu'ils ne sont pas pires que les autres » (Surmoi). Cependant, les amitiés ne suffisent pas à l'adolescent et son premier choix objectal sera souvent un choix homosexuel, puisque les issues hétérosexuelles sont repoussées par le consensus social à plus tard, sans que cela soit pathologique. Ce choix témoigne seulement de la solidité de l'identification parentale et de la timidité envers l'autre sexe, comme d'une adaptation temporaire sans fixation définitive.

Quoiqu'il en soit, la tâche de l'adolescent est de rechercher le plaisir sexuel en-dehors des limites de sa famille. Il doit également se faire une idée de son rôle en tant que membre adulte de la société humaine en faisant des projets, en choisissant des objectifs et en se préparant à les réaliser. Tout cela lui permettra de rechercher l'intimité sexuelle avec une autre personne et une certaine intimité sociale (Canal, 1961 ; Debese, 1962 ; Fenichel, 1953 ; Fourage, 1946 ; Freud, 1948 ; Friendlander, 1951 ; Greenacre).

La puberté a lieu le plus souvent entre 10 et 13 ans, et se manifeste par une véritable crise appelée « crise de l'adolescence ». Les changements physiques peuvent provoquer de grandes inquiétudes et même des sentiments « d'étrangeté » ou de « bizarrerie ». Cela peut même aller, comme le remarque Mâle, jusqu'à des doutes angoissants sur l'authenticité de soi, du corps, du sexe, réalisant un nouveau « stade du miroir », et caractérisant le fameux « âge ingrat ». Quoiqu'il en soit, l'adolescence sera une période très difficile à vivre, surtout dans les sociétés dites développées. L'adolescent accède, dès la puberté, à la maturité sexuelle physique, et il s'oriente vers des sentiments et des idées génitales, mais dans un contexte social où les voies d'issue hétérosexuelles sont limitées par le consensus social qui n'encourage pas les rapports sexuels pendant l'adolescence.

Par ailleurs, le conflit majeur de l'adolescence s'oriente autour de l'ambivalence, inéluctable d'ailleurs dans tous les sentiments : « je t'aime, je te hais » ; « je suis à toi, je veux m'échapper de toi »... Le conflit s'oriente vers la lutte contre la dépendance, contre les sentiments possessifs. L'issue ne peut être trouvée que dans une forme de lutte, qui se joue dans le processus de la séparation, nécessaire à l'autonomisation, qui transforme les relations familiales.

L'adolescent est un être entre deux périodes, la pré-adolescence qui est encore entachée de problématique infantile et l'âge de l'adulte jeune. L'adolescence est d'ailleurs une période très floue qui commence avant l'apparition des caractères sexuels secondaires et qui dure souvent au-delà de l'âge de la majorité.

L'adolescent est confronté à des conflits psychologiques tournant essentiellement autour de la représentation des parents. Il désire les personnes du sexe opposé, mais une peur de la différenciation sexuelle l'habite encore, ce qui l'amène à vivre sa bi-sexualité et son homosexualité de façon intense. Par ailleurs, il doit affronter les écarts de générations avec ses parents, ce qui le rapproche de ses camarades du même âge avec lesquels il s'engage souvent dans la défense d'idéaux opposés à ceux de son entourage.

L'adolescent est également confronté aux propres conflits de ses parents, conflits internes liés à leur identification. Il leur a été difficile d'être parent, de s'identifier à leurs propres parents, et ils doivent maintenant devenir grands-parents. Toutes les identifications acquises doivent être abandonnées dans une crise qui tourne autour du sentiment que la force de l'âge est terminée, qu'il est nécessaire d'accepter de vieillir et de ne plus avoir d'enfant. Même si cette crise est connue chez la femme à cause de la ménopause, elle existe très intensément chez l'homme entre la quarantaine et la cinquantaine, période entre la force de l'âge et l'âge mûr. La médecine psychosomatique, dans le champ des découvertes freudiennes, interprète les nombreux accidents cardiaques de cet âge dans leur rapport avec tous ces problèmes psychologiques.

Cette période du départ des enfants contraint les parents à vivre ensemble, sans la médiation des enfants à travers laquelle des conflits conjugaux ont pu s'exprimer. Dorénavant, ces conflits ne seront plus camouflés et pourront amener des bouleversements dans la vie du couple. Certains choisiront de recommencer une vie amoureuse avec un partenaire plus jeune, en sachant que cela est admis davantage pour les hommes que pour les femmes, dans les sociétés occidentales. La société de consommation, avec toutes ses incitations à rester jeune, à s'identifier coûte que coûte à la jeunesse, accentue le malaise des parents ainsi que leurs difficultés sexuelles.

La construction d'un couple et la répétition de réactions infantiles (Freud)

L'état amoureux n'est qu'une « réédition de faits anciens, une répétition des réactions infantiles, mais c'est là le propre même de tout amour et il n'en existe pas qui n'ait son prototype dans l'enfance. Le facteur déterminant infantile confère justement à l'amour son caractère compulsionnel et frisant le pathologique » (Freud, 1921). On peut donc toujours y déceler des liens qui le rattachent à des modèles infantiles. Un amour véritable fait taire les critiques à l'égard de l'être aimé : tout ce qu'il fait est bon et irréprochable. Il rend docile, suscite un empressement à rendre heureux, amène à faire le plus possible ce que le bien-aimé (ou la bien-aimée) désire. Tout état amoureux rappelle plutôt les phénomènes psychiques anormaux que les états normaux. « Dans l'aveuglement de l'amour on devient criminel sans remords » (Freud, 1921). La littérature, comme les faits divers regorgent de telles situations extrêmes. On dit que l'amour est déraisonnable, peu soucieux des conséquences, et toujours aveugle dans l'appréciation de l'être aimé. Ce sont d'ailleurs ces caractères anormaux qui font l'essentiel d'un état amoureux.

L'état amoureux permettant la création d'un couple est, par ailleurs, composé à la fois de tendances sexuelles orientées vers un but sexuel direct, et de tendances sexuelles inhibées quant à leur but. « L'amour sensuel est destiné à s'éteindre dans la satisfaction. Pour pouvoir durer, il faut qu'il soit pourvu dès le début de composantes purement tendres, c'est-à-dire inhibées quant au but, ou bien qu'il subisse une transformation de ce type » (Freud, 1921).

Ainsi c'est un fait psychique que « les tendances sexuelles non inhibées éprouvent, par la décharge survenant chaque fois que le but sexuel est atteint, une extraordinaire réduction, » (Freud, 1921) alors que les tendances sexuelles inhibées quant au but ne sont de ce fait jamais susceptibles d'être pleinement satisfaites. Ce sont elles qui expliquent les liens durables qui unissent les êtres entre eux, comme dans l'amitié par exemple.

Il faut cependant rappeler que cette distinction remonte à l'enfance, donc aux relations familiales. Il faut renoncer à des satisfactions sexuelles au sein de la famille sous la pression de l'interdiction de l'inceste, loi minimale selon Lévi-Strauss pour qu'il y ait culture. Cependant ce cheminement est parsemé de nombreux conflits, de traumatismes, de joies, de peines, de manifestations de tendresse ou d'hostilité ambivalente... Et c'est l'histoire de cette relation d'objet singulière qui détermine toutes nos relations amoureuses à venir. Si nous avons renoncé à de nombreux désirs, combien sont encore agissants, prêts à renaître de leurs braises encore incandescentes.

Si nous tombons amoureux de quelqu'un, c'est pour renoncer à l'amour incestueux, par ailleurs interdit par les règles sociales. Freud nous montre dans « Totem et Tabou » qu'il en va de même dans toutes les cultures. Les civilisations dites primitives, en particulier celles d'Australie ou d'Afrique Noire, ont établi énormément de règles mettant les êtres humains à l'abri de la tentation incestueuse.

Les pulsions sexuelles génitalisées, c'est-à-dire orientées vers une personne de sexe opposé, exigent leur satisfaction. La vie dans la famille n'étant plus satisfaisante, le jeune adulte se voit contraint d'imaginer lui-même un ailleurs et de se donner les moyens d'y parvenir. Certes, de nombreuses possibilités sont offertes à l'être humain pour lui éviter de créer un couple, grâce à la sublimation des pulsions sexuelles dans des activités sociales hautement valorisées. Il est cependant toujours nécessaire de prendre en compte l'histoire du développement de la vie amoureuse de l'Homme. « Dans la première phase, le plus souvent déjà achevée à cinq ans, l'enfant avait trouvé dans l'un des deux parents un premier objet d'amour sur lequel s'étaient réunies toutes ses pulsions sexuelles exigeant satisfaction. Le refoulement survenant alors imposa le renoncement à la plupart de ses buts sexuels infantiles et laissa derrière lui une modification profonde des rapports aux parents » (Freud, 1921). L'enfant resta désormais attaché aux parents mais avec des pulsions qu'il faut appeler « inhibées quant aux buts ». Les sentiments qu'il éprouve dorénavant pour ces personnes aimées sont qualifiées de « tendres ». Mais, ajoute Freud « Il est bien connu que dans l'inconscient, les tendances sexuelles précoces subsistent plus ou moins fortement, si bien que dans un certain sens, se maintient la plénitude du courant originaire » (Freud, 1921).

Ainsi dans toute approche du couple, il conviendra toujours d'avoir à l'esprit la double composante pulsionnelle, ainsi que son origine infantile.

Quoiqu'il en soit, les multiples tâches sociales, les multiples contraintes, les efforts divers, les difficultés, obligent les êtres qui s'aiment et qui ont créé un couple à une adaptation satisfaisante à la réalité, à des comportements raisonnables. Pourtant, nombreuses sont les personnes qui se trouvent dans l'impossibilité de disposer librement de leur faculté d'aimer. Leur choix objectal infantile et les phantasmes qui se sont tissés autour d'eux sont la cause de toutes leurs inhibitions, de toutes les réactions pathologiques de leur vie amoureuse.

Cependant, que la faculté d'aimer soit plus ou moins entravée, s'engager dans une relation amoureuse et fonder un couple aura toujours lieu sous les espèces d'une crise. L'opinion publique n'en conserve que les manifestations excessives, telle cette jeune fille qui s'enfuit en Angleterre la veille de ses noces, ou ce jeune homme qui ne se présente pas à la cérémonie nuptiale.

Mais de quoi est faite cette crise ? Elle se tisse sur le choix objectal qui nous a progressivement construits. Après les multiples relations d'objet pré-génitales, celles des époques orale, anale et phallique, notre énergie pulsionnelle, notre libido, s'est engagée dans la libido d'objet génital, lors de la situation œdipienne. C'est alors que face aux émois sexuels à l'égard du parent du sexe opposé, (toujours mêlés d'ailleurs à des émois hostiles, le complexe d'œdipe étant rarement simple,) nous avons dû progressivement résoudre cette crise.

C'est donc une crise dans la vie antérieure, celle de la vie familiale, qui amène l'être humain à fonder sa propre famille. S'il a trouvé un style de vie permettant à ses pulsions sexuelles directes (celles qui ne sont pas sublimées) d'obtenir satisfaction, il pourra reculer le moment de s'engager dans une vie de couple.

Mais comme le remarque Freud, « Comme on sait, la situation libidinale demeure rarement aussi simple. La certitude de pouvoir compter sur le réveil du besoin qui vient de disparaître, doit bien avoir été le motif premier pour réaliser sur l'objet sexuel un investissement durable, et pour l'aimer aussi dans les intervalles libres du désir » (Freud, 1915). Quoi qu'il en soit c'est parce que l'état antérieur est devenu invivable, que l'être humain s'engage dans un couple. Cela n'exclut pas les explications économiques et sociologiques mais attire l'attention sur ce qu'il en est psychologiquement du construit du couple.

Avoir des enfants. Les crises de la maternalité

On ne retient souvent que les aspects psychopathologiques occasionnés chez la femme, parfois chez l'homme, par la venue d'un enfant. Or ces excès ne font que traduire une rupture du travail d'élaboration du moi. Quelle qu'en soit l'issue, avoir un enfant fait vivre une crise, qui peut être créatrice ou destructive pour les personnes. Il est donc important de mettre en évidence la dynamique psychique dans ses rapports avec la maternalité. Il sera ainsi plus aisé de favoriser le dépassement de cette crise, même quand elle prend la forme d'une crise psychotique.

Pour cette approche, nous avons emprunté à P.C. Racamier la notion de « maternalité » et nous renvoyons à ce texte fondamental : « La maternité psychotique » (Racamier, 1979).

La maternité fait partie de l'évolution psychobiologique de la femme, elle est faite de crises qui peuvent parfois déboucher sur des accidents importants comme « l'accès psychotique du post-partum ou psychose puerpérale ». Quoiqu'il en soit comme le remarque Benedek, la maternité est une véritable phase du développement psycho-affectif de la femme ; « elle accomplit un processus dont le sens et la portée naturelle résident dans les relations de la mère avec son enfant » (Benedek, 1960). Ce processus est bien plus complexe qu'il n'y paraît, et il peut échouer.

De nombreux auteurs à la suite de Freud (Brunswick, Deutch, Langer, Bonaparte, Benedek), insistent sur l'importance du complexe de castration, véritable pivot de la psychologie de la femme, celle-ci ne parvenant que par le biais de la maternité à surmonter son « incomplétude anatomique ».

« Mais le complexe de castration de la femme peut se référer non pas seulement au pénis, qu'elle n'a pas, mais aussi aux fonctions et organes sexuels qui lui appartiennent en propre. Et ce conflit est à relier très étroitement aux angoisses précoces de morcellement, aux conflits de l'ordre pré-génital sur lesquels on sait que l'attention des cliniciens psychanalystes est de plus en plus attirée » (Racamier, 1979).

Le vécu de la maternité est ainsi nourri par la reviviscence d'expériences et de pulsions structurées dans l'enfance mais il faut aussi considérer le processus de la maternité comme une véritable étape du développement, avec toutes les possibilités d'intégration nouvelles qui s'attachent à ce concept.

Le passé et l'imaginaire, et d'une manière générale l'inconscient, sont déterminants dans la relation actuelle de la mère avec son enfant. Ils peuvent donc l'enrichir ou au contraire la compromettre. « L'expérience vécue de la maternité est grosse de toute l'évolution psychique inconsciente emmagasinée par la femme dans son histoire personnelle » (Racamier, 1979).

Ce sont avant tout les expériences propres à la phase orale qui sont ravivées. La mère de l'enfant est en même temps l'enfant de sa mère. « Ses expériences infantiles de satisfaction et de frustration, d'amour avide et d'agressivité dévoratrice ont constitué les images complémentaires de la mère aimante, aimée et bonne, et de l'enfant aimé, aimant et bon, ainsi que les images opposées de la mère privatrice, attaquée et menaçante, et de l'enfant destructeur, mauvais et menacé. Ces images intériorisées, repoussées, reprises et remaniées comme des galets par la mer au gré des poussées instinctuelles, viennent se projeter sur la représentation que la femme se fait maintenant de la mère qu'elle est et de l'enfant qu'elle a » (Racamier, 1979).

Si la petite fille a pu s'identifier à sa mère, elle s'est mise à l'aimer activement, résolvant ainsi son ambivalence. Quoiqu'il en soit, le destin de la maternité dépend du problème central de l'identification à la mère.

La maternité et l'amour maternel renvoient également aux positions de l'analité. Le fœtus y est investi d'une valeur de trésor ou de poison intracorporel « dans le cadre fantasmatique d'une gestation intestinale. À ce niveau anal aussi s'alimente l'investissement narcissique positif ou négatif de l'enfant » (Racamier, 1979).

Les investissements dérivés de la phase phallique, en particulier l'équivalence de l'enfant au pénis, ont bien sûr leur importance, mais c'est sans doute l'étape oedipienne qui sera déterminante dans la maternité, en ce sens qu'elle renvoie au problème de l'identification à la mère dans sa forme la plus élaborée. C'est de l'issue du complexe d'Oedipe que dépendent les relations de la mère avec le père imaginaire et le père réel de son enfant.

Nous avons fait ce bref rappel de la psychologie de la femme pour mettre en évidence le nombre et l'importance des *images* rattachées au conflit oedipien et aux conflits qui l'ont précédé. Ces dernières viennent s'introduire dans le jeu du couple mère-enfant et son entourage actuel. Toute crise autour de la maternité renvoit donc aux conflits infantiles.

Par ailleurs nous avons également voulu insister sur le fait que la maternité est une véritable phase du développement psycho-affectif de la femme, ce qui rend possible de nouvelles intégrations. Toute crise en relation avec la maternité peut être destructurante. Toutes sont cependant susceptibles d'amener un nouvel équilibre psychique plus satisfaisant pour la personne. Nous soulignons le caractère dynamique de la crise, alors qu'on n'en retient souvent que le seul côté négatif, perturbant, destructurant.

M. Houser, parlant de la crise de l'adolescence, mettait en évidence qu'« à cette époque les structures psychiques peuvent se rejouer (psychotique, névrotique, état limite...), et en tout cas la puberté sera la dernière chance offerte à l'adolescent de résoudre spontanément le conflit oedipien, si ce n'est déjà fait » (Houser). Or, par le mouvement qu'elle impose à la personnalité, la maternité peut se comparer à l'adolescence. « Les assises pulsionnelles et conflictuelles de la personnalité trouvent toutes à s'exprimer dans l'expérience de la maternité. De plus, elles s'y remanient, et normalement, y prennent une forme et une solution nouvelle : C'est ce pouvoir *réintégrateur* de la maternalité qui lui vaut sa qualité de phase de développement » (Racamier, 1979).

LA MATERNITÉ, INÉVITABLE CRISE ET QUÊTE D'UN NOUVEL ÉQUILIBRE

Durant la grossesse l'économie libidinale de la femme s'infléchit dans le sens narcissique. Ses investissements ont tendance à se centrer sur le fœtus. La grossesse est ainsi une phase où la femme s'aime plus fortement, et elle aime indistinctement l'enfant qu'elle porte et son corps qui le porte. La naissance va interrompre ce régime fusionnel et narcissique. Pour la mère, comme pour l'enfant, cette séparation corporelle est une rupture et un traumatisme (Abraham).

Cependant cette séparation n'est que corporelle. Elle n'est même que partielle puisque la mère s'engage dans des contacts corporels étroits et nourris par la voie du maternage. Le contact affectif est encore plus étroit : l'enfant fait corps avec sa mère dont il ne se distingue pas, et la mère, tout en restant capable de relations évoluées, vit normalement avec son enfant selon un régime d'identification profonde et fusionnelle.

La mère éprouve psychiquement son enfant comme une partie d'elle-même, s'identifiant très étroitement à lui. C'est à cette condition qu'elle peut être pour l'enfant le « moi » qu'il n'a pas encore mais qu'il va justement se construire sur les bases de cette relation. C'est aussi à cette condition que la femme peut pressentir les besoins et les états de son enfant, s'éveiller quand il geint, savoir ce qu'il veut quand il crie, et vouloir pour lui... Dans cette relation, en aimant et en nourrissant son enfant, la mère continue à s'aimer elle-même.

Benedek remarque que « la naissance est une séparation traumatique à la fois pour la mère et pour l'enfant (...). La relation de la mère et de l'enfant est rétablie à travers les processus de l'alimentation (...) » Avec son enfant, la mère se sent « complète » et « vide » sans lui.

Comme le montre P.C. Racamier, il s'agit là, chez la femme, d'un processus normal de régression féconde : régression libidinale au plan oral et régression structurale au niveau pré-objectal, régression ni pathologique, ni pathogène, pour autant qu'elle est consentie, assumée et contrôlée par le moi. Toutefois, ni l'enfant, ni la mère n'en restent à ce niveau anaclitique.

« Dans une évolution normale, en vertu de la poussée maturative et grâce au maternage, l'enfant progressivement « objectalise » sa relation avec sa mère ; il en vient à distinguer l'externe de l'interne, à distinguer une forme de visage, à distinguer sa mère, à se spécifier un objet et un sujet ; ses pulsions s'orientent et se focalisent, et en fait il devient de plus en plus autonome. En même temps, la mère le prend de plus en plus pour un objet distinct et une personne en soi ; c'est-à-dire que le même mouvement du narcissisme vers l'objectalité anime, du côté de la mère, comme du côté de l'enfant, l'évolution de la relation qui les unit.

Cette « naissance psychologique » (pour reprendre l'expression de Spitz,) n'est pas soudaine comme la naissance biologique, mais progressive, et pourtant marquée de phases critiques ; l'une de celles-ci se situe en temps approximatif du sevrage.

Ce sevrage est un traumatisme pour l'enfant. Sachant ce que nous savons maintenant, nous le considérons aussi comme potentiellement traumatisant pour la mère, car il est une vraie séparation d'avec ce qu'elle avait continué de considérer comme une partie d'elle-même. En sevrant son enfant, elle sèvre aussi l'enfant qu'elle est elle-même par une étroite identification ; il lui faut donc renoncer à toute la part narcissique, naguère dominante, de sa relation avec l'enfant.

Il est assez remarquable que cette évolution chez la mère, parallèle à bien des égards à celle de l'enfant, « s'effectue corrélativement aux modifications hormonales qui lui font reprendre ses fonctions de femme » (Racamier, 1979).

Nous retiendrons de P.C. Racamier (qui reprend les travaux de Freud pour mettre en relief ce qu'il appelle la « maternalité ») cette constatation, que la maternité est une véritable crise d'identité, comparable à celle de l'adolescence. On y observe des mouvements hormonaux de grande envergure ; les conflits infantiles sont remis en question ; des virements massifs d'investissements libidinaux et agressifs ont lieu ; un jeu complexe d'identifications subissant une nouvelle mise au point s'opère, des variations amples de la représentation de soi surgissent ; des positions relationnelles comme des réalisations concrètes socialement importantes se produisent.

BIEN DES FEMMES TRÉBUCHENT À LA MATERNALITÉ

Bien des femmes qui avaient traversé l'adolescence et le mariage sans trop d'encombres trébuchent à la maternité. Comme le remarque Racamier, « il semble moins difficile à une femme de se distraire de l'expérience sexuelle (quand celle-ci est source de difficultés, conflits, angoisses...) que de l'expérience maternelle » (Racamier, 1979).

Il faut cependant rappeler que la « maternalité » est une phase où le fonctionnement psychique s'approche *normalement* mais *réversiblement* d'une modalité « psychotique ». Cela renvoie à la découverte freudienne du « travail du psychisme » et à la mise en évidence qu'il n'y a pas une différence de nature entre la psychose et la normalité, entre la folie et la non-folie, et que d'une manière générale, tous les êtres humains peuvent être tentés par la régression psychotique [1]. On peut également dire qu'il y a des structures psychotiques normales.

Cependant, en fonction de leur histoire personnelle (et plus particulièrement des conflits non résolus ou des fixations) certaines personnes, à l'occasion de crises, peuvent voir leur identité personnelle devenir fragile et le sens de cette dernière fluctuante. Leur relation d'objet (relation avec les autres) s'établit alors sur le mode de la confusion de soi et d'autrui. Ce qui caractérise la psychose, « c'est l'évanescence et le « flottement » du « self », fonction par laquelle est instaurée la Personne, et le Moi tenu dans une organisation élaborée et stable » (Racamier, 1979).

Toute crise, et celle de la maternité particulièrement, est une phase de remaniement de la personnalité. Si la personne trébuche, elle peut s'engager dans une régression psychotique. Cela n'est cependant pas inéluctable. Même si la psychiatrie parlait, au 19e siècle (et souvent aujourd'hui sans doute) de dégénérescence, de folie précoce, de destructuration, voire de maladie incurable, il appartenait à la psychanalyse, en particulier par la notion de « travail du psychisme », de mettre en relief le caractère dynamique de la crise. Bien sûr, si le sujet « étiqueté » psychotique, dans une perspective ségrégative, est

---

1. En ce sens la psychanalyse se démarque totalement de la psychiatrie, qui distingue la santé mentale et la maladie mentale.

« isolé », « interné », « réduit » par différents moyens, le côté négatif de la crise risque de se développer. Combien de personnes se sont « chronicisées » dans les hôpitaux ou les cliniques psychiatriques parce qu'elles ont été exclues. P.C. Racamier propose, au contraire, de toujours rechercher une « situation parlante » pour les personnes qui se sont engagées dans une régression psychotique, par exemple pour celles qui se sont engagées dans une psychose puerpérale (du post-partum).

Encore trop souvent aujourd'hui la psychose est considérée comme incurable. Il est vrai que plus une personne s'y est engagée depuis de nombreuses années, plus il est difficile de « l'affronter » dans une relation singulière, psychothérapeutique (Bateson).

En ce qui concerne la crise de la maternalité, les facteurs historiques sont toujours déterminants, comme dans toute crise. Ce sont eux qui déterminent le maniement des pulsions et des images intérieures activées et mises en œuvre dans la maternité, eux qui déterminent *la souplesse et l'efficience des fonctions adaptatives que mobilise largement la maternalité.*

Les facteurs actuels ont bien sûr également une très grande importance. La maternité accentue d'ailleurs la sensibilité aux situations extérieures réelles. C'est ainsi qu'une femme pourra s'orienter d'une façon étonnante vers la désorganisation ou vers le retour à l'équilibre en fonction des situations réelles. « La réactivité de l'époque puerpérale joue dans le meilleur ou le pire des sens » (Racamier, 1979).

Les données situationnelles les plus importantes sont celles qui relèvent de l'entourage conjugal (en particulier les attitudes et le rôle du conjoint), et aussi celles de l'entourage parental (attitude de la mère, présence ou non de celle-ci, son rôle...). L'entourage social, au sens large, a également une grande importance. L'enfant lui-même, son sexe, son mode d'activité propre, son état somatique, touche bien évidemment la mère. Il va de soi que la grossesse, désirée et rejetée, consentie ou non, aura également de grands retentissements.

Enfin nous attirerons l'attention sur l'attitude de l'accoucheur, et du personnel soignant en général. Un exemple clinique, issu de notre expérience psychothérapeutique, nous a montré comment un gynécologue peut « voler » l'accouchement d'une parturiente. Un premier accouchement avait conduit cette dernière à une dépression très douloureuse, mais dont elle était sortie renforcée. Son mari n'avait pu assister à cette première naissance mais il était présent à la seconde, et connaissait le gynécologue qui accouchait sa femme. Quand l'enfant arriva, au lieu de laisser les époux dans la joie de la découverte et de l'accueil de leur bébé intensément désiré, il entreprit une discussion avec le mari, vétérinaire, sur l'accouchement, en établissant des comparaisons entre les humains et les animaux. Heureusement, cette femme a su tirer profit de cette expérience, en découvrant avec une grande intensité que d'une certaine manière, on est toujours seul et qu'il faut compter sur ses propres forces. C'est parce qu'on s'éprouve soi-même qu'en s'investissant on s'aime, et qu'il nous est toujours possible d'investir dans les autres, d'établir avec eux des relations satisfaisantes, d'éprouver d'intenses moments de rencontres quasi fusionnels, et d'assumer, avec également suffisamment de satisfactions, la solitude.

Il faut aussi prendre conscience du fait que ces rapports ne sont pas toujours heureux. Des praticiens qui ont rencontré des femmes en situation de régression psychotique, ou tout simplement en grande difficulté, ont remarqué que les hommes ne savent pas toujours être des hommes et devenir des pères. L'accouchée peut également manquer la présence de sa mère ou celle-ci peut avoir une attitude ambivalente et négative à l'égard de sa fille. Les médecins également, ignorent bien souvent ce que représente une maternité. « Les milieux d'accouchement ont effectué des progrès, mais on ne sait pas à quel point ils peuvent être sursaturés d'un monstrueux sadisme et libidinalement aseptisés » (Racamier, 1979).

Il convient enfin de rappeler que dans la société moderne la maternité a en grande partie perdu la considération qu'on en avait jadis. Dans les sociétés rurales qui ont précédé la nôtre, les femmes avaient globalement, comme le note Y. Verdier « pour fonction sociale d'aménager les étapes qui conduisent de la naissance à la mort ». La naissance était ritualisée, socialisée. Toute la communauté y prenait part. Il convient donc de rappeler, et en particulier aux travailleurs sociaux, que les diverses facilités sociales offertes aux mères par la société industrielle ne doivent pas faire l'économie d'une approche psychologique, ou tout simplement humaine, de la maternité.

Il convient également d'attirer l'attention des accoucheurs sur les dangers d'une sophistication technologique trop grande de l'acte de naissance, qui, une fois de plus, considère l'être humain dans son seul corps fonctionnel, exclusivement comme un organisme biologique. Or la psychanalyse a mis en évidence le fait que notre corps est également un corps « érogène ». C'est ce qu'exprime Lacan dans des phrases lapidaires comme « le corps est un organe de jouissance » ou « un corps est fait pour jouir ». La psychanalyse nous rappelle que notre corps n'est pas seulement un corps fonctionnel, un organisme biologique, mais également un corps érogène et que le désir ne doit pas être nié.

Que les praticiens de l'accouchement, comme ceux du travail social, soient prêts à faire face aux crises occasionnées par la maternité, ou au contraire complètement démunis, relève d'une autre question ; celle de la place faite à ces pratiques dans notre société et la formation qui en découle.

Il nous semble cependant important d'insister sur le rôle sécurisant que peut avoir à jouer un travailleur social, et sur la recherche d'une attitude dynamique. Il peut être important de faire découvrir au mari que sa femme a des choses à lui exprimer à travers son symptôme, ainsi qu'à d'autres personnes de son entourage. Plutôt que de figer la personne en difficulté dans des considérations exclusivement médicales, dans des justifications nosographiques, il conviendrait plutôt de contribuer à rechercher une « situation parlante » et en tout cas stimulante. Au lieu d'accentuer la distance par l'énonciation de

classifications savantes sur le symptôme, il convient bien davantage « d'affronter » la personne en difficulté, ainsi que son entourage. Sans doute aujourd'hui
assiste-t-on déjà à l'émergence d'un travail social dynamique qui succèdera
au travail social statique, et souvent ségrégatif.

L'arrivée à l'âge adulte des enfants et la crise du devenir grand-parent

C'est à partir de l'expérience de la séparation des parents et des enfants,
période toujours traversée de conflits, qu'émerge ce qu'on peut appeler la crise
du devenir grand-parent. Plus fondamentalement, elle concerne notre relation à la mort, et plus particulièrement la nôtre. Les multiples investissements,
les multiples activités sociales, et d'une manière générale la culture, nous
détournent de la pensée de la mort. Cependant, des expériences comme la
séparation, réactivent notre relation à la mort. « À nous entendre, nous étions
naturellement prêts à soutenir que la mort est l'issue nécessaire de toute vie,
que chacun d'entre nous est redevable à la Nature d'une mort et doit être prêt
à payer cette dette, bref que la mort est naturelle, indéniable et inévitable.
En réalité, nous avions coutume de nous comporter comme s'il en était autrement. Nous avons manifesté à l'évidence une tendance à mettre la mort de
côté, à l'éliminer de la vie. Nous avons essayé de la passer sous silence ; ne
possédons-nous pas le proverbe : on pense à cela comme à la mort ? Comme
à sa propre mort bien sûr. C'est que notre propre mort ne nous est pas repré-
sentable et aussi souvent que nous tentons de nous la représenter nous pouvons remarquer qu'en réalité nous continuons à être là en tant que spectateur.
C'est pourquoi dans l'école psychanalytique on a pu oser cette déclaration :
personne, au fond, ne croit à sa propre mort ou, ce qui revient au même :
dans l'inconscient, chacun de nous est persuadé de son immortalité » (Freud,
1915).

En fait l'Homme civilisé, pas plus que l'Homme des origines, ne peut se
représenter sa propre mort et y voir un fait réel. Pourtant, la douleur occasionnée par la mort des proches provoque cette réflexion qu'on peut aussi
soi-même mourir. Par ailleurs, chacune des personnes chères est une part de
son propre moi bien-aimé, [1], et ce, grâce au processus de l'identification.
Mais chaque personne aimée, investie, recèle aussi une part étrangère. Toute
personne avec qui on a des relations privilégiées suscite également des sentiments hostiles (Freud, 1915). « Les philosophies ont affirmé que l'énigme intellectuelle posée à l'Homme des origines par l'image de la mort l'avait contraint
à la réflexion et était devenue le point de départ de toute spéculation. Je crois
que les philosophes pensent là trop... en philosphes et tiennent trop peu
compte des motifs agissant de façon primaire. C'est pourquoi je voudrais limiter
et corriger l'affirmation ci-dessus : près du cadavre de l'ennemi abattu, l'homme
des origines aura triomphé, sans trouver occasion de se casser la tête surles
énigmes de la vie et de la mort. Ce n'est ni l'énigme intellectuelle ni chaque

cas particulier de mort, mais le conflit des sentiments ressenti lors de la mort de personnes aimées et, en même temps, étrangères et haïes, qui a fait naître chez les Hommes l'esprit de recherche. De ce conflit de sentiments est née en premier lieu la psychologie » (Freud, 1915).

L'expérience de la séparation parents-enfants réactive sans doute éminemment cette réalité humaine. Cela prendra cependant la forme de conflits qu'il est possible de caractériser. S'il est vrai que les parents *doivent* accepter que l'adolescent quitte sa famille, on doit également reconnaître *qu'il faut* que l'adolescent quitte le milieu familial. Parents et enfants sont donc confrontés à cette expérience. La psychanalyse pourra ainsi tenter d'expliciter le fonctionnement mental des personnes qui vivent ensemble lors de ce processus de séparation. Avant la découverte freudienne de l'inconscient, les romanciers, poètes, ont longuement parlé *des phénomènes observables* liés à la relation adolescents-parents. C'est le thème bien connu du romantisme, en particulier, de l'adolescent qui doit trouver sa voie pour vivre. Dans « Les confessions d'un enfant du siècle » A. de Musset nous parle de la maison bien bâtie, faite de pierres solides que l'on peut laisser à l'adolescent, mais qu'il doit commencer par détruire. Rappelons-nous également cette phrase d'André Gide : « Familles, foyers clos, je vous hais ! ».

Quoiqu'il en soit, en dehors de l'aspect physique de la séparation, il existe *un processus*, déclenché par la crise de la séparation, qui s'exprime dans le cadre d'un inter-action entre parents et enfants devenus adolescents. Ce processus n'est jamais explicité comme tel, mais se manifeste [1] par un conflit souvent déguisé, bien différent de ce que souhaite vraiment le jeune. Ainsi une jeune fille peut très bien s'opposer à ses parents dans une lutte pour trouver son autonomie, mais l'investissement de son énergie mentale peut être entièrement consacrée à cette lutte, précisément parce qu'elle n'a pas très envie d'être autonome (Lebovici, 1975). D'un point de vue psychologique le conflit s'oriente autour de l'ambivalence, inéluctable dans tous les sentiments, les émotions, les affects : « je suis à toi, je veux m'échapper de toi », « je t'aime, je te hais »... [2]. Face à cette situation de séparation, les parents eux-mêmes sont souvent plongés dans des conflits internes reliés à leur propre identification. Il a été difficile d'être parent, de s'identifier à ses propres parents, et voici maintenant qu'il faut devenir grand-parent. Proposition difficile à accepter, car toutes les identifications chèrement conquises doivent être abandonnées au cours d'une crise où il faut envisager que la force de l'âge est terminée, qu'il faut accepter de vieillir, de ne plus avoir d'enfant. On est devenu stérile, voire impuissant ! Toute la vie affective et sexuelle, est marquée par cette crise, plus connue chez les femmes du fait de la ménopause, mais également présente

---

1. Se reporter à la dialectique du manifeste et du latent en psychanalyse.
2. Se reporter au chapitre sur l'adolescence.

chez les hommes. » Il semble alors que les difficultés subies au moment de l'enfance se réveillent à grand fracas au moment de la quarantaine ou de la cinquantaine, c'est-à-dire à une autre période « entre » celle de la force de l'âge et de l'âge mûr... » (Lebovici, 1975).

Certes il existe un remaniement endocrinien, tout comme il est vrai que la vieillesse biologique se fait sentir. Mais c'est à des conflits internes qu'il faut associer les difficultés réveillées chez les parents obligés maintenant de vivre ensemble, sans le « médiat » des enfants. D'une manière générale, tous les conflits conjugaux sont médiatisés par la présence des enfants. « Ceux-ci ne font pas que *trinquer...* ils sont aussi là pour permettre un certain aménagement des conflits, afin que la vie conjugale se poursuive, soit disant dans l'intérêt des enfants » (Lebovici, 1975). Les parents, lors de cette séparation, peuvent se sentir dévalorisés, tout comme leurs propres parents avant eux.

La pression sociale actuelle accentue cette difficulté en incitant les parents à imiter leurs propres enfants. Ne voit-on pas actuellement les parents porter les mêmes vêtements que leurs enfants, se démener pour « rester jeunes », singeant bien souvent ces derniers. La société de consommation fait d'ailleurs du « rester jeune » une de ses exigences.

Quoiqu'il en soit, le conflit de la séparation est inévitable et il ne peut être résolu que par un travail psychique, par une élaboration. *C'est d'ailleurs la thérapeutique de tous les conflits.* Cette élaboration doit être faite par l'adolescent qui devient adulte et par les parents qui s'engagent dans une autre période de leur vie où ils vivront d'autres conflits. Toute séparation brutale, sans élaboration, est dommageable pour les deux parties. Les parents qui acceptent la séparation brutale comme une nécessité de la vie moderne, comme ceux qui gardent leurs enfants en les maintenant en état de dépendance, de répression, de culpabilité et d'idéalisation, évitent les conflits.

Le passage de l'activité productive à la retraite : les crises du vieillir

Vieillir, comme souffrir, sont au cœur de la temporalité humaine qui donne sens aux accidents de devenir. « Vieillir est pour chaque Homme l'occasion d'une rencontre décisive avec lui-même, qui l'invite à réinventer le temps » (Guillaumin, 1982). Ainsi nous sommes dans une problématique de la signifiance, du début à la fin de notre vie. La représentation est une activité essentielle de l'être humain : par elle ressurgit à la conscience l'objet injustement emporté par le temps, et ceci, à toutes les époques de la vie. Du début à la fin de notre existence, des stimuli nous provoquent à partir de leur valeur symbolique, et cet accueil symbolisant est l'œuvre de l'organisation représentative.

L'appareil psychique élabore qualitativement l'excitation : « Celle-ci devient, en particulier, représentation, pas nécessairement consciente, sans cesser d'être dynamisme » (Gagey, 1982). Cette élaboration incessante constitue le travail du psychisme. Ainsi l'histoire personnelle de chacun se fait « en termes de ruptures traumatiques et d'après coup, c'est-à-dire de crises désorganisatrices et réorganisatrices, susceptibles de se reprendre l'une l'autre d'un âge à l'autre de la vie. Dans la conception freudienne de l'après-coup et du traumatisme, l'expérience passée psychiquement non signifiée du sujet peut être reprise en compte à l'occasion d'expériences ultérieures qu'elle influence économiquement et dynamiquement, et qui lui confère en retour, rétroactivement, une signification qu'à l'origine elle n'avait pu trouver » (Guillaumin, 1982).

La conception freudienne du psychisme insiste sur les rapports de force qui se nouent dans l'économie pulsionnelle en s'articulant à une instance subjective que la théorie du narcissisme cherche à expliciter (Freud, 1913). Sous le vocable de narcissisme, la psychanalyse entend « le nécessaire et originaire plaisir d'être qui prélude, mais surtout sert de filtre à tous les investissements ultérieurs. Le narcissisme énonce ainsi, au sein de la théorie analytique, que l'amour ne peut cesser à aucun moment d'être régulé par le jeu de ses rétroactions structurantes sur l'individualité qui aime. Il dit que l'ouverture à l'autre ne se soutient que de conforter, que de promouvoir l'ipséité » (Gagey, 1985). Ce qui fait qu'un être est lui-même et non un autre n'est ainsi possible que par cette dynamique narcissique qui se déploie dès la petite enfance, à l'époque du stade du miroir théorisé par Jacques Lacan, et qui se vit entre 6 mois et 18 mois.

De l'ipséité, il n'y a rien à dire de l'extérieur et pourtant c'est elle la maîtresse du jeu !

Ce long détour est nécessaire pour faire ressortir que la vieillesse ne peut être séparée des périodes précédentes de la vie. C'est à donner sens aux accidents de son devenir que chaque être humain est convié, tout au long de sa vie. Et toujours l'image de nous-mêmes est concernée, bousculée ! Si toujours le miroir est le grand fauteur de nos angoisses, c'est la vieillesse peut-être qui est la plus difficile à affronter, car c'est l'époque où la mort, bien souvent, s'impose le plus. « Supporter la vie reste bien le premier devoir de tous les vivants (...) Si tu veux supporter la vie, organise-toi pour la mort. » (Freud, 1915).

Cependant, même si ceux qui se sont « organisés pour la mort » affrontent mieux la vieillesse, elle reste toujours difficile à affronter, (comme d'ailleurs toutes les époques de la vie). Simone de Beauvoir le formule brutalement en écrivant : « si un homme âgé déteste sa vieillesse, il éprouve de la répugnance devant sa propre image. », et Paul Valéry vieillissant disait avec humour : « Ne m'en parlez pas, je ne me regarde jamais dans une glace, sauf pour me raser. »

L'image de nous-mêmes, dans ses multiples composantes, (physique, sociale, culturelle, etc...) est ainsi soumise à de multiples traumatismes dans notre vieillesse. Comme le remarque J. Guillaumin, une grande perturbation est causée par le dessaisissement subjectif des rôles sociaux antérieurement tenus par le sujet. C'est de pertes profondes qu'il s'agit, celles des activités que le vieillard exerçait avant sa retraite, à l'époque de ce que l'on appelle aujourd'hui « la vie active », comme si l'enfance, l'adolescence et la vieillesse n'étaient pas des périodes actives ! En perdant ces activités, il perd la reconnaissance qui y était attachée. Cela est d'autant plus douloureux dans les sociétés industrielles que les vieillards ne s'y voient guère confier de nouvelles fonctions, comme il était d'usage dans les systèmes sociaux traditionnels où le changement d'âge se réglait par une institutionnalisation rigoureuse du passage à une autre classe d'âge comportant une utilité sociale propre et conférant au vieillard une gratification narcissique. « Aujourd'hui, les tâches abandonnées à la vieillesse sont volontiers perçues comme peu utiles, sans statut précis, parfois même comme simplement tolérées par bienveillance ou par principes moraux, cela en raison notamment de l'accélération du rythme de vie, de la compétitivité et de la technicité croissantes. On pourrait parler d'un désétayage grave de la personne âgée par le social, et d'autant plus sensible et général qu'on vit aujourd'hui plus longtemps qu'autrefois. Un tel désétayage appelle des réajustements et des défenses d'urgence, tant représentatives qu'émotionnelles » (Guillaumin, 1979).

Mais si les chocs de la vieillesse sont souvent douloureux et tout particulièrement dans nos sociétés modernes, ils sont, comme les chocs successifs de l'âge, à la fois des traumas désorganisateurs et des occasions tardives, qui peuvent être saisies jusqu'au bout, pour réarticuler et rendre signifiante sa vie entière, par la transmutation de ce qui y était demeuré jusque-là psychiquement inaccompli, inachevé ou inassumé. [1]

---

1. Pour une approche détaillée de la vieillesse, nous renvoyons le lecteur au chapitre 5 du présent ouvrage (Le vieillissement et la mort), ainsi qu'à deux dossiers sur l'approche psychologique de la vieillesse parus dans le Bulletin du Syndicat National des Psychologues n° 62, 1984 (40 rue Pascal 75013 Paris) et dans Le Journal des Psychologues n° 26, 1985 (61 rue Marc Dormoy 13004 Marseille).

RÉFÉRENCES

ALTHUSSER, Freud et Lacan, in « Positions », Ed. sociales, 1976, p. 24.

ANTY « Abrégé de psychiatrie », Masson.

BATESON « Perceval le Fou », Ed. Payot.

BENEDEK, Th. « Parenthood as a developmental phase. A contribution to the libido theory », Journal amer. Psychoanal. ass., 1953, 7, 389 417. Également, « The organisation of the reproductive drive. » Int. Psychoanal., 1960, 41, 1, 1-15.

CANAL, A. L'adolescence, âge de crise — Toulouse, Privat, 1961.

CONGER. « Adolescence and youth », Harper. I.Rav, New-York, 1973.

CORRAZE, J. « Les maladies mentales », PUF, 1977, p. 9. Principaux manuels de psychiatrie.

DEBESE, M. L'adolescence, P.U.F., 1962.

DUFOIN, Cl. « Introduction à la sociologie ». Polycopié et publié Institut d'Administration Économique et sociale, Université de Dijon, 1981.

EY ET COLL. « Manuel de psychiatrie », Masson.

FENICHEL, O. La théorie psychanalytique des névroses, P.U.F., 1953, 2 vol.

FOUCAULT, M. « Histoire de la folie », Gallimard.

FOURAGE, G. L'adolescent, Bruxelles, Ed. Universitaires, 1946.

FREUD, S. Introduction à la psychanalyse, Payot.

FREUD, S. « Psychopathologie de la vie quotidienne », Payot.

FREUD, S. « L'interprétation des rêves », PUF, « la science des rêves », Gallimard.

FREUD, S. « La technique psychanalytique », PUF. (« La dynamique du transfert », p. 50 à 60, « Le début du traitement », p. 80 à 104, et « Observation sur l'amour de transfert », p. 116 à 130.)

FREUD, S. « Trois essais sur la théorie de la sexualité », « La sexualité infantile », p. 63 à 112, Gallimard, 1962, « Essais de psychanalyse appliquée », « État amoureux et hypnose », p. 175 à 181.

FREUD, S. Pour introduire le narcissisme, in traduction française par J. Laplanche dans La Vie Sexuelle, Paris, 1969, p. 81 à 105.

FRIEDMAN, G. « Où va le travail humain ? » Gallimard.

FRIENDLANDER, K. La délinquance juvénile : étude psychanalytique, Paris, P.U.F., 1951.

GAGEY, J. De la fondation de la clinique à travers l'acte freudien. In Cahiers de l'ANREP. Les psychologues entre la tentation psychanalytique et la prise de pouvoir institutionnelle, Paris, 1984, p. 21.

GAGEY, J. Analyse spectale de la psychologie, Paris : Marcel Rivière, 1969.

GAGEY, J. Freud et le christianisme, Desclée, Paris, 1982, p. 279.

GAGEY, J. Phénomènes mystiques, article à paraître.

GREEN, A. « Psychanalyse et Marxisme », la nouvelle critique, n° 37, 1970, p. 29.

GREENACRE, P. Traumatisme, croissance et personnalité, P.U.F.

GUILLAUMIN, J. Le temps et l'âge. Réflexions psychanalytiques sur le vieillir. In Chronique Sociale « Le temps et la vie », Lyon, 1982, p. 133.

HANUS « Psychiatrie intégrée de l'étudiant », Maloine.

HOUSER, H. « Abrégé de psychopathologie » sous la direction du Dr. Bergeret, Masson, p. 38.

LACAN, J. *le stade du miroir,* in Les Écrits, Seuil.

LANTERI-LAURA « Les perversions, histoire de leur appropriation médicale, Masson.

LEBOVICI, S. « Séparations : les vivre avec l'adolescent » dans la Revue « L'école des parents », 2-1975.

MANNONI, M. « La théorie comme fiction », Seuil, p. 20.

PITROU, M. *Sociologie de la famille,* Paris : Armand Colin — Collection U, 1981, 288 p.

RACAMIER, P.C. « De psychanalyse en psychiatrie », La maternité psychotique, Payot, 1979, p. 194.

RIGAUX, J. *L'acte freudien. Quelle rupture inaugure la psychanalyse par rapport à la psychologie et à la médecine,* in Le Journal des Psychologues, n° 21, oct. 1984, p. 15.

SEGELEN, M. *La vie précaire, Des familles face à leurs difficultés,* Paris : CNAF, 1978, 278 p.

VERDIER, Y. *Façons de dire, façons de faire, étude d'anthropologie sociale.* Paris, Gallimard.

2
ÉCHEC AMOUREUX, SÉPARATION ET DIVORCE

2.1

La relation amoureuse et sa rupture, des occasions de cheminement existentiel

JEAN LEAHEY

Depuis quelques années, on reconnaît que la vie adulte n'est pas établie sur ce plateau tranquille qu'on serait sensé avoir atteint après ce qu'il est convenu d'appeler la fin de l'adolescence ou le début de l'âge adulte (Richardson, 1981 ; Whrightsman, 1981 ; Wortley, 1982). Bien au contraire, de nombreux auteurs (Gould, 1978 ; Levinson, 1979 ; Parkes, 1971 ; Schlossberg, 1981, 1984 ; Sheehy, 1974) ont décrit comment la vie adulte est jalonnée de périodes alternatives de remises en question et de réorganisations.

D'une façon générale, on peut définir ces crises comme des moments où un individu modifie sensiblement l'organisation de sa vie sur le plan personnel ou interactionnel, dans l'une ou l'autre des zones de sa vie. Schlossberg (1981), dans la définition qu'elle donne des transitions de la vie adulte, offre une synthèse intéressante des travaux qui se sont attachés à cerner ce phénomène :

> « On peut parler de transition si un événement ou un non-événement amène un changement des croyances fondamentales au sujet de soi-même ou du monde et provoque ainsi un changement correspondant au niveau du comportement et des relations ».

Le changement des croyances dont on parle ici implique la confrontation ultime avec des réalités existentielles fondamentales telles que la mort, la solitude, l'appartenance, la liberté, la responsabilité. Toute démarche de croissance, tout développement humain aboutissent à cette confrontation (Bridges, 1980 ; Garneau et Larivey, 1979 ; Yalom, 1980). De ce point de vue, le développement de l'adulte peut être perçu comme un long et lent cheminement passant par le déni des terribles exigences de la liberté et de la responsabilité, des souffrances reliées à la solitude inexorable de l'être humain et au caractère inéluctable de la mort, pour en venir à la reconnaissance de ces réalités de mieux en mieux assumées comme étant le lot essentiel de l'existence humaine. Le cheminement de la personne s'effectuera le plus souvent comme une suite de périodes de confrontation avec ces données existentielles, qu'elle découvre petit à petit, et de périodes de répit au cours desquelles seront assimilées les retombées de ces découvertes. En fait, ce cheminement marque toute la vie de la personne et d'avoir à maintenir une frontière, souvent ténue, souvent menacée, entre le déni et la confrontation, suscite une anxiété intarissable. Depuis toujours, les êtres humains développent des moyens de défense pour contenir cette anxiété. Pour y parvenir ils se sont ligués, tantôt à travers leurs relations amoureuses, tantôt à travers leur adhésion à des relations sociales plus larges.

Les crises de la vie adulte sont des occasions de cheminement et on parlera de « transition existentielle » lorsqu'une crise sera « accompagnée d'une interpellation ou d'un cheminement sur une dimension existentielle fondamentale » (Leahey, Marcoux, Spain, 1985). C'est du moins l'hypothèse de base qui sous-tend la présente réflexion. Cette remise en question de soi en fonction de données existentielles fondamentales sera plus ou moins explicite selon les personnes, et selon les événements qui l'ont suscitée. Elle n'en constitue pas moins un moment privilégié, par la déstabilisation de sa cohérence interne qu'elle provoque chez l'individu, l'invitant à reconnaître un peu plus lucidement les aspects fondamentaux de son existence.

Dans le contexte actuel de la vie adulte, une des crises les plus importantes est sans contredit la rupture amoureuse dont l'ampleur se manifeste (statistiquement du moins) par les cas de séparation et de divorce. La précarité des liens amoureux, des « associations amoureuses » sous toutes les formes, a bien sûr fait l'objet de nombreuses recherches qui en ont identifié les dimensions, interprétées tantôt comme causes, tantôt comme conséquences. La simple énumération de ces multiples dimensions représenterait un travail de recherche énorme recoupant de nombreux champs de connaissance. Le pré-

sent texte se veut plutôt une réflexion exclusivement centrée sur le cheminement existentiel associé à la relation amoureuse et à la rupture.

Lorsque des personnes établissent un lien privilégié entre elles, et particulièrement une relation amoureuse, elles cherchent à maintenir un équilibre délicat entre deux pôles où l'on trouve d'une part, des répits nécessaires
dans le lent cheminement existentiel et d'autre part, une interpellation mutuelle
qui interdit de s'arrêter définitivement. Dans ce contexte, la rupture peut être
ressentie comme un bris de cet équilibre, que l'on n'arrive plus à rétablir.

Au lieu de voir dans la rupture amoureuse l'unique occasion d'accéder
aux réalités existentielles fondamentales, il faut plutôt y voir une « crise type »
susceptible d'éclairer les liens entre les transitions de la vie adulte et la prise
de conscience progressive de ces réalités, puisqu'il s'agit souvent, pour la personne impliquée, d'un événement majeur de sa vie, suscitant une remise en
question importante de plusieurs de ses aspects. Rappelant l'énoncé de Freud
pour qui les investissements les plus importants de la vie humaine concer-
naient le travail et l'amour, Bridges (1980) écrit qu'une période de transition
chez un adulte rejoint pratiquement toujours l'une de ces deux zones de sa
vie. Quant au pôle plus affectif de ces investissements, Bloom et al. (1983)
rappellent que d'une part la séparation provoque une détresse émotionnelle,
quelle qu'ait été la qualité du mariage ou le désir de séparation qui l'ont précédée (Weiss, 1976), et qu'elle entraîne d'autre part deux problèmes d'adaptation, l'adaptation à la dissolution elle-même et l'adaptation au nouveau style
de vie ensuite (Spanier et Casto, 1979). Ceci corrobore les observations de
Holmes et Rahe (1967) et de Holmes et Masuda (1974) à l'effet qu'en termes
de durée et par l'intensité de la crise qu'elle provoque, la séparation conjugale vient au deuxième rang, après la mort d'un époux, parmi les événements
stressants de la vie adulte.

Une situation de crise dans la vie d'un couple est donc susceptible de
s'accompagner de changements au niveau des croyances fondamentales, propres aux périodes de transition, et plus particulièrement d'une interpellation
ou d'un cheminement quant aux réalités existentielles fondamentales, suivant
l'hypothèse de base de la présente réflexion. Notons qu'il n'y a pas lieu d'établir un lien causal entre les deux types de variables ni d'en spécifier la direction. Nous verrons plus loin que la question est plutôt posée en termes de
concomitance, sans toutefois rien nier de l'importante interaction entre la crise
comme telle et le cheminement existentiel.

Dans le présent texte, nous entendons par « rupture amoureuse » l'inter-
ruption d'une relation qui fut stable et dans laquelle il y eut « permanence »
d'attention privilégiée réciproque. Cette définition large a l'avantage de dépasser
les catégories légales ou culturelles de mariage, d'union libre, de séparation,
de divorce et vise à cerner la situation de crise vécue par des personnes lorsque l'interrelation avec un partenaire choisi change radicalement. Les termes
« conjoints », « partenaires », « membres du couple » seront utilisés dans le
même sens large.

Les termes ainsi définis, il pourrait fort bien y avoir « rupture amoureuse » entre des gens qui continuent leur vie durant à vivre sous le même toit et à rester en apparence engagés l'un envers l'autre. Il est fort plausible que ces personnes aient à passer par les mêmes éléments de cheminement existentiel que ceux énoncés ci-dessous. La rupture, qui risque d'avoir un impact sur le cheminement existentiel, se situe, dans notre esprit, d'abord et avant tout au niveau psychique de la vie humaine. Pour plus de simplicité, on pensera toutefois à des gens qui en général se quittent en cas de rupture amoureuse.

La question reste entière de savoir si, parmi les dimensions existentielles, certaines sont plus directement visées par certains types de crises que par d'autres. En ce qui concerne la rupture amoureuse, elle sera ci-dessous étudiée sous ses aspects d'appartenance, de solitude, de liberté et d'intimité. Nous avons retenu ces aspects parce qu'ils nous semblent, a priori, mieux éclairer les transitions de la vie adulte, et en particulier la rupture amoureuse, dans leurs rapports avec le cheminement existentiel.

APPARTENANCE

On peut définir l'appartenance comme le sentiment chez un individu de faire partie d'un tout, d'un ensemble, d'une collectivité qu'il influence, qui en retour l'influencent et avec lesquels il entretient des liens supportants réciproques. Ces liens favorisent le développement de l'identité de la personne autant par les ressemblances que par les différences qu'elle manifeste dans son rapport avec les autres.

En regard du cheminement existentiel, l'appartenance s'inscrit justement dans la reconnaissance de la nécessité très primaire de ces liens. Ils sont en effet essentiels en ce qu'ils permettent à la personne d'identifier une partie de ce qu'elle est par la résonance de ses remises en question chez les autres, en même temps qu'ils l'amènent à exprimer son individualité dans sa façon unique de vivre ces remises en question. Le développement harmonieux de la personne implique un équilibre entre ces deux termes d'identification et de différenciation.

Un lien d'appartenance entre deux personnes suppose que l'une soit sensible aux remises en question de l'autre et en saisisse le mode d'expression, sans qu'elle y ait par ailleurs l'obligation de s'y associer concrètement. À titre d'exemple, on peut être fasciné par la façon qu'a le cascadeur de nier la mort et développer avec lui un lien d'appartenance par la résonance que son débat trouve en nous-mêmes, sans nous croire obligé pour autant de l'accompagner dans ses exploits. Toutefois, étant donné que les remises en question évoluent, se déplacent d'une réalité existentielle à l'autre, et que les moyens concrets pour en rendre compte changent, les personnes concernées risquent de ne plus se reconnaître comme faisant partie du même monde et leurs liens peuvent s'effriter.

Au fond, toute la vie est faite de modifications au chapitre de l'appartenance. On quitte sa famille d'origine pour s'associer à d'autres personnes avec qui on développe des liens plus significatifs. On éprouve le besoin à divers moments de changer d'amis, de conjoint, d'associations, de clubs, parce qu'on cherche chez d'autres une correspondance avec nos préoccupations du moment à une époque ou l'autre de notre vie. En réalité, l'appartenance crée un lieu d'expression, dans certains cas un lieu de parole, qui permet à la personne de se sentir reçue et reconnue, de sorte qu'elle puisse découvrir petit à petit, pour elle-même, le sens existentiel que recèlent ses actes.

Cependant, la prise de conscience croissante de cette dimension d'appartenance amène l'individu à rechercher un équilibre qui le conduit graduellement à accepter que le support fourni par son association aux autres, tout aussi nécessaire qu'il soit, ne réduit en rien pour lui la tâche d'assumer seul son existence. Le déni de cette nécessité existentielle pour un individu, de mener sa propre réflexion sur sa vie et de s'approprier ses remises en question le conduit, soit à la recherche d'une relation fusionnelle qui lui évitera l'angoisse liée à ce type de responsabilité, soit au contraire à la fuite dans l'isolement pour se dérober aux exigences d'une relation qui réveille sans cesse des remises en question. Dans l'un et l'autre cas, il s'agit d'une distorsion de l'appartenance véritable.

Le sentiment d'appartenance émerge donc d'une association entre des personnes qui s'offrent de façon complémentaire des moyens de poursuivre, d'une manière optimale, on pourrait dire supportable, leur cheminement existentiel. Ainsi naissent des complicités diverses entre des êtres qui se savent parcourir des cheminements similaires et connaissent de l'intérieur les questionnements de l'autre, sans jamais les assumer à sa place. Ces complicités doivent changer au sein d'une relation et suivre l'évolution de chacune des personnes dans ses remises en question.

On peut imaginer que l'histoire d'un couple, de sa constitution à sa dissolution, comporte des éléments significatifs du cheminement de chacune des personnes quant à la dimension d'appartenance. En effet, l'élection mutuelle, la tentative pour créer un lien qui rende l'union privilégiée et unique, ne peut se concevoir que dans une démarche d'identification à un(e) autre qui, par ailleurs, sera toujours différent(e). Au fond, accepter de vivre avec quelqu'un un lien amoureux, c'est accepter de composer dans sa démarche avec les ressources et les défenses de l'autre dans sa façon de négocier sa propre vie.

Bien sûr, tous les couples ne concrétiseront pas ce lien de la même façon et l'appartenance prendra selon les cas des tonalités différentes. Il arrivera bien peu souvent, et c'est heureux, que ce lien s'établisse à l'exclusion ou par la désintégration de tous les autres liens significatifs qui peuvent exister dans la vie d'une personne, incluant les liens amoureux. Qu'ils soient fantasmatiques ou réels, ces liens contribuent tous de diverses façons à supporter sa démarche d'appartenance. En général, le couple ne sera d'ailleurs qu'un des lieux privilégiés du cheminement des partenaires sur l'appartenance et il en va de même pour les autres dimensions existentielles qui se joueront en même temps sur tous les plans de la vie. Bridges (1980) souligne que les investissements amoureux d'une personne, comme ses investissements professionnels, ne représentent qu'une partie de sa tâche plus globale qui consiste à chercher sa place dans le monde. On pourrait ajouter cependant qu'en raison de l'importance que revêt pour la plupart des gens la vie amoureuse, elle indique de façon très significative le type d'investissement qu'ils sont prêts à engager dans cette recherche, l'ouverture à la remise en question se retrouvant en général identique dans toutes les zones de la vie.

Dès que deux personnes se révèlent former un couple amoureux, elles le font sur la base de leur perception d'une certaine identité et d'une certaine complémentarité, fut-ce une complémentarité défensive qui assure le maintien de l'anxiété existentielle à un niveau acceptable pour les deux personnes du couple à ce moment-là de leur vie, leur aménageant ainsi des zones de répit dans leur cheminement. Selon Salomé (1982), toute relation amoureuse, et toute relation de couple qui peut en découler, commence nécessairement sur un malentendu qui relève de cette belle subjectivité qui nous fait percevoir l'autre comme celui ou celle que nous attendions. Quand il y a reconnaissance de l'autre comme « l'élu(e) », il ne s'agit de rien de plus (sans rien diminuer à la grandeur de ce que cela peut être) que d'une correspondance entre deux êtres sur certains aspects somme toute relativement spécifiques d'eux-mêmes. Mais c'est suffisant pour que naisse le sentiment d'appartenance et que s'établisse une association qui le plus souvent supportera le développement des deux personnes en cause.

Or, la sagesse populaire l'a depuis longtemps nommé, tout le problème pour les deux personnes d'un couple, une fois qu'elles ont pris conscience du fait que l'autre n'est pas tout ce que l'on avait souhaité, est d'évoluer sous l'influence d'une multitude de stimuli au changement, de manière à conserver pour le couple une complémentarité optimale. L'interdépendance dans un couple place les conjoints dans une situation qui, idéalement, devrait leur permettre d'assister aux mouvements de croissance de l'autre, de les supporter et même de profiter d'une partie des retombées de ces mouvements, sans pour autant se rendre responsable du développement de l'autre et sans en modifier le rythme ou la direction. Les hasards de la vie (on serait tenté ici d'utiliser le terme anglais « hazards » avec l'aspect danger qu'il signifie) n'ont toutefois pas toujours ce résultat. Ainsi, un des membres du couple peut être amené à poursuivre son cheminement existentiel quant à l'appartenance, par la transformation de certains aspects de sa vie professionnelle, par des changements dans ses rapports avec sa famille élargie, ou sous l'effet d'engagements ou d'événements politiques percutants pour lui. Ce cheminement aura pour conséquence qu'il ne recherchera plus le même type de support dans ses associations avec les autres et qu'il reconnaîtra de plus en plus son individualité. Il devra forcément remettre aussi en question son rapport avec le conjoint, puisqu'on ne peut « spécialiser » ses cheminements existentiels en ne les associant qu'à certaines zones de sa vie. Un tel cheminement introduit une confrontation sur la séparation irréductible existant entre deux personnes, ce qui peut être difficile à assumer pour l'autre.

Il s'agit dans un tel cas d'une « poussée » ou d'une invitation à changer les modes d'appartenance des deux personnes et cela peut se faire en harmonie, un peu comme une corde d'un instrument de musique peut en faire vibrer une autre qui serait de même tonalité, pour reprendre la belle expression de Bridges (1980). Rien ne démontre mieux l'interdépendance des individus que lorsque l'un réagit aux changements, aux transitions de l'autre. Cette réaction peut toutefois en être une d'alarme, particulièrement s'il s'agit de changements inattendus, ou qui ne rejoignent pas les remises en question de l'autre. En réalité, la poussée vers le changement peut être subjectivement vécue comme brusque et peu respectueuse lorsqu'elle paraît effectuée uniquement par une des deux personnes qu'il serait tentant d'accuser de traîtrise, en regard du « pacte » précédemment établi dans la négociation de l'appartenance. On retrouve ici la question du difficile équilibre à maintenir dans le rapport de deux personnes, chacune avec son rythme et sa démarche propre.

Une telle situation, sans aucun doute schématisée ici, exige des deux personnes en présence l'énonciation, généralement fort implicite, d'une nouvelle entente qui visera à les satisfaire toutes les deux en regard de la dimension discutée, nouvelle entente qui, idéalement, devrait s'avérer moins restrictive, en d'autres mots comporter moins d'éléments de déni. Il s'agit évidemment d'une situation qui se répète à de nombreuses reprises dans une relation vivante qui dure. Le défaut d'arriver à une entente satisfaisante entraînera vraisemblablement un état de frustration ou de souffrance existentielle chez l'un ou l'autre des partenaires, ou chez les deux. Il s'agit ici de cette souffrance existentielle causée par les embûches rencontrées dans l'évolution vers l'authenticité, définie par Yalom (1980) comme la reconnaissance de sa propre façon d'être dans le monde et la liberté d'y manifester ses propres modes de confrontation aux données existentielles fondamentales. Plusieurs exutoires pourront servir à liquider cette frustration avec plus ou moins de bonheur et bien sûr, à la limite, la rupture sera envisagée pour tenter de sortir du cul-de-sac dans lequel le couple, ou du moins l'un des partenaires, se sent engagé. L'étroite voie de la « maturité » exigerait ici une analyse délicate qui permettrait de distinguer les empêchements réels et insurmontables opposés par un conjoint au cheminement existentiel de l'autre, des souffrances ou difficultés inhérentes à ce cheminement lui-même. Dans plusieurs cas, la rupture pourrait s'avérer nécessaire à la reprise du cheminement existentiel. À l'inverse, elle pourrait être une tentative pour mettre au compte de la relation avec l'autre ses propres contraintes et ses limites personnelles. Dans un tel cas, il s'agit en quelque sorte d'un refus de l'interpellation et de l'invitation au cheminement.

Évidemment, dans l'éventualité d'une séparation, le problème de l'appartenance ne sera pas pour autant réglé ni pour l'un ni pour l'autre membre du couple, puisque n'est jamais terminée la tâche d'établir et de modifier des relations qui soient en accord avec la capacité d'accueillir les données existentielles que l'on a, à un moment ou l'autre de sa vie. On peut simplement imaginer qu'ils seront alors tous les deux amenés à négocier de nouvelles ententes à ce sujet dans des contextes à la fois plus conformes aux attentes de chacun et plus ouverts à l'émergence de nouveaux aspects de ces attentes qui n'auraient pû se manifester dans le contexte précédent, trop sclérosé ou trop menaçant.

Vues telles que décrites précédemment, la relation amoureuse autant que la rupture apparaissent tantôt comme l'occasion d'un cheminement existentiel, tantôt comme un moyen de l'éviter désespérément. Que l'on accède à l'une ou l'autre voie est-il simplement l'effet du hasard ? Serait-il possible d'identifier des conditions favorables dans lesquelles les besoins de cheminement de conjoints puissent s'actualiser ? L'objet premier du présent texte n'est pas de développer cette question, mais il n'est pas inutile de la poser, ne serait-ce que pour faciliter la réflexion des personnes aux prises avec des transitions et celle des intervenants qu'ils rencontrent.

Il est une condition favorable qui a priori peut paraître triviale, mais qu'il n'est sûrement pas inutile de rappeler dans le monde d'efficacité-avant-tout, de compétence-absolue et de bonheur-à-tout-prix dans lequel nous vivons. Cette condition est simplement la reconnaissance pour soi-même et pour les autres du droit à l'échec, et en particulier du droit d'un couple à l'échec dans ses tentatives, répétées, pour établir un lien qui respecte chacun et les unisse en même temps. Sur cette base, on en viendrait peut-être à accueillir d'une façon moins dramatique la déception face aux imperfections de l'autre et aux imperfections de l'union et à voir ce que ces imperfections révèlent des personnes en présence.

Il faut aussi dire qu'on peut certainement trouver une grande détente à « simplement » reconnaître que l'entente qui prévalait jusque-là ne fonctionne plus et qu'il y a inévitablement une transition à l'horizon, ce qui n'évite en rien les deuils à faire ni l'anxiété face à l'inconnu. Mais justement, la reconnaissance de la crise libérerait peut-être assez d'énergie pour y faire face et en recueillir les retombées. On est tenté de rappeler ici la sagesse de l'ancien chinois qui désignait le mot crise par un caractère opposant dialectiquement les termes « danger » et « occasion ». Le pas suivant, dans l'exploration des conditions favorables, consiste à voir les crises de la vie d'un couple comme des indices de la fin d'une époque, fut-elle idyllique. Nouvelle conquête à entreprendre, reconquête de l'autre ou conquête conjointe d'une nouvelle zone de rencontre, qui reposera sur des assises différentes d'appartenance, telles sont les tâches qui s'imposent dans un tel moment.

SOLITUDE

Le problème de l'esseulement a de tous temps préoccupé l'humanité et motivé les gens à des regroupements pour en contrebalancer les effets dans d'innombrables zones de la vie. Mais de tous temps aussi on a constaté, avec l'expression d'un plus ou moins grand désespoir, qu'aucun regroupement, fut-il d'une grande signification, ne pouvait atténuer cette solitude fondamentale qui laisse chaque individu face à lui-même, dans l'immense et ténébreuse tâche d'assumer son existence. On voit facilement que la question de l'appartenance étudiée plus haut est intrinsèquement liée à celle de la solitude.

Le vécu d'une personne face à la solitude perçue comme une réalité fondamentale de l'existence, la situe dans une démarche qui l'incite à combler cette solitude par une présence tout en lui révélant lentement son insuffisance. On peut voir la vie humaine comme un long périple au cours duquel nous passons de la fusion, étape nécessaire à la survie, à la reconnaissance sans compromis de notre séparation de tout autre être vivant et du monde, reconnaissance essentielle à la différenciation, à l'individuation, à l'affirmation de notre pleine identité. Yalom (1980) en fait d'ailleurs la tâche maîtresse du développement existentiel.

Moustakas (1972) s'est fait en quelque sorte le chantre de la solitude, y voyant la condition essentielle, et du ressourcement personnel, à l'écart des attentes et diktats du monde environnant, et de l'émergence de l'individualité, source indéniable de joie et d'authenticité. Ce faisant, il ne nie en rien la douleur qui accompagne la reconnaissance de la solitude, mais il la voit, lorsqu'elle est assumée, comme un lieu de rencontre privilégiée entre des êtres qui s'aiment. Il rejoint ainsi Pagès (1968) pour qui le « point de perfection », pourrait-on dire, se situe dans cette reconnaissance sereine de l'inexorable solitude de deux êtres fondamentalement seuls qui se confirment réciproquement comme tel et entre qui se développe l'amour « authentique », comme il l'a admirablement décrit.

Mais la voie peut être longue et difficile vers l'atteinte de cette forme de rencontre. Cette démarche marque de ses soubresauts et de ses escales la vie d'un couple et présente conséquemment de nombreux écueils. Comment en effet un couple peut-il assimiler les mouvements de chacun, qui pas plus ici que sur la dimension appartenance ne s'inscrivent sur une trajectoire commune, en réinventant constamment une entente viable, qui réponde à la tentative de chacun pour se situer par rapport à la solitude ? On est au seuil d'un paradoxe : la vie en couple, recherchée comme baume légitime pour soulager de la solitude existentielle et lieu d'un amour authentique, pour reprendre la conception de Pagès, et par ailleurs vouée ultimement à la révélation de la solitude, dans la mesure où la relation amoureuse est une occasion de développement plutôt que de régression des personnes en présence.

Il faut bien sûr voir la vie d'un couple resté vivant comme un processus dynamique entre ces deux aspects, le déni et la confrontation, mais l'équilibre optimal à maintenir reste toujours subtil, délicat, peut-être même devrait-on dire fragile. Il est vrai que le défi est de taille puisqu'il s'agit de laisser entre les amoureux l'espace suffisant pour que chacun connaisse sa solitude sans pour autant que soit remise en question la valeur fondamentale du lien qui les unit, un lien trop souvent jaugé au modèle de l'amour romantique, bien peu adapté à ce qui se passe réellement entre deux vraies personnes en crois-sance, ou évalué à partir de critères hérités de normes religieuses et sociales qui cherchent généralement à taire les vérités humaines les plus riches et les plus fondamentales. De plus, garder cette distance dans la relation avec l'être aimé, c'est accepter d'assister, impuissant, à l'expression de la douloureuse soli-tude de l'autre, sans s'en attribuer la culpabilité avec son train de conséquen-ces, toutes plus néfastes les unes que les autres. Il s'agit là pourtant de la con-dition essentielle d'un engagement véritable envers l'autre à qui on restitue alors toute son individualité. Moustakas (1972) nous rappelle toutefois que c'est précisément bien souvent l'amour de l'autre qui nous rend difficile la tâche de faire la paix avec la solitude. Quoiqu'il en soit, c'est certainement une situa-tion grosse de conflits potentiels, d'accusations faciles et momentanément libé-ratrices, sur les incompétences « de l'autre » à régler le problème de la solitude.

Pas plus ici qu'ailleurs, les plateaux momentanément atteints ne sont de longue durée. À travers des événements révélant la vulnérabilité des humains et leur difficulté à s'accueillir sans restreindre mutuellement la portée de leur communication, la vie se charge souvent de rappeler que personne ne peut se soustraire à la solitude. On peut par ailleurs identifier d'innombrables moyens inventés par les hommes pour continuer d'éviter cette vérité inéluc-table, y compris au sein de la vie de couple, et surtout au sein de l'institution de la vie de couple. S'attacher d'abord et avant tout, et surtout exclusivement, au bonheur et au bien-être de l'autre, comme plusieurs le proclament avec l'approbation admirative de l'entourage, exiger cette réciprocité, ne retenir comme motifs d'intérêt pour l'autre que les points de ressemblance avec soi, débusquer compulsivement toute source de conflits et de tensions pour en arriver à une tranquille et parfaite harmonie en tout, ce sont autant de moyens de parvenir à cette sorte d'entente conjugale qui, bien qu'elle soit parmi les plus prisées socialement, est fondamentalement vouée à nier la solitude et a pour conséquence directe l'étouffement des partenaires quant au dévelop-pement de l'individualité propre de chacun. « Filer le parfait amour » n'est peut-être pas le meilleur gage de croissance des « chanceux » qui l'ont trouvé sur leur chemin. De nombreux auteurs (Bridges, 1980 ; Garneau et Larivey, 1979 ; Moustakas, 1972 ; Salomé, 1982 ; Yalom, 1980) ont montré de diverses façons comment la recherche frénétique de l'harmonie dans un couple n'est souvent qu'un simulacre mystifiant de relation amoureuse où en réalité, l'autre est uti-lisé comme instrument de négation de la solitude.

Il nous importe moins ici de nous attarder à ces jeux de « défense-à-deux », que de mettre en évidence ce fait, que le cheminement de l'un des partenai-res sur cette dimension de la solitude peut rendre caduque, souvent au désar-roi de l'autre, l'entente tacite cherchant plus ou moins à occulter la solitude existentielle.

On peut souhaiter qu'idéalement, à travers ces soubresauts, ces réorgani-sations, les conjoints passent graduellement de l'amour possessif, cette déné-gation névrotique de leur irrémédiable séparation, succintement décrite ci-haut, à un amour authentique précisément fondé sur la reconnaissance de cette séparation fondamentale. C'est fort heureusement ce qui arrive à plusieurs sans qu'il leur soit nécessaire, bien sûr, d'énoncer consciemment leur démarche en ces termes. Il n'en est pas toujours ainsi cependant, et bien souvent le cheminement de l'un des membres du couple, à la faveur de circonstances le concernant personnellement ou concernant la vie du couple, remet en question l'arrangement qui a prévalu jusque-là, obligeant ainsi l'autre à prendre un peu plus conscience de sa solitude. Cette remise en question est souvent vécue par le partenaire comme une brusque agression, une traîtrise, un abandon, réaction analogue à celle décrite précédemment au sujet de l'appartenance. Dans ce cas, ce que certains qualifieraient d'échec amoureux est l'échec d'un amour qui cherchait à taire une vérité désormais révélée, qui exigera d'être prise en compte dans les nouvelles relations à naître, soit de la dissolution de la forme précédente des rapports dans ce couple, soit de la dissolution définitive de ce couple.

On pressent tout de suite ici que la rupture amoureuse ne résoudra pas d'emblée le problème auquel les individus se trouvent confrontés. Elle permettra seulement à chacun, ou de chercher un contexte plus favorable à sa rencontre avec la solitude compte tenu de son niveau d'évolution, ou au contraire de reproduire une relation qui lui fournira les mêmes occasions d'évitement. Nous pouvons tous identifier dans notre entourage des gens qui aussitôt séparés « se sont empressés de recommencer exactement la même chose avec un autre partenaire ». Ne s'agit-il pas justement dans de tels cas d'une tentative désespérée pour éviter la « révélation » de la solitude existentielle ? Il faut reconnaître par ailleurs que la rupture et l'association avec quelqu'un d'autre peut être pour une personne la seule possibilité d'approfondir sa rencontre avec la solitude.

Ce n'est pas une tâche facile quelles que soient les circonstances. Il n'est pas facile non plus d'imaginer des conditions idéales favorisant ce cheminement, que ce soit dans le contexte d'une relation durable ou dans celui d'une rupture amoureuse. On peut cependant avancer qu'aucune relation saine ne peut se construire sur un déni de la solitude, quels que soient les mythes entretenus à ce sujet, mais que ce sentiment de solitude peut être partagé et devenir le lieu d'une relation privilégiée et irremplaçable. Un tel type de relation implique évidemment qu'on s'y engage autrement que dans l'espoir de trouver chez l'autre une réponse à ses besoins, et que l'on renonce à toute forme de fusion, aussi bien qu'à toute forme de contrôle ouvert ou manipulateur de la vie de l'autre et de ses sentiments.

Une telle attitude ne peut que résulter de l'acceptation de sa solitude et de sa souffrance comme aspects fondamentaux de la condition humaine et points d'ancrage de l'individualisation auxquels il faut constamment revenir. Cette prise de conscience peut nous amener à percevoir nos propres difficultés à vivre comme des conséquences de nos limites, nous préservant de l'accusation inutile qui nous incite à les attribuer aux imperfections de l'autre, ou aux faiblesses de la relation dans laquelle nous nous sommes engagés.

Il s'agit presque d'une ascèse qui seule peut permettre une relation réelle, franche, entre deux personnes qui se reconnaissent séparées, distinctes (Garneau et Larivey, 1979). Au-delà seulement de cette reconnaissance peut commencer la recherche de l'autre, recherche de différences au lieu de similitudes, et se produire la naissance d'une émotion exceptionnelle, celle de voir se déployer une vie distincte, qu'on ne cherche plus à réduire au rang d'instrument d'apaisement de sa propre angoisse.

Il faut peut-être ici nommer un risque terrible inhérent à une telle démarche, un risque qui en fait sans doute inconsciemment reculer plusieurs, celui de voir se rétrécir l'éventail de ses relations possibles. En effet, plus on accepte d'être confronté à sa solitude, plus les rencontres satisfaisantes se limitent aux gens qui parviennent aussi à l'assumer, et ils sont moins nombreux que les autres...

LIBERTÉ

D'un point de vue existentiel, les notions d'appartenance et de solitude amènent naturellement à poser la question de la liberté dont la responsabilité est une conséquence. En effet, on a précédemment insisté sur le fait que la croissance naturelle d'une personne l'amène ultimement à se voir comme l'unique responsable de sa vie devant laquelle elle reste fondamentalement seule. De ce point de vue, la liberté paraît être cette disposition, plus ou moins développée chez les individus, par laquelle une personne assume les divers aspects de son existence, en reconnaissant qu'elle seule peut le faire authentiquement et ce, en les utilisant comme pierres angulaires de son individualité.

En effet, une personne affirme sa présence-dans-le-monde en utilisant d'une façon qui lui est particulière les éléments sur lesquels repose sa vie. Ces éléments proviennent à la fois de son hérédité, du contexte familial et socio-économique dans lequel elle naît, des données politiques et culturelles de son époque, etc. Les choix nombreux qui se présenteront à elle d'utiliser ou non ses potentiels, dans les limites des circonstances dans lesquelles elle vit, lui laisseront largement l'occasion d'exercer sa liberté. Le sens de la liberté, tel qu'entendu ici, ne pourra d'ailleurs se développer que dans la mesure où ces choix seront vraiment assumés individuellement par une personne qui accepte ainsi de créer sa vie, à partir de ce qu'elle a reçu.

Une position devant l'existence qui veut s'appuyer sur la liberté révèle forcément à la personne l'inéluctabilité de sa responsabilité et de celle des gens qui l'entourent, qui contribuent d'ailleurs à lui révéler sa responsabilité dans la mesure où ils exercent la leur. Ceci lui permet d'accéder à cette forme de maturité qui consiste à ne plus compter sur une structure extérieure pour guider sa vie. Les seules balises fiables seront énoncées de l'intérieur, lorsque viendra le temps pour l'individu « d'aménager le monde à sa convenance », avec les heurts et frustrations inévitables que cela implique. Moustakas (1972) nous propose une belle et exigeante affirmation à ce sujet :

> « En des moments de doute et de conflit, il n'y a pas de meilleure voie que celle que l'on trouve en soi. Être soi-même est une responsabilité aussi bien qu'un droit » (p. 7).

Dans cette démarche qu'est celle de la conquête de sa liberté, il est souvent essentiel que la personne trouve à la fois le répit nécessaire à la consolidation de ses acquis et l'interpellation qui invite à faire un pas de plus. Il est par ailleurs difficile de garder entre ces deux termes l'équilibre optimum qui facilite ce cheminement. Cet équilibre s'établira souvent par la présence de l'autre, essentiel à la fois comme un miroir des acquis, comme un objet des tentatives de manipulation qui sait s'y dérober et, surtout, comme un témoin d'une démarche exigeante dans laquelle le vertige ne manque pas de se manifester lorsque la personne réalise qu'elle est la seule responsable, l'unique auteur de sa vie, sans qu'aucun scénario ne lui soit véritablement imposé. La difficulté que cela représente se reflète dans le fait qu'on souhaite très souvent un scénario pré-établi auquel on pourrait adhérer presqu'aveuglément.

La naissance, la vie et, le cas échéant, la mort d'un couple fournissent évidemment de puissants stimulants au cheminement de ses membres quant à leur liberté, entre autres parce que la reconnaissance du fait qu'on est l'auteur de sa propre vie oblige à reconnaître en même temps qu'on est l'auteur de ce couple-là dans lequel on est impliqué. Le fait d'accepter de s'exposer à vivre avec telle personne et à en être transformé est justement une manifestation importante de la liberté.

En ce sens, la trame de l'histoire d'un couple vue comme une association efficiente dans l'acquisition graduelle de la liberté, se tisse souvent sur les dénonciations réciproques des partenaires. Par contre, l'association dans le déni de la liberté est présente d'une façon ou de l'autre dans l'histoire de tout couple, particulièrement à sa naissance où elle paraît nécessaire au développement des complicités essentielles. Mais cela représente aussi un danger d'asphyxie en regard des besoins de développement de chacun des membres. Yalom (1980), nous rappelle que l'un des plus puissants mécanismes de défense dans une confrontation à la liberté est d'éviter d'assumer la responsabilité de la conduite de sa vie, en la déplaçant sur quelqu'un d'autre à qui on attribue le pouvoir d'exiger, de demander, d'influencer. La relation amoureuse « idéale » n'est-elle pas souvent représentée sous de telles facettes ? Heureusement, elle est aussi souvent le lieu de conflits qui renvoient chacun à sa tâche de croissance.

Que signifient donc la réussite et l'échec amoureux dans cette conquête de la liberté ? La réussite serait-elle un délicat équilibre né de la rencontre mouvante de deux personnes qui savent s'agencer dans les répits et les dénonciations qu'elles s'offrent, avec une vigilance qui interdit l'arrêt sclérosant ?

Quant à l'échec, proviendrait-il d'une progression trop rapide de l'un des membres du couple, qui change ainsi les règles de support mutuel et force son partenaire à une performance au-delà de ses limites du moment ? Dans ces conditions, l'échec pourrait venir tout autant de la tentative désespérée de l'autre pour empêcher son conjoint de poursuivre son cheminement, évitant ainsi l'interpellation qui l'invite à exercer d'une façon un peu plus complète l'exigeante liberté. La rupture surviendrait quand la négociation d'un nouvel équilibre, rendu nécessaire après chaque pas de l'un ou l'autre, n'apparaît subjectivement plus possible ou nécessite des efforts trop grands. Les blessures que l'on peut tenter le plus farouchement d'éviter ici sont peut-être celles de l'amour-propre, dont on écope quand on prend conscience de ce que Moustakas (1972) a appelé la « pétrification de la vie quotidienne », par des règles, usages, habitudes qui visaient à l'établissement d'une fausse sécurité et au déni de l'incessante exigence de créer, de réinventer constamment sa propre vie. Il faut ici toute une conscience de sa responsabilité et un synchronisme rare dans la démarche de deux personnes en relation privilégiée, pour qu'elles en viennent à prendre conscience de l'état de leur relation sans se soupçonner, ou s'accuser mutuellement d'avoir forgé et introduit le carcan qui maintenant étouffe. Dans certains cas, la fuite dans la rupture est certainement plus facile à plusieurs égards ; elle distrait tout au moins de la « vraie » question, celle qui remet chacun face à sa responsabilité.

De nouveau, on entrevoit comment un cheminement vers la liberté peut provoquer la rupture s'il défait de façon irrémédiable le délicat équilibre précédemment obtenu, obligeant chacun des membres du couple à rechercher auprès d'une autre personne ce qui avait précédemment satisfait, ou encore un type d'alliance qui soit en conformité avec le niveau de cheminement. Il se peut très bien que ce soit, en surface du moins, pour une toute autre raison que le couple éclate, mais il n'en reste pas moins que la déstabilisation repose à chacun, et de diverses façons, l'énorme question de la liberté.

Si l'on s'arrête à examiner sommairement les conditions qui peuvent favoriser chez un individu l'exercice de plus en plus complet de sa liberté dans le contexte de ses investissements et désinvestissements amoureux, on est vite ramené à la question de la solitude. En effet, à la base de l'attitude qui permet le développement de la liberté, se trouve une prise de conscience de la futilité de plaire, si ce n'est d'abord et avant tout à soi-même, et de la déception amère, truffée de rancune potentielle, qui guette quiconque s'attend à ce que quelqu'un d'autre, ou une structure extérieure à soi, lui fournissent une relation et un cadre de vie satisfaisants comme instruments de son développement personnel.

Ce n'est qu'en acceptant d'être constamment renvoyée à elle-même, qu'une personne pourra échapper au mécanisme des accusations mutuelles. Et surtout, c'est ainsi qu'elle pourra s'en remettre principalement à ses guides intérieurs dans le façonnement de sa vie personnelle et relationnelle. Il faut, bien sûr, du courage pour vivre en dehors des structures rigides imposées par des cadres culturels habilement proposés comme gages infaillibles de bonheur, et prendre la responsabilité d'identifier ce qui nous convient ou non. Les modèles culturels, les institutions « éprouvées » sont certainement des guides valables dans cette tâche et nul individu, nul couple n'est tenu de partir à zéro dans la recherche des instruments de conquête de la liberté. Il s'agit plutôt de ne pas attendre des structures, des réponses ou des allègements à sa tâche de développement. Les modèles de vie proposés de l'extérieur ne s'avèreront valables que s'ils ont été soumis à une évaluation rigoureuse à partir du vécu. Cela ne saurait se produire pour un individu, quelle que soit la qualité de la relation qu'il puisse avoir avec son conjoint, s'il ne revient régulièrement, et de façon systématique dans les conflits, à ce hâvre de solitude d'où peut jaillir le seul ferment d'un engagement véritable à l'autre.

Il ne faut pas interpréter ce qui précède comme une invitation à l'évitement des conflits. Bien au contraire, le cheminement existentiel dans cette dimension qu'est la liberté peut être grandement nourri par les conflits qui surgissent immanquablement dans toute relation amoureuse et les conjoints ont, en principe, tout à gagner à les utiliser dans le sens d'une meilleure compréhension de leur responsabilité. Il ne s'agit pas pour autant de pousser le zèle jusqu'à les susciter... On peut s'en tenir à considérer que somme toute, dans bien des cas, ils ne sont pas plus difficiles à vivre que la rupture... et le recommencement.

INTIMITÉ

L'intimité se crée par l'accueil et la confirmation mutuelle recherchés par deux personnes liées dans cette démarche d'approfondissement de leur être, à travers laquelle se révéleront petit à petit des dimensions insoupçonnées et l'ampleur de traits personnels pressentis auparavant plus confusément, avec appréhension ou espoir selon qu'on les percevait comme plus ou moins désirables. L'intimité n'est pas en soi une donnée existentielle, c'est plutôt une qualité de relation qu'on peut voir à la fois comme la condition préalable et le produit de la démarche de deux personnes qui se posent comme témoin l'une de l'autre.

La recherche de l'intimité ainsi définie procède de cette motivation au lien amoureux qui cherche un support mutuel dans les cheminements existentiels. Il s'agit de ce lieu de rencontre privilégié où se rééquilibrent les pressions du déni et de la confrontation, en même temps que se tissent graduellement les connivences qui rendent unique et irremplaçable l'une pour l'autre, chacune des personnes en présence. Le développement de l'intimité porte donc comme exigence fondamentale le désir de chaque être de prendre conscience de ce qu'il est vraiment, en même temps que celui de l'appropriation, souvent difficile, de tous les aspects, heureux et décevants, qui se font jour chez chacune des deux personnes. Ceci n'est d'ailleurs possible, dans le cadre d'une vie de couple, que dans la mesure où ce qui est tranquillement révélé aux deux conjoints en même temps, trouve accueil et estime au lieu de susciter le rejet, ou des tentatives de fusion qui ne viseraient au fond qu'à faire taire. Ce n'est finalement que dans la mesure où chacun pourra sentir émerger ce qu'il est vraiment, dans le respect absolu de son autonomie, de son indépendance et de sa différence, que naîtra l'intimité réelle.

Au fond, c'est dans le cadre de l'intimité que se jouent en grande partie les drames de l'appartenance, de la solitude et de la liberté tels qu'ils ont été décrits plus haut. Si c'est d'abord précisément pour que se jouent ces drames que le lien amoureux se développe, ce lieu est en même temps terriblement menacé dès que la mise en scène se dérègle et que l'un des acteurs ne répond plus au jeu de l'autre tel qu'il s'y attendait. Fort heureusement, le recours à l'improvisation permet le plus souvent de reculer les frontières à l'intérieur desquelles le jeu s'était jusqu'alors déroulé, révélant la puissance insoupçonnable du scénario et la présence créatrice des acteurs. Mais si la virtuosité exigée excède les limites possibles de l'un ou l'autre, le rideau tombe avant que le drame ne se dénoue. Et le charme est rompu. Les acteurs ne se rejoignent plus, leur jeu sonne faux, ne s'inscrit plus dans cette connivence instigatrice de la magie. Tout cela indique la rupture amoureuse, c'est-à-dire l'impossibilité pour les deux personnes en présence de continuer à se donner la réplique, par une provocation affectueuse qui les maintienne dans la voie de leur cheminement existentiel respectif.

De très nombreuses causes, autant internes qu'externes, peuvent venir bousculer l'évolution de l'intimité dans un couple. Elle doit suivre le rythme de chacune des personnes en présence, leur disponibilité à s'ouvrir à la personnalité de chacune, qui se manifestera de plus en plus et trouvera dans le lien amoureux l'occasion merveilleuse de s'exprimer et, idéalement, de s'intégrer harmonieusement aux bases de la vie relationnelle construite jusque-là. C'est ainsi que la configuration du partage intime évolue constamment. Un rapport d'intimité trop rigide freinerait certainement le support mutuel que les deux personnes peuvent s'apporter dans ces démarches. Des prises de conscience de la solitude, des besoins d'appartenance ou de liberté exigeant une évolution trop rapide du développement de l'intimité auraient la même conséquence. Lorsque le climat d'intimité ne peut se développer de façon suffisante pour accueillir les démarches des conjoints sans en réduire en quoi que ce soit la portée, les deux personnes en présence peuvent éprouver des sentiments d'abandon et d'invalidation. On retrouve ici la boucle précédemment décrite. Le cheminement inégal des deux personnes quant à leurs besoins et capacités d'intimité provoquera une rupture et cette rupture amènera chacune à renégocier ailleurs une relation d'intimité à la mesure de ses besoins, ce qu'elles n'avaient peut-être jamais envisagé précédemment.

Mais c'est bien plus souvent à l'intérieur du couple même que la crise modifie les dispositions de chaque personne au rapport intime. Il est en effet certain que leur cheminement existentiel respectif sur des questions comme celles de l'appartenance, de la solitude et de la liberté sont de puissants stimulants à l'improvisation sur l'intimité, pour reprendre l'allégorie précédente. À mesure que chaque personne prend conscience d'elle-même, les conditions qui favorisent le développement de l'intimité du couple s'appuient sur la possibilité pour chacune, de trouver l'espace nécessaire à l'énonciation de son plein discours et sur la capacité de l'autre à l'entendre. Cela est vrai même, et surtout dans les désaccords, qu'on ne peut de toute façon vraiment résoudre dans le confort de l'immobilisme. Il s'agit en fait de trouver ce que Salomé (1982) appelle « l'égalité dans la réciprocité du droit de demander — de dire — la réciprocité de la parole entendue » (p. 230).

Nous pensons, pour conclure, que situer la continuité ou la rupture amoureuse au niveau d'un cheminement sur l'intégration sur des données existentielles fondamentales rejoint cette idée qui fait de la rencontre un des puissants moteurs de la démarche existentielle globale. La relation amoureuse n'est certes pas essentielle en soi au cheminement existentiel, pas plus qu'elle n'est la seule forme de rencontre le permettant. Elle est cependant le moyen privilégié par une grande majorité de personnes qui y cherchent plus ou moins explicitement un contexte favorable à la croissance plutôt qu'un moyen de combler des manques ou d'anesthésier des blessures. Fromm (1963) a écrit que l'amour comporte un engagement actif à la vie et à la croissance de l'autre. Il faut comprendre bien sûr que cet engagement implique une connaissance profonde de l'autre et le respect absolu de sa responsabilité face à sa propre vie.

Dans cette longue aventure du développement personnel, les écueils sont nombreux, on le sait, et bien souvent les personnes qui s'y sont engagées ensemble se sentent désemparées devant les difficultés qui surgissent immanquablement dans leur relation, difficultés qu'on a souvent tendance à décrire par leurs effets plutôt que par ce qu'elles touchent de fondamental chez la personne. Les tensions, les manques de communication, les incompréhensions, les querelles, les infidélités, les départs soudains, sont autant d'indices d'un vécu qui cherche à se dire et que l'on pourrait mieux entendre en le situant dans un questionnement existentiel.

Si l'on acceptait de voir dans la relation amoureuse une volonté de faciliter le cheminement existentiel, on pourrait sans doute comprendre les ratés de cette relation comme des difficultés à concilier de façon harmonieuse des démarches qui se voudraient complémentaires. À venir jusqu'à maintenant, bien peu d'efforts d'éducation personnelle et d'éducation à la relation ont porté explicitement sur la compréhension et l'utilisation d'un tel cheminement, et bien peu d'interventions auprès de couples en difficulté semblent porter sur de telles questions. Ces questions peuvent paraître abstraites, mais si l'on s'y attardait, on y découvrirait possiblement un cadre de réflexion susceptible de fournir un nouvel éclairage aux conflits bien concrets que deux personnes rencontrent forcément dans leur cheminement respectif. Les situer sur un tel plan les inviterait au développement et à la croissance, aussi douloureux que cela puisse être quelquefois, et leur permettrait de se situer au-dessus des accusations réciproques, dilemne auquel on assiste trop souvent de façon impuissante.

Cette réflexion engagée, de nouveaux modes d'intervention pourraient être envisagés pour élucider les conflits sous-jacents, lorsque les soubresauts deviennent blessants et rendent impossible l'ajustement réciproque. On pourrait aussi penser à des programmes d'éducation psychologique qui prépareraient les gens, avant ou au moment de l'établissement d'une relation privilégiée, à reconnaître les enjeux d'une telle entreprise. Ils pourraient ainsi acquérir des instruments leur permettant de baliser les divers sentiers parcourus, ou à parcourir avec l'autre.

Bien sûr, les ruptures amoureuses ne pourront jamais être évitées ; il ne serait d'ailleurs pas souhaitable qu'elles le soient, sous peine d'endiguer de façon presqu'irrémédiable par les arrêts de l'un, le cours normal du cheminement de l'autre membre du couple. Une rupture peut être la seule façon pour une personne de changer de contexte, de manière à permettre l'émergence de nouvelles dimensions des données existentielles fondamentales. Dans un tel cas, il est sans doute souhaitable pour elle, qu'elle puisse dentifier un peu plus précisément qu'au seul niveau d'une « insatisfaction générale » ce qui est en cause dans sa rupture, et le type de rapport qu'elle voudrait vivre désormais.

Le présent texte propose une réflexion qui puisse faire de la crise amoureuse l'occasion d'un cheminement existentiel, que l'issue en soit la rupture, ou la négociation d'un nouveau type de relation au sein du même couple. Ce n'est certes pas envisager la voie la plus facile. Il s'agit d'une conception de l'amour qui fait appel autant au courage d'aimer qu'au plaisir d'aimer. Moustakas (1972), fut très explicite là-dessus, il écrit :

> « L'amour implique la disponibilité à faire face aux inévitables douleurs et doutes, aux inévitables incompréhensions et moments sombres » (p. 133).

RÉFÉRENCES

BLOOM, B.L., W.F. HODGES et R.A. CALDWELL (1983). Marital Separation : The First Eight Months. In E.J. Callahan et K.A. McCluskey (eds.), *Lifespan Developmental Psychology : Nonnormative Life Events.* New York : Academic Press.

BRIDGES, W. (1980). *Transitions : Making Sense of Life's Changes.* Reading : Addison-Wesley.

FROMM, E. (1963). *The Art of Loving.* New York : Bantam Books.

GARNEAU, J. et M. LARIVEY (1979). *L'autodéveloppement : psychothérapie dans la vie quotidienne.* Montréal : Ressources en développement.

GOULD, R. (1978). *Transformations, Growth and Change in Adult Life.* New York : Simon and Schuster.

HOLMES, T.H. et M. MASUDA (1974). Life Change and Illness Susceptibility. In B.S. Dohrenwend et B.P. Dohrenwend (eds.), *Stressful Life Events : Their Nature and Effects.* New York : Wiley.

HOLMES, T.H. et R.H. RAHE (1967). The Social Readjustment Rating Scale. *Journal of Psychosomatic Research, 2,* 213-218.

LEAHEY, J., Y. MARCOUX et A. SPAIN (1985, mai). Le cheminement existentiel à travers nos périodes de transition. Communication présentée au *Congrès biennal de la Société canadienne d'orientation et de consultation,* Québec.

LEVINSON, D.J. (1979). *The Seasons of a Man's Life.* New York : Knop.

MOUSTAKAS, C.E. (1972). *Loneliness and Love.* Englewood Cliffs : Prentice-Hall.

PAGÈS, M. (1968). *La vie affective des groupes.* Paris : Dunod.

PARKES, C.M. (1971). *Psycho-social Transitions : A Field for Study.* London : Pergamon Press.

RICHARDSON, M.S. (1981). Occupational and Family Rules, a Neglected Intersection. *Counseling Psychologist, 9*(4), 13-34.

SALOMÉ, J. (1982). *Parle-moi... j'ai des choses à te dire.* Montréal : Éditions de l'homme.

SCHLOSSBERG, N.K. (1981). A Model for Analyzing Human Adaptation to Transition. *Counseling Psychologist, 9*(2), 2-18.

SCHLOSSBERG, N.K. (1984). *Counseling Adults in Transition.* New York : Springer.

SHEEHY, G. (1974). *Passages.* New York : Dutton.

SPANIER, G.B. et R.F. CASTO (1979). Adjustment to Separation and Divorce : An Analysis of 50 case studies. *Journal of Divorce, 2,* 241-253.

WEISS, R.S. (1976). Transition States and Other Stressfull Situations : Their Nature and Programs for their Management. In G. Caplan et M. Killelea (eds.), *Support Systems and Mutual Help : Multidisciplinary Explorations.* New York : Grune et Stratton.

WORTLEY, D.B. et E.S. ANATEA (1982). Mapping Adult Life Changes : A conceptual Framework for Organizing Adult Development Theory. *Personnel and Guidance Journal, 60*(8), 476-482.

WRIGHTSMAN, L.S. (1981). Personal Documents as Data in Conceptualizing Adult Personality Development. *Personality and Social Psychology Bulletin, 7*(3), 367-385.

YALOM, I.D. (1981). *Existential Psychotherapy.* New York : Basic Books.

2.2

La dépression chez la femme: aspects psychodynamiques et préventifs

ALEXANDRA BACHELOR

La grande majorité des individus vus par des psychiatres se plaignent de façon prédominante de dépression ; de même, une proportion significative, sinon la majeure partie, des personnes, qui consultent les psychologues peuvent être classés dans cette catégorie (Wurmser, 1978).

Des études épidémiologiques menées dans différents pays nous montrent que dans l'ensemble d'une population, compte tenu de la distribution démographique et des groupes les plus vulnérables à un problème donné, la probabilité que des adultes vivent une période dépressive de gravité moyenne au cours de leur existence, est de l'ordre de 15 à 30%. Et certains pays du Tiers Monde exceptés, la tendance générale indique une plus grande vulnérabilité aux états dépressifs chez les femmes que chez les hommes. En effet, quel que soit le mode d'évaluation (par exemple, l'incidence annuelle, le taux d'hospitalisation, la probabilité au cours d'une vie), l'écart est de 2 à 1 pour tous les types de perturbations dépressives (Klerman, 1978). Une étude américaine récente établit que de 4 à 9% des femmes, contre 3% des hommes, seront affectées par une dépression ; que la possibilité de vivre un état dépressif au cours de son existence est de l'ordre de 20 à 26% pour une femme et de

8 à 12% pour un homme ; et que, pour une année donnée, 8% de la population féminine se trouve en état de dépression (Boyd et Weissman, 1981).

SYMPTOMATOLOGIE DE LA DÉPRESSION

La tristesse, la déception et la frustration sont des sentiments normaux de la condition humaine. Une cause fréquente de tels sentiments est la mort d'un parent ou d'un ami intime. Cet événement peut susciter chez la personne concernée un sentiment profond de perte, de chagrin et de tristesse. La vie lui apparaît vide, triste et fade. Elle peut réagir en pleurant, en recherchant les plaisirs jadis partagés avec le défunt, ou en tentant de refaire sa vie intégrant souvent les intérêts personnels de l'être perdu. Ce comportement est une réaction de chagrin ou de deuil. Malgré le désarroi, le désespoir et même une diminution d'estime de soi et de bien-être, il ne s'agit pas encore d'une réaction dépressive proprement dite.

Même une période dépressive temporaire à la suite d'un tel événement n'indique pas nécessairement un état pathologique, car on peut concevoir que de tels moments font partie de la gamme normale des affects. Une telle réaction demeure consciente, elle diminue graduellement en intensité et est enfin surmontée par le « travail de deuil » typique. On n'y observe pas de processus stéréotypés ou compulsifs, des efforts conscients de la personne ou des changements extérieurs parviendront à estomper le voile de mélancolie (Wurmser, *ibid*).

Quoique la distinction entre un état dépressif normal et un état dépressif pathologique ne soit pas toujours évidente, on considère généralement que les perturbations affectives pathologiques se caractérisent par une accentuation, soit de l'intensité, soit de la durée, d'émotions qui sont en soi normales. Un état affectif perturbé se distingue particulièrement par son caractère envahissant, son intrusion dans le fonctionnement social et physiologique normal de la personne. Cliniquement, chez les individus souffrant d'état dépressif pathologique on rencontre plusieurs symptômes, incluant des aspects émotionnel, cognitif, physiologique et social. Les plus importants sont :

• une humeur dépressive issue de la présence de sentiments tels que la tristesse, avoir « les bleus », « caler », le découragement, le pessimisme, le désespoir, l'impuissance, et des pensées de mort ou des tentatives de suicide ;

• le sentiment de n'être rien ; des sentiments de culpabilité et de honte ; la diminution de l'estime de soi ; des auto-reproches ;

• une perte ou diminution d'énergie, de la fatigue, une léthargie ; une perte d'intérêt pour le travail ou les activités habituelles ; une diminution du désir et des activités sexuelles ; l'incapacité d'éprouver du plaisir ; une diminution du pouvoir de réflexion ou de concentration, des pensées « ralenties » ou « mêlées » ; un ralentissement au niveau du langage, des pensées ou des mouvements ;

• de l'anxiété, de l'agitation (activité motrice accrue) (Klerman, 1978).

L'ÉTIOLOGIE PSYCHODYNAMIQUE DE LA DÉPRESSION

À l'origine de la dépression, on soupçonne l'interaction de facteurs multiples, d'ordre génétique, biochimique, psychodynamique et socio-environnemental. Le rôle causal ou étiologique spécifique de chacun de ces facteurs n'a pas encore été établi de façon concluante. On considère que ces différentes variables interagissent de manière complexe et à des degrés différents selon l'individu (Klerman, *ibid.*).

Dans ce texte, les aspects *psychodynamiques* de la dépression seront considérés plus particulièrement. Tout en n'excluant pas nécessairement le rôle d'autres variables, l'approche psychodynamique étudie surtout l'influence possible de facteurs psychologiques, tels que les conflits psychiques. En s'attardant davantage à des facteurs intrapsychiques, cette approche se distingue d'autres approches connues où on s'intéresse plutôt aux comportements extérieurs, par exemple, les modèles cognitifs ou behavioraux.

C'est initialement à partir des observations de Sigmund Freud, et d'autres psychanalystes, que des aspects de la personnalité on été explorés dans leurs rapports à des états dépressifs. Freud voyait dans l'expérience vécue de perte le phénomène central de la dépression. Ses observations cliniques l'ont amené à conclure que les personnes dépressives manifestent des symptômes similaires à ceux expérimentés par les gens lors de la mort d'un être proche, ou même face à la perte d'un idéal. Mais l'individu dépressif se différencierait de la personne en deuil par son manque d'estime de soi. Ainsi, l'expérience de la perte serait davantage liée à un vague sentiment intérieur de perte de soi qu'à la perte d'un individu réel. C'est le moi du dépressif qui se retrouve vide et appauvri tandis que chez une personne en deuil, c'est le monde extérieur qui est ressenti comme vide.

Dans l'ensemble de la littérature psychanalytique traitant des états dépressifs, un rôle étiologique central est attribué aux facteurs de dépendance, d'estime de soi et d'hostilité. Si ces derniers ont donné lieu à des controverses quant à leur rôle spécifique dans la psychogenèse de la dépression, la dépendance, pour sa part, semble universellement reconnue. Que ce soit la théorie psychanalytique traditionnelle, celle de la psychologie du Moi, celle des modèles cognitifs behavioraux ou des théories énergétiques, toutes identifient la dépendance comme un trait commun des personnes dépressives (Wetzel, 1984).

Une formulation psychodynamique récente d'une structure de personnalité typique, propre à l'individu dépressif, a été développée par Arieti et Bemporad (1978). Ces auteurs cliniciens soutiennent qu'une structure mentale pré-existante, basée sur certaines croyances fondamentales entretenues à l'égard de soi-même et des autres, prépare le terrain au déclenchement d'une dépression. Cette structure mentale déterminerait la signification particulière accordée aux événements précipitants et la manière dont la personne manipule ces événements. Ces auteurs qualifient leur approche de cognitive puisqu'elle a trait à la structure mentale qui conduit à certains modèles de comportements plutôt qu'aux comportements extérieurs de la personne. Toutefois, leur approche est à distinguer de celle de Beck (1967) à qui est associée la théorie cognitive de la dépression. Beck s'attarde davantage aux effets de la dépression, décrivant certaines croyances négatives ou distortionnées se manifestant lors d'un épisode dépressif, tandis qu'Arieti et Bemporad investiguent les modèles sous-jacents — surtout inconscients, conflictuels ou interpersonnels — qui influencent d'emblée toute personne vulnérable à la dépression.

LE PROFIL DE PERSONNALITÉ DE LA PERSONNE DÉPRESSIVE

Tout individu, il est vrai, peut se sentir déprimé à un moment ou à un autre de sa vie mais, pour la plupart des gens, cet état pénible n'est pas durable et ne survient qu'à la suite d'une perte ou de frustrations considérables. Pour la personne dépressive, par contre, une telle réaction ne s'atténue pas, elle s'intensifie à la longue. Et l'incident déclencheur ne paraît pas proportionnel à l'intensité de la réaction. On constate également chez la plupart des personnes traversant une période dépressive, la capacité de mobiliser suffisamment d'énergie pour lutter contre cet état et celle de trouver des activités ou moyens psychologiques pour le dissiper. Les personnes dépressives, par contre, semblent s'effondrer sous leur sentiment dépressif, abandonnent la partie, se retrouvent démunies et désespérées et s'attendent souvent à ce que d'autres les soulagent de leur fardeau pénible. Enfin, les gens plus sains psychologiquement sont attristés ou déprimés face à une privation extérieure, tandis que chez la personne dépressive, c'est l'image de soi qui est affectée, et diminuée (Bemporad, 1982).

La personne dépressive qui se présente en consultation a généralement subi un choc émotif important dans sa vie. Ce bouleversement peut provenir de la perte d'une personne significative, de la perte d'un statut social ou économique, par exemple une position prestigieuse. Pour d'autres encore, il s'agit moins d'une perte réelle que de la prise de conscience qu'un but important visé, ne sera jamais atteint. Enfin, certaines personnes dépressives n'ont subi aucune perte — réelle ou imaginée — mais l'exacerbation ou le début de l'état dépressif peut coïncider avec une période de crise psychologique et de réajustement. Dans ce cas, il s'agit souvent d'une expérience tout à fait anodine en apparence — le visionnement d'un film ou une lecture, par exemple — qui aura provoqué chez cette personne, une remise en question de son existence tout entière, jugée frustrante ou insignifiante.

Malgré ces différences manifestes quant aux causes immédiates de l'état dépressif, Arieti et Bemporad affirment que les personnes dépressives ont en commun des traits de personnalité, des modes similaires d'éducation, et des systèmes irrationnels de croyances à l'égard d'eux-mêmes et des autres. Les différences manifestes s'avèreraient donc, en réalité, des variations d'un trait de personnalité plus fondamental, responsable de l'apparition et du maintien de l'état dépressif. On pourrait donc parler d'une *prédisposition* chez certaines personnes à des états dépressifs répétitifs et graves, prédisposition préexistant à l'apparition de l'épisode chronique. C'est la modification de ce profil de personnalité qui est visée par la psychothérapie.

la caractéristique sans doute la plus frappante de la personnalité dépressive est sa tendance à se fier à un degré extrême à certaines sources extérieures limitées pour maintenir son estime de soi. Ainsi, un épisode dépressif est fréquemment déclenché par la rupture d'une seule relation interpersonnelle qu'entretenait l'individu.

Arieti (1962) a utilisé l'expression « l'autre dominant » pour qualifier l'objet de cette relation exclusive, suggérant ainsi que l'individu déprimé a indûment reporté sur cet alter ego la valorisation de sa propre personne. De sorte qu'ayant eu à vivre la perte de cet « autre dominant », il se sent privé de la source même de sa signification et de son estime de soi. Ne parvenant pas à se constituer de nouveaux supports psychologiques, cet individu succombe alors à la dépression. « L'autre dominant » représentait en fait sa seule *raison d'être* sans laquelle il se retrouve dépourvu de toute signification. Cette personne n'estime donc pas sa valeur à partir de son être propre, l'évaluation qu'elle fait d'elle-même est déterminée par l'extérieur. Les autres sont exagérément utilisés comme baromètres de sa valeur personnelle. L'individu sujet à la dépression a une perception cognitive faussée de lui-même et des autres. Il se juge, de façon irréaliste, foncièrement sans valeur, désemparé, même mauvais tout en survalorisant « l'autre dominant ». Ainsi, la personne dépressive persiste à demeurer sous la tutelle des autres et à se sous-évaluer.

Cette survalorisation et cette réaction démesurée à la perte d'une telle relation relèvent du mode typique de perception que la personne dépressive a d'elle-même et d'autrui. Selon des études menées par Cohen (voir Arieti et Bemporad, *ibid.*), la personne dépressive ne perçoit pas l'autre comme une entité séparée de ses propres besoins, mais plutôt comme une partie d'elle-même, de qui elle est en droit d'exiger en tout temps un appui soutenu. Slipp (*ibid.*) a découvert que les déprimés sont entraînés dès l'enfance à éviter les modes autonomes de gratification qui les avaient amenés à se valoriser directement à partir de leurs propres efforts et réussites. Le sentiment de leur valeur personnelle est resté sous la dépendance du parent qui évaluait constamment leurs mérites. De sorte que l'évaluation d'un bon travail, ou une reconnaissance publique, n'ont acquis aucune valeur en soi, elles ont été utilisées à gagner les louanges du parent tout-puissant. Ce parent a pu également ridiculiser ou culpabiliser l'enfant cherchant des tentatives de gratification extérieures à la famille. Toutes les réalisations ou réussites de l'enfant ont été ainsi déformées, de sorte qu'elles n'ont plus suscité aucun plaisir pour elles-mêmes. Elles n'ont plus été perçues que comme remboursement pour l'amour du parent ou comme le devoir tout à fait normal de l'enfant face à la famille. Dans l'étude classique de Cohen *et al.* (*ibid.*), c'est la mère qui ressort comme parent le plus fort, exigeant obéissance et excellence. [1] Le père, quant à lui, n'a souvent pas réussi, tant sur le plan économique que social. Il était, à la maison, sujet de critique et de dépréciation de la part de la mère. Les sujets se souvenaient de leur père comme d'un être faible, mais aimable. La mère était reconnue plus responsable mais moins acceptante et moins aimante. Le père était l'exemple dramatique servi aux enfants quant à ce qui les attendait s'ils ne pouvaient atteindre les objectifs élévés fixés par la mère. Il semblerait aussi que la mère pouvait se plaire dans une relation avec un enfant tout petit et totalement démuni, mais qu'elle tolérait moins les tentatives d'individualisation et d'autonomie, qu'elle contrôlait par des menaces d'abandon. Plutôt qu'une perte spécifique dans l'enfance, postulée par plusieurs théoriciens, il s'agirait donc de menaces de perte devant l'affirmation de comportements autonomes.

Une des conséquences de cette attitude parentale impliquant que l'amour ne peut être conservé que par l'abstinence et beaucoup de travail, a été que les personnes dépressives ont souvent des succès considérables plus tard dans la vie, sont reconnues pour leur compétence et donnent l'apparence de gens bien équilibrés. Toutefois, leur succès signifie peu à leurs propres yeux et ne sert qu'à s'attirer les louanges de « l'autre dominant » devenu substitut parental. Si cette relation est interrompue, ces personnes se retrouvent soudainement sans source de gratification ou de sens, et la dépression s'ensuit. Une telle dépression peut même survenir à la suite d'une promotion au travail. Dans un tel cas, la personne aura tellement bien travaillé sous les ordres de son supérieur qu'elle a reçu une promotion. Mais par la suite, le travail perd de son intérêt, ou bien la personne devient à ce point incertaine de sa valeur dans ses nouvelles responsabilités qu'elle se sent vide et seule. Il s'avère qu'elle a perdu la relation nécessaire qu'elle entretenait avec son ancien supérieur et qu'elle ne peut fonctionner normalement sans cet ancien soutien et *feedback*. Un autre exemple révélateur est celui des dépressions survenant après la perte d'un conjoint ou d'un bien-aimé. On découvre, ici aussi, que c'est l'absent ou l'absente qui donnait tout son sens et sa valeur à l'existence de la personne déprimée, lui fournissant la nécessaire estime de soi que cette personne n'a pas pu développer par elle-même.

En plus de « l'autre dominant » on rencontre également le cas type du « but dominant », similaire en ce sens que ceux qui en sont victimes ont aussi limité leurs critères d'estime personnelle à une seule source extérieure : celle de réaliser une grande ambition. Ces individus évitent les possibilités de gratification et d'implication disponibles dans leur vie quotidienne — sauf celles liées à leur objectif — par crainte que de telles occupations n'interfèrent avec leur

---

1. Dans la majorité des cas de dépression non chronique, il semble que ce soit le père, plutôt que la mère, qui ait été le parent dominant.

objectif essentiel. Ils mènent essentiellement une vie privée des satisfactions quotidiennes, évitant les sources alternatives de valorisation. Le but visé peut ne pas avoir une grande valeur en soi, ce qui importe, c'est la transformation imaginée par la personne lors de l'atteinte de son objectif : c'est alors qu'elle sera enfin aimée, importante, et démontrera enfin au monde l'étendue de son talent, etc. Par contre, à défaut d'atteindre ce but, ou prenant conscience de l'impossibilité d'y parvenir, plus rien n'a de sens et la personne se dévalorise. La plupart des déprimés sont des individus diligents, travailleurs et compulsifs, cherchant à plaire aux autres afin d'entretenir des attentes de dépendance. Malgré un travail assidu, ces personnes démontrent peu de créativité personnelle car elles cherchent plutôt à adopter les valeurs et opinions des figures d'autorité qui les entourent. Leur crainte de l'abandon les porte à éviter toute confrontation directe avec celles-ci. On retrouve ainsi de façon constante chez les personnes déprimées un sentiment de vide intérieur et le besoin d'un appui auxquels doivent suppléer les autres. Cette attente d'une personne extérieure susceptible de combler des besoins internes prédispose à la dépression car cette relation peut toujours être rompue surtout qu'à ceci s'ajoute la crainte de gratifications autonomes. La personne déprimée évite les occasions de plaisir ou de gratification personnelle et dévalue souvent toute activité qui pourrait lui en procurer en la qualifiant d'infantile ou de ridicule. Cette inhibition de soi peut justement l'empêcher de surmonter une dépression déclenchée par un événement extérieur.

ILLUSTRATION CLINIQUE*

L'étude de cas qui suit illustre plusieurs des traits caractéristiques de la personne déprimée dont, la dépendance à une figure idéalisée, des sources limitées d'estime de soi, le refus du plaisir (ahédonie) et l'inhibition.

> L.T., femme attrayante dans la jeune trentaine, de stature délicate, au regard mélancolique accentué par de grosses lunettes, se dit dépressive depuis au moins deux ans. Dernièrement, elle a consulté un psychiatre mais le traitement de quelques mois, conclu par les propos qu'elle « avait tout pour être heureuse », a peu influencé son état. Mariée depuis sept ans à un professionnel et mère de deux jeunes garçons, elle se sent « prise dans une cage d'or » et tout à fait dépassée par ses tâches de mère et de ménagère. Par ailleurs, des coliques répétées accompagnées de diarrhées l'empêchent de sortir de la maison. De toute façon, ses sorties ne représentent que des corvées supplémentaires, L. ayant peu d'intérêts personnels ou de contacts sociaux. Elle n'éprouve présentement que de l'indifférence, autant à l'égard de son mari — qu'elle doute d'aimer encore — que de ses enfants. Elle est fréquemment en proie à des fantasmes dans lesquels d'autres

---

* Tous les détails permettant d'identifier les sujets ont été retirés ou modifiés.

hommes lui font ardemment la cour, mais elle s'en culpabilise extrêmement. Depuis la naissance du dernier-né, il y a deux ans, les relations sexuelles l'intéressent peu. Elle s'interroge pour savoir si une séparation serait une solution à son dilemme, et y voit une libération souhaitée.

La symptomatologie prédominante était un sentiment écrasant d'impuissance et la sensation d'être enfermée dans une situation sans issue, démunie et accablée sous le poids de ses responsabilités maritales et maternelles.

Histoire familiale

L.T. est originaire d'un petit village minier du sud québécois. Elle est la 4e d'une famille de six enfants. Travailleur minier de métier, son père a dû, à la suite d'une pénurie d'ouvrage, accepter divers petits travaux le retenant pendant des périodes plus ou moins longues à l'extérieur de la famille. Il était alcoolique. La situation financière difficile n'allégeait en rien le climat familial : les circonstances aidant, la mère prit, avec « une main de fer », la direction de la vie familiale. L.la jugeait sévère, contraignante, non affectueuse, et ne se rappelait d'aucun encouragement, compliment ou contact chaleureux avec elle. Elle s'était sentie, en revanche, beaucoup plus proche de son père, de qui, tout jeune enfant, elle était la préférée. Cependant, elle s'aperçut que celui-ci ne s'occupait plus d'elle, qu'il ne s'attardait plus à la comprendre ou à communiquer avec elle. En somme, elle ne se sentait pas véritablement aimée de l'un ou de l'autre de ses parents. Les rapports avec ses frères et sœurs n'étaient guère plus gratifiants. Il y avait peu de contact affectif entre eux, à l'exception de sa sœur aînée, J., avec laquelle L. entretenait une relation émotive chargée et ambivalente. Non seulement discernait-elle, avec ressentiment, une complicité entre celle-ci et leur mère, mais J. se retrouvant souvent malade, L. écopait de nombreuses tâches et responsabilités. Au fond, L. avait espéré retrouver dans cette relation un contact dont elle était privée avec sa mère, mais J. ne faisait que la repousser et l'avait même ridiculisée à plusieurs moments critiques de sa vie. En général, L. se rappelait d'une enfance plutôt solitaire, n'établissant pas plus de rapports intimes avec d'autres enfants.

Toute jeune, L. avait manifesté un grand talent vocal et avait chanté dans des stations radiophoniques locales. Elle ne se sentit pas pour autant plus estimée par sa famille, les commentaires de sa mère se limitant à une quelconque faille ou nervosité manifestée par L. lors de ces émissions. Elle n'avait jamais entendu dire qu'on était fier d'elle. À la longue, elle dut abandonner le projet d'une formation vocale plus poussée impliquant des dépenses supplémentaires ainsi qu'un déménagement à l'extérieur. En outre, elle était très mal à l'aise avec son nouvel « agent », une connaissance de la famille, qui avait tenté d'abuser d'elle sexuellement. Ses parents ne l'avaient pas prise au sérieux lorsqu'elle aborda avec eux le sujet.

À la fin de ses études secondaires. L. entreprit un cours d'infirmière. Elle aurait souhaité devenir médecin, mais le peu d'argent disponible était réservé aux études des fils qui lui disait-on auraient des familles à assumer.

L. a commencé à fréquenter quelques jeunes hommes, sans relation sérieuse, jusqu'à ce qu'elle rencontre P., son futur mari. Après une période de fréquentation relativement courte, ils se sont fiancés. Ce n'était pas « le grand amour » mais P. représentait quand même, disait-elle, son idéal d'homme et elle pensait bien l'aimer. Enceinte peu après son mariage, elle abandonna son travail d'infirmière. Le fait d'avoir un enfant n'était pas pour L. un libre choix. Ce ne fut qu'une réponse à ce qu'on attendait d'elle. Pour la même raison, elle quitta son emploi pour s'en occuper. Par ailleurs, elle ne se sentait nullement prête à assumer cette tâche et, à la naissance de l'enfant, elle se retrouva complètement démunie et débordée par les soins que nécessitait cette nouvelle présence, d'autant plus que son conjoint lui en confiait entièrement la charge.

Déroulement de la thérapie :

Invitée à exprimer sans réticence tout ce qu'elle éprouvait et pensait, L. se limita, initialement, à répéter à quel point elle était déprimée, à quel point tout lui pesait et qu'elle ne voyait pas comment s'en sortir.

Incitée à décrire davantage son vécu quotidien et ce qu'elle en éprouvait concrètement, cet état dépressif général fut décortiqué graduellement en plusieurs sentiments distincts dont, principalement, le ressentiment, l'agressivité, la tristesse et l'impuissance. De même, l'indifférence qu'afficha tout d'abord L. à l'égard de ses proches s'avéra n'être qu'un paravent derrière lequel bouillonnaient de fortes émotions.

L. n'osait pas exprimer de tels sentiments à sa famille car n'avait-elle pas tout ce qu'une femme pouvait désirer — un bon mari jouissant d'une bonne situation, une maison agréable, deux enfants sains — ? N'était-elle pas supposée trouver le bonheur et l'épanouissement dans son rôle d'épouse et de mère ? En outre, mari et enfants subissaient déjà ses nombreuses sautes d'humeur et sa lassitude.

Qu'est-ce qui ne convenait pas alors à L. dans sa vie ? C'est d'abord sur P. que se dirigèrent ses réflexions. Dès le début de leur mariage, L. s'était sentie totalement délaissée par P., devant assumer seule ses nouvelles fonctions maternelles et ménagères qui lui paraissaient énormes. Elle ne se sentait nullement à la hauteur comme mère, se faisant peu confiance pour s'occuper adéquatement du nouveau-né dont la santé, par surcroît, s'était avérée fort délicate. Sa relation avec cet enfant devait, d'ailleurs, demeurer problématique. Pendant tout ce temps, P., lui, avait « le beau rôle » : il pouvait entrer et sortir selon son bon plaisir, son travail était stimulant, il y rencontrait des gens intéressants. Il savait se faire plaisir, il était dépensier et se permettait de belles choses. Mais surtout, il parvenait subtilement à faire sentir à L. que c'était elle qui avait un problème, qui était en faute, alors que lui-même était au-dessus de tout reproche. Ainsi, chaque fois qu'elle remettait en question une de ses décisions ou gestes, il avait « le don » de se retirer ou de se disculper.

Cependant, il devenait évident aussi que la perception qu'avait L. de son conjoint se confondait avec celle qu'elle avait des hommes en général, antérieurement à sa vie de couple.

Les hommes étaient les maîtres ; ils avaient tous les droits. Ils ne cherchaient qu'à en imposer aux femmes, s'attendant à leur soumission. Cette soumission, sort réservé à la femme, trouvait son aboutissement dans le mariage où la femme devait tout abandonner pour son époux. Étant son maître, elle devait le servir, chercher à le rendre heureux, partager ses intérêts, et l'épauler en tout. Les hommes avaient, en effet, le beau rôle : les femmes existaient pour répondre à leurs besoins et le mariage ne représentait que de nouvelles obligations pour elles.

Cette perception — la femme au service de l'homme — reflétait en grande partie l'éducation reçue par L. de sa mère, appuyée par tout un environnement socio-culturel. L'homme y était présenté comme voulant non seulement subjuguer la femme mais aussi profiter d'elle. « Maudits hommes, ils sont tous pareils » entendait-elle dire sa mère, et maintenant, elle l'exprimait à son tour. L'homme corrompait la femme et c'était péché de rechercher sa compagnie. Il fallait se méfier, se protéger, se défendre des hommes. C'est précisément la réaction que L. adopta à leur endroit : une attitude profondément défensive pouvant se traduire par ces mots : « Ne me touchez pas ». Cette réaction était renforcée par un sentiment d'impuissance, toute relation interpersonnelle évoquant pour L. un état de soumission. Sa tentative pour se prémunir contre cette domination imposée par l'autre, et préserver ainsi son intégrité, s'était résolue pour elle, par l'idée fixe d'une séparation.

L'idée d'une séparation perturbait L. depuis un certain temps déjà. De respirer, d'être enfin elle-même, de se réaliser ne lui paraissait possible qu'en dehors des liens du mariage. Elle se sentait obligée de se conformer à l'image d'une « femme modèle », ce qui impliquait foncièrement pour elle de se soumettre au mari et aux enfants, mais elle n'était pas heureuse dans ce rôle, ce qui la culpabilisait davantage. Elle se sentait coincée entre ce qu'elle ressentait réellement et ce qu'elle aurait dû ressentir. Pour L., ce dilemme ne comportait que deux solutions extrêmes : perdre sa liberté ou s'en aller.

Le processus enclenché pour l'amener à remettre en question ses images de l'amour idéal et de la femme modèle appuyant totalement son mari, aimant ce qu'il aime et se dévouant entièrement à lui sans le moindre désaccord — s'est avéré long et ardu.

L. dût admettre que, même si P. démontrait certains comportements concordant avec l'image de l'homme dominateur, il était aussi évident qu'il n'exigeait aucunement de son épouse une soumission totale, qu'il ne cherchait pas à l'écraser et ne voulait pas l'empêcher de vivre. Il l'encourageait même à se gâter, à s'occuper davantage d'elle-même. Ayant toujours vécu pour les autres, ayant toujours plié, L. avait anticipé de reproduire ce modèle de comportement dans son couple. Chez elle, c'était se prendre pour une autre que de dire ce qu'on pensait. C'est ainsi que L. commença à démêler graduellement dans cette relation ce qui concernait P., son attitude face aux hommes en général, et le rôle dans sa vie d'expériences antérieures impliquant parents et proches.

P. et elle ne s'étaient jamais vraiment parlé. L. chercha à amorcer le dialogue et se permit d'exprimer un peu plus son point de vue. P. s'est montré en général réceptif, s'ouvrant à son tour. Elle en avait long à dire et éprouvait un besoin pressant de tout lui dire, pour enfin lui avouer qu'elle ne l'aimait plus. Sa réaction le surprenait : il l'encourageait à vivre sa vie ; il était prêt à l'accepter telle qu'elle était. Elle en fut touchée — ça l'étonnait toujours que mari et enfants puissent l'aimer en dépit de sa mauvaise humeur, de son irritabilité. Elle continua à s'exprimer davantage, à se mettre en colère même, à être plus ferme et à imposer des limites aux enfants. Son aîné avait un caractère similaire à celui de P., — la même attitude autoritaire et exigeante — elle réalisa que c'était un aspect de la tension perpétuelle existant entre eux. L'enfant l'accaparait, la vidait constamment : il « lui avait tout pris ». Les autres lui enlevaient quelque chose.

Elle commença à faire l'expérience de moments ou de périodes où elle se sentait mieux, plus proche de P. et des enfants — mais ces moments-là étaient peu fréquents et peu stables. Même si la communication était amorcée, car L. s'exprimait davantage au sein de sa famille, il subsistait beaucoup trop de déceptions, de souvenirs pénibles, et de douleur qui l'habitaient encore, qui devaient aussi être déterrés et exprimés, et qui intervenaient dans la réalisation de sa vie personnelle. Ceci représentait un processus à long terme, entrecoupé de hauts et de bas. Le « ne me touchez pas », « laissez-moi en paix » dénotait une position fortement enracinée et pour longtemps encore.

L. poursuivit le travail d'identifier, sur la base d'expériences quotidiennes et passées, ce qui lui déplaisait et la dérangeait réellement. Elle confia être restée marquée par la réaction de fuite de P., au début de leur mariage, face à sa tentative pour s'approcher de lui et rechercher une complicité à deux. Il la tenait à distance, sentait-elle, il ne l'avait pas laissée s'approcher de lui, il ne l'impliquait pas non plus dans sa vie personnelle. Elle s'était sentie peu importante, en fait elle s'est toujours sentie négligée. Aujourd'hui, c'était elle qui ne voulait plus s'impliquer. Elle n'était plus sûre de l'aimer. Était-ce trop tard ? Pouvait-elle encore aimer ?

La signification des « obsessions » de L. se rapportait à de telles expériences et elle a pu rattacher leur apparition au fait qu'un homme lui accordait de l'attention. Dans ses fantasmes de relations amoureuses avec d'autres hommes, où on lui faisait ardemment la cour, où on s'intéressait passionnément à elle, où elle était la préférée entre toutes les femmes — elle pouvait se sentir importante pour un homme, sentiment qu'elle n'avait jamais éprouvé auprès de P. et dont elle avait été privée, bien avant, dans ses premières relations avec son père et sa mère.

À son père, L. avait « donné son cœur » mais elle n'avait pas reçu la réponse escomptée. C'était comme si, se sentant rejetée de sa mère, elle avait tout misé sur la relation père-fille. Lorsqu'elle parlait de son père, c'était toujours, au début, avec émotion, les yeux larmoyants. Bientôt cependant, au fur et à mesure qu'elle rejoignait des sentiments et souvenirs plus profonds, elle en vint à manifester aussi de l'indifférence à son égard, pour aboutir enfin à une vive agressivité. Il l'avait laissée tomber lui aussi. Elle qui, toute jeune, avait ostensiblement été sa préférée, elle s'était sentie trahie, et elle ne voulait que le punir. Tristesse et agressivité ont alterné pendant longtemps jusqu'à ce que, presque deux ans plus tard, L. s'écria : « Qu'il crève ». « J'ai assez souffert pour lui, qu'il souffre comme il m'a fait souffrir d'avoir coupé son affection ». Aujourd'hui elle inversait la situation. Elle prit aussi conscience que l'indifférence qu'elle ressentait à l'égard de son père ressemblait étroitement à ce qu'elle vivait à l'égard de P. Il s'agissait, en fait, du même reproche formulé à l'endroit des deux hommes : ni l'un ni l'autre ne s'était occupé d'elle. Elle, pour sa part, avait été prête à aimer mais eux ne lui avaient pas retourné cet amour. Elle a, en outre, réalisé qu'elle avait effectivement cherché à obtenir de son père ce qu'elle n'avait pas reçu de sa mère. Il était dans son enfance, la seule personne qui comptait à ses yeux — elle n'avait pas pu le posséder non plus. Si L. avait « réussi » tant bien que mal à surmonter sa déception première avec sa mère — peut-être en raison de l'intérêt que lui portait initialement son père — ce deuxième rejet était assurément de trop. La réaction de L. était de se « venger » par le biais d'un comportement similaire : « Je t'abandonne comme tu m'as abandonnée ». Maintenant, devant le souvenir de cette réalité, elle pleurait et rageait : « Tasse-toi — laisse-moi tranquille ». Puis en dernier lieu, elle n'avait plus envie de brailler pour son père. Il lui avait peu apporté, elle prenait maintenant sa revanche.

Pendant ce temps, son sentiment à l'égard de P. suivit un déroulement parallèle. De plus en plus, elle voulait le secouer, le réveiller. Elle le dardait, ne manquant aucune occasion. Il donnait toujours l'impression d'être au-dessus de ses affaires, il réussissait tout le temps à se dégager de toute responsabilité lors de situations problématiques. C'était elle qui devait y mettre des efforts pour qu'ils se parlent. C'était encore à elle à tout faire. Il ne se rappelait pas combien cela fut difficile pour elle au début. Il décidait pour elle, sans la consulter. Il cherchait à l'organiser, il voulait tellement qu'elle aime ce qui l'intéressait, lui. Il avait toujours placé son travail au-dessus de tout. Non seulement il ne l'impliquait pas dans sa vie professionnelle, lors des rencontres sociales, il se substituait à elle en complétant les propos qu'elle entamait. Dans un rêve concomitant, ils se trouvaient dans une soirée et il parlait aux autres tout en la négligeant ; il ne l'avait même pas présentée comme sa femme.

Au cours des séances cette agressivité, vraisemblablement bouillonnante sous des apparences initiales de froide indifférence, devenait de plus en plus sentie ; elle la reconnaissait et l'assumait consciemment jusqu'à ce qu'elle prononce « Je te hais », — propos dont toute son éducation avait interdit l'expression. Elle était soulagée. Oui, il l'avait retenue, il l'avait laissée se débrouiller seule, il l'avait négligée, il l'embarquait et décidait tout pour elle. Elle avait perdu son identité et voulait l'en accuser : « C'est ta faute ce que je vis ».

L. poursuivit l'exploration plus approfondie de sa colère, de ses revendications, de son amertume et de son ressentiment envers les hommes et P. Son travail a toujours été plus important qu'elle — les choses des hommes étaient toujours plus importantes ; chez elle, on payait seulement les études des garçons, elle n'avait pas pu réaliser ses projets d'étude de médecine. Non, elle ne voulait pas appuyer P. Elle se sentait encore sa chose, elle doutait qu'il accepte son autonomie, il lui faisait encore sentir que c'était elle qui avait des problèmes. Lui, il n'en avait pas, il ne réagissait pas, il était toujours d'humeur égale quoi qu'il arrive. Elle se sentait impuissante, écrasée, coupable, enragée : elle se trouvait encore à la merci d'un homme. Elle voulait le mordre, le griffer : « Occupe-toi de moi ». Elle réalisait son refus d'aimer P. Elle avait peur de s'engager, de s'abandonner à lui parce que quand elle s'engageait, il l'ignorait ou repoussait.

Continuant à approfondir se sentiments, L. exprimait à P. qu'elle se sentait une nullité comparée à lui. Elle se percevait foncièrement inférieure aux hommes. Cette infériorité ressentie, elle la vivait jusque dans sa sexualité. Leurs rapports sexuels la laissaient toujours frustrée et elle avait constaté qu'ils déclenchaient par la suite des périodes creuses où elle était d'humeur agressive. Sur le plan de la sexualité, c'était encore P. qui dominait. S'abandonner sexuellement signifiait être possédée par un homme, c'était se faire avoir. Elle se rappela soudainement un incident de son enfance où elle se trouvait seule dans une chaloupe qui partait à la dérive. Personne n'entendait ses cris terrifiés, et son père, saôul, s'était endormi sur la plage. Elle s'était sentie totalement abandonnée. C'était comme si — sa voix était entrecoupée de gros sanglots — ça aurait été pareil si elle n'avait pas été là. Elle éprouvait le désir de mordre P. ; elle voulait le posséder mais n'a jamais eu le sentiment de le posséder. Elle n'a jamais eu un morceau de la vie ; elle était toujours perdante.

Ce long travail pour laisser libre cours à des sentiments longtemps refoulés allait vraisemblablement permettre l'émergence de sentiments plus positifs. Ainsi, au fur et à mesure qu'elle « contactait » sa colère, L. vivait des moments où elle éprouvait le désir authentique de s'approcher de P. et des enfants. Elle se sentait mieux dans sa peau ; elle était moins anxieuse. Elle a rêvé qu'elle le caressait. Elle constatait effectivement qu'elle se laissait davantage atteindre par lui ; elle pouvait, par exemple, partager davantage ses difficultés au travail.

Graduellement l'image idéalisée de P., d'un homme parfait qu'entretenait L., se désagrégea. La perception qu'elle en avait, comme celle d'autres personnes de son entourage se modifia : elle qui s'était toujours perçue inférieure et « malade » comparée aux autres, réalisa qu'eux aussi avaient des problèmes et n'étaient pas aussi parfaits et heureux qu'elle se l'imaginait. Elle commença à accepter les faiblesses de P., les siennes aussi. Elle le percevait davantage comme un être humain tout simplement. Les hommes avaient aussi des sentiments.

Par ailleurs, L. était de plus en plus confrontée à ce qu'elle faisait concrètement pour s'exprimer, se réaliser, et assumer son autonomie. Il lui a fallu admettre que personne ne l'empêchait de sortir, de se libérer, de se faire plaisir, sinon elle-même. À partir de faits concrets de son quotidien, il devenait évident qu'elle continuait à attendre de P. et des enfants. Elle avait passé sa vie à attendre. Elle était donc elle-même responsable de son état de dépendance et de soumission. Elle avait un véhicule à sa disposition qu'elle utilisait exclusivement pour les courses et le voyagement des enfants, plutôt qu'à des sorties intéressantes pour elle. Elle pouvait se gâter, ses moyens financiers le lui permettaient et P. l'y encourageait même, mais elle n'y trouvait aucun plaisir. Elle constatait qu'elle prenait peu de temps pour elle –- même lorsqu'il lui était possible d'organiser son horaire en conséquence. Elle seule « se mettait des bâtons dans les roues » et s'empêchait de profiter d'occasions plaisantes. Penser à elle, se faire plaisir, s'accorder du temps pour ses intérêts et désirs personnels, tout cela la culpabilisait.

L. s'était coupée du plaisir. Elle prit conscience de sa peur de l'inconnu, de son manque de confiance dans la vie. Elle n'était pas portée à voir un côté positif aux choses — il fallait toujours qu'il y ait un « mais... » — comme elle entendait sa mère dire. Elle ne faisait rien d'un cœur joyeux et s'attendait au pire (par exemple, la journée de son mariage elle s'imaginait que P. ne viendrait pas). L'absence de cette source de plaisir et d'estime que constituent l'amour et l'acceptation parentale, un climat familial empreint de crainte et de critiques, de manque de communication, à quoi s'ajoutait une réalité économique peu stable, tout cela n'avait guère laissé de place à l'optimisme et à la joie de vivre. L'amour et le prince charmant la sortiraient un jour, croyait-elle, de ce contexte, mais inévitablement, quand arriva enfin ce jour, les influences du passé avaient laissé leur marque, et c'était L. qui était incapable de se plaire avec les autres, de recevoir ce qu'ils lui offraient.

D'autre part, L. était incapable d'entreprendre seule quoi que ce soit. Ainsi sa dépendance qui la révoltait tant, répondait à un besoin profond de se référer à, et de s'appuyer sur un autre. Elle devait mouler P. à l'image de l'homme parfait qui serait là pour la protéger et s'occuper d'elle. Les croyances qu'entretenait L. se devaient donc d'être réajustées : c'était moins les autres qui enlevaient à L. sa liberté, qu'elle-même qui éprouvait de la difficulté à l'assumer. Ses coliques chroniques qui l'empêchaient de fonctionner exprimaient dans le langage du corps ce dilemme : elles apparaissaient chaque fois que L. effectuait un pas autonome — elle allait mal dès qu'elle sortait de la maison par exemple, ou prenait la voiture. L. a pu associer ses diarrhées au sentiment d'avoir peu de contrôle sur elle-même. L'autonomie s'est avérée synonyme de se retrouver seule.

Tout en faisant « le ménage » de ses sentiments et expériences avec les autres, L. devait de plus en plus assumer sa propre responsabilité de mener sa vie comme elle l'entendait. Sa démarche thérapeutique ne se limitait pas à faciliter l'expression de sentiments refoulés, mais devait aussi comporter l'apprentissage de nouveaux comportements. De même, L. avait des changements à effectuer au niveau de ses attitudes, tant envers les autres que vis-à-vis d'elle-même.

En premier lieu, il était important que L. s'écoute davantage en fonction de ses propres besoins et aspirations. Elle continua à s'exprimer et à s'affirmer à l'égard de son mari et de ses enfants — elle réussissait à exiger des choses, à imposer des limites. Se sentant plus dégagée, plus confiante, elle songeait à retourner sur le marché du travail. Un projet prévu de recyclage dans sa spécialité antérieure avorta, mais elle n'en fut pas particulièrement déçue. Il y avait aussi la possibilité de travailler pour son conjoint, mais elle hésita, car si elle acceptait, cela signifierait à ses yeux vivre encore en fonction de l'autre. Elle serait encore dans les affaires de P. et non les siennes. Aujourd'hui c'était important que ce soit elle qui décide. Elle a finalement trouvé un emploi à temps partiel, peu rémunérateur, qui impliquait toutefois de nombreux contacts interpersonnels et lui permettait de définir elle-même son horaire. Elle rêva, à ce moment-là, qu'elle portait une robe rose, symbole pour elle de l'autonomie.

À mesure que les conflits familiaux s'amenuisaient et que son état dépressif diminuait, L. commençait à investir plus d'énergie et d'intérêt dans ses relations interpersonnelles. Elle a repris contact avec une ancienne amie et toutes deux ont prévu des sorties ensemble. Elle s'est liée d'amitié avec quelques voisines mais s'est rapidement retrouvée dans un mode de relation où l'autre s'imposait et l'organisait. Elle se sentait incomprise, inférieure, impuissante, et, enfin, agressive jusqu'à ce que, là aussi, elle apprit à se défendre et à s'affirmer.

Particulièrement sensibilisée maintenant aux comportements « organisateurs » et manipulateurs de certains, L. réussissait à ne plus s'en laisser imposer et à prendre sa place au lieu de subir et de déprimer. À tour de rôle, ce furent, après mari et enfants, sa propre famille, les beaux-parents, et les connaissances qui ont fait l'expérience de sa nouvelle affirmation. Elle se sentait enfin à l'aise avec le monde.

Ces nouvelles expériences, par ailleurs, ont permis à L. de réaliser à quel point elle cherchait à garder ses distances vis-à-vis les autres. Elle avait tendance à se retirer toute seule, comme lorsqu'elle était enfant, au lieu de s'engager envers eux. L'analyse de cette réticence face aux autres allait dorénavant devenir un thème central des rencontres en thérapie.

L. s'apercevait que ça la fatiguait lorsque les enfants, ou d'autres, devenaient trop insistants. Elle éprouvait de la difficulté à recevoir leur affection. Elle se rendait compte qu'effectivement elle tolérait peu l'intimité, autant avec les hommes qu'avec les femmes. Elle était tiraillée entre vouloir et ne pas vouloir s'abandonner... comme cette mélodie qu'elle avait composée, il y a plusieurs années, intitulée « Abandon » — qu'elle n'a jamais terminée d'ailleurs. Dès qu'elle se laissait trop aller vers l'autre, elle reculait immédiatement. Ce besoin de contrôle correspondait au profond sentiment intérieur de « Je veux être seule, ne me touchez pas ». Il devait être maintenu en toute situation, incluant la sexualité et même l'accouchement (afin de surveiller ce que l'on faisait), il ne fallait pas se laisser atteindre. La proximité de l'autre suscitait chez elle un malaise : on l'embarquerait, on la diminuerait, on se moquerait d'elle.

Exprimant et explorant ce qu'elle éprouvait face à l'abandon de soi, plusieurs souvenirs concernant sa relation à sa mère refirent spontanément surface. C'est en pleurant que L. décrivait qu'enfant, il ne fallait pas être proche de sa mère, cela la dérangeait. Elle ne pouvait se souvenir d'aucun contact chaleureux. Sa mère ne l'avait jamais appuyée, défendue, complimentée ou encouragée. L., c'était juste celle qui brisait tout, comme son père. Forte, autoritaire, elle avait empêché L. de mener à bien ses projets ; elle lui avait « coupé les ailes » et L. n'avait aucune autre option que de se conformer et de se soumettre, première inculcation de son comportement de soumission aux autres.

Cette toute première privation affective a contribué chez L. au développement de son attitude méfiante et distante envers les autres et à sa résistance (accrue par le rejet subséquent de son père) à s'abandonner à nouveau. L'échec de sa tentative pour se rapprocher de P. après le mariage ne faisait que renforcer cette attitude. Ainsi, le contact interpersonnel n'était guère une expérience plaisante où l'on pouvait se sentir accepté. S'abandonner c'était souffrir, tout comme aimer était synonyme de souffrir.

Malheureusement le sort qui l'attendait en tant que femme ne s'annonçait guère plus plaisant à ses yeux. Non seulement le statut de mâle était privilégié — on leur devait service et soumission — mais les hommes, véhiculait sa mère avec conviction, ne cherchaient qu'à profiter des femmes — ils ne voulaient qu'une chose et il fallait s'en méfier constamment. Les filles étaient pures et les hommes les corrompaient. Sa mère n'avait jamais parlé avec plaisir de la sexualité et maintenant L. reconnaissait son propre refus, sa répulsion devant cet acte. C'était rabaissant d'éprouver des sentiments sexuels — c'était sale, animal, péché. Les sous-vêtements de P., elle les lavait à l'eau de Javel. Elle s'imaginait parfois être une religieuse, sans sexe. Dans un rêve elle regardait une statue de la Sainte Vierge écrasant un serpent. L'homme était associé au démon, à la tentation. Elle, pour sa part, se sentait au-dessus de tout ça et, tout comme sa mère, portée à abaisser les hommes. Dans un autre rêve, elle faisait une confidence à sa mère : « As-tu déjà voulu tuer un homme ? » Enfin, dans un troisième rêve, sa mère se retrouvait couchée à côté d'elle et de P. L. se disait, tout en rêvant, qu'elle ne lui cacherait pas P. L'ingérence de sa mère dans ses relations avec les hommes et, plus particulièrement vis-à-vis de la sexualité, L. allait cette fois-ci l'affronter et s'y opposer. Elle ne lui cachera plus son intérêt pour la chose ! Son manque d'expérience dans ses relations avec les hommes représentait une autre composante de ses obsessions amoureuses : L. estimait avoir manqué sa jeunesse, elle regrettait de ne pas s'être laissée aller. Jeune fille sérieuse, « sur les principes », elle n'avait pas eu de « fun » comme les jeunes de son âge, elle n'avait pas connu d'autres hommes que P. — c'était comme si vivre des expériences avec d'autres hommes lui avait manqué.

Dans sa vie éveillée aussi, L. cherchait à échanger davantage avec sa mère depuis un certain temps déjà. Sa mère, en retour, s'ouvrait aussi davantage à L., lui révélant des expériences personnelles, des souvenirs de son enfance et de sa relation à sa propre mère. Touchée et encouragée par cette plus grande ouverture, L. anticipait de vivre une relation de plus en plus authentique avec elle. Dans un autre rêve durant cette même période, elle s'opposait à sa mère qui avait vociféré « Tu ne fais rien de bien ». Éveillée aussi, L. était capable de lui exprimer, qu'elle n'avait jamais senti qu'elle lui faisait confiance. C'est à travers ces révélations, explications mutuelles et mises au point qui s'ensuivirent que mère et fille ont pu en arriver à des rapports plus personnels — à une transparence dont L. faisait maintenant preuve dans ses autres relations aussi. Sa perception de sa mère se modifia ; elle avait cherché, elle aussi, à composer avec une réalité existentielle difficile sur plusieurs plans. À la fin de sa démarche L. rapportait ne plus ressentir d'agressivité à l'égard de sa mère. Une telle reconciliation, toutefois, s'est avérée irréalisable avec son père. À plusieurs reprises elle avait, de fait, tenté de lui parler sans recevoir de réponse. C'est à lui maintenant de faire les premiers pas, décida-t-elle fermement.

Elle se culpabilisait moins de penser à d'autres hommes ; car ce n'était plus nécessairement mal d'être attirée par l'un d'eux. L'idée d'une relation amicale avec un homme devenait moins inacceptable. Sa conception de l'amour était aussi plus réaliste ; elle s'attendait moins à « un conte de fée ». L. se sentait plus libre, en transformation, elle trouvait plus de temps pour elle-même et pouvait en jouir. Elle s'en permettait plus et profitait davantage des occasions. Elle retrouva le goût de chanter. Elle avait le sentiment de s'être retrouvée et ne tenait plus à cette personne dépendante qu'elle avait été.

Elle était maintenant en mesure d'identifier les circonstances ou émotions qui déclenchaient chez elle des réactions de nature dépressive, comme de se sentir manipulée par exemple. L. savait que c'était à elle de réagir au lieu de subir ces situations, en s'affirmant ou en s'expliquant. Les moments dépressifs se manifestèrent moins fréquemment et moins intensément, alternaient plus rapidement avec des périodes de bien-être.

Quant à sa relation avec P., elle relevait plusieurs indices d'un sentiment d'intimité avec lui, tout en continuant à s'opposer et à s'expliquer dès qu'elle en sentait la nécessité. Elle rêva qu'elle s'abandonnait dans ses bras (bien qu'elle ne se sente pas encore entièrement comprise). L'agressivité éprouvée à son endroit diminua. C'est ainsi que, lors de sa dernière entrevue, L. relata qu'elle le percevait plus comme un ami et que, maintenant, ils étaient capables de se parler. Elle le percevait aujourd'hui, différent d'elle plutôt que supérieur : ils étaient égaux.

ASPECTS THÉRAPEUTIQUES ET PRÉVENTIFS

La psychothérapie vise à aider la personne déprimée à prendre conscience du mode d'être pathologique qui la prédispose à cet état, c'est-à-dire son système de croyances, quant à sa perception d'elle-même et des autres. Cet objectif est, cependant, fréquemment menacé par le malaise émotif intense que manifeste la cliente ainsi que par ses attentes ou demandes persistantes de soulagement immédiat et magique vis-à-vis du (de la) thérapeute. La personne dépressive est souvent moins intéressée à s'analyser qu'à ressasser de façon répétitive ses symptômes et ses préoccupations négatives à leur sujet. Elle est portée à se faire rassurer et prendre en charge par le (la) thérapeute, à un point où celui (celle-ci) peut se retrouver dans la position irréaliste de porter le fardeau de la vie quotidienne de la cliente. Cependant, la recherche exclusive de consolations, ou d'un réconfort sympathique, n'aide pas la cliente à s'aider elle-même. Elle a à assumer la responsabilité de son cheminement et apprendre à s'observer elle-même, au lieu d'attendre du (de la) thérapeute qu'il (elle) définisse à sa place, et sans effort de sa part, ses problèmes. L'intervention thérapeutique visera alors à favoriser chez la cliente une prise de conscience, à partir de son comportement concret en thérapie, de son mode d'être, de son attitude et de ses attentes vis-à-vis des autres (Arieti et Bemporad, *ibid.*).

Une deuxième prise de conscience majeure à laquelle elle doit parvenir concerne son système de croyances quant à sa perception d'elle-même et des autres, dont la nature favorise l'apparition éventuelle d'un état dépressif.

L'image clinique dominante d'une personne déprimée est celle d'une personne foncièrement incapable de s'amuser, de se plaire, et de jouir de ses activités ou accomplissements, même s'ils sont considérables. Toute son énergie et ses talents sont, soit canalisés sur une personne investie d'un pouvoir magique de valorisation, soit centrés sur un but lointain, soit enfin, étouffés par crainte de paraître égoïste, ridicule, ou fautive. Les relations interpersonnelles de la personne déprimée ont semblablement souffert d'inhibitions. Les autres sont craints parce qu'ils représentent des juges potentiels, ou font déclarés ridicules ou enfantins. Les relations sont souvent caractérisées par des subterfuges et des comportements manipulatoires plutôt que par un échange libre et ouvert des sentiments et des pensées. Le thème de base est clair et constant : oser être spontané ou s'amuser entraînerait une punition, que ce soit de l'ordre d'une perte, d'un abandon, de la honte ou de la critique. Le climat de vie est fortement alourdi par la culpabilité, par le fait d'avoir à rendre des comptes à autrui, et par l'abnégation de soi compliquée d'un sentiment d'impuissance et de solitude ainsi que d'un désir ardent de structure et de direction extérieures.

On peut espérer qu'en reconnaissant un modèle (« pattern ») de personnalité de base, la personne dépressive commencera à entrevoir que ses moments dépressifs sont le résultat d'un mode d'être pathogénique et qu'un changement de sa condition pénible exige une transformation radicale de son mode de construction de ses expériences et activités, de ses croyances et de ses rapports.

Toutefois, la prise de conscience du fait que ces croyances irrationnelles et les distorsions qu'elles entraînent dans la vie quotidienne sont génératrices des états dépressif n'entraîne pas automatiquement leur changement ni la disparition de la dépression. Ces anciennes croyances, enracinées depuis des années, sont tout au moins sécurisantes et prévisibles, et tout changement profond est menaçant et comporte des risques. La personne dépressive peut opposer une résistance à cet abandon de son « autre dominant », ou de son but dominant, car elle craint qu'en éliminant ce système puissant de gratification et d'estime, la vie n'ait plus de sens. Elle peut aussi craindre un châtiment terrible en se permettant des activités plaisantes autonomes. Pour toutes les déprimées, le plaisir est alourdi par la culpabilité et l'anxiété. Cette association magique entre plaisir et désastre se retrouve régulièrement dans les rêves et fantasmes des déprimées.

La capacité de commencer à éprouver du plaisir en faisant des choses qu'elle s'interdisait — lire un roman, aller au cinéma, voir des amis, se passionner pour une activité quelconque — est signe d'une disponibilité et d'un début de changement. Certains rêves aussi, annoncent une modification. Ainsi, la personne déprimée peut rêver qu'elle est adolescente (période caractérisée par une tendance normale à se rebeller contre les règles familiales et à définir son identité personnelle, rebellion de courte durée chez la déprimée qui a typiquement repris l'ancien modèle de soumission). Elle peut rêver aussi que ses parents décèdent, indice d'un sentiment de libération face au parent dominant.

Au moment où la personne s'efforce de changer son mode de comportement, elle peut s'apercevoir que des proches — parents, collègues de travail, mari ou partenaire — lui tiennent rancœur de tels changements. Il est même possible que ces derniers cherchent inconsciemment à saboter ce qu'il perçoivent comme des changements menaçants ou irritants, susceptibles de transformer ce qui représentait pour eux une relation confortable.

Le changement se manifeste surtout par une indépendance nouvelle, la capacité de trouver un sens et du plaisir à des activités quotidiennes, le courage d'entreprendre de nouvelles activités, la capacité d'agir avec assurance sans constamment se référer aux jugements des autres, la capacité d'endosser ses propres échecs (et d'accepter ceux des autres) avec philosophie et humour, et le refus de se considérer inadéquate et sans valeur si on ne réalise pas chacun de ses objectifs. Mais un indice principal de changement est que la personne ne travaille plus exclusivement pour se gagner la reconnaissance d'autrui ou pour atteindre un but lointain, elle trouve de la satisfaction à ce qu'elle fait pour elle-même (*ibid.*).

L'INFLUENCE DE FACTEURS SOCIO-CULTURELS DANS LA DÉPRESSION

La tendance générale aux états dépressifs chez les femmes n'est-elle qu'un artéfact, lié au fait que ce sont davantage les femmes qui prennent conscience de leurs états dépressifs et demandent une aide thérapeutique ? Plusieurs recherches en viennent à la conclusion que cette prééminence est bel et bien réelle et non artificielle (Weissman et Klerman, 1977).

Tout en admettant l'importance de croyances particulières aux déprimés, on ne peut ignorer le fait que la majeure partie des idées d'une personne proviennent de son environnement socio-culturel. Bien qu'une grande part d'idées et habitudes de pensée soient acquises dans l'enfance au sein de la famille, elles sont porteuses de la culture dans laquelle baigne cette famille.

Historiquement, depuis l'avènement du patriarcat, le pouvoir s'est trouvé entre les mains des hommes. Les femmes ont été maintenues en état de dépen-

dance et les hommes décidaient de leur sort en fonction de leurs propres intérêts, besoins et craintes. À travers l'histoire, la majorité des femmes se sont
résignées à ce statut sans tentative de réaction, reconnaissant que le monde
était modelé, gouverné et dominé par les hommes. Simone de Beauvoir, écrit
dans *Le Deuxième Sexe* que la socialisation des jeunes filles leur a enseigné
à se percevoir comme non-essentielles comparativement aux hommes ; elles
sont convaincues de cette infériorité dès leur tout jeune âge, percevant les
hommes comme les maîtres du monde, économiquement et socialement supérieurs. Les femmes sont socialisées en vue d'adopter un rôle de subordonnées
qui représente ce que la société considère être le comportement normal d'une
femme. Cette propension aux auto-évaluations négatives et au rejet de soi se
reflète souvent dans le fait que les femmes chosissent fréquemment, et demeurent, dans des emplois inférieurs même si elles sont exceptionnellement bien
qualifiées (Wetzel, 1984). Il s'ensuit que, pour plusieurs femmes, il est non-
féminin, contraire à leur nature et même offensant pour les autres d'être indépendantes et de s'intéresser à leur propre croissance et à leur propre développement. Malgré un changement dans les rôles sexuels, on attend toujours des
femmes qu'elles développent des comportements liés à l'immaturité, tels qu'être
démunie et dépendante. Ainsi, dans certaines classes sociales, la féminité est
confondue avec la dépendance tandis que l'homme est désigné comme le
pilier, celui qui gouverne et fait les choix, au point de favoriser un état d'impuissance chez sa partenaire. Dans la culture nord-américaine, l'indépendance
par les accomplissements et la compétence sont davantage récompensés chez
les hommes que chez les femmes. La socialisation de l'homme l'amène à
« faire » et à faire ses preuves par ses réalisations. Les femmes démontrant ces
qualités sont souvent ignorées, non écoutées ou parfois punies par le rejet
et la critique sociale. Pour une femme, il suffit d'être féminine. Son sentiment
de valeur personnelle et, dans certains cas, sa survie dépendent plus de l'attrait
qu'elle suscite chez l'homme que de comportements efficaces face aux situations de la vie (Wetzel, *ibid.*). Il n'est donc pas surprenant qu'elle vive des
conflits et des ambivalences en développant son indépendance et sa
compétence.

Il n'existe pas, en fait, de modèle de développement pour les femmes.
Développer son identité et sa valeur personnelle représentent déjà en soi une
tâche difficile. Pour les femmes cependant, on accorde bien peu d'attention
à ce développement. En général, ce ne sont que dans les rôles de mère et
de ménagère qu'il lui est permis de s'affirmer, rôles non salariés et peu valorisés dans notre société malgré les protestations de ceux qui soutiennent le contraire. Socialisées pour plaire aux autres, les femmes apprennent à se sensibi-
liser aux choses qui intéressent leurs partenaires et leurs enfants, accordant
beaucoup moins d'importance à ce qui pourrait leur plaire, elles. Puisqu'elles
dépendent des autres pour leur bonheur, la réalisation de leurs propres besoins
peut parfois encourager le recours à des comportements manipulateurs. De
même, l'hostilité et la rage latentes des femmes dépressives envers leur mari

et leurs enfants, typiquement observables en situation thérapeutique, peuvent être directement liées à leur moindre statut et aux conditions frustrantes qui prévalent autant à la maison que dans la société en général.

Le refoulement de la douleur, de la colère et de la frustration qui accompagnent son mode de vie subordonné peut amener une femme, à des comportements de défense d'ordre névrotique et, dans les pires circonstances, à des perturbations mentales. L'interaction entre le statut social désavantagé de longue date et ses conséquences d'ordre psychologique, dont la dépression, pourrait opérer de deux façons. La discrimination sociale et les iniquités envers les femmes mèneraient à l'impuissance légale et économique, à la dépendance, à une faible estime de soi, et à des aspirations peu élevées, pouvant ainsi faciliter l'apparition d'une dépression clinique. Par ailleurs, des images stéréotypées, socialement conditionnées, peuvent contribuer à produire chez une femme une structure cognitive opposée à l'affirmation de soi et renforcée par des attentes sociétales (Weissman et Klerman, *ibib.*). Ainsi, bien que l'origine première de la dépression semble être rattachée aux premières influences en bas âge, il est tout aussi vraisemblable que ce modèle persiste et s'installe dans plusieurs cas, parce que la société en général contribue à le promouvoir. Tous ces facteurs socio-culturels peuvent s'associer aux conflits personnels d'une femme pour faire en sorte qu'il lui est plus facile que pour son partenaire masculin, de renoncer à l'auto-détermination et à l'affirmation personnelle, et de se complaire dans ce renoncement. Un certain consensus culturel vise à la détourner d'une prise de conscience de l'anormalité de cette situation. L'influence qu'exerce la société peut donc représenter un facteur décisif quant à l'apparition d'états pathogéniques, et rendre compte de sa prépondérance chez les femmes.

Examinons plus particulièrement cette influence par rapport aux mécanismes suivants identifiés dans les états dépressifs : l'expérience d'une perte ou la menace de perte avec l'adoption subséquente d'un comportement soumis à l'endroit de la personne établie comme dominante ; le modèle de vie établi en fonction de cet autre dominant, et la recherche d'approbation et gratification ; le modèle de dépendance et le modèle de vie où l'amour romantique représente le but dominant.

En ce qui a trait au premier mécanisme — l'expérience dans l'enfance d'une perte — il ne semble pas y avoir de différence entre filles et garçons. On peut toutefois présumer que dans les familles à préjugés sexistes, la naissance d'un garçon pourra entraîner une certaine négligence vis-à-vis de la fille déjà née et développer chez elle le traumatisme d'une perte affective.

En ce qui concerne les autres mécanismes, par contre, il est beaucoup moins hypothétique que des facteurs socio-culturels prédisposent plus fortement les filles que les garçons à la dépression. Ainsi, la soumission à un « autre dominant » masculin est favorisée par le caractère patriarcale de notre société, à tel point qu'il semble naturel pour une femme de se lier à un « autre dominant » masculin. On s'attend alors couramment à ce qu'une femme serve les besoins des autres et qu'elle se lie à la destinée d'un homme, ce qui rend plus difficile pour elle le développement d'une identité propre. En abandonnant son propre développement pour vivre par procuration à travers les autres, les succès du partenaire et des enfants sont souvent considérés comme les siens. Dans une telle situation, elle se sentira frustrée non seulement lorsqu'elle-même n'atteint pas son but dominant, mais également lorsque son mari ou son partenaire ne l'atteignent pas. Ainsi son bonheur dépendra davantage du sentiment de réalisation de ceux-ci que l'inverse. L'indépendance a donc été abandonnée pour une promesse d'amour, l'ultime récompense : « Si je suis une femme parfaite, je serai sûrement aimée ». Éduquée à donner d'elle-même, cette femme devient experte à retarder les gratifications mais elle est beaucoup moins habile pour chercher à en obtenir.

Bien que la conformité et la suggestibilité ne soient pas des traits propres à un sexe en particulier, des attentes sociétales puissantes reliées à l'identification et à la différenciation sexuelles favorisent chez plusieurs filles et femmes une plus grande susceptibilité à l'influence extérieure. Celles-ci sont alors portées à se soumettre à ceux qui revendiquent un statut plus élevé et de l'autorité, laissant les autres les diriger et les contrôler. Cette dépendance et soumission acquises rendent ces femmes moins capables de s'aider elles-mêmes et plus vulnérables à certains événements qui deviennent des facteurs déclenchants de psychopathologie. Une personne qui se fie davantage à ses propres ressources et capacités est moins intensément affectée par des circonstances contraignantes.

Enfin, le but dominant de plusieurs femmes est moins lié à une carrière qu'à la poursuite de l'amour, et c'est dans ce domaine que plusieurs d'entre elles sont déçues. Ceci est compréhensible étant donné que, dès leur jeune âge, beaucoup de femmes ont été subtilement ou ouvertement dirigées vers les buts de la maternité et de la vie domestique, ou encore vers des emplois impliquant un rôle soumis, plutôt qu'encouragées à poursuivre une carrière. Ces perspectives ont été présentées comme très désirables parce qu'associées à la réalisation de rêves d'amour romantique. Cependant, lorsque l'amour romantique devient une préoccupation exclusive de la vie, remplaçant tout autre objectif incluant d'autres formes d'amour, la vie devient excessivement restreinte, enfermée dans des modèles rigides rendant difficile la considération d'alternatives par la suite.

La possibilité de croissance leur étant niée dans plusieurs domaines, certaines femmes pour s'approprier un certain pouvoir, adoptent des comportements associés faussement à la féminité tels, l'attrait sexuel, l'art de la séduction, l'amour. Beaucoup de femmes qui craignent la perte de ces fonctions à la ménopause sont des candidates faciles aux états dépressifs. Quoique la société ait fait du progrès en vue de modifier toutes ces conditions, l'abolition du double standard et des chances inégales n'a été réalisée qu'en partie. Même si certains changements sont visibles, les anciens acquis cognitifs et les sentiments qui les accompagnent sont encore opérationnels chez plusieurs. En outre, à un niveau conscient, les anciens et nouveaux modèles s'entremêlent et créent la confusion (Arieti et Bemporad, *ibid.*).

Nonobstant l'importance de modifier des croyances et paradigmes personnels afin de prévenir la dépression, il ne faut pas, en somme, négliger certaines réalités extérieures. Si l'on considère que la perception qu'ont les femmes de leur impuissance reflète en partie une situation réelle, leur culpabilité, — elles se blâment facilement elles-mêmes pour des conditions qu'elles subissent — crée un *double-bind* dévastateur, immobilisant. Les implications sont claires : les femmes doivent se percevoir différemment, mais elles doivent aussi voir le monde de façon réaliste, tel qu'il est, et travailler à le transformer afin d'y prendre leur place (Wetzel, *ibid.*).

RÉFÉRENCES

ARIETI, S., & BEMPORAD, J. *Severe and Mild Depression. The Psychotherapeutic Approach.* New York : Basic Books, 1978.

BECK, A.T. *Depression : clinical, experimental and theoretical aspects.* New York : Harper & Row, 1967.

BEMPORAD, J. *Change Factors in the Treatment of Depression.* New York : McGraw Hill, 1982.

BOYD, J. & WEISSMAN, M. *Epidemiology of Affective Disorders.* Archives of General Psychiatry, 38 (September 1981) : 1039-1046.

KLERMAN, G.L. *Affective Disorders.* Ds. A.M. Nicholi, Jr. (Ed.). The Harvard Guide to Modern Psychiatry. England : Harvard Univ. Press, 1978, 253-279.

WEISSMAN, M. & KLERMAN, L. *Sex differences and the Epidemiology of Depression.* Archives of General Psychiatry, *34,* 1977. 98-111.

WETZEL, J.W. *Clinical Handbook of Depression.* New York : Gardner Press, 1984.

WURMSER, L. *Depressive Neurosis.* Ds. Bolis, G. ; Wurmser, L. ; McDaniel, E. & Grenell, R. (Eds.). *Clinical psychopathology.* Boston : Butterworth Publishers, 1978.

2.3

Crise conjugale et réponse des divers spécialistes de la psychologie pathologique

JACKY RIGAUX

POURQUOI SONT APPARUS DE NOUVEAUX SPÉCIALISTES POUR L'ECOUTE DES PROBLÈMES CONJUGAUX ET LA RECHERCHE DE LEUR RÉSOLUTION

La deuxième moitié du XXe siècle a vu émerger de nouveaux praticiens, les sexologues et les conseillers conjugaux. Les premiers sont souvent d'abord médecins ou psychologues et se sont spécialisés dans la sexologie, les seconds n'ont pas obligatoirement suivi une formation universitaire, mais proviennent d'horizons professionnels divers (cadres, enseignants, travailleurs sociaux, médecins, etc...), voire même d'une situation préalable de non activité professionnelle (en particulier mères de famille ayant élevé leurs enfants et à la recherche d'une activité professionnelle)

Chaque profession doit pouvoir délimiter ses contours et asseoir sa spécificité. Elle procure à ses praticiens une identité professionnelle originale, exige d'eux la maîtrise d'une fonction sociale délimitée assurée par une formation pertinente et leur confère un statut particulier, qu'il soit ou non régi par un ordre. Comment a pu naître la profession de Conseiller Conjugal alors que médecins, psychologues, psychiatres et travailleurs sociaux prétendent déjà s'occuper de toutes les difficultés personnelles et ont bien du mal à spécifier leurs pratiques ?

Pourquoi les médecins sont-ils incapables de répondre aux problèmes ayant leur source dans des difficultés conjugales ?

Pour la médecine, le corps humain est pratiquement synonyme du concept d'organisme biologique : c'est-à-dire comme celui des autres mammifères, un ensemble de structures organiques comprenant des cellules, des tissus et des organes différenciés, entretenant des rapports réciproques. Les seules lois reconnues régissant ce fonctionnement sont des lois biologiques. « C'est le seul corps biologique que la médecine prend en considération, mais en excluant de son champs tout ce qui est à proprement parler de l'ordre du plaisir sexuel. (...) Elle se fonde sur un certain type de forclusion, qui est justement celle du corps comme organe de jouissance. » (Leclaire, 1971).

Il est vrai qu'apparaît actuellement le souci d'une médecine de l'Homme total qui, par le terme de psychosomatique, cherche à réintroduire l'ordre de la jouissance. « Seulement c'est impossible tant que cette forclusion initiale n'est pas remise radicalement en cause » (Leclaire, 1971). Cela semble d'ailleurs impossible tant que la médecine tentera « de fonder sa vérité (et ce depuis toujours et dans tous les types de médecine), sur deux démarches distinctes et complémentaires.

1. Une démarche visant à constituer un système de référence (nosologie et nosographie) auquel rapporter les réalités de la pathologie humaine et dont l'aboutissement dans chaque cas, est l'énoncé d'une sentence, d'un verdict, d'un diagnostic. Les sources actuelles de ce système de référence sont les sciences anatomiques et biologiques (...)

2. Une démarche thérapeutique fondée sur une idée qui paraît aller tellement de soi pour tous les humains, dans toutes les sociétés, qu'on juge inutile de s'interroger sur ce qu'elle représente au juste. Cette idée est *qu'il existe toujours quelque part,* réellement ou virtuellement, un *objet* qui peut être opposé à tout drame, à toute souffrance humaine lorsque celle-ci vient à se manifester. Actuellement ce sont les laboratoires de recherche pharmacologique qui tentent de découvrir et de proposer de tels objets. La médecine en tant que thérapeutique cherche à répondre positivement à *la demande d'objet* que semble toujours porter avec soi la souffrance des hommes » (Benoit, 1979).

La conséquence d'une telle problématique est qu'il ne peut y avoir en médecine scientifique positiviste d'autre vérité thérapeutique que biologique, et singulièrement pharmacologique.

Par ailleurs, la médecine cherche à répondre à la souffrance actuelle et il est vrai que, sur le plan pratique, l'immense majorité des souffrances humaines, qu'elles soient morales ou physiques, ont bien une manifestation actuelle. « Les médecins sont donc très légitimement formés — et fondés — à considérer toute souffrance comme une souffrance actuelle et à agir en conséquence. C'est du reste ce qu'on attend d'eux » (Benoit, 1979). Pourtant, et l'étymologie même du mot souffrance (sub-ferre) l'indique bien, « toute souffrance porte (ferre) toujours quelque chose sous (sub) elle. » C'est d'ailleurs ce que la théorie psychanalytique s'emploie à démontrer. Pour elle, tout être humain porte en lui une souffrance dont la nature n'est pas d'être pathologique mais de le fonder comme humain (Freud, 1915).

Le médecin, n'abordant que la souffrance actuelle, se doit d'évacuer ce que le côté inactuel de cette dernière ne manquerait pas d'avoir de subjectif, afin de pouvoir appliquer aussi objectivement que possible son système de référence et les prescriptions de l'objet thérapeutique. Ce souci d'objectivité lui interdit par ailleurs de laisser intervenir dans sa relation à la souffrance de l'autre sa relation à sa propre souffrance. Cette double nécessité impose au médecin le *refoulement* de son rapport initial et *intime à la souffrance.*

Ainsi la pratique actuelle de la médecine, et donc la formation qui y conduit, empêche le médecin de s'intéresser aux questions sexuelles, à ce qui dans le corps a trait à la jouissance, et à la subjectivité. Cela est peut-être encore plus évident pour les médecins spécialisés en gynécologie. Au passage il convient de rappeler que presque la totalité des gynécologues sont des hommes (97% selon une étude américaine!). «Bien qu'il s'avère que les fonctions reproductives et sexuelles de la femme relèvent toutes deux des mêmes organes génitaux, les gynécologues sont facilement portés à diviser ces deux fonctions pour ne tenir compte que de la première. Ils sont rarement informés des difficultés sexuelles de leurs patientes et, s'ils le sont, c'est presque toujours dû à l'initiative de ces dernières qui, en désespoir de cause, se risquent à en parler à leur médecin» (Venne, 1981).

D'une manière générale, ces derniers sont très habiles à dépister les maladies du système reproductif de la femme, mais très souvent fermés aux problèmes sexuels de leur clientèle. Ils ne s'arrêtent qu'aux fonctions reproductives des organes génitaux dont ils s'occupent, refoulant du même coup les fonctions sexuelles.

Cela implique que les femmes qui souffrent de problèmes sexuels (cela est vrai pour les hommes aussi), d'absence d'intérêt sexuel, d'anorgasmie, de difficultés relationnelles, etc..., ne savent généralement pas où aller pour être aidées. Par ailleurs, en raison des tabous et interdits qui entourent encore la sexualité, malgré ce que l'on appelle la libération sexuelle contemporaine, elles attendront presque toujours une crise grave pour en parler. Mais, «trop de femmes se font encore dire qu'avec un ou deux verres d'alcool, tout ira bien. Heureusement, les services de consultation psycho-sexuelle se sont développés de telle sorte que les gynécologues savent mieux maintenant où orienter leurs patientes» (Venne, 1981).

Pourquoi les psychiatres ne sont-ils pas toujours aptes à aborder les difficultés conjugales de leurs patients ?

La psychiatrie s'est constituée comme pratique scientifique au XIXe siècle sur le modèle de la médecine. Elle s'est efforcée de construire son système de référence spécifique, la nosologie psychiatrique, encore en vigueur aujourd'hui quoique enrichie de multiples apports. [1] Sous l'impulsion de psychiatres comme Magnan, elle cherche à attribuer les désordres mentaux au désordre du fonctionnement cérébral. Il faut cependant constater que si le modèle neuro-anatomique renseigne sur la pathogénie de ces troubles, il n'indique rien sur les causes éventuelles de ces anomalies. Quoi qu'il en soit les termes de «dysfonctionnement mental» d'«altération fonctionnelle du système nerveux central», ou de déséquilibre» tendent à remplacer les mots de dégénérés (Morel) ou d'héréditaires.

Parallèlement à la construction de son système de référence la psychiatrie recherchait des objets thérapeutiques spécifiques. Cette quête allait culminer avec la découverte, relativement récente des neuroleptiques, des psychotropes.

En même temps que se développait la psychiatrie comme branche de la médecine, surgissaient les asiles d'aliénés qui devinrent les hôpitaux psychiatriques.

Pour le grand public les psychiatres sont donc les spécialistes de la folie. Les fréquenter conduit à se voir attribuer une étiquette de malade mental, et même à être envoyé à l'hôpital psychiatrique ! Aussi n'est-ce pas vers eux que les personnes qui souffrent de difficultés conjugales et de troubles sexuels se précipiteront !

Il appartient aux psychiatres contemporains de changer leur image sociale, ce qui n'est pas une mince entreprise. Il importe de remarquer que certains psychiatres deviennent psychanalystes et que d'autres s'orientent vers une psychiatrie sociale. Cependant, les années 80 voient se développer la psychiatrie biologique, [2] «cette clinique où le sujet n'existe pas» (Lazarus-Matet). Dans une telle perspective, le postulat de base est que toute activité mentale, qui s'extériorise certes par le comportement et le langage, est sous-tendue par le fonctionnement du cerveau. Pas d'appareil psychique tel que théorisé par Freud dans cette approche, mais la seule prise en compte du système nerveux central, réseau de dix milliards de cellules nerveuses (neurones) organisées en différentes structures anatomiques. Chaque neurone est lié à un neurone voisin par environ dix milles connexions appelées synapses, espaces par où l'influx nerveux, l'excitation, se propage. Ces échanges se font par libération de substances chimiques, nommées neuromédiateurs, à partir du neurone présynaptique. Ces substances se combinent dans le neurone post-synaptique à des récepteurs. «Toute activité mentale supposant le fonctionnement de ce modèle élémentaire, il s'agit donc de savoir si la maladie men-

1. « Diagnostic and Statistical Manual of Mental Disorders » (Nomenclature diagnostique de l'Association américaine de psychiatrie, DSM - II) et la classification des maladies (ICD8) en France.

2. Se reporter au dossier : Vocations de la psychiatrie des années 80, in l'Ane, le magazine freudien, n° 3, automne 1981, pp. 27 à 47.

tale en suppose un mode particulier et lequel» (Lazarus-Matet, 1981). Les recherches se polarisent donc sur les neuromédiateurs ou neurotransmetteurs, et leurs récepteurs, avec la mise en relief de critères précis définissant la fonction de neuromédiateur d'une substance chimique, le critère fondamental étant son mode d'action trans-synaptique. Actuellement, environ une trentaine de substances chimiques repérées dans des zones spécialisées sont supposées être des neuromédiateurs capables d'exciter ou d'inhiber certains neurones. Les monoamines concernent en particulier la régulation de l'humeur, l'acide gamma-aminobutyrique est le médiateur inhibiteur le plus connu, les neuropeptides agissent sous le contrôle des neuromédiateurs habituels, etc...

Ces quelques considérations sur la psychiatrie biologique permettent de comprendre les pratiques psychiatriques qui en découlent. Si un trouble psychique se manifeste par un symptôme comportemental isolé, ou par un syndrome, on va repérer un neuromédiateur ainsi que des sites récepteurs. Par un traitement chimique on va chercher à corriger le dysfonctionnement biochimique en cause.

Le modèle théorique sous-jacent est celui hérité de l'homéostasie que l'on peut nommer : biologie moléculaire du comportement. Dans une telle perspective, on ne se préoccupe pas de relation, mais du seul comportement que l'on va chercher à objectiver.

Pour quelles raisons les psychologues ne sont-ils pas toujours prêts à affronter les crises conjugales de leurs consultants ?

Il appartenait à Freud, qui se réclamait davantage de la psychologie que de la médecine, de mettre en évidence scientifiquement la réalité du corps érogène. C'est ce que développera J. Lacan à travers des expressions comme « le corps est un organe de jouissance » ou « un corps est fait pour jouir » — (pour un médecin, il est fait pour fonctionner). C'est également Freud qui, le premier, comprit que l'imaginaire pouvait rendre le corps malade. Sans doute le doit-il en partie à Charcot qui aimait à dire, en parlant de l'hystérie : « Ça n'empêche pas d'exister ! ». C'est en effet en voyant les hystériques hypnotisés, libérés de leurs symptômes, que Freud comprit confusément la force thérapeutique du transfert. On sait ce qu'il fit de tout cet héritage, ce n'est pas le temps d'en parler ici. Nous rappelerons seulement que c'est en découvrant que le transfert n'est pas une relation intellectuelle entre l'analyste et l'analysé, mais une relation concrète, affective, une relation amoureuse, que Freud a fondé la psychanalyse. Il devait très vite attirer l'attention sur la nécessité pour l'analyste de s'engager lui-même dans sa propre analyse, afin qu'émerge sa propre souffrance et le rapport qu'il entretient avec elle, et qu'il apprenne à ne pas céder aux multiples tentatives faites par l'analysé pour l'entraîner dans une relation amoureuse active.

Quoi qu'il en soit, les psychologues cliniciens ne sont-ils pas les héritiers de Freud, ne sont-ils pas préparés à écouter les difficultés des autres sans les rapporter à un système de référence, ou y répondre par un objet thérapeutique ?

Les choses sont plus compliquées. Les psychologues sont souvent identifiés aux psychiatres, c'est-à-dire qu'ils sont également considérés comme des spécialistes de la maladie mentale. Il est également vrai que pendant très longtemps, et encore maintenant, ils ont contribué à l'établissement des diagnostics en utilisant leurs tests et diverses techniques d'investigation pour mettre en évidence des symptômes, difficultés, problèmes, dans une démarche voisine de celle de la nosographie psychiatrique. Psychométrie et nosographie sont des pratiques comparables. Tout cela explique sans doute que les psychologues soient considérés comme les héritiers des psychiatres du XIXe siècle, soucieux de justifier la maladie mentale comme maladie à part entière, où les troubles de la sexualité doivent trouver leur place. Toute la nosographie psychiatrique s'évertue à identifier le maximum de signes pathologiques, pour les classer en entités morbides. Cet outil permet de diagnostiquer des symptômes qui renvoient à un déséquilibre entre les diverses parties du système nerveux central. Les problèmes sexuels, dans cette perspective, apparaissent comme une variété particulière de déséquilibre. Que fera le psychiatre, comme le psychologue son héritier, si ce n'est passer au crible du diagnostic psychiatrique ou psychopathologique, les signes de perturbation sexuelle ?

Il va sans dire que les personnes qui souffrent de difficultés conjugales et de troubles sexuels, tout en ayant une vie sociale active et adaptée, ne veulent pas rejoindre la catégorie des déséquilibrés de toutes sortes et des malades mentaux en général !

Quoi qu'il en soit, il appartient aux psychologues cliniciens de contribuer à ce que leur image sociale les identifie plutôt aux héritiers de Freud qu'à ceux de la Nosographie psychiatrique issue de Kraepelin (1883 à 1927). C'est ce que Jacques Gagey cherche à promouvoir tout particulièrement dans son texte « La Psychologie Clinique » (Gagey, 1980). Il met en relief que c'est à partir des tests projectifs, largement utilisés par les psychologues, que s'est opéré la conversion de la psychotechnique à la psychologie clinique, pour certains psychologues. Ces tests ne peuvent être utilisés comme les tests d'aptitude : il n'y a pas de bonnes ou mauvaises réponses, il faut interpréter ! Le psychologue est ainsi embarqué dans une aventure incertaine ! Et surtout, il ne peut éluder la rencontre qu'impose le test dans le détail des séances longues et répétées avec son patient. « Il faut donc bien que l'observateur se rende pour finir à l'interpellation, muette ou vociférante, dont il est l'objet de la part de la souffrance, au même titre que chacun de ceux qui ont professionnellement rapport au patient. Il lui faut confesser cette évidence : plus il s'efforce de savoir, plus il apprivoise ; plus il observe, plus il s'implique. Et que faire de cette implication sinon le ressort d'un passage du diagnostic à la thérapie, ce qu'autorise entre autre le test qui favorise la production d'un courant associatif, donne de l'espace à la parole jusque-là contenue, instaure une écoute d'abord malhabile mais que le besoin d'être entendu ne tarde guère à façonner à sa mesure ? » (Gagey, 1980).

C'est à s'engager dans une telle dynamique que les psychologues pourront entendre la souffrance d'autrui, en particulier celle qui prend la forme d'une crise conjugale.

C'est ainsi qu'ils pourront donner d'eux l'image d'une profession chargée d'écouter plutôt que d'étiqueter, d'autant plus que comme le remarque Marielle Venne, « toujours en rapport avec la fonction sexuelle de la femme, on demeure étonné de la facilité avec laquelle s'utilisent les étiquettes psychologiques pour interpréter les dysfonctions sexuelles » (Opusc. cité, pp. 87-88).

Cela est d'autant plus angoissant pour les femmes d'aujourd'hui qu'après une période, encore proche, où les rapports sexuels n'étaient pas censés être une source de plaisir pour les femmes, [1], elles sont victimes « d'un terrorisme inverse ». C'est ce que remarque Ellen Frankfort qui en vient au constat suivant : « une femme qui n'éprouve pas d'orgasme en même temps que son mari s'expose à la névrose ! (Frankfort, 1974).

Et pourquoi pas les travailleurs sociaux ?

Nous nous sommes toujours demandé pourquoi les travailleurs sociaux avaient « abandonné » les problèmes conjugaux à d'autres qu'eux, les Conseillers Conjugaux. Une raison sécurisante nous inciterait à déclarer qu'il s'agit d'une pratique plus clinique, plus proche de celle du psychologue ou du psychothérapeute que du travailleur social. Pourtant ce dernier est formé à la relation d'aide et son travail consiste d'abord à comprendre les grands aspects du problème du consultant, quelles que soient ses formes, pour ensuite l'orienter éventuellement vers un spécialiste.

La véritable raison est plus historique, comme le sont celles que nous avons mises en évidence pour les médecins, les psychiatres et les psychologues. Le travailleur social est d'abord né pour la prise en charge des personnes les plus défavorisées, les pauvres et les laissés pour compte de la société. Par ailleurs, ils sont dans l'imagerie populaire encore bien souvent les « placeurs d'enfants » et les spécialistes des miséreux. Les personnes qui souffrent de difficultés conjugales ne s'identifient pas nécessairement à cette population là. D'ailleurs les notions de quart-monde et de sous-prolétariat qui les étiquettent, redoublent leur exclusion. Ces personnes sont aux prises avec tellement d'autres difficultés, qu'il est d'ailleurs rare qu'ils consultent pour des problèmes sexuels.

C'est plutôt dans les couches moyennes, voire dans la bourgeoisie, que se rencontrent le plus de candidats à l'entretien de Conseil Conjugal. Et c'est d'ailleurs la bourgeoisie qui a secrété ce nouveau corps de praticiens provenant de milieux le plus souvent aisés, où la femme travaille, les enfants ayant grandi et nécessitant moins d'attention. Une analyse sociologique des actuels praticiens du Conseil Conjugal français mettrait sans doute encore cela en évidence.

---

(1) Nous l'évoquons dans notre troisième partie.

LES RAPPORTS SEXUELS ONT LONGTEMPS ÉTÉ CONSIDÉRÉS COMME NE DEVANT PAS ÊTRE SOURCE DE PLAISIR

Si la légitimité culturelle du plaisir est peu contestée chez l'homme depuis très longtemps, il en va différemment pour la femme. La locution de *devoir conjugal* renvoie, comme le remarque Georges Lanteri Laura, « à une aire sémantique polysémique : obligation minima, pour l'époux, de ne se point retrouver impuissant, utilité de faire naître la jouissance chez sa partenaire (peut-être, seulement pour écarter le risque de la voir chercher le plaisir dans l'adultère), mais nécessité de maintenir tout cela dans la sphère du devoir, où — malédiction biblique — tout se gagne à la sueur de son front, et la décence nous interdit ici d'interpréter les métaphores que suggère cette secrétion. Or, dès que la procréation devient la règle, l'asymétrie se manifeste aux dépens de la femme : pour des raisons physiologiques, il est très rare que l'homme puisse la féconder sans un minimum de plaisir, alors qu'elle peut être fécondée congruement sans éprouver la moindre satisfaction. Dès lors, le plaisir de l'homme a l'air de se lier naturellement à sa fonction reproductrice, tandis que cette fonction, chez la femme, s'en dissocie non moins naturellement » (Lauteri Laura, 1979).

Cet auteur attire aussi l'attention sur le fait que, comme la femme peut être fécondée sans jouir, la jouissance ne tire plus sa légitimité de la propagation de l'espèce. « Elle n'est absolue ni par Dieu, ni par Darwin, et, dès lors, s'opère subrepticement un lien — *vinculum substantiale,* aurait écrit Leibnitz — entre la jouissance et le non-justifié, l'interdit, la transgression. À partir de là, substantif vice vient à point pour mettre le plaisir du côté de la pathologie » (Lauteri Laura, 1979).

Le XVIIIᵉ siècle marque un tournant dans l'histoire de la sexualité. À cette époque, la bourgeoisie, préoccupée de prendre le pouvoir, se heurte à l'église romaine, alliée indissociable de la féodalité. La bourgeoisie montante, par la voix de ses grands idéologues, ne pouvait qu'exiger, contre l'église, une grande tolérance à l'égard de la variété des comportements sexuels. Voltaire, après s'être indigné de l'usage des bûchers, termine son article « Amour socratique » (Voltaire, 1784) par une dénonciation de l'hypocrisie de la morale religieuse. « la morale chrétienne, en attachant de la honte à des liaisons entre les personnes libres, en rendant le mariage indissoluble, en poursuivant le concubinage par des censures, avait rendu l'adultère commun ; comme toute espèce de volupté était également un péché, il fallait bien préférer celui dont les suites ne peuvent être publiques : et par un renversement singulier, on vit de véritables crimes devenir plus communs, plus tolérés et moins honteux dans l'opinion que de simples faiblesses. »

Diderot, dans le même esprit, déclarait que la liberté entraînerait la généralisation des jouissances sexuelles naturelles, qu'on peut encore, disait-il, trouver à Tahiti où ne règnent pas les préjugés.

Cependant la position de la bourgeoisie montante du XVIIIᵉ siècle a toujours été ambiguë. Elle a condamné les œuvres du marquis de Sade, n'y trouvant aucune liberté, et, dès qu'elle eut le pouvoir, en 1830, elle abandonna de plus en plus l'idéologie libertaire qui lui avait été si utile auparavant. Peu à peu, à travers l'industrialisation progressive, les journées de juin 1848, la révolte des Canuts de Lyon, le coup d'état du 2 décembre 1851, la bourgeoisie trouva utile un rapprochement avec l'orthodoxie de l'Église romaine, par exemple très bonne pour les pensionnats de filles. [1] Le retour à la religion est aussi l'acceptation d'un ensemble de restrictions dans la vie sexuelle qui, après la publication du Syllabus et le Premier Concile du Vatican, ont pris une valeur dogmatique. « Dès lors, une grande partie de la vie sexuelle s'en trouvait suspecte. Le mieux était d'éjaculer sans trop de manière dans le vagin de l'épouse, en y prenant le moins de plaisir possible » (Lanteri Laura, 1979).

Bien sûr, la bourgeoisie n'appliquait pas toutes ces règles, et ne les prônait que lorsqu'elles lui semblaient utiles. Cependant, elles devenaient, insidieusement, l'absolu de sa morale sexuelle. « Elle ne la respectait guère, mais peu à peu, c'était avec mauvaise conscience et elle commençait à consommer cet opium qu'à l'origine elle réservait au peuple » (Opusc. Cité, p. 23). Peu à peu la jouissance est exclue de l'institution du mariage. Avant le mariage, l'homme peut jouir, mais avec des demi-mondaines ou des filles du peuple qu'il ne pouvait épouser. Par contre la femme doit rester vierge. Une fois installé dans le mariage, l'homme ne devra pas traiter sa femme comme ses maîtresses, et cette dernière ne peut avoir accès à la jouissance que par des voies adultérines. Tout cet ensemble de croyances, même si on n'y croit guère, va servir de référence aux jugements pour aboutir à la dichotomie : le domaine du licite est celui de l'absence de plaisir, et le plaisir, celui de l'illicite. Bien sûr une relative liberté sera concédée aux fantaisies de l'homme, dont le « demi-monde » et les maisons-closes deviendront le lieu naturel. L'adultère de la femme, par contre, sera toujours restreint par le risque de la venue d'un huissier aux fins de constat.

C'est dans tout ce contexte que les savants de la fin du XIXe siècle ont cherché à lier la norme sexuelle à la conservation de l'espèce, ce qui aura une triple conséquence :
— la jouissance n'est pas nécessaire à la procréation qui peut avoir lieu même si la femme ne jouit pas du tout et l'homme fort peu.
— la reproduction n'excuse qu'une très petite partie du plaisir, le reste demeurant sans justification biologique.
— ce reste injustifié prend, pour la science de l'époque, le nom de perversions, d'autant plus que la qualité de l'orgasme dépend du fait qu'il n'arrive pas trop tôt et que ce délai est consacré à des gestes et des manières aisément appelés vices et perversions.

Le plaisir, dans tout ce contexte, est ainsi rapproché du comportement pervers puisque la norme de la reproduction ne l'explique que de façon incom-

---

1. Se rappeler la notion d'« oie blanche » du XIXe siècle.

plète. Cela devait aboutir à l'œuvre de Krafft-Ebing (1893), souvent cité par Freud, qui devait prendre le contrepied. Krafft-Ebing entend par perversion toutes les satisfactions érotiques n'ayant pas pour objectif la conservation de l'espèce. Il va jusqu'à tenter de démontrer que c'est peut-être le plaisir lui-même qui est pervers, en tout cas vicieux et dépravé.

BRÈVES CONSIDÉRATIONS SUR LA SEXUALITÉ SELON LA PSYCHANALYSE

Selon Freud il n'y a qu'un moyen d'arriver à des conclusions utiles sur la pulsion sexuelle dans les psychonévroses, c'est de les soumettre à l'investigation psychanalytique. Les psychonévroses, comme toutes les perturbations psychologiques, « doivent être rapportées à la force des pulsions sexuelles ». Pour Freud, il n'existe qu'une énergie pulsionnelle, la libido, qui peut subir de multiples avatars. Les symptômes ne sont ainsi que l'activité sexuelle du malade. Cela est particulièrement bien illustré par l'exemple clinique publié à la fin de *L'interprétation des rêves*.

« Tandis que les femmes soignent ordinairement les moindres détails de leur toilette, elle laisse pendre un de ses bas et deux boutons de son corsage sont défaits. Elle se plaint de douleurs dans une jambe et montre son mollet sans qu'on lui demande. Mais sa plainte principale est, textuellement, la suivante : Elle a l'impression d'avoir dans le corps « quelque chose de caché » qui va et vient et la « secoue » tout entière. Souvent alors tout son corps se raidit » (Freud, 1900).

Avant Freud, tous ces signes étaient déjà mis en évidence et classifiés, mais leur sens n'était pas recherché. Freud, au contraire, va chercher à lire dans cet ensemble de signes un autre langage que le langage habituel. Le raidissement du corps, les boutons ouverts, le bas qui pend, les bribes de discours sur ce qui « se cache » et « secoue » le corps de la jeune fille, sont un ensemble d'éléments, de signes, qui permettent à Freud de lire une scène sexuelle. Cette scène s'exprime à l'insu de la jeune fille par des signes que sa conscience ne maîtrise ni ne comprend.

Freud montre ainsi qu'en deçà du langage verbal quotidien, celui de la communication conventionnelle, existe un langage fait de douleurs, de troubles, de symptômes, qui parlent à la place de mots qui ne peuvent pas se dire. Une équivalence fondamentale est posée entre le système de signes parlés et le système de signes manifestés par l'inconscient au travers d'un certain nombre de symptômes corporels. La cure psychanalytique permet à ces signes de s'exprimer en paroles. Le corps est alors délivré de ces signes importuns et l'équivalence posée par Freud se vérifie dans cette levée des symptômes.

« La notion freudienne d'inconscient dynamique permet de montrer que le comportement absurde, comme le symptôme, ont un sens caché, donc une finalité, que la psychanalyse interprète dans le cadre particulier de la cure psychanalytique » (Rigaux, 1982).

La psychanalyse peut faire disparaître les symptômes névrotiques car ils sont le substitut, la transposition, d'«une série de processus psychiques, de désirs et de tendances, qui, par un certain acte (le refoulement) n'ont pu arriver à leur terme en une activité qui s'intégrerait dans la vie consciente. Ces formations mentales, retenues dans l'inconscient, tendent à trouver une expression qui correspondrait à leur valeur affective, une décharge. C'est ce qui se passe chez l'hystérique, sous la forme de conversion en phénomènes somatiques qui ne sont autres que les symptômes de l'hystérie. Avec l'aide d'une technique précise, permettant de ramener ces symptômes à des représentations affectivement investies qui, dès lors, deviennent concrètes, on peut arriver à comprendre la nature et l'origine de ces formations mentales qui, jusque-là, étaient restées inconscientes» (Freud, 1905, 1924).

Les personnes présentant des manifestations névrotiques souffrent ainsi d'un refoulement sexuel plus grand que la moyenne des gens, et d'une intensification du développement de ces forces qui s'opposent à la pulsion sexuelle : dégoût, pudeur, conceptions morales, etc... Cela culmine chez l'hystérique en un besoin sexuel excessif et une aversion sexuelle exagérée. Cependant la solution hystérique n'en est pas une puisqu'elle ne résout pas le conflit, « mais cherche à l'esquiver par la transformation des tendances sexuelles en symptômes morbides » (Freud, 1905). Ces derniers ne se développent d'ailleurs pas aux dépens de la pulsion sexuelle normale, « mais représentent une conversion de pulsions sexuelles qui devraient être nommées perverses (en sens large du mot) si elles pouvaient, sans être écartées de la conscience, trouver une expression dans des actes imaginaires ou réels. Les symptômes se forment donc en partie aux dépens de la sexualité anormale ; la névrose est pour ainsi dire le négatif de la perversion » (Freud, 1924).

Les difficultés névrotiques renvoient toutes à des conflits infantiles refoulés. C'est ainsi que Freud peut dire que les névrosés sont restés à l'état infantile de la sexualité, ou sont retombés en cet état.

D'un point de vue psychanalytique toutes les difficultés psychologiques manifestées par le consultant renvoient à cette problématique infantile. Elles ne sont que des *manifestations* d'émois, de tendances, de désirs refoulés, mais *latents*.

QUELLES ATTITUDES PEUVENT DÉVELOPPER LES DIFFÉRENTS PRATICIENS DE LA RELATION D'AIDE DEVANT LES CRISES DU CONSULTANT ?

Quand un couple vient consulter, ou l'un des deux membres, [1] c'est d'une crise dans le nouvel équilibre qu'il s'agit. Freud a mis en évidence que

---

1. 43% des personnes interrogées par l'enquête canadienne de A.H. Barnsley qui déclarent avoir vécu une grande crise, l'attribuent à des problèmes maritaux.

dans l'amour « l'objet s'est mis à la place de l'idéal du moi » (Freud, 1915). Le moi s'est appauvri, s'est abandonné à l'objet, « a mis celui-ci à la place de son élément constitutif le plus important ». Si en raison de déception ou d'une rencontre amoureuse, en rapport avec l'arrêt de l'exercice « des composantes purement tendres », l'un des deux rompt le couple, il est bien rare que l'autre vive au même moment la même chose. D'où la crise inévitable du couple.

Par ailleurs, selon des observations faites par des chercheurs américains, les rythmes de développement chez l'homme et chez la femme ne seraient pas synchronisés. « De 20 à 30 ans, l'homme progresse généralement à pas de géants, alors que la femme perd l'assurance qui caractérisait par contraste son adolescence. Quand l'homme passe la trentaine et pense reprendre son souffle, la femme ne tient plus en place. Vers les 40 ans alors que l'homme a l'impression d'être au bord du précipice, craignant que sa force, sa puissance, ses rêves et ses illusions ne s'engloutissent devant lui, sa femme déborde d'ambition et veut aller jusqu'au bout de toutes ses possibilités » (Sheehy, 1974).

C'est également vers les 35-40 ans que la peur de la mort avec ce qu'elle a d'insurmontable, s'insinue dans la vie. Bien sûr, l'idée est trop terrifiante pour que l'on puisse s'y confronter brutalement, aussi revient-elle sous des formes déguisées, comme les peurs en avion, les querelles amoureuses, les symptômes physiques. « Certains se consacrent totalement à leur carrière, d'autres jouent plus souvent au tennis, améliorent leurs scores, font de plus grandes fêtes et cherchent des partenaires de plus en plus jeunes » (Opusc. cité).

Face à cette angoisse, l'homme de 40 ans voit souvent un désir de fuite s'emparer de lui et la « rencontre d'une femme séduisante, l'intérêt pour un autre aspect de son travail, la vision d'une campagne paisible sont autant de thèmes qui nourissent ses voeux d'évasion. Mais que ces objets lui deviennent accessibles, et aussitôt apparaît le revers de la médaille. La nouvelle situation semble être un piège dangereux et il se hâte de l'éviter en retournant chez lui, pour y retrouver femme et enfants que leur perte, un instant entrevue, lui rend soudain si chers. Qu'on ne s'étonne pas si tant de femmes restent les spectatrices ébahies de ce jeu de malchance qu'elles appellent « la folie de mon mari ». Personne ne leur a jamais dit que cela pouvait arriver et que parvenu à l'âge mûr, on pouvait piétiner et traverser une période de dépression (Opusc. cité).

Nous avons puisé dans le texte de Gail Sheehy, qui regorge d'observations très fines et détaillées (mais d'une grande faiblesse théorique), [1] pour rappeler cette chose, si évidente qu'elle ne l'est plus, à savoir « que c'est toute l'existence humaine qui est marquée par des crises, ou plutôt par des tournants ».

Dans un texte d'une toujours très grande actualité, « Considérations actuelles sur la guerre et sur la mort » (Freud, 1915) Freud ne disait-il pas que « sup-

---

1. G. Sheehy est journaliste, initialement portée vers le grand reportage sur le terrain.

porter la vie reste bien le premier devoir de tous les vivants» et plus loin « si tu veux supporter la vie, organise toi pour la mort». Freud écrivait ces phrases après avoir remarqué que la culture nous éloigne de cette préoccupation trop quotidienne de la mort, la nôtre propre, comme celle que nous souhaitons aux autres. Cependant trop vouloir ensevelir cette préoccupation la fait resurgir de plus belle, et souvent sous des formes excessives, la violence, la dépression, la fuite, voire les maladies organiques.

Le fait que ces crises soient naturelles, humaines devrait-on dire, explique que 43% des personnes interrogées par A.H. Tompson et R.H. Barnsley, ayant vécu de graves crises, déclarent s'être tirées d'affaire seules. *On consulte le service social quand la crise n'a pas trouvé d'issue,* en tout cas, quand les personnes après beaucoup d'efforts, se trouvent « dépassés », « débordés ». C'est ainsi que l'assistance sociale voit arriver le conjoint (ou la conjointe) lorsque l'autre est en pleine dépression à l'hôpital ou parti depuis longtemps, lorsque l'un des deux a, par exemple, conçu un enfant avec un autre, ou tout simplement lorsque le divorce est décidé et qu'il faut y faire face. En ce sens, le travail social contemporain est bien un service social de crises. Mais peut-il être de prévention ? La société contemporaine est résolument sous le signe de la compétition. Manifester des signes de faiblesse est toujours dévalorisant. C'est ainsi qu'on attendra toujours au dernier moment pour demande de l'aide, c'est-à-dire pour avouer sa dépendance, son échec, son impuissance.

Par ailleurs, les multiples institutions conviviales ritualisées de jadis ont perdu leur prestige. La société d'aujourd'hui tend à faire de l'être humain un être productif et un consommateur. Même ses loisirs sont des loisirs de consommation : on consomme les sports d'hiver, la plage, les activités multiples... Et il s'agit bien souvent d'une consommation individuelle, même si on est des milliers au même endroit. Il ne nous est pas possible de faire revenir les veillées d'antan, les fêtes conviviales, les mille coutumes rurales... Nous sommes résolument engagés dans des conditions de vie insatisfaisantes pour l'ensemble de nos besoins affectifs, intellectuels, culturels...

Alors quelle attitude prendre devant un consultant vivant un tel état de crise ? En tout cas éviter les diagnostics d'hier, ceux qui enferment, à l'instar de la nosographie psychiatrique, dans une forme de maladie mentale, de déséquilibre mental en tout cas. Étiqueter quelqu'un de dépressif ne fait que lui souligner un peu plus son échec, son incapacité à faire face au monde moderne. Alors quoi ? Eh bien écouter d'abord, laisser vagabonder la parole de l'autre, faire taire sa tendance naturelle à plaindre, à s'appitoyer (c'est-à-dire à aimer), ainsi que celle tout aussi naturelle à classer, étiqueter, juger (c'est-à-dire celle de haïr, de détruire, qui est aussi profondément en nous que celle d'aimer) (Freud, 1915).

Nous pensons avec M. Mannoni (qui ne fait d'ailleurs que reprendre Freud) que toute classification est du côté de notre désir de mort inconscient (Mannoni, 1980). C'est un moyen subtil que la culture, par le biais du mécanisme de la sublimation, a produit pour exercer notre nécessaire «désir de mort inconscient ». N'en rougissons point, nous sommes tous logés à la même enseigne ! Un psychanalyste nous disait lors d'un séminaire psychanalystique, qu'on pouvait le surprendre 100 fois à classer, dans ses conversations privées ! Dans la pratique analytique, il est d'ailleurs aussi difficile de ne pas se laisser aller à ses pulsions amoureuses envers son client, qu'à son désir de mort inconscient. « Et pourtant il est interdit à l'analyste de céder » (Freud).

Le médecin, le psychiatre, le travailleur social ne sont pas analystes nous rétorquera-t-on, et à juste titre. Nous voulons seulement attirer l'attention sur ce phénomène psychique et nous pensons d'ailleurs qu'il peut être très important d'imaginer des groupes d'implication dans les institutions de travail social, comme dans les centres de formation continue, animés par des analystes et visant à nous faire entrevoir toujours un peu plus la part de nous-même dans notre relation à l'autre. C'est peut-être une des contributions sociales que la psychanalyse pourrait fournir à notre société, d'autant plus que les médecins, comme les travailleurs sociaux, sont souvent les premiers témoins de la souffrance humaine (Rigaux, 1982, 1985).

Quoi qu'il en soit, nous voulons seulement attirer l'attention sur le fait que le sujet humain possède un psychisme dynamique, et que toute crise entraînant toujours une régression, peut être aussi l'occasion d'un nouvel équilibre, plus satisfaisant. En effet, comme le remarquait très finement J. Lacan, la cure psychanalytique elle-même n'est jamais qu'une « prophylaxie de la dépendance », en tout cas, jamais Lacan ne parle d'indépendance. Et pourtant toute personne qui prétend en aider une autre a pour horizon l'autonomie. Horizon impossible et qui use à vouloir trop en faire son cheval de bataille. Alors tout simplement être une oreille, quelqu'un qui y sera peut-être pour quelque chose dans l'engagement vers un nouvel équilibre. Mais quant à savoir ce qui aura été déterminant, c'est impossible. C'est une des grandes difficultés du travail clinique, on ne peut pas le mesurer ! Et le travailleur social, comme tous les professionnels, est un obsédé de l'évaluation. Nous prétendons que les analystes ouvrent une brèche dans cette course effrénée, excessive, à l'évaluation, qui caractérise bien la société industrielle.

En tout cas, si nous amorçons ce mouvement, que face à toute difficulté humaine un nouvel équilibre plus satisfaisant puisse exister, nous serons très satisfaits. Bien sûr, chaque être humain s'engage vers sa destruction, sa mort, mais comme le remarque Freud « Notre inconscient est inaccessible à la représentation de notre mort ». (Dans la même phrase il ajoute, « est plein de désirs meurtriers à l'égard de l'étranger, est divisé (ambivalent) à l'égard de la personne aimée »). La mort est sans doute l'expérience à la fois la plus singulière et la plus générale, celle qui nous différencie le plus et nous généralise le plus dans le même mouvement. En nous individualisant à l'extrême elle nous défait complètement. Et personne n'est là dans la fulgurance de cet instant. [1]

---

1. À moins que ce ne soit le début de tout autre chose comme la foi des croyants le laisse penser.

Cependant jusqu'à cette ultime étape, le sujet est un psychisme dynamique capable d'investissements d'objet, capable de s'engager dans d'autres équilibres plus satisfaisants pour lui. C'est le message de la théorie freudienne, même si des réductions innombrables tendent à faire croire que pour elle, la personnalité est achevée à 5 ans. Dans une approche statique des phénomènes psychiques cela peut être considéré comme vrai, mais Freud inaugure une conception dynamique du psychisme comme d'autres l'ont fait pour la physique, la biologie... Dans une telle perspective il est vain de rechercher des substances, des états. La science moderne s'intéresse bien plus à ce qui organise, qu'à la structure, à l'organisation. C'est ainsi qu'au lieu de s'intéresser à l'état apparent actuel du consultant, à son organisation présente, dans une perspective « moderne », dynamique, il s'agit de créer des conditions d'écoute qui stimulent l'activité d'organisation, d'investissement. Bien sûr, il appartient aux praticiens de service social de les imaginer et de les mettre en œuvre. Ils ont bien su emprunter en son temps le modèle médical qui ne fait aucune place au « corps de jouissance », modèle que la médecine moderne tend à abandonner. Ils ont su emprunter à la psychologie sociale et à la sociologie. Peut-être sauront-ils ne pas manquer leur rencontre avec la psychanalyse dans ce qu'elle a de plus essentiel. Le service social n'a bien souvent retenu d'elle que ses aspects nosographiques qui ne sont que secondaires, voire même anti-analytiques !

Vers une approche clinique des crises et difficultés conjugales

C'est sans doute le psychologue clinicien qui est le mieux formé à l'écoute des personnes éprouvant des crises et des difficultés conjugales. Dans la foulée de l'acte freudien (Gagey, 1982 ; Rigaux, 1982 et 1984), les psychologues cliniciens prennent en compte cette réalité de l'être humain, essentiellement divisé, dont le mal travail de la division, provoque le pathos. Nous sommes tous souffrants, car divisés, mais nous assumons plus ou moins bien ce « travail de la division ». Jacques Gagey résume fort bien cela en repérant la théorisation par la psychanalyse de cette division de l'être humain. « Détacher le noyau psychanalytique du fleuve à vrai dire composite de la littérature dite psychanalytique, la tâche n'est pas au demeurant des plus ardues.

— que la pulsion n'a pas d'objet prédéterminé, qu'elle se construise (bien mal) son ou ses objets aux décours des avatars historiques de ses investissements (primordialement infantiles) ;

— que le sexuel socialement reconnu comme tel et le dit non sexuel conspirent l'organisation des divers champs de la conduite et de l'intériorité qui ne sont pas sans profondes correspondances ;

— que les conflits nés de l'insertion individuelle dans les lignages de la filiation et de la culture soient aussi, pour chacun, un conflit avec soi et que, faute de pouvoir faire d'entrée de jeu l'objet d'une gestion rationnelle (si tant est que cette perspective leur soit entièrement ouverte pour plus tard),

ils donnent naissance à des instances séparées (et pourtant interférentes) où les divers intérêts de chacun poursuivent leur destin propre ;
— que la notion d'un individu donné dans son fonctionnement systémique doive céder la place à celle d'un procès d'individuation travaillé, et par l'attestation et par la récusation de la différence.

Ces quatre thèmes en leur articulation suffisent à définir un référentiel majeur, celui-là même dont s'autorise la pratique clinique quelles que soient les modalités particulières selon lesquelles elles le mettent en œuvre ici ou là. » (Gagey, 1984).

Cependant il ne suffit pas de connaître ce référentiel. Il faut apprendre à le mettre en œuvre pour soi et pour autrui, en faisant un effort constant contre les tentations et les facilités de la pensée objectivante que ce référentiel dément en chacun de ces points. « En l'affirmation de la clinique, c'est d'une convocation de chacun à partager l'acte instaurateur de Freud qu'il s'agit hors toute fascination d'une part et dans la volonté d'autre part d'en explorer librement toute la suite..., toutes les suites » (Gagey, 1984).

La psychologie clinique est essentiellement une pratique où les éléments réflexifs sont certes indispensables, mais non totalisants. C'est ce que le clinicien appelle l'implication , soit l'instauration d'un rapport de non-distanciation, rapport non objectivant, sans diagnostic, qui veut seulement catalyser une parole, une certaine dynamique, sans modèle pré-établi, sans représentation figée. Il ne s'agit pas en effet « d'aider » au sens de se substituer au consultant ou l'inciter à prendre des responsabilités. L'objectif est tout au contraire de reconnaître le mouvement d'individuation déjà présent ; « de se situer à l'intérieur de cette dynamique individuante, pour voir quels rebonds peuvent en être fortifiés. La plainte, si plainte il y a, y est abordée comme un masquage, un leurre, relatif à une organisation qui par ailleurs se défend très bien » (Gagey, 1980).

Le psychologue clinicien accueille le consultant qui engage une démarche avec lui selon les modalités décrites ci-dessus. Il n'y a pas d'écoute spéciale de la crise conjugale, mais la mise en œuvre de la dynamique clinique à l'occasion de la plainte qui prend dans cette circonstance, appui sur des difficultés conjugales. Notre pratique de la supervision de psychothérapeutes recevant de tels consultants nous permet de vérifier cela régulièrement. Derrière la plainte émergent fantasmes, traumatismes, symptômes qui renvoient à l'histoire singulière de la personne. Il apparaît alors que la dynamique de confiance envers autrui était suspendue pour telles ou telles raisons. Le consultant peut alors, grâce à la relation clinique, dénouer les forces suspendues du désir. Un tel travail redonne confiance à une soif d'autrui.

RÉFÉRENCES

BENOIT, P. *Médecine et psychanalyse,* in Confrontations Psychatriques, n° 17, 1979.

FRANKFORT, E. *La politique vaginale,* Ottawa, La Presse, 1974, p. 185.

FREUD, S. « La technique psychanalystique », PUF, p. 129 (Observation sur l'amour de transfert, p. 116 à 141).

FREUD, S. *La science des rêves,* P.U.F., p. 524-525.

FREUD, S. « Au-delà du principe de plaisir », dans Essais le psychanalyse, Nouvelle traduction, 1981, Payot, pp. 41 à 116.

FREUD, S. *3 Essais sur la théorie de la sexualité,* Gallimard, p. 50.

FREUD, S. « Notre relation à la mort » dans « Essais de psychanalyse », p. 18 et 19.

GAGEY, J. *La Psychologie Clinique,* in Encycl. Médico. Chir., Volume Psychiatrie, 37032 A 10, 7, 1980, 1-8.

GAGEY, J. *De la fondation de la clinique à travers l'acte freudien,* in Cahiers de l'ANREP, Paris, 1982.

LAUTERI-LAURA, G. *Lecture des perversions, Histoire de leur appropriation médicale,* Masson, 1979, p. 40.

LAZARUS-MATET, C. *De l'homme au rat, un nouveau pas : La psychiatrie biologique,* in l'Ane, n° 3, p. 29.

LECLAIRE, S. *Psychanalyse et Marxisme,* dans la Nouvelle Critique, n° 37, 1971, p. 30.

MANNONI, M. « La théorie comme fiction », Ed. du Seuil, 1980.

MARCHAND, J. « La Travailleuse sociale et les cas de grossesse non planifiées ».

RIGAUX, J. *Psychologie clinique et expérimentale à l'usage des formateurs et travailleurs sociaux,* Edilig, Paris, 1982, p. 38.

RIGAUX, J. *L'acte freudien,* in le Journal des psychologues, n° 21, 1984.

RIOPEL, M. « L'avortement et le rôle de la travailleuse sociale ».

SHEENY, Gail « Les passages de la vie, les crises prévisibles de l'âge adulte », New York 1974, Trad. française, Presse Sélect Ltée, Montréal, Québec, 1979.

VENNE, Marielle *La pratique psycho-sociale en gynécologie et obstétrique,* dans la revue Service Social, volume 30, n° 1 et 2, janvier-juin 1981, les Presses de l'Université Laval, Québec.

VOLTAIRE « Amour Socratique », dans Dictionnaire philosophique, tome I, 1784.

von KRAFFT-EBING, R. *Psychopathia sexualis,* Stuttgart, V. Euke, 8ᵉ éd. 1893 ; Lehrbuch der Psychiatrie auf Erklärung des Konträren Sexualempfindung Jahrbücher für Psychiatric und Neurologie, tome XIII.

3
CRISES
DE LA VIE
FAMILIALE

3.1

La crise psychologique vécue lors d'une première maternité et sa résolution

ARMELLE SPAIN*

* L'auteure tient à remercier vivement Lucille Bédard, Jean Leahey et Yves Marcoux de leurs commentaires judicieux et de leurs précieuses suggestions

À première vue, on pourrait penser que seule une grossesse non planifiée ou non désirée peut provoquer une crise dans la vie d'une femme. L'accès presque général à la contraception, une plus grande diffusion des informations liées à la planification des naissances et surtout une plus grande liberté de choix quant à l'organisation de leur vie d'adultes semblent conduire les femmes à des maternités désirées, planifiées et donc, pourrait-on croire, sans grands bouleversements au niveau de leur vécu. Or le point de vue présenté ici examine les dimensions conflictuelles d'une première maternité même lorsqu'elle est attendue et bienvenue. Ce point de vue dépasse les apparences et les illusions culturellement maintenues d'une image de la nouvelle mère exclusivement heureuse et épanouie pour s'attarder sur des aspects moins souvent nommés mais tout aussi réels. Il ne faudrait pas croire non plus que seules les femmes souffrant de psychose ou de dépression post-partum vivent des conflits. Dans ce chapitre, il ne sera pas question de ces cas extrêmes, mais plutôt de ce que pourrait vivre toute femme, à des degrés divers, selon le moment où s'inscrit cette première maternité dans sa vie. Ce texte est donc une réflexion sur l'ampleur de la crise recueillis auprès de nouvelles mères à l'occasion d'une recherche[1] sur le «timing» d'une première maternité (Spain, 1982).

La première maternité propulse de façon brutale et irrévocable (Rossi, 1968) la femme dans un monde tout aussi nouveau qu'inconnu. Les transformations corporelles, les réaménagements de l'environnement physique, le retrait plus ou moins prolongé du travail rémunéré et même la présence du bébé ne sont que les signes extérieurs d'un bouleversement radical qui touche profondément la femme dans son identité. La naissance du premier enfant provoque un déséquilibre de l'ensemble des composantes de la personnalité. L'interaction avec le conjoint et avec les personnes importantes de son entourage, de même que les conditions dans lesquelles la femme vit, agissent sur elle et celle-ci y réagit en retour. Ces mouvements d'influence réciproque complexifient le tableau. L'addition d'une nouvelle personne à ce tableau dont l'équilibre pouvait auparavant se maintenir à un niveau relativement stable force la femme à se réévaluer, à réajuster et à réaménager l'ensemble de sa vie.

Ce réaménagement implique également la perte d'éléments auparavant significatifs et importants. C'est ainsi que la femme, aussi paradoxal que cela puisse paraître, est plongée, avec la naissance de son premier enfant, dans une crise qui revêt, sous certains aspects, les caractéristiques d'un deuil : le deuil d'une partie d'elle-même. La résolution de cette crise, lorsqu'elle se produit, l'oblige à passer à travers les étapes du deuil pour atteindre une réintégration de l'ensemble des éléments de sa vie, réintégration qui permet l'émergence d'une attitude d'accueil. La crise que provoque la naissance du premier enfant, tout comme (aussi) d'autres événements importants de la vie, comporte donc une période de déséquilibre qui offre la possibilité d'un processus de développement dont l'issue pourrait être une réintégration personnelle et l'atteinte d'un nouvel équilibre. Préciser ce développement par analogie avec le processus de deuil constitue l'hypothèse proposée ici.

Ce texte se divise en deux parties. Dans la première, il sera question du bouleversement vécu par une femme enceinte pour la première fois, quant à son identité et aux transformations qui s'ensuivent ; les pertes occasionnées par ces transformations y seront aussi soulignées. Dans la seconde partie, le processus de deuil et d'accueil sera décrit comme un cheminement nécessaire à la réintégration et à l'instauration d'un nouvel équilibre.

---

1. Recherche subventionnée par le fonds F.C.A.R. (Québec) et par le B.S.R. de la Faculté des sciences de l'éducation de l'Université Laval.

LA RUPTURE DE L'IDENTITÉ

La première maternité provoque une déstabilisation de l'organisation des diverses composantes de l'identité personnelle. Cette déstabilisation se manifeste : a) par un questionnement important sur son devenir ; b) par l'apparition d'émotions et d'attitudes inhabituelles ; c) par une prise de conscience existentielle ; d) par un processus allant de la symbiose à la séparation, e) par la réévaluation des relations avec les personnes importantes de sa vie.

Le questionnement sur son devenir

René Zazzo, dans la préface du volume « La signification de la naissance du premier enfant » (Marcos-Sigal, 1984) reconnaît que la future mère en s'interrogeant sur qui sera son enfant se demande aussi « (...) moi devenant mère, quelle femme vais-je devenir ? » en ce sens, une première grossesse est une « épreuve d'identité » (p. 3). Cette épreuve d'identité se manifeste par de nombreuses questions sur le déroulement de l'accouchement, sur la place que prendra le bébé dans sa vie, sur la réaction de son conjoint, sur sa relation de couple, sur les changements de sa vie quotidienne et sur ses compétences maternelles, bref, sur qui elle *est* et deviendra comme femme. En effet, encouragées par la culture actuelle, les femmes ont développé, à travers l'enfance, l'adolescence et la vie adulte, une identité multidimensionnelle dans des secteurs diversifiés. La venue d'un premier enfant risque de réduire cette organisation multidimensionnelle à une seule dimension (ne devenir que *mère*), ou encore de rendre problématique l'intégration de plusieurs dimensions. La femme moderne lutte contre ce rétrécissement ou cette confusion possibles de son identité. Son questionnement s'étend, entre autres, aux dimensions sexuelle, temporelle, imaginaire et vocationnelle de son identité.

LA DIMENSION SEXUELLE

La première maternité, comme auparavant les premières menstruations, réaffirme l'identité sexuelle de la femme, en ce sens que cet événement lui fait réaliser de façon plus aiguë qu'elle est une femme, qu'elle fait partie d'un groupe particulier. Cependant, comme dans la société actuelle, le rôle et la place des femmes sont en profonde mutation, il n'est pas facile pour chaque femme de trouver des modèles d'identification acceptables. Même si l'on peut penser qu'une société en changement permet une grande variété de choix personnels, les mythes, les modèles culturels et l'influence des proches exercent encore de fortes pressions, de sorte que l'acceptation de l'identité féminine, qui serait, selon Galinsky (1981), une des tâches inhérentes à cette période, devient très ardue.

Mais en quoi consiste cette « identité féminine » ? Il ne faut certainement pas comprendre la féminité dans le sens stéréotypé du terme. D'ailleurs, les études de Breen (1975) le prouvent, les femmes qui s'éloignent de ces stéréotypes culturels, c'est-à-dire celles qui, entre autres, démontrent un esprit d'initiative et un sens de l'activité, qualités généralement niées aux femmes, traversent mieux l'expérience d'un premier enfant que les autres. Non, il faut plutôt comprendre la féminité, comme Ross (1983) le suggère, dans le sens de sa différence. Porter et mettre au monde un enfant constitue une expérience propre à la femme. Même si, par exemple, elle invite son conjoint à participer aux différentes étapes de sa grossesse et de son accouchement, ce dernier ne pourra jamais ressentir ce qu'elle ressent, ni vivre ce qu'elle vit. Sa « féminitude », c'est-à-dire son expérience, colorée des apports culturels et politiques, s'assume dans la solitude. Cette solitude existentielle suit la différenciation entre hommes et femmes et le rappel de l'appartenance à un groupe plutôt qu'à un autre. Certaines femmes ressentent profondément cet isolement, d'autant plus difficile à porter qu'il éloigne du conjoint. (La relation au conjoint sera traitée ultérieurement).

Donc, « l'identité féminine » impliquerait d'abord la prise de conscience de sa différence sexuelle, l'acceptation, par exemple, que ce soit son corps qui risque de se modifier à jamais pour mettre un enfant au monde. L'image corporelle fait partie du concept de soi, et par le fait même de l'identité, incluant d'autres caractéristiques propres, que la femme a identifiées comme siennes au cours des années. Ces caractéristiques peuvent aussi être mises en cause lors de la grossesse.

LA DIMENSION TEMPORELLE

Une autre dimension importante de l'identité, la dimension temporelle, intervient aussi au moment où une femme s'apprête à mettre un enfant au monde et à vivre ses premiers mois d'intimité avec un nouveau-né. Elle est alors projetée à la fois dans le passé et dans le futur. Son identité, dans sa dimension temporelle, redevient floue. Alors que le quotidien, dans sa réalité concrète présente, la submerge déjà, les souvenirs d'enfance se ravivent. Elle se souvient de ce qu'elle a vécu lorsqu'elle-même était enfant ; elle se rappelle les expériences marquantes, heureuses ou pénibles de son enfance. Elle s'interroge sur ce qu'elle veut recréer de ces moments ou corriger avec son propre enfant. Elle remet en cause les valeurs de la société actuelle sur l'éducation en tentant de se situer par rapport à la culture. En même temps, elle imagine déjà son enfant à 20 ans : en train de réaliser ses rêves les plus profonds ou de combler ses propres insatisfactions. Ce voyage entre le passé, le présent et le futur s'effectue sans transition et démontre la perméabilité momentanée de l'identité. Shereshefsky et Yarrow (1974) ont insisté sur l'importance de la résolution des conflits antérieurs ravivés par la grossesse pour la maîtrise des étapes ultérieures du développement. C'est pourquoi la grossesse est souvent vécue comme une période de repli sur soi et de solitude durant laquelle la femme réalise un travail psychologique important, s'accommode des changements physiques, abandonne progressivement des gratifications passées et anticipe celles du futur (Shereshefsky et Yarrow, 1974).

Une façon d'anticiper le futur consiste justement à former des images et la première grossesse est une période extrêmement fertile en termes d'imagerie mentale. Ces images jouent un rôle important dans la transition d'une condition de femme sans enfant à celle de femme avec un enfant. Elles servent en quelque sorte de répétition générale avant d'être confrontées à la réalité. Elles seront toutefois examinées succinctement ci-dessous dans leurs formes les plus familières.

D'abord, pendant la grossesse, la femme s'imagine et se projette dans son rôle de mère. Ces représentations tiennent plus souvent compte d'un idéal stéréotypé d'une mère parfaite que de sa personnalité réelle. Elles reflètent aussi les corrections souhaitées à des traitements subis enfant, en ignorant l'impact des apprentissages réalisés par « modeling » (Bandura, 1977). Ces images se construisent donc sur des idéaux de perfection et de justice corrective. Lorsque l'enfant naît, la nouvelle mère est faible physiquement, vulnérable et sans défense psychologiquement, de sorte qu'elle se rend vite compte que ses conduites avec son enfant ne correspondent pas toujours à ce qu'elle s'était imaginé. Par exemple, elle se voit moins patiente qu'elle ne l'avait souhaité, ou moins emballée qu'elle ne l'avait prévu, ou encore, elle constate que ses réactions sont similaires à celles de ses parents malgré sa volonté de corriger ces attitudes. Non seulement y a-t-il une discontinuité dans son identité, mais l'échafaudage fragile d'une nouvelle identité par l'imaginaire s'écroule déjà. Les fantaisies s'estompent brutalement et doivent céder la place à des conduites moins idéalisées mais plus réelles. Ce réajustement inévitable survient à un moment où la femme est le moins prête, c'est-à-dire au moment où son épuisement physique ne favorise pas l'intégration de ces nouvelles dimensions.

Son identité redevient alors floue et imprécise. La femme ne sait plus qui elle est vraiment. L'une préférera nier ces évidences, ou les maquiller quelque peu pour qu'elles correspondent davantage à l'image échafaudée lors de la grossesse. L'autre se dépréciera et se découragera : « je ne serai jamais capable ». Plus l'écart est grand entre l'image idéalisée de la Bonne Mère et la perception de soi comme mère, plus les difficultés d'adaptation au nouveau rôle maternel seront importantes (Breen, 1975). Toutefois, le seul risque d'effondrement de ces images idéalisées peut provoquer de l'anxiété ou encore des sentiments dépressifs. Cependant, par la confrontation graduelle entre les images formées lors de la grossesse et la réalité du retour à la maison avec un bébé, la clarification de ses qualités personnelles et des rôles qu'elle privilégie permettra à la femme d'amorcer le processus de reconnaissance d'elle-même et de redéfinition de son identité.

LA DIMENSION VOCATIONNELLE

Un des aspects importants de l'identité est celui du développement vocationnel. Avant la naissance de leur premier enfant, la plupart des femmes ont déjà accompli un cheminement important à cet égard : elles ont pu identifier leurs intérêts et leurs aptitudes, choisir un domaine où elles pourraient exercer leurs habiletés, et poursuivre les études nécessaires. Une partie de leur image de soi est inhérente à cette démarche personnelle et professionnelle.

Or, la venue du premier enfant implique une prise de décision et une réorganisation au niveau du travail ou de la formation. Pour les femmes qui n'ont que peu ou pas travaillé à l'extérieur, il s'agit de reporter l'accès au marché du travail ou aux études à plus tard (ce qui veut généralement dire quand « les enfants iront à l'école »). Pour celles qui se trouvent devant un choix difficile au niveau des études, la grossesse leur permet un répit dans la poursuite de leur cheminement. Pour celles qui occupent déjà un emploi, le congé de maternité procure des vacances bienvenues, permettant le retrait d'un monde souvent compétitif, exigeant, ardu, aux horaires rigides et au rythme de vie accéléré, mais en contrepartie, elles craignent de s'ennuyer ou de manquer de contact avec d'autres adultes en prolongeant leur séjour à la maison. Pour d'autres, qui se trouvent devant une impasse dans leur cheminement de carrière, une grossesse peut être un moyen d'y échapper (Dowling, 1981). Plusieurs profitent ainsi d'un congé de maternité prolongé comme période de réflexion pour remettre au point leur plan de carrière. Certaines femmes s'inquiètent de ne pouvoir concilier le travail professionnel et le rôle de mère. Certaines décident de se consacrer à plein temps à l'éducation de leur enfant ; d'autres déjà établies professionnellement craignant d'être « dérangées » par leur maternité dans la poursuite de leur carrière, constatent à leur étonnement, que leur carrière les dérange dans l'actualisation du rapport désiré avec leur enfant (Daniels et Weingarten, 1982). Bref, la signification du travail par rapport au nouveau rôle de mère fait partie du questionnement de la femme quant à son identité. Même pour celles qui n'ont jamais accordé d'importance à un statut professionnel, la naissance d'un premier enfant détermine une nouvelle identité et provoque, pour elles comme pour les autres, sa dislocation temporaire.

Cette dislocation survient généralement dans l'année qui suit la naissance de l'enfant. La nouvelle mère peut alors prendre conscience du fait que, malgré sa décision, « rester à la maison avec un bébé, ce n'est pas moi », ou encore : « ça ne se peut pas que je sois rien que bonne à faire des bébés ». Dans les deux cas, ces femmes perçoivent le danger de n'être *que* des mères. Ces femmes recherchent leurs qualités singulières parce qu'elles se rendent compte que leur nouveau rôle, loin de permettre l'épanouissement de leur personnalité, leur impose un rétrécissement de leur identité : elles ne se reconnaissent plus. Celles qui cumulent les rôles de travailleuses et de mères se confrontent à un ajustement difficile de ces deux secteurs (Pickens, 1982). Une première maternité provoque donc une explosion de la conscience de soi, une rupture dans la continuité de la personnalité (Marcos-Sigal, 1984) et on peut affirmer qu'une crise d'identité se produit.

La première grossesse, selon les résultats de l'étude de Shereshefsky et Yarrow (1974), malgré ses ramifications sociales et ses significations interpersonnelles, apparaît donc essentiellement comme une expérience intrapsychique où la femme répond moins aux autres personnes significatives et aux événements extérieurs qu'à ses propres réactions émotives et physiologiques. C'est une période de profond questionnement sur son identité dans ses dimensions sexuelle, temporelle, imaginaire et vocationnelle, c'est aussi une période où des émotions et attitudes inhabituelles font surface et viennent troubler une perception ordinairement plus claire de son identité.

Les émotions et les attitudes inhabituelles

Une sensibilité plus élevée, des variations subites de l'humeur, des peurs, de l'anxiété, de l'ambivalence et des états dépressifs sont des caractéristiques de la grossesse et ont été particulièrement bien documentées chez la femme enceinte pour la première fois.

Des changements physiologiques et hormonaux s'ajoutent au fait que la femme anticipe non seulement la venue d'un bébé mais aussi toute une nouvelle vie, toute une nouvelle identité. Il n'est donc pas étonnant que les femmes aient peur. Leurs peurs s'expriment souvent ainsi : peur que le bébé soit anormal, peur des complications à l'accouchement, et peur de ne pas être capable de prendre soin du bébé. Ces peurs s'intensifient au dernier trimestre lorsque l'accouchement est imminent. Galinsky (1981) interprète ces craintes comme une manifestation d'un besoin de dépendance. Souvent, les femmes enceintes ressentent le besoin de se faire prendre en charge, de se faire gâter, de se faire traiter comme quelqu'un de spécial, de retrouver un mère plutôt que d'en devenir une (Chessler, 1972). Benedek (1952) a souligné la nécessité que ces besoins de dépendance soient comblés pour que se développent les sentiments maternels. Sinon, un sentiment de frustration pourrait s'installer et se transformer en colère, en anxiété ou en hostilité. Souvent la femme elle-même ne reconnaît pas ces besoins de dépendance en elle. Après tout, elle démontre par sa grossesse même, qu'elle se prépare à prendre quelqu'un d'autre en charge. Plus la femme insiste pour tout faire toute seule et refuser le soutien des autres, plus elle risque de nier, par son indépendance extrême, ses besoins de dépendance. Ces besoins peuvent d'ailleurs exister simultanément et l'ambivalence est une caractéristique du vécu de la grossesse. Il est par contre souvent difficile pour une femme, pleine d'assurance avant sa grossesse, de se sentir maintenant aussi vulnérable, habitée par des désirs contradictoires, voire même illogiques. Après l'accouchement, cette vulnérabilité continue à sa manifester : l'envie soudaine de pleurer, les sautes d'humeur, les découragements, les sentiments d'incompétence surprennent la nouvelle mère.

Encore une fois la femme ne se reconnaît plus ; elle ne peut plus compter sur une identité claire. Pourtant, l'expression de son anxiété, de ses désirs de dépendance, de son ambivalence et de sa vulnérabilité devrait l'aider à prendre conscience des transformations qui s'opèrent en elle quant à son identité.

La prise de conscience existentielle

Les motivations à la maternité, les significations qui lui sont accordées et la réorganisation de ses priorités dans la vie constituent les teintes particulières du projet mis de l'avant par une grossesse et en ce sens, l'identité de la femme s'en trouve bousculée.

Bien que plusieurs femmes ne se soient jamais questionnées sur l'alternative possible de devenir mère ou non, la conception d'un premier enfant provient d'une configuration de motifs, unique et très complexe. Bédard (1983), dans une revue exhaustive de la littérature consacrée à ce sujet, identifie ces nombreuses motivations et en montre l'importance sur le vécu des nouvelles mères. Elle postule que le désir et l'intention de concevoir un enfant conjugués à la nature des motivations seraient des facteurs liés à l'expérience de maternité et des composantes d'une démarche intégrative quant à l'identité.

Pour certaines femmes, leur première grossesse constitue une porte d'entrée dans le monde adulte (Leifer, 1980). Elles affirment ainsi un nouveau statut qu'elles tiennent à se faire reconnaître. Que ce statut coïncide ou non avec l'intégration des qualités de maturité qu'on considère caractéristiques de ce stade de développement (Erikson, 1969 ; Gould, 1978 ; Daniels et Weingarten, 1982), les femmes réalisent vite qu'elles ne sont plus seulement responsables de leur vie propre, mais aussi de la vie d'un autre humain. Pour celles qui n'avaient pas encore pris leur propre destinée en main ou ne faisaient qu'entrevoir l'énorme conséquence ontologique d'être responsables d'elles-mêmes, de la direction de leur vie, cette prise de conscience existentielle peut être brutale. Elles font face aux conséquences de leurs décisions personnelles antérieures en même temps qu'elles ont à assumer l'existence d'une autre personne. Pour ces femmes, se rendre compte du fait qu'elles ne sont plus uniquement les filles de leurs parents, mais deviennent également les mères de quelqu'un d'autre, change leur regard sur la vie et les invite à un cheminement existentiel qui modifie leur identité.

Cette modification de l'identité peut s'amorcer avant la conception de l'enfant, pendant la grossesse, ou après la naissance, lorsque la question fondamentale de la signification de la vie se pose avec plus d'acuité : « qu'est-ce qui est le plus important pour moi dans la vie ? », « en fin de compte, qu'est-ce qui compte vraiment dans la vie ? » Ce questionnement démontre une prise de conscience graduelle de soi par rapport à l'univers, à la signification de sa propre vie, et annonce une réorganisation imminente de l'identité de la femme autour des réponses apportées à cette question. Avant qu'une réponse définitive ne soit trouvée, cette réflexion suscite des conflits, des anxiétés, des doutes, de la culpabilité, car elle peut remettre en cause, par exemple, les valeurs sur lesquelles étaient basées la relation de couple et la situation financière de la famille. Cette prise de conscience illustre la déstabilisation de l'identité de la femme et peut marquer un point tournant dans sa vie personnelle et familiale.

Le processus de la symbiose vers la séparation

Une autre manifestation de la rupture de l'identité personnelle se vit dans le passage de la symbiose à la séparation. Durant le dernier mois de la grossesse surgissent l'impatience et la hâte de voir l'enfant, en même temps que la nostalgie et le regret de voir cette période d'intimité avec le fœtus se terminer. Durant la grossesse, le bébé fait partie de l'organisme, il est la propriété exclusive de sa mère, alors qu'après l'accouchement, il devient un être à partager. Il y a passage de la symbiose mère-fœtus à la séparation entre la mère et son enfant qui devient tout à coup un être hors d'elle, un être séparé.

La séparation psychologique d'avec son enfant ne devient possible que lorsque la femme a pu atteindre elle-même un certain niveau d'autonomie personnelle, lorsqu'elle a pu elle-même, par un processus de différenciation et d'intégration, opérer une distance entre l'identité des personnes significatives de sa vie et la sienne propre. Or, selon Daniels et Weingarten (1982), la plupart des gens se marient et deviennent parents alors qu'ils sont loin de cet idéal d'autonomie. La séparation produite par la naissance de l'enfant sera donc d'autant plus difficile à vivre pour la mère que sa propre démarche de séparation-individuation sera inachevée.

La réévaluation des relations avec les personnes importantes

Centrale enfin dans la nouvelle crise d'identité provoquée par la première maternité est la réévaluation des relations qu'une femme entretient avec les personnes importantes de sa vie, entre autres ses parents et son conjoint.

La naissance du premier enfant est l'occasion pour elle d'un examen de ses relations avec ses propres parents. Souvent dominée par la peur d'imiter ses parents, c'est-à-dire de devenir comme eux et d'infliger à son enfant les comportements et attitudes dont elle a souffert, cette réévaluation est douloureuse. La peur de répéter s'amplifie parce qu'en devenant à son tour parent, il est difficile de ne pas reproduire les mêmes gestes, les mêmes paroles et même de chanter les mêmes berceuses !. Souvent, la mère se rend compte seulement par la suite, qu'elle a réagi selon ce qu'elle a appris dans sa famille d'origine, ce qu'elle réprouve maintenant. Des sentiments de culpabilité et de dépréciation de soi peuvent alors l'envahir. Créer son propre rôle parental constitue un cheminement échelonné sur plusieurs années. Cela implique un réexamen du processus d'identification et de différenciation commencé dès l'enfance. Progressivement, la nouvelle mère voit qu'effectivement elle répète, jusqu'à un certain point, les comportements de ses parents mais aussi, qu'elle se différencie de ces derniers sur plusieurs autres aspects. Ce questionnement conscient amène finalement une sélection d'attitudes et de comportements, une intégration des éléments qui lui ressemblent davantage, et une réorganisation de l'ensemble.

La théorie psychanalytique insiste beaucoup sur l'importance d'une identification réussie à sa propre mère comme gage d'une adaptation à la maternité (Ballou, 1978). Cependant, l'importance de la relation père-fille a été trop souvent ignorée par les chercheurs et les théoriciens. S'il existe un lien entre la relation père-fille et l'estime de soi que cette dernière développe dans sa vie d'adulte (Morneau, 1985), on pourrait alors supposer que sa relation à son père soit aussi significative dans son expérience de la maternité. Marcos-Sigal (1984), dans sa toute récente recherche, montre entre autres que les attitudes face à la maternité sont liées à l'image des relations avec les deux parents. C'est la première fois qu'une étude insiste sur cette différenciation, au niveau des représentations associées à la maternité, de la qualité respective de la relation à chacun des deux parents. Cette auteure montre entre autres que le fait que la femme ne se sente aimée ni par sa mère ni par son père accentue ses craintes face à la maternité.

La relation à la mère est quand même vécue de façon particulière. Devenir mère signifie déplacer sa propre mère ou prendre sa place comme mère à une période où la mère réelle a vraisemblablement dépassé le cap de la fertilité. «Je prends maintenant ta place. C'est mon tour maintenant». «Je deviens maintenant compétente dans ton domaine». Cet accès au territoire de compétence de la mère peut être plus problématique pour les femmes qui vivent en rivalité avec leur mère. On note aussi le désir de se rapprocher de sa mère, de se faire reprendre en charge (Galinsky, 1981), désir qui peut provenir davantage du réveil des multiples symboles reliés à la mère que d'un désir de se rapprocher de sa mère réelle. La nouvelle mère éprouve alors face à sa propre mère des sentiments opposés : d'attirance et de rejet. En même temps qu'elle désire l'aide de sa mère, elle ne veut pas que celle-ci intervienne dans sa propre façon de vivre sa grossesse ou de prendre soin de son bébé. Galinsky (1981) lui fait dire : «prend soin de moi mais comprends que ce bébé est mon bébé et que je dois faire mes propres erreurs» (p. 90).

C'est donc toute une réévaluation de sa position face à ses propres parents qui s'impose et cette réévaluation amorce la recherche d'une place confortable à occuper, d'une nouvelle identité. Les relations parentales s'en trouvent donc modifiées : certaines s'en approchent, d'autres s'en éloignent, selon la nature et la qualité de cette relation.

D'autre part, la transformation de son identité qui s'opère chez une femme à la naissance de son premier enfant provoque aussi un changement dans la relation entre les conjoints. Pour se maintenir, cette relation doit se transformer radicalement et cette modification comporte ses risques propres. Nous développerons trois aspects où la relation au conjoint subit le plus de changements (affectif, sexuel et domestique) et nous identifierons ensuite les étapes du processus de transformation.

Les époux partagent une relation affective basée sur les besoins émotifs de chacun et teintée des expériences vécues antérieurement avec leurs parents respectifs, avec des époux ou des amoureux précédents, et avec certaines personnes significatives. Généralement, ils ont atteint un certain équilibre quant à leur échange mutuel. Durant la grossesse, leur relation s'améliore : même si la femme a tendance à exclure son conjoint de ses réactions émotives internes et de ses inquiétudes, elle semble se fier à lui pour la comprendre et la rassurer sur les aspects physiques de sa grossesse. Par contre, à la période postnatale, cette relation se détériore (Shereshefsky et Yarrow, 1974). L'équilibre est rompu. Les conjoints doivent soudainement jouer un rôle nouveau. Ils doivent ouvrir leur relation pour faire place à une troisième personne qui demande une attention et des soins continuels. L'organisation et la répartition du temps consacré à l'autre s'en trouvent naturellement chambardées. Souvent, les conjoints se rejoignent autour d'un nouveau centre d'intérêt : leur bébé. Tout ce qu'ils font est en fonction de l'enfant et de son horaire. Les partenaires se retrouvent alors en manque d'affection et comme, culturellement, la femme est souvent perçue comme la responsable de l'harmonie dans les relations intimes (Miller, 1976 ; Simard, 1981), celle-ci se sent souvent divisée entre l'attention à accorder à son bébé, à son partenaire et à elle-même. Il arrive que le conjoint se sente jaloux de toute l'attention portée au bébé à un moment où il aurait aussi besoin de présence exclusive, compte tenu des tâches psychologiques qu'il doit lui aussi accomplir en tant que nouveau père.

De son côté, la nouvelle mère éprouve elle aussi le désir qu'on prenne soin d'elle, qu'on s'occupe d'elle parce qu'elle doit tant donner à son nourrisson. En même temps, les conjoints en ont plein les bras avec leur rejeton et n'ont plus d'énergie ou de temps à se consacrer l'un à l'autre. Cette situation provoque une tension entre les partenaires et leur relation s'en trouve graduellement exacerbée, c'est-à-dire que les points litigieux qu'on réussissait auparavant à maintenir dans un certain équilibre se révèlent crûment et arrivent vite à leur paroxysme : les discordes se manifestent, les conflits apparaissent. Il est à noter, comme Cowan *et al.* (1978) le soulignaient, que l'enfant *n'est pas la cause* des difficultés au sein du couple car l'enfant arrive à un moment où la relation est déjà établie. Son arrivée est néanmoins une occasion de révélation des attentes différentes de chacun des partenaires. Or, Cowan et Cowan (cités par Galinsky, 1981) ont remarqué que les couples ne partagent pas leurs rêves respectifs, ni leurs attentes mutuelles ni les images qu'ils ont échafaudées. La présence d'un être nouveau totalement dépendant devient donc l'occasion où ces attentes respectives secrètes se manifestent à travers des malentendus et des frustrations réciproques. L'équilibre antérieur précaire se trouve rompu, la relation est poussée à ses limites et le vécu de la femme se complique du fait d'un autre élément problématique.

Les modifications de la relation entre les conjoints se manifestent également dans la réduction de leur vie sexuelle. La fatigue extrême, le manque de sommeil, les horaires irréguliers et la douleur physique sont des facteurs facilement compréhensibles. Le mythe de la mère asexuée (Weisskopf, 1980) peut aussi jouer à un niveau inconscient et inhiber chez chacun des partenaires le désir sexuel. La nouvelle perception qu'aura le conjoint de sa femme, après la naissance de l'enfant peut aussi avoir une influence. Si la réaction du conjoint ne coïncide pas avec les attentes de la femme à son égard, celle-ci peut éprouver de la déception, de la colère et des sentiments dépressifs qui peuvent se manifester par une diminution ou une absence de partage sexuel.

Enfin, les changements dans la relation au conjoint sont observés dans la façon dont ils partagent les tâches domestiques avant et après la venue du premier enfant. Souvent, après la naissance de l'enfant, les couples reviennent à un modèle familial plus traditionnel, c'est-à-dire qu'il incombe à la femme la responsabilité des soins du bébé en même temps que la presque totalité des tâches ménagères (Hoffman, 1978). Souvent, le fait qu'elle bénéficie d'un congé de maternité ou décide de se retirer partiellement ou complètement du marché du travail, semble justifier un tel retour à un modèle plus traditionnel.

En fin de compte, lorsque le partage au niveau affectif, sexuel et domestique entre les conjoints subit des bouleversements importants, c'est toute la relation conjugale qui passe par une réévaluation. La naissance du premier enfant, de par le déséquilibre qu'elle provoque, suscite des interrogations sur la capacité des partenaires à vivre ensemble, à s'accorder une mutuelle attention tout en prenant soin de leur nouveau-né et, à régler leurs difficultés. À juste titre, Galinsky (1981) estime que la principale tâche à accomplir l'année qui suit la naissance du bébé consiste à rétablir l'équilibre dans la relation du couple par l'inclusion de l'enfant dans la famille.

La première maternité provoque donc une rupture de l'identité chez la femme qui se manifeste par son questionnement sur son devenir, l'apparition d'émotions et d'attitudes inhabituelles, une prise de conscience existentielle, le processus de symbiose et de séparation et la réévaluation de ses relations avec les personnes importantes de son entourage. La mise en cause de divers aspects de son identité et les changements subséquents suscitent chez elle des sentiments de perte et la plongent dans une crise dont la résolution devrait alors s'apparenter à un processus de deuil. Il apparaît alors que même pour un événement heureux comme la naissance d'un premier enfant, le vécu d'un processus de deuil peut favoriser la résolution de cette crise en la transformant en une période de transition.

LA RÉINTÉGRATION DE L'IDENTITÉ
PAR UN PROCESSUS DE DEUIL ET D'ACCUEIL

Avant la naissance du bébé on ne peut prévoir que les changements provoqués par cette première maternité au niveau de l'identité de la femme seront vécus davantage comme gains plutôt que comme pertes. Une double signification devrait être attribuée à la première maternité : la célébration d'un événement heureux et le deuil des pertes que cet événement provoque. Il est assez aisé de s'imaginer la joie suscitée par la naissance d'un premier enfant et ces sentiments sont facilement exprimés et partagés. Pourtant, des sentiments de tristesse et de peine sont aussi vécus, mais ceux-ci ne sont pas aussi aisément exprimés, faute de trouver une personne à qui se confier. Paradoxalement, l'expérience de la naissance évoque quelquefois, surtout au niveau symbolique, des idées reliées à la mort. Ainsi, la primipare, en même temps qu'elle s'engage dans une aventure de vie, s'engage aussi dans un processus de deuil qui peut la mener à l'accueil d'un enfant comme être séparé, à une réorganisation de son identité et à une relation conjugale modifiée.

La naissance de l'enfant marque la séparation de la mère et du fœtus. La mère perd alors ce moment privilégié d'union totale avec son enfant. Déjà durant la grossesse, l'anticipation de cette séparation imminente faisait surgir des idées reliées à la mort (Galinsky, 1981) et provoquait de l'anxiété. Winnicot (1971) croit cependant que la prise de conscience et l'expression de cette anxiété anticipatoire et des conflits qu'elle suscite sont généralement des signes de santé psychologique. L'extrême dépendance du nourrisson permet pour un temps limité de maintenir l'illusion de la symbiose mais très tôt, les premiers signes d'autonomie de l'enfant font réaliser à la mère que la période de fusion s'achève. Seul le vécu du deuil de cette perte porte en lui le germe d'une nouvelle union, moins totale bien sûr, mais plus interrelationnelle entre la mère et son enfant. Ce dernier pourra alors être accueilli comme une personne séparée dont l'autonomie grandissante sera la bienvenue.

De plus, à la naissance, la réalité vient de façon non-équivoque briser les nombreuses images élaborées durant la grossesse. Le déroulement de l'accouchement, les premiers contacts avec le nouveau-né, les caractéristiques du bébé et la vie à trois se révèlent autres que ceux imaginés. Le partage souvent cruel entre le rêve et la réalité suscite des sentiments de perte de contrôle de son corps, et de sa vie. Le maintien à tout prix des rêves au détriment de la réalité est aliénant. Pour s'adapter, il faut donc renoncer à ces images ou, à tout le moins, les modifier, ou encore agir sur le réel pour le rapprocher de ses désirs. La première alternative, c'est-à-dire l'éclatement des images provoquées par la confrontation entre le rêve et la réalité, s'apparente symboliquement à la mort et peut provoquer divers sentiments comme l'irritabilité, la frustration, la colère indirecte, les regrets et la dépression. En effet, la dépression et d'autres réactions plus subtiles sont des réponses fréquentes à la perte de quelqu'un ou de quelque chose qui nous est cher. Une période de deuil suit généralement l'éclatement d'un rêve (Gould, 1978). Se permettre de vivre ces sentiments dépressifs amène graduellement la réconciliation entre ce rêve et la réalité et conduit à l'acceptation des faits tels qu'ils sont (par exemple, que le bébé n'est pas toujours gentil ou calme, que l'on n'est pas une mère parfaite et que le fait d'être parent ne résout pas tous les problèmes).

Ces réajustements des images mettent rudement à l'épreuve la cohésion et la continuité de l'identité. La perte de l'ancien « moi » ou même l'absence d'un sens clair de sa propre identité se manifestent souvent par des sentiments flous d'être en transit (Galinsky, 1981) entre un point et un autre de sa vie sans que la route soit clairement tracée. Cette ambiguïté présente un double aspect : celui de la crise provoquée par l'événement et celui de l'occasion d'intégration des pulsions, du moi et de l'identité personnelle (Racamier, 1967). Cette occasion peut être utilisée pour apporter un changement positif dans le sens d'une plus grande connaissance et d'une plus grande compréhension de soi (Breen, 1975). Il y aurait ainsi l'émergence après une telle crise, d'un plus grand sens de son unité intérieure, d'une capacité accrue de prendre des décisions satisfaisantes, conformes à ses propres choix. La mort partielle, symbolique, de l'identité précédente offre donc une possibilité de renaissance à une nouvelle identité par un processus de désintégration et de réintégration.

La redéfinition de son identité personnelle entraîne, pour la femme, des modifications dans ses relations avec les personnes qui sont pour elle importantes, en particulier avec son conjoint où là aussi des espoirs s'écroulent, l'espoir que la naissance d'un bébé la rapprochera du conjoint, que la relation à trois sera harmonieuse, et que le conjoint se montrera un père supportant. Ces espoirs déçus s'ajoutent à la perte du mode antérieur de relation amoureuse qui pouvait exister entre les conjoints, vécue avec plus ou moins d'acuité. Encore une fois, un autre élément de la vie antérieure doit être abandonné.

La nécessité de modifier ou d'abandonner des activités reliées au travail extérieur, des projets éducatifs ou de carrière, et des rencontres sportives ou sociales, est aussi une autre occasion de deuil. La première maternité exige en effet une réorganisation des activités professionnelles et récréatives qui, même bien structurées, suscitent des regrets et des sentiments de manque face à l'isolement que l'accroissement de ses tâches domestiques imposent à la nouvelle mère. La colère, la frustration, le stress, des sentiments d'inadéquation naissent du manque de contact avec d'autres adultes et des contraintes imposées à sa liberté personnelle. Ces réactions sont le reflet de la perte du mode de vie antérieur et s'apparentent aux réactions de deuil.

Quoi qu'on ne s'attende pas à pleurer sur une identité et un mode de vie perdus à la naissance d'un premier enfant, ce processus de deuil apparaît nécessaire pour accueillir le nouvel enfant et intégrer son nouveau rôle de mère. En effet, pour profiter de l'occasion de croissance contenue dans un tel événement, il faut vivre ses pertes comme pertes et ses joies comme joies (Breen, 1975). Rubin (1967) a étudié en profondeur le processus impliqué dans l'accomplissement d'un nouveau rôle de mère. Elle a identifié six étapes à travers lesquelles passent les futures et nouvelles mères ; la dernière de ces étapes est celle du deuil (« grief work »), c'est-à-dire du processus par lequel l'identité antérieure est abandonnée. Ce processus implique une révision des attachements antérieurs et de leurs événements associés.

Parkes (1972), qui s'est beaucoup penché sur le phénomène du deuil, montre d'autres types de pertes se comparant à la perte d'une personne chère. Les principaux aspects des réactions de deuil identifiées dans ses recherches, se retrouvent chez des personnes ayant vécu, par exemple, la perte d'un membre ou d'une maison. Il est donc fort pertinent de postuler que les réactions aux pertes occasionnées par une première maternité s'apparentent à celles d'un deuil et qu'en conséquence, il y a tout lieu de les identifier comme telles. Voici résumés les sept aspects courants d'une réaction de deuil décrits par Parkes (1972) et les analogies qu'on peut établir avec l'expérience d'une première maternité :

1) *La prise de conscience :* malgré ses neuf mois de grossesse la préparant à l'idée qu'un enfant fera maintenant partie de sa vie, la mère, après la naissance, prend du temps à réaliser que le bébé est vraiment là et qu'il est le sien. Elle éprouve de la difficulté à voir sa vie si bouleversée et ce n'est que peu à peu qu'elle se fait à l'idée d'une nouvelle présence venant transformer sa vie quotidienne ;

2) *La réaction d'alarme teintée d'angoisse, d'agitation et de manifestations physiologiques de peur :* la femme enceinte pour la première fois ou la nouvelle mère ressent souvent une panique liée à ses doutes quant à ses compétences maternelles et à l'ampleur de la responsabilité que ce nouvel être lui impose ; sa panique se manifeste par de la nervosité, de l'insomnie et des pertes d'appétit ;

3) *La recherche de l'être perdu et le souhait de le retrouver d'une façon ou d'une autre :* dans le cas d'une première maternité, « l'être perdu » est sa propre identité antérieure que cette femme tente d'abord de récupérer par la reprise soit, de ses activités antérieures, soit de ses comportements habituels ou en préservant dans son imaginaire la relation symbiotique qu'elle avait avec le fœtus ;

4) *La colère et la culpabilité, parfois accompagnées de violence face à ceux qui poussent la personne endeuillée à accepter prématurément la perte :* cette femme peut réagir violemment envers ceux qui veulent lui dicter une conduite conforme à l'image culturelle et au rôle social de mère et la convaincre qu'« avec un si beau bébé, elle a tout pour être heureuse » ; il est pourtant normal qu'une femme prenne du temps à s'adapter à un tel bouleversement de sa vie ;

5) *Le sentiment intime de la perte de soi ou d'avoir été mutilée :* cette femme peut vivre une rupture dans la continuité de son identité et éprouver la perte d'aspects importants d'elle-même ;

6) *L'identification à l'objet, l'adoption de traits, de manières et de symptômes caractéristiques de la personne disparue, accompagnée ou non d'un sentiment de sa présence à l'intérieur de soi :* cette femme peut tenter de recréer un mode de vie perdu, soit la vie à deux avec son conjoint, soit la répétition de sa propre enfance à travers son bébé ;

7) *Les variantes pathologiques du deuil, c'est-à-dire des réactions excessives, prolongées ou inhibées tendant à se manifester indirectement :* cette femme peut, à la

limite, manifester des états dépressifs, des symptômes physiques, psychologiques et sociaux de détresse, allant jusqu'à la psychose post-partum, et tenter d'idéaliser ce qu'elle a perdu ou de nier la présence de l'enfant.

Tous ces aspects de la réaction de deuil pourraient donc se retrouver *mutatis mutandis* dans le vécu, peut-être celui dont on parle le moins, d'une première maternité. Mettre ces aspects conflictuels en évidence est important car la reconnaissance de ces réactions est essentielle à la compréhension du vécu global de celle qui vit cette expérience. Breen (1975) admet qu'être capable d'éprouver, d'anticiper et d'exprimer ces conflits conduit à une plus grande capacité d'y faire face au lieu de les subir. Loin donc d'offrir un point de vue pessimiste, la reconnaissance des réactions de deuil éprouvées à la suite des pertes occasionnées par une première maternité laisse plutôt entrevoir la résolution d'une crise comme une période de transition susceptible de donner lieu à des transformations positives par une réintégration des divers éléments de vie de la nouvelle mère.

L'identité d'une femme est rudement mise à l'épreuve lorsqu'elle donne naissance à son premier enfant. L'ébranlement de ses structures psychologiques se manifeste par un questionnement profond sur son devenir, par des modes de réactions inhabituels, par une prise de conscience existentielle, par un processus d'individuation marqué par le passage d'une symbiose à une séparation d'avec l'enfant, et par la réévaluation de ses relations avec les personnes qui sont importantes pour elle. Ces bouleversements provoquent une crise dont la résolution, si elle se produit, devra aussi tenir compte de ce que la nouvelle mère a perdu dans cet événement.

Cette hypothèse du processus de deuil peut être vue par certains comme une tentative de réduction d'un événement heureux à ses aspects difficiles. Nous pensons qu'au contraire, reconnaître à la fois les significations positives et conflictuelles comme parties intégrantes de l'expérience globale permet de comprendre davantage des réactions qui, autrement, pourraient paraître étonnantes. Comprendre davantage ces réactions amène tour à tour la nouvelle mère à l'expression et à l'acceptation de son vécu, donc à une meilleure emprise sur sa vie.

Dans le but de tenter de définir ce qui peut se passer entre le moment où la crise est vécue et celui où elle est résolue, le rapprochement avec le déroulement d'un deuil est une analogie efficace.

Le parcours permettant de résoudre la crise provoquée particulièrement par une première maternité comprendrait donc les étapes suivantes :

1) La prise de conscience graduelle de l'effet sur sa vie de la naissance du bébé.
2) La reconnaissance et la validation des divers sentiments vécus, tels que l'incrédulité, la joie, l'excitation, le malaise, les craintes, etc.
3) L'expression de ces sentiments.
4) L'acceptation des aspects conflictuels ou ambigus.
5) La réalisation (prise de conscience et expérience) des pertes *et* des gains apportés par cette nouvelle situation.

6) Le deuil des pertes (c'est-à-dire se permettre de les éprouver, de les exprimer et de les pleurer).

7) Et enfin, la jouissance des gains acquis.

Ces différentes étapes peuvent être vécues de façon concommitante et l'ensemble de ce cheminement amènera la femme à une véritable réintégration de son identité, après la naissance de son premier enfant.

RÉFÉRENCES

Ballou, J.W. (1978) *The Psychology of Pregnancy.* Lexington, Mass. : Lexington Books.

Bandura, A. (1977) *Social Learning Theory.* Englewood Cliffs, N.J. : Prentice-Hall, Inc.

Bédard, L. (1983) *Les motivations à la maternité et leur impact sur le vécu des femmes.* Essai de maîtrise, Université Laval, Québec.

Benedek, T. (1952) *Psychosexual Functions in Women.* New York : Ronald.

Breen, D. (1975) *The Birth of a First Child.* London : Tavistoch Publications.

Chessler, P. (1972) *Women and Madness.* Garden City : Doubleday.

Cowan, C.P., Cowan, P.A., Coie, L. et Coie, J.D. (1978) Becoming a Family : The Impact of a First Child's Birth on the Couple's Relationship. In W.B. Miller et L.F. Newman (eds.), *The First Child and Family* Formation (296-324). Chapel Hill : Carolina Population Center.

Daniels, P. et Weingarten, K. (1982) *Sooner or Later : The Timing of Parenthood in Adult Lives.* New York : W.W. Norton et Co.

Dowling, C. (1981) *The Cinderella Complex. Women's Hidden Fear of Independence.* New York : Pocket Books.

Erikson, E. (1969) *Identity : Youth and Crisis.* New York : Norton.

Galinsky, E. (1981) *Between Generations. The Stages of Parenthood.* New York : Berkley Publishing Corporation.

Gould, R. (1978) *Transformations : Growth and Change in Adult Life.* New York : Simon and Schuster.

Hoffman, L.W. (1978) Effects of the First Child on the Woman's Role. In W.B. Miller et L.F. Newman (eds.), *The First Child and Family Formation* (340-367). Chapel Hill : Carolina Population Center.

Leifer, M. (1980) *Psychological Effects of Motherhood : A Study of First Pregnancy.* New York : Praeger Publishers.

Marcos-Sigal, H. (1984) *La signification de la naissance du premier enfant.* Toulouse : Privat.

Miller, J. (1976) *Toward a New Psychology of Women.* Boston : Beacon Press.

Morneau, C. (1985) *La relation père-fille et l'estime de soi de la femme adulte.* Thèse de maîtrise, Université Laval, Québec.

Parkes, C.M. (1972) *Bereavement, Studies of Grief in Adult Life.* New York : International University Press Inc.

Pickens, D.S. (1982) The cognitive processes of career-oriented primiparas in identity reformulation. *Maternal-Child Nursing Journal, 11*(3), 135-164.

Racamier, P.C. (1967) Troubles de la sexualité féminine et du sens maternel. *Bulletin officiel de la Société française de psychoprophylaxie obstétricale, 432,* 1-40.

Ross, M. (1983) *Le prix à payer pour être mère.* Montréal : Les éditions du remue-ménage.

Rossi, A. (1968) Transition to Parenthood. *Journal of Marriage and the Family, XXX,* 26-39.

Rubin, R. (1967) Attainment of the Maternal Role. Processes, Models and Refer-
rants. *Nursing Research,* 16, 237-245, 342-346.

Shereshefsky, P.M. et Yarrow, L.J. (1974) *Psychological Aspects of First Pregnancy
and Early Postnatal Adaptation.* New York : Raven Press.

Simard, R. (1981) Les femmes et la santé mentale : un vrai discours de folles.
In Guyon, L., Simard, R. et Nadeau, L. *Và te faire soigner, t'es malade*
(57-98). Montréal : Stanké.

Spain, A. (1982) La première maternité hâtive vs tardive. *Conseiller Canadien,*
16(4), 247-249.

Weisskopf, S. (1980) Maternal Sexuality and Asexual Motherhood. *Signs, 5*(4),
766-782.

Winnicot, D.W. (1971) *Playing and Reality.* New York : Basic Books.

3.2

Le cycle de la relation parent-enfant

RICHARD CLOUTIER

INTRODUCTION

Pourquoi traiter de l'interaction parent-enfant dans un ouvrage portant sur les crises de la vie adulte ? Pour trois raisons au moins : 1) cette relation exerce une influence considérable sur le vécu immédiat de l'adulte qui joue le rôle de parent ; 2) en regard de la famille prise comme système, la relation parent-enfant conditionne l'adaptation de l'ensemble des membres dans une perspective multigénérationnelle ; 3) le vécu de l'enfant dans cette relation est le fondement de sa socialisation et les prototypes relationnels qui s'y développent influenceront ses rapports sociaux jusque dans sa vie adulte.

En effet, la vie adulte future de l'enfant sera influencée par ce qu'il aura vécu dans sa famille, tandis que la vie adulte actuelle du parent est conditionnée par son expérience avec son enfant. La famille constitue un système d'interactions multidirectionnelles où l'expérience de chaque membre affecte le vécu des autres dans l'immédiat mais aussi dans leur évolution future.

Trois niveaux d'intérêt peuvent ainsi être identifiés : « l'enfant », « l'adulte-parent » et « la famille », niveaux permettant de signifier le caractère multidimensionnel des implications de la dynamique parent-enfant. Cependant il ne nous semble pas intéressant, d'aborder ici l'interaction parent-enfant de façon séquentielle en fonction du pôle « adulte », puis « enfant » et enfin « famille », ce qui provoquerait un morcellement artificiel d'une réalité où, à chaque instant, ces trois niveaux jouent simultanément. Dans le chapitre qui suit, nous étudierons l'interaction, depuis son origine, dans l'enfance du parent lui-même, en soulignant la circularité du processus d'influence, à savoir que les conduites de nos parents influencent nos conduites parentales.

De quel parent s'agit-il ?

Quand il est question de relation parent-enfant, à quel parent fait-on référence ? Peut-on, sans distinction « mère »-« père », établir des constantes parentales valables en ce qui concerne l'interaction parent-enfant ? Il semble bien que le père et la mère ne peuvent être confondus dans leur interaction avec l'enfant. Malgré l'importante évolution des rapports homme-femme dans la famille occidentale contemporaine, évolution qui se traduit souvent par une participation accrue du père dans les tâches familiales, des recherches ont démontré que la mère demeure généralement le parent le plus présent, surtout pour les jeunes enfants (Parker, 1978 ; Perry et Bussey, 1984).

Le père participerait moins activement aux soins de base du bébé (nourriture, toilette, sommeil, etc) et il entrerait moins fréquemment en contact avec lui, même en situation de laboratoire où le temps total d'exposition à l'enfant est contrôlé (Clarke-Stewart, 1978). On a cependant observé que malgré cette moins grande quantité d'interaction vécue avec l'enfant, le père, lorsque placé dans le contexte requis, serait capable de développer des réponses adaptées et sensibles au besoins de l'enfant et d'en assumer l'ensemble des soins de façon adaptée. Par ailleurs, le père offrirait au jeune enfant des situations distinctives, marquées notamment par une dominance du jeu interactif (Perry *et coll.*, 1984).

Belsky (1981) résume en trois points généraux les connaissances transmises par la littérature sur l'attachement père-enfant : 1) le bébé développe habituellement une relation différenciée avec son père mais en cas de stress, il a tendance à rechercher sa mère ; 2) le rôle du père est orienté vers le jeu tandis que celui de la mère est orienté vers les soins et, dans la relation de jeu, le père touche et soulève l'enfant davantage alors que la mère parle davantage et utilise plus les jouets ; 3) il y aurait une différence marquée dans les réactions du père et de la mère à l'égard d'enfants de sexe différent, l'influence du père sur son fils étant souvent plus grande que celle sur sa fille. Enfin, une forte proportion de ce que nous connaissons des effets de l'attachement provient de l'étude de la relation mère-enfant.

Malgré la reconnaissance de leurs particularités respectives, la relation mère-enfant est mieux connue que la relation père-enfant ; notre examen de la relation parent-enfant sera forcément influencée par cet état de nos connaissances.

De quelle culture s'agit-il ?

Une des difficultés reliées à l'étude de la relation parent-enfant réside dans l'identification de ce qu'est une relation adaptée, une conduite compétente, etc. À l'intérieur d'une même ville, d'un même quartier, la diversité des pratiques parentales est telle que ce qui apparaît normal dans une famille donnée peut être perçu comme erroné ou déviant dans une autre. La distinction entre la compétence et l'incompétence ne peut s'effectuer en dehors d'un cadre socio-culturel spécifique et une telle démarche comporte immanquablement des jugements de valeurs.

Ce qui est approprié pour une culture ou une sous-culture ne l'est pas nécessairement pour une autre. Les membres des minorités ethniques qui doivent répondre aux normes de leur culture d'origine tout en s'adaptant aux règles de la culture dominante ressentent ces barrières quotidiennement (Laosa, 1981). Le cadre socio-culturel détermine donc des normes qui ne peuvent être ignorées dans une discussion du caractère adaptatif de la relation parent-enfant. Le cycle relationnel que nous examinerons ici s'inscrit plutôt dans le contexte de la vie occidentale de familles caucasiennes.

La perspective intergénérationnelle de l'interaction

Selon Elder (1984) l'approche évolutive représentée notamment par Havighurst, Duvall etc., ne place pas la famille dans son contexte historique, ce qui a pour effet de traiter une première naissance de la même façon qu'une sixième dans le système familial, ou encore de considérer les familles stables et fertiles des années '50 sur le même pied que les familles moins stables et moins fertiles des années '80. La conception évolutive du «unfolding from within» ou du «déploiement» ne peut ignorer l'histoire de la famille et les racines socio-culturelles dont elle provient. La majorité des événements significatifs de la vie prendront donc une couleur différente selon qu'ils surviennent plus tôt ou plus tard dans la vie des personnes mais aussi selon l'époque socio-culturelle dans laquelle ils s'inscrivent. Dans la perspective intergénérationnelle, le contexte historique de l'événement familial est pris en ligne de compte.

Par ailleurs, on observe maintenant que le développement individuel de chaque membre de la famille est relié d'une certaine façon à celui des autres membres dans une perspective intergénérationnelle : ce que vit l'enfant est influencé par ce qu'a vécu et ce que vit son parent et, par extension, par ce qu'a vécu et vit son grand-parent ; ce que vivront ses enfants ultérieurement sera aussi conditionné, dans une certaine mesure, par son expérience à lui. Aussi, tel que l'observait Havighurst dès 1948, l'adaptation de l'enfant au défi de son adolescence, par exemple, est reliée à l'adaptation de son parent au défi que lui propose le stade qu'il traverse lui-même, au même moment, dans sa vie adulte, les difficultés de l'un affectent l'évolution de l'autre comme leurs succès respectifs les influencent réciproquement dans leur évolution.

Il apparaît de plus en plus clairement que l'on ne peut réduire la relation parent-enfant à la période de parentalité puisqu'au delà du départ des enfants (lui-même suscitant le syndrôme de «la maison vide» que les parents doivent affronter comme un nouveau défi pour leur évolution) l'interdépendance continue d'exister. Les parents d'enfants-adultes représentent un support important dans le réseau social des enfants et réciproquement, les enfants-adultes constituent des appuis majeurs pour les parents qui avancent en âge. Cette *interdépendance intergénérationnelle* bien connue du sens commun et de disciplines comme l'anthropologie, est encore mal définie en psychologie du développement ; des travaux longitudinaux sont vivement attendus dans ce secteur (Hagestad, 1984 ; Levinson, 1986 ; Plath, 1980).

Approcher la famille dans la perspective de l'ensemble du cycle de la vie (« life course perspective ») amène les chercheurs à considérer quatre thèmes importants qui furent plus ou moins ignorés auparavant : 1) l'interdépendance du développement des membres de la famille et de la parenté ; 2) la co-variation entre ce qui arrive à la famille en tant qu'unité et ce qui arrive à ses membres comme individus du point de vue des possibilités, des obligations et des droits ; 3) l'interdépendance entre la famille, l'individu et les changements sociaux ; 4) les relations causales entre les événements et les rôles vécus dans les premières années de la vie et ceux vécus ultérieurement (Elder, 1984).

L'ORIGINE DE LA RELATION PARENT-ENFANT

La transmission intergénérationelle

Dans quelle mesure peut-on dire que les enfants sont la réplique des parents ? Qu'est-ce qui est transmis d'une génération à l'autre ? Selon Troll et Bengtson (1979 ; 1982) il y a une tendance normale des parents, une fois leur famille élevée, à mettre l'emphase sur les points de ressemblance entre eux et leurs enfants en qui ils ont investi tant d'énergie. Au contraire, les enfants devenus adultes, face à leur vie et dans la foulée de l'expression de leur individualité, auront tendance à mettre l'accent sur les points qui les différencient de leurs parents. Donc les perceptions peuvent varier selon la source.

Par ailleurs, presque tous les travaux de recherche sur cette question de transmissibilité intergénérationnelle ont touché l'une ou l'autre des dimensions suivantes : la politique, la religion, le travail, la sexualité et le style de vie.

Une revue de la littérature sur le sujet, Troll et coll. (1979), a amené ces chercheurs à constater qu'aux États-Unis la préférence pour un parti politique révèle un lien significatif de parent à enfant mais que sur des attitudes politiques spécifiques il existe tantôt un accord élevé, tantôt pas d'accord du tout. En matière de religion, les travaux recensés traduisent une continuité intergénérationnelle substantielle au niveau de l'affiliation religieuse et des croyances générales mais moins en ce qui a trait à la pratique religieuse comme tel.

Là où les recherches empiriques obtiennent cependant le plus d'écarts entre parents et enfants, c'est dans les domaines de la sexualité (rôles sexuels et comportements), des orientations professionnelles et du style de vie. Cette transmissibilité serait de plus conditionnée par les événements sociaux survenant au fil des années comme les crises économiques, les changements politiques importants etc., et aussi de façon substantielle, par les types de liens qui prévalent dans la famille. Ainsi, les familles unies par des liens étroits et un grand sentiment d'appartenance démontrent beaucoup plus de transmissibilité intergénérationnelle que celles où l'appartenance à une même famille n'est pas une base solide de rapprochement interpersonnel. Un attachement fort entre parents et enfants favoriserait une ressemblance plus grande. Le genre jouerait aussi un rôle dans la transmissibilité : les femmes seraient des agents plus puissants de transmission intergénérationnelle parce qu'elles contribuent davantage à la création des liens familiaux (Bengtson et Cutler, 1976), et qu'elles auraient des relations plus chaleureuses avec leur propre mère et leur propre fille (Troll et coll., 1982). Le terme « telle mère, telle fille » serait donc mieux fondé que le dicton « tel père, tel fils ».

Le stade de développement semble aussi jouer un rôle dans la transmission intergénérationnelle : à l'adolescence par exemple, la plupart des recherches font état d'une remise en question des normes parentales et d'un besoin plus aigu d'affirmation de l'individualité. Les comparaisons parents-adolescents font ressortir plus de divergences, les jeunes ayant tendance à explorer des rôles, attitudes et affiliations nouvelles au cours de cette période de leur vie (Cloutier, 1982).

D'une part, donc, la recherche constate une transmission intergénérationnelle plus grande au niveau des croyances et affiliations politiques et religieuse que dans les pratiques relatives à la sexualité, l'orientation professionnelle ou le style de vie. Et d'autre part, elle souligne l'existence de plusieurs facteurs affectant cette continuité intergénérationnelle (les événements sociaux, l'étroitesse des liens dans la famille, le genre, le stade de développement, etc.).

Un processus bi-directionnel

Pendant longtemps on a considéré la relation parent-enfant comme plus ou moins unidirectionnelle, où le parent donnait et l'enfant, impuissant, recevait. Il est maintenant largement reconnu que l'enfant joue un rôle actif et significatif dans le façonnement de ce lien. L'enfant est maintenant considéré comme un individu jouant un rôle actif face aux tâches que sa survie lui impute : s'il est impuissant à survenir seul à ses besoins vitaux, il n'est pas sans pouvoir dans la relation parent-enfant.

Pour Bell (1979), la relation mère-enfant est un « partnership » ; il s'agit de l'une des rares associations humaines où il y a autant d'écart dans la taille des partenaires et, en même temps, aussi peu de différence dans le pouvoir détenu par chacun. Pour Grey, Cutler, Dean & Kempe (1976) le bébé n'est pas seulement un consommateur d'intégration sociale mais aussi un producteur actif qui, à sa façon, éduque le parent à ses besoins en le guidant dans son rôle de pourvoyeur de soins. Perry et coll. (1984) rapportent une série d'études indiquant que dès le début de la vie, l'enfant est actif et différencié dans ses interactions. Par exemple, on a observé que les bébés attendent leur tour dans leurs interactions de babillage avec la mère et qu'ils synchronisent le mouvement de leur tête vers l'avant ou l'arrière selon les reculs ou les avances de la tête de leur mère. De même lorsqu'ils reçoivent trop de stimulation sonore dans l'échange verbal, ils tournent la tête et regardent ailleurs, ce à quoi les mères réagissent en diminuant l'intensité de la stimulation verbale.

Pendant la grossesse un équilibre biologique s'établit entre la mère et l'enfant. La naissance provoquerait une rupture de cet équilibre biologique antérieur ainsi que le besoin d'un nouvel équilibre dépassant les fonctions strictement biologiques. Quoique de part et d'autre, une série d'automatismes naturels tels que les réflexes de l'enfant et les fonctions physiologiques post-partum de la mère, servent de fondement à l'établissement du nouvel équilibre physiologique requis par la survie de chacun, la relation ne peut plus se définir exclusivement par ses fonctions biologiques : la mère et l'enfant sont déjà partenaires et chacun, dans son rôle particulier, conditionne l'établissement de l'attachement (Gorski, Davison & Brazelton, 1980).

Dès le début de la vie, si l'enfant n'arrive pas à remplir ses fonctions vitales, c'est-à-dire à parcourir le bout de chemin que sa survie lui incombe, ou que le parent perçoive mal les besoins de l'enfant, l'estimant plus compétent qu'il ne l'est en réalité, des difficultés relationnelles peuvent surgir. Ainsi, dès la naissance, la relation parent-enfant est conditionnée par l'accomplissement des rôles mutuels dans un processus bi-directionnel.

Les racines biologiques

Certaines approches théoriques prêtent à la relation parent-enfant des racines génétiques. La sociobiologie notamment, estime que les différences individuelles sont au moins partiellement relatives au bagage génétique des individus et qu'en tant que comportement social fondamental, la relation parent-enfant est déterminée par ce bagage génétique (Wilson, 1975). En effet, dans la mesure où d'une part, l'intelligence et le tempérament d'une personne entrent en jeu dans la relation qu'elle établit avec son enfant et, d'autre part, dans la mesure où l'hérédité joue un rôle significatif dans l'intelligence et le tempérament d'une personne, on peut concevoir que le bagage héréditaire du parent et celui de son enfant influenceront leur relation mutuelle. Sans nier cette possibilité d'une assise génétique de la relation parent-enfant, nous n'irons pas plus loin dans cette considération et nous nous examinerons plutôt le développement de cette relation dans le contexte familial.

L'influence de l'enfance parentale

Ce que le parent a lui-même vécu autrefois, dans sa propre enfance, conditionne la façon dont l'adulte joue son rôle auprès de son enfant. Dans le domaine de l'abus et de la négligence, Bolton (1983) propose un modèle d'évaluation du niveau de risque de la famille qui peut nous aider à mieux situer l'origine de la relation parent-enfant. Il s'agit d'un modèle établi selon deux axes principaux : 1) l'axe des *variables relationnelles* constitué des comportements réciproques définissant l'attachement parent-enfant ; et 2) l'axe des *ressources disponibles* au parent et à l'enfant favorisant ou défavorisant l'association parent-enfant dans ses aspects physique, psychologique et social. Les dimensions considérées dans chacun de ces deux axes sont présentées au tableau 1 dont l'examen permet d'imaginer la multiplicité des sources potentielles de problèmes d'interaction et conséquemment, la fragilité de la relation parent-enfant. Par ailleurs, ce tableau permet également de comprendre l'influence de l'enfance du parent, c'est-à-dire de relier les carences que ce dernier a lui-même subies antérieurement aux difficultés rencontrées ultérieurement dans la relation avec son enfant.

Steele (1975) va jusqu'à dire que presque sans exception, le parent abusif a lui-même vécu de l'abus et/ou de la négligence au cours de son enfance, même si l'on constate que ceux et celles qui ont connu de mauvais traitements au cours de leur enfance ne deviennent pas nécessairement tous abusifs avec leurs enfants.

Tableau 1
Modèle d'évaluation des ressources familiales selon Bolton (1983)*.

1. Axe relationnel : Éléments à évaluer dans le cycle relationnel

1. Caractéristiques des liens familiaux dans l'enfance du parent.
2. Vécu de la grossesse.
3. Expérience de l'accouchement.
4. Adaptation post-partum.
5. Caractéristiques relationnelles précoces avec le bébé.
6. Liens d'attachement avant 1 an.
7. Liens d'attachement avant 3 ans.
8. Relations parent-enfant actuelles.

Axe des ressources : Éléments de support à la relation parent-enfant.

1. Santé physique du parent.
2. Santé physique de l'enfant.
3. Caractéristiques de l'environnement physique (logement, quartier, etc.).
4. Réseau de support social de la famille.
5. Équilibre émotionnel du parent.
6. Équilibre émotionnel de l'enfant.
7. Aptitudes intellectuelles du parent et ses compétences parentales.
8. Aptitudes intellectuelles de l'enfant.

* Tableau élaboré à partir de Bolton (1983, pp. 36-37). L'auteur propose d'évaluer ces éléments soit par observation directe, soit à partir d'informations provenant des parents et ou de l'enfant, ou d'une combinaison de ces moyens.

Pour Bolton (1983) l'histoire parentale qui présente le plus de risques pour les enfants est celle qui ne comporte pas du tout d'interaction sensible entre parent et enfant : « les parents qui ont tous deux été maltraités et n'ont pas vécu de lien d'attachement pendant leur enfance, représentent le plus grand risque pour leurs enfants. » (page 162, traduit par l'auteur).

Plusieurs des facteurs comportementaux de risque d'abus et de négligence identifiés par Bolton (1983) impliquent une perception erronée ou faussée de l'enfant de la part du parent, ce dernier ne comprenant pas les besoins réels de l'enfant et ayant à son égard des attented irréalistes. Ces données nous permettent de comprendre la nécessité d'un minimum de ressources dans le développement d'une relation parent-enfant adaptée.

L'importance du lien précoce

Dans une étude concernant l'influence des premiers contacts mère-enfant sur la relation ultérieure, Klauss et Kennell (1976) ont comparé le développement de deux groupes de bébés et de leur mère à partir de l'expérience post-accouchement en milieu hospitalier. Un groupe a été observé alors qu'il était dans les conditions habituelles de vie à l'hôpital après l'accouchement, c'est-à-dire où la mère est séparée de son enfant et ne le voit à peu près qu'aux périodes de « boire » pour les trois jours suivants. Dans un autre groupe, le groupe expérimental, la mère et l'enfant étaient placés dans une chambre tranquille et chaleureuse après l'accouchement et pouvaient entrer en contact mutuellement. De plus, les membres de ce groupe expérimental ont eu l'occasion d'être ensemble pendant cinq heures au cours des trois jours suivant l'accouchement. Klauss et coll. (1976) affirment que les bénéfices de la période de contact prolongé entre les mères et leurs bébés étaient encore perceptibles plusieurs mois après la naissance : les mères de ce groupe affichaient plus de comportements affectueux pendant les repas de l'enfant, elles étaient plus attentives à son inconfort, développaient plus de contacts visuels avec lui et étaient plus réticentes à confier leur enfant aux soins d'une autre personne comparativement au groupe témoin. Perry et coll. (1984) rapportent que ces résultats n'ont pas été reproduits intégralement dans d'autres comparaisons similaires mais que les données de la recherche des dernières années ont suscité une remise en question des pratiques hospitalières en matière de contact initial mère-enfant.

En France et au Québec, Frédérick Leboyer a été un important promoteur du respect des premiers contacts naturels entre mère et enfant, dénonçant le caractère par trop artificiel des conditions dans lesquelles la mère et son enfant sont placés pendant et après l'accouchement en milieu hospitalier (Leboyer, 1976).

Ainsworth (1973 ; 1979) dans ses études sur le développement de l'attachement mère-enfant définit deux types de bébés : les enfants à attachement

« sécurisant » et les enfants manifestant un attachement « esquivé ». Dans divers contextes d'observation, elle a démontré que le comportement des mères d'enfants « sécures » différait de celui des mères d'enfants « insécures », et que réciproquement, les enfants de chacune de ces catégories se distinguaient par leur conduite observable. Les mères d'enfants à attachement « sécurisant » répondent plus vite et de façon plus constante aux signaux du bébé visant à attirer l'attention, en particulier quand il s'agit de signaux de détresse. L'enfant « insécure » passerait davantage de temps à identifier l'endroit où se trouve sa mère et aurait ainsi moins de contact avec les autres. Les mères d'enfants à attachement « esquivé » ou « insécures » interpréteraient avec plus de précision les indices communiqués par leur bébé de sorte que leur interaction avec ce dernier se ferait avec moins de heurts que celle qui a lieu entre les bébés « insécures » et leur mère. Enfin les mères de bébés « sécures » exprimeraient leur affection de façon distincte, c'est-à-dire avec plus de touchers, de sourires, d'échanges verbaux, etc. que les mères de bébés « insécures » qui, elles, seraient moins enclines aux contacts physiques avec le bébé et afficheraient plus souvent une attitude de colère ou de déception à l'égard de ce dernier.

Dans une étude longitudinale, Waters, Wippman et Sroufe (1979) ont utilisé la méthode d'Ainsworth pour identifier le type d'attachement d'enfants de 15 mois et ont observé ultérieurement leur conduite à 3 ans 3 mois en situation de jeu de groupe en garderie. Leurs données indiquent que les enfants « sécures » affichent ultérieurement plus de leadership et d'habiletés à entrer en relation avec les autres que les enfants « insécures ». Il semble que les enfants apprennent des schèmes relationnels de réciprocité, de confiance mutuelle avec leur mère (ou son substitut) et peuvent par la suite généraliser ces habitudes relationnelles dans d'autres contextes sociaux. Ces recherches indiquent que dès son origine, la relation parent-enfant s'organise et définit des orientations susceptibles de se maintenir plus tard dans la vie.

Dans un tout autre contexte de recherche, à savoir dans le cadre de leurs travaux sur les déterminants de l'inceste, phénomène impliquant le père et sa fille dans 75 % des cas, Parker et Parker (1985) posent l'hypothèse d'un lien père-enfant défectueux au cours des toutes premières années de la vie de l'enfant. Pour ces auteurs, ce serait davantage l'intimité père-fille au cours des premières années de la vie de cette dernière que le lien génétique, qui provoquerait le désintérêt sexuel ultérieur. Ainsi, on a observé chez les humains non-parents élevés ensemble le même type de désintérêt, à l'âge adulte, que celui normalement rencontré entre membres d'une même famille.

Parker et coll. (1985) ont constaté que les deux facteurs les plus importants permettant de prévoir un risque d'inceste de la part d'un père envers sa fille était : a) une relation inadéquate entre ce père et ses propres parents au cours de son enfance ; b) un manque de contacts physiques et d'implication générale vis-à-vis de sa fille au cours des trois premières années de la vie de cette dernière. Pour ces auteurs, les pères qui sont directement impliqués dans les soins et l'éducation de leurs jeunes enfants sont peu enclins à évoluer ultérieurement vers l'abus sexuel de ces derniers.

Dès le début de la vie de l'enfant son contact avec le parent possède donc une grande importance dans l'évolution ultérieure de la dyade ; ce lien précoce constitue le tableau initial qui donne le ton au cheminement relationnel subséquent.

LES ÉTAPES DE LA RELATION PARENT-ENFANT

L'évolution du rôle de parent

À partir de l'analyse d'entrevues menées auprès de plus de 200 parents, Galinsky (1980) propose six stades typiques dans l'évolution du rôle de parent. Le premier stade correspond à celui de *l'image de parent* où, après la naissance de l'enfant et pendant les quelques premiers mois, le parent prend conscience de son rôle et tente de traiter son enfant comme il aurait souhaité être traité lui-même autrefois, avec une sorte d'idéalisme. Le deuxième stade est celui de *l'attachement.* Il s'étendrait jusque vers la fin de la deuxième année de la vie de l'enfant. À cette période, le parent établit un lien d'attachement avec son enfant et apprend à composer avec les besoins de ce dernier, les siens propres, ceux de son conjoint et, le cas échéant, avec les exigences du travail extérieur.

Le troisième stade va de 2 à 4 ans. C'est le stade de *l'autorité* où l'image du parent idéal est remise en question avec la nécessité d'accepter les imperfections chez soi-même en tant que parent et chez l'enfant en tant que personne connaissant des périodes plus difficiles. Le quatrième stade de Galinsky (1980) s'étend de 4-5 ans à 10-11 ans de la vie de l'enfant et correspond à l'époque de *l'intégration parentale* devant l'autonomie grandissante de l'enfant. À cette époque, le parent est souvent appelé à reviser ses attentes et théories initiales à la lumière des écarts existant entre les idéaux et les réalités telles que vécues. Le cinquième stade de l'évolution du rôle de parent correspond à *l'adolescence de l'enfant.* À cette période, le parent doit se redéfinir en tant que figure d'autorité face à l'accession progressive du jeune à l'autonomie tout en maintenant un rôle de support face aux écueils potentiels dans l'évolution adolescente.

Cette évolution se termine avec *le stade du départ,* lorsqu'après l'adolescence, le ou la jeune adulte quitte sa famille. Selon Galinsky (1980), il s'agirait d'une période d'évaluation du passé de la relation parent-enfant, c'est-à-dire d'une période où se dresse le bilan des forces et des faiblesses en tant que parent.

Il est intéressant de mettre ces stades de la vie parentale en relation avec le cycle de la vie familiale proposé par Duvall (1971).

Le cycle familial

La figure 1 illustre les huit stades-types du cycle de la vie d'une famille tels que décrits par Duvall (1971). Cette chercheuse a regroupé ses stades en quatre périodes : a) la famille sans enfant (stade 1) ; b) l'époque de la parentalité (stades 2 à 6) ; c) le mariage d'âge mûr (stade 7) ; d) la période de l'âge d'or (stade 8). Il va sans dire que les rôles familiaux se modifient de façon importante d'une période à l'autre, la deuxième période étant la plus importante en ce qui concerne la relation parent-enfant.

Stade 1 Début de la famille — Mariage de moins de 5 ans, sans enfant

---

Stade 2 Venue des enfants dont l'âge est de moins de 3 ans

Stade 3 Les enfants sont d'âge préscolaire (moins de 6 ans)

Stade 4 Les enfants commencent à fréquenter l'école élémentaire (moins de 12 ans)

Stade 5 La famille compte maintenant des adolescents (l'aîné-e a plus de 12 ans)

Stade 6 Période de départs successifs des enfants : l'aîné-e a quitté, les autres suivront graduellement

---

Stade 7 Les parents sont d'âge mûr, il n'y a plus d'enfants à la maison, la retraite n'est pas encore prise

---

Stade – L'âge d'or. De la retraite des parents jusqu'au décès

---

Figure 1 Les stades du cycle familial selon Duvall (1971), (figure élaborée par l'auteur).

C'est en effet au cours de cette période qui dure généralement entre 25 et 35 années, que les rôles de parent et d'enfant se transforment le plus intensément, depuis le rapport parent-bébé du début vers le rapport adulte-jeune adulte à la fin de l'adolescence. C'est au cours de cette période que culminent les facteurs de stress les plus importants pour le parent comme pour l'enfant.

Du côté des parents, le couple doit offrir davantage de ressources, les besoins des enfants sont nombreux et constants, les décisions à prendre sont abondantes et souvent porteuses de conséquences significatives, les sources de désaccord entre conjoints sont multiples, il faut souvent travailler fort pour subvenir aux demandes matérielles de la famille.

Selon Spanier, Lewis et Coles (1975) le degré de satisfaction maritale évoluerait selon une courbe en « U » passant d'un sommet au début du mariage à un niveau plus bas pendant la période de parentalité pour remonter ensuite après le départ des enfants. Même si cette tendance ne peut s'appliquer à tous les couples, elle n'en appuie pas moins l'idée d'un stress plus grand lors de cette période de parentalité. Dans cette même perspective, l'échelle des événements stressants proposée par Holmes et Rahe (1967) inclut en effet plusieurs expériences typiquement vécues au cours de cette période dite de parentalité : la grossesse, la venue d'un nouveau membre dans la famille, le départ d'un enfant de la maison, etc.

Du côté des enfants, les défis du développement ne leur laissent pas beaucoup de répit si l'on considère le rythme de leur apparition, depuis les apprentissages sensori-moteurs et psycho-sociaux de la période pré-scolaire jusqu'à la redéfinition personnelle vécue à l'adolescence (Cloutier, 1982).

Dans le cadre d'un programme de recherche portant sur l'évolution de la communication parent-adolescent-e (Cloutier, 1984), des études ont démontré que l'interaction entre parents et adolescents se modifie de façon significative entre 12 et 18 ans, que la communication parent-enfant est influencée par le sujet dont il est question. Par exemple, le thème de la sexualité ne sera pas abordé de la même façon que la scolarité et le genre (père, mère, fils, fille) des interlocuteurs conditionne aussi les interactions (Bradet, Cloutier, Fortier et Thériault, 1985 ; Gauthier, 1984 ; Tétreault, 1985). Sullivan (1986) présente une belle intégration théorique du développement adulte à l'aide des concepts de « cycle de vie » et de « structure de vie ».

L'influence de l'âge et du genre

Globalement, et compte tenu de la documentation dans ce domaine (De Turk et Miller, 1983 ; Perry et coll., 1984 ; Smith, 1983), les recherches sur la communication parent-adolescent ont montré que les parents comme les jeunes s'entendaient pour donner à ces derniers une autonomie décisionnelle croissante entre 12 et 18 ans, mais que selon le sujet ou le thème impliqué par la décision, le synchronisme entre la délégation parentale et la recherche d'autonomie des adolescents pouvait varier. Ainsi, les situations relatives à la sexualité ou à des préoccupations intimes (craintes, sentiments dépressifs, chagrins personnels, etc.) ne font l'objet que de peu d'échanges entre les adolescents et leurs parents, la mère étant cependant un interlocuteur plus présent et plus actif auprès de l'enfant que le père qui est plus distant et à qui on se confie moins spontanément (Bradet et coll., 1985 ; Tétreault, 1985). Dans ces domaines, la jeune personne assumerait davantage ses décisions par elle-même, tandis que dans des domaines comme les heures de rentrée, les choix scolaires ou professionnels, les décisions relatives aux achats, etc., la communication parent-adolescent serait plus active tout au long de la période 12-18 ans.

Il semble par ailleurs que l'interaction avec le père est moins satisfaisante pour les adolescent-e-s que celle qui a lieu avec la mère, et ce, plus particulièrement chez les filles à mesure qu'elles approchent de la fin de l'adolescence. Le père, de son côté, traduirait un bon niveau de satisfaction à l'égard de son interaction avec son adolescent-e, en particulier avec le garçon, comme s'il ne percevait pas l'insatisfaction ressentie par la jeune personne.

Ainsi, l'interaction parent-enfant n'évoluerait pas de la même façon selon qu'il s'agit du garçon ou de la fille, du père ou de la mère. L'importance accordée au genre peut cependant varier d'une personne à l'autre. Bem (1981) avec sa théorie du *schème de genre,* a proposé une explication de cette conception variable de la réalité masculine et féminine. Selon Bem (1981) les gens diffèrent entre eux selon l'importance qu'il accordent au genre. Certaines personnes sont fortement identifiées au genre. Pour elles le caractère masculin ou féminin d'un individu ou d'un événement constitue une base importante de catégorisation mentale. Ces personnes auraient tendance, selon Bem (1981), à organiser l'information en fonction du genre. Au contraire, pour les gens davantage *androgynes* le caractère masculin ou féminin d'une personne ou d'un événement ne serait pas une base très saillante de représentation mentale, ni un critère significatif de catégorisation.

Dans cette perspective, les parents davantage identifiés aux rôles sexuels masculin et féminin fourniraient des expériences distinctes à leurs fils et à leurs filles ; l'évolution de leur interaction serait alors influencée par leur propre genre et celui de leur enfant.

D'autre part, la documentation témoigne d'un effet de genre plus puissant entre père et fils qu'entre mère et fille (Perry et coll., 1984). Ces données sont plutôt en accord avec la thèse de Johnson (1977) voulant que les mères traitent leurs garçons et leurs filles de la même manière, tandis que les pères traiteraient leurs enfants de façon distincte selon le genre de ces derniers. L'influence du père pousserait ainsi les garçons à devenir pragmatiques et compétents dans des réalisations exigeant de l'affirmation de soi, tandis qu'elle valoriserait l'expression, l'ouverture et la communication sociale chez les filles.

Broverman et coll. (1972) rapportent que lorsque des adultes sont amenés à classer des qualificatifs selon qu'ils sont en association avec le féminin ou plutôt avec le masculin, ils rattachent à la femme des qualités comme : *sensible, chaleureuse, expressive, gentille, posée, etc.,* alors qu'ils rattachent à l'homme des qualificatifs comme : *dominant, compétitif, indépendant, objectif, ambitieux, etc.* Les auteurs soulignent que la valeur sociale accordée à ces traits favorise assez nettement les hommes et que les femmes elles-mêmes, à l'âge adulte, ont tendance à valoriser davantage les caractéristiques masculines comparativement aux caractéristiques féminines, les premières étant plus souvent associées à la réussite personnelle et au pouvoir. Dans ce contexte les filles se trouvent handicapées puisque, si d'une part elles choisissent le modèle féminin d'identification elles ne sont pas valorisées socialement, et si d'autre part elles choisissent le modèle de réussites sociales elles s'éloignent de la féminité. C'est le phénomène du « double bind » associé à l'identification féminine (Perry et coll., 1984).

LES FACTEURS D'ADAPTATION DE LA RELATION PARENT-ENFANT

Les familles fortes

Face aux divers défis du développement que doit relever la famille qui compte des enfants, peut-on identifier des facteurs favorables à la réussite, à l'adaptation ? On sait par exemple qu'un handicap physique ou mental chez un enfant, une séparation ou un divorce, la perte d'un emploi constituent des événements significativement stressants dans l'évolution de la famille. Certains auteurs se sont par ailleurs employés à identifier des caractéristiques se retrouvant davantage dans les familles qui réussissent à surmonter les obstacles.

Stinnet et Sauer (1977) proposent une série de caractéristiques plus typiquement rencontrées dans les familles fortes, c'est-à-dire celles qui surmontent avec succès les problèmes qui surgissent. On notera qu'il s'agit de caractéristiques relationnelles excluant les considérations socio-économiques si souvent associées à l'équilibre de la famille par la recherche, les familles pauvres économiquement ayant à surmonter toute une série de contraintes existentielles multipliant les facteurs de stress (Cloutier, 1985). Le tableau 2 présente la liste des caractéristiques formulées par Stinnet et coll. (1977).

Tableau 2
Caractéristiques relationnelles des familles fortes selon Stinnet et Sauer (1977)[1].

— Les membres de la famille renforcent leur image mutuelle en se complimentant et en se remerciant réciproquement.

— Les parents renforcent leurs enfants, passent du temps avec eux, participent à leurs activités et manifestent un intérêt général à leur égard.

— L'ensemble des membres de la famille manifeste une bonne communication interpersonnelle.

— Les conflits sont abordés par la discussion et l'identification commune des causes des problèmes et des solutions possibles.

— La famille, en tant que groupe, passe beaucoup de temps ensemble et participe à des activités communes.

— La gestion de la vie familiale se caractérise par : a) la planification commune des activités collectives ; b) la réduction des activités non nécessaires ; c) la valorisation prioritaire des choses de la famille par rapport à d'autres types de préoccupations.

---

1. Élaboré à partir de Stinnet, N. et Sauer, K.H. Relationship characteristics of strong families. *Family Perspectives,* 1977, *II,* 3-11.

Il ressort clairement de ce tableau qu'une communication interpersonnelle réussie est essentielle à la « force » familiale. Autant la résolution des conflits que la réussite des activités collectives requiert une communication adaptée. Or, la communication parent-enfant et parent-parent est l'une des dimensions les plus immédiatement affectée par les difficultés familiales, alors qu'il
s'agit précisément d'une ressource-clé dans l'affrontement des obstacles. Les
périodes difficiles de la vie familiale semblent générer plus facilement une
coupure dans la communication qu'un resserrement des liens. La communication aide à surmonter les problèmes mais ces derniers nuisent à la première.
Par ailleurs, il semble probable que lors de situations de crise, plus tôt la famille
interviendra ouvertement dans le processus, plus ses chances de surmonter
ses difficultés seront bonnes.

On assiste donc à une sorte de circularité où une bonne communication
dans la famille (ouverture, clarté, respect et coopération mutuels) favorise la
consolidation des liens et en retour, des liens forts maintiennent la qualité
de la communication lors d'épreuves. Au contraire, une famille dont l'interaction des membres est déficiente évoluera plus difficilement, accumulant les
échecs au cours des confrontations qu'elle doit assumer, ce qui, en retour,
affaiblit ses liens et abaisse la qualité de sa communication.

Les ingrédients de base de la qualité interactive

Selon Collins (1984) la recherche des dernières années indique clairement
que l'ingrédient de base de la qualité de l'interaction parent-enfant est *la sensibilité parentale à l'égard de l'enfant*. Il s'agit de cette réactivité témoignant
de la vigilance dans la relation, par opposition à la coupure, la « déconnec-
tion », l'insensibilité.

Cette sensibilité parentale s'actualiserait d'une part à travers la *contingence*
des réactions parentales aux actions de l'enfant et d'autre part, en fonction
du caractère explicite des demandes faites à l'enfant. Ainsi, la famille qui constitue un bon environnement de développement est celle dont les parents sont
attentifs à l'enfant, réagissent *en synchronisme* avec sa conduite, permettant
ainsi à la jeune personne d'intérioriser des limites et des valeurs comporte-
mentales à partir de *messages clairs et explicites*. Au contraire, le parent peu
sensible à ce que vit l'enfant, dont les réactions ne sont pas coordonnées avec
la conduite de l'enfant et dont les attentes, consignes et limites ne sont pas
explicitement définies, ne permet pas à l'enfant de relier ce qu'il fait à ce qui
lui arrive, ni de comprendre le pourquoi des demandes qu'on lui adresse.

Après avoir passé en revue la documentation sur les effets des pratiques
parentales sur le développement de l'enfant, Perry et coll. (1984) identifient
huit principes d'adaptation utiles aux parents dans leur rôle éducatif auprès
des enfants. Premièrement, les parents devraient maintenir une atmosphère
chaleureuse et de support mutuel entre les membres de la famille. Un tel cli-

mat favoriserait l'établissement de liens plus significatifs entre l'enfant et les autres membres de la famille, créerait chez lui une meilleure ouverture à l'égard des acquisitions qu'on lui propose et une moins grande probabilité de comportements déviants.

Deuxièmement, les parents devraient concentrer leurs efforts sur la promotion de conduites désirables plutôt que sur l'élimination des comportements indésirables. Cet objectif implique que le parent ait bien identifié les valeurs et les buts qu'il privilégie pour l'enfant et qu'il soit clair, constant et tenace dans ses demandes et les récompenses offertes en vue de l'atteinte de ces buts explicitement proposés à l'enfant. Troisièmement, Perry et coll. (1984) observent que les données de la recherche appuient la valeur adaptative de la fermeté dans les demandes parentales visant à susciter des conduites désirables ou à éliminer des conduites indésirables. Le fait de ne pas soutenir une demande lorsque l'enfant l'ignore ou la conteste ne serait pas favorable à l'intériorisation de limites et de références stables pour l'enfant. Quatrièmement, les auteurs mentionnent que les parents doivent éviter l'utilisation de leur pouvoir ou de la punition dans le contrôle de l'enfant lorsque cela n'est pas nécessaire et plutôt de favoriser par des explications des orientations appropriées chez l'enfant. La coercition et les punitions physiques apparaissent ici comme des derniers recours qu'il n'est certes pas approprié d'utiliser comme technique régulière de contrôle de l'enfant.

Cinquièmement, dans la même veine que le principe précédent, les adultes devraient fournir à l'enfant des justifications de leurs volontés, de façon à lui permettre de saisir les liens de causalité reliant les demandes aux motifs qui les appuient. Le point de vue de l'enfant devrait être écouté et, le cas échéant, il devrait pouvoir remettre en question les vues parentales. Cette approche « objective » plutôt « qu'arbitraire » débouche sur le sixième principe voulant que le parent devrait permettre à l'enfant de développer la conviction qu'il possède du pouvoir sur ce qui lui arrive, qu'il peut contrôler son environnement lorsque ses stratégies sont appropriées. Ce sentiment de compétence apparaît comme un pilier dans le processus réussi de socialisation.

Septièmement, la consistance des parents dans leurs pratiques de contrôle, semble être une qualité nécessaire afin que l'enfant apprenne à prévoir et à contrôler les conséquences de ses actes et à développer un sentiment de confiance à l'égard des règles ou valeurs qu'on lui propose. Bon nombre d'études ont montré que l'absence d'une telle consistance dans l'encouragement comme le découragement des conduites augmente significativement la probabilité de comportements déviants chez l'enfant. Enfin, huitièmement, le parent devrait lui-même appliquer les principes qu'il soutient dans sa relation avec l'enfant en étant conscient de la puissance que sa propre conduite possède en tant que modèle pour l'enfant.

Ces huit éléments, souvent considérés comme les bases d'une interaction de qualité entre enfant et parent, sont reliés les uns aux autres et contribuent aux deux facteurs communs proposés par Collins (1984) : la sensibilité à l'autre et la clarté dans la communication.

Conclusion

À partir de cet examen sommaire du cycle de la relation parent-enfant, nous pouvons formuler les observations suivantes en guise de conclusion :

1) Nos connaissances sont surtout basées sur le lien mère-enfant, la mère demeurant le « parent principal » dans notre famille occidentale. Cependant, l'évolution des rôles sexuels a entraîné une implication de plus en plus active du père auprès des enfants. Cette implication du père semble contribuer très positivement à la santé de la famille non seulement au niveau du partage des tâches parentales à accomplir mais aussi par rapport à l'ensemble du processus de socialisation des jeunes, là où l'ouverture et la communication parentale à l'égard de l'enfant sont cruciales.

2) La relation parent-enfant est maintenant reconnue comme un processus bi-directionnel où non seulement le parent mais aussi l'enfant, même très jeune, possède le pouvoir d'influencer la relation. Chacun des membres de cette dyade façonne la relation par ce qu'il est physiquement, et psychologiquement. Ainsi, l'expérience du parent dans sa propre enfance influence ses conduites parentales. Ce bagage historique interfère par ailleurs avec des facteurs comme la santé physique de l'enfant, ou son tempérament, dans le contexte systémique de la famille (nombre de personnes, histoire, ressources, etc.).

3) La transmission de caractéristiques psychologiques d'une génération à l'autre existe vraiment mais elle touche davantage les valeurs et attitudes larges que les comportements et pratiques spécifiques. De plus la transmission intergénérationnelle est conditionnée par la force des liens unissant la famille.

4) Les travaux sur l'attachement soulignent l'importance du lien précoce entre parent et enfant. Les premières habitudes relationnelles peuvent avoir un effet durable parce qu'elles servent de prototypes dans l'évolution des rapports mutuels ultérieurs.

5) Dans le cycle de vie, l'évolution touche le rôle de parent comme celui de l'enfant et l'équilibre relationnel de la dyade requiert des ajustements réciproques constants. Par exemple, le « langage bébé » du parent stimule le nourisson mais sous-estime le bambin ; à l'adolescence, le parent doit déléguer, au fur et à mesure des capacités de la jeune personne, le rôle d'assumer son autonomie. Dans ce domaine des rôles mutuels, la notion de « remise en question » n'est pas synonyme d'instabilité mais plutôt d'équilibre relationnel.

6) Chez les parents les notions de « sensibilité à l'enfant », de « clarté des messages » et de « contingence des réactions » constituent des caractéristiques constamment associées à un développement harmonieux de l'enfant parce qu'elles lui permettent de comprendre et de prévoir son environnement et de

cette façon, d'acquérir un sentiment de compétence personnelle. Au niveau de la famille, le maintien d'une bonne communication interpersonnelle et le respect mutuel, même en situation de crise, caractérisent les milieux forts tandis que l'isolement et la méfiance interpersonnels sont plus fréquents dans les familles à risque.

7) Enfin la relation parent-enfant pose plusieurs défis méthodologiques au chercheur car il s'agit d'un phénomène multidimentionnel, étalé dans le temps (historique et évolutif) et sensible à une foule de facteurs contextuels et socio-culturels. Les recherches qui abordent ce type de réalité sans réductionnisme demeurent rares. Cependant, au cours des dernières années, on a pu constater une meilleure reconnaissance de l'importance psycho-sociale de la relation parent-enfant et des approches plus respectueuses de sa complexité. Si les études longitudinales menées auprès de populations représentatives avec des instruments fiables font encore défaut, la volonté de mieux comprendre le cycle de la relation parent-enfant semble bien présente maintenant.

BIBLIOGRAPHIE

Ainsworth, M.D.S. The development of infant-mother attachment. Dans B.M. Caldwell et H.N. Riccuiti (editor). *Review of Child Development Research,* (Vol. 3), Chicago : Chicago University Press, 1973.

Ainsworth, M.D.S. Infant-mother attachment. *American Psychologist,* 1979, *34,* 932-937.

Bell, R.Q. Parent, child and reciprocal influences. *American Psychologist,* 1979, *34* (10), 821-826.

Belsky, J. Early human experience : A family perspective. *Developmental Psychology,* 1981, 17(1), 3-23.

Bem, S.L. Gender schema theory : A cognitive account of sex typing. *Psychological Review,* 1981, *88,* 354-364.

Bengtson, V.L. et Cutler, N. Generations and intergenerational relations : Perspectives on age groups and social change. Dans R. Binstock et E. Shana (éditeurs) *Handbook of aging and the social sciences.* New York, Van Nostran Reinold, 1976.

Bolton, F.G. Jr. *When bonding fails, clinical assessment of high-risk families,* Beverly Hills, Sage Publications, 1983.

Bradet, S., Cloutier, R., Fortier, F. et Thériault, B. L'évolution de l'interaction parent-adolescent en fonction du genre. Rapport de recherche non publié, École de Psychologie, Université Laval, Université Laval, Québec, 1985.

Broverman, I.K., Vogel, S.R., Broverman, D.M., Clarkson, F.E. et Rosenkrantz, P.S. Sex role stereotypes : A current appraisal. *Journal of special issues,* 1972, *28,* 59, 78.

Clarke-Stewart, K.A. And daddy makes three : The father's impact on mother and young child. *Child Development,* 1978, *49,* 466-478.

Cloutier, R. *Psychologie de l'adolescence.* Chicoutimi, G. Morin, 1982.

Cloutier, R. Évolution de la communication parents-adolescents. Projet de recherche. Québec, École de Psychologie, Université Laval, 1984.

Cloutier, R. L'expérience de l'enfant dans sa famille et son adaptation future. *Apprentissage et Socialisation,* Décembre 1985.

Collins, W.A. Commentary : Family interaction and child development. Dans M. Perlmuter (éditeur), *Parent-Child Interaction and Parent-Child Relations in Child Development,* The Minnesota Symposia on Child Psychology, Vol. 17, Hillsdale, New Jersey, Lawrence Erlbaum, 1984.

De Turk, M.A. et Miner, G.B. Adolescent perceptions of parental persuasive message strategies. *Journal of Marriage and the Family,* 1983, Vol. 45, n° 3, pp. 543-52.

Duvall, E.G. *Family Development,* (4e édition) Philadelphie, Lippincott, 1971.

Elder, G.H. Jr. Families, Kin, and the life course : A sociological perspective. Dans R.D. Parke (éditeur), *Review of Child Development Research, Vol. 7, The Family,* Chicago, University of Chicago Press, 1984.

Galinsky, E. *Between Generations : The six stages of parenthood.* New York : Times Books, 1980.

Gauthier, D. L'effet de la structure familiale sur l'interaction parents-adolescent-e-s telle que perçue par l'adolescent-e. Thèse de maîtrise non publiée, Québec, Université Laval, École de Psychologie, 1984.

Gorski, P.A., Davison, M.F. et Brazelton, T.B. Stages of behavioral organization in the high-risk neonate : Theoretical and clinical considerations. Dans P.M. Taylor (éditeur), *Parent-Infant Relationships.* New York, Grune & Stratton, 1980.

Grey, J., Cutler, C., Dean, J. et Kempe, C.H. Perinatal assessment of mother-baby interaction. Dans R.E. Helfer et C.H. Kempe (éditeurs). *Child Abuse and Neglect : The family and community.* Cambridge, Mass., Ballinger, 1976.

Hagestad, G.O. The continuous bond : A dynamic, multigenerational perspective on parent-child relations between adults. Dans M. Perlmuter (éditeur), *Parent-Child Interaction and Parent-Child Relations in Child Development,* The Minnesota Symposia on Child Psychology, Vol. 17, Hillsdale, New Jersey, Lawrence Erlbaum Ass., 1984.

Holmes, T.H. et Rahe, R.H. The social readjustment scale. *Journal of Psychosomatic Research,* 1967, *11,* 213-318.

Johnson, M.M. Fathers, mothers, and sex typing. Dans E.M. Hetherington et R.D. Parke (éditeur), *Contemporary readings in child psychology.* New York, McGraw Hill, 1977.

Klauss, M.H. et Kennell, J.H. *Maternal-infant bonding,* St-Louis, C.V. Mosby, 1976.

Laosa, L.M. Maternal behavior : Sociocultural diversity in modes of family interaction. Dans R.W. Henderson (éditeur). *Parent-Child Interaction, Theory, Research, and Prospects,* New York, Academic Press, 1981.

Leboyer, F. *Pour une naissance sans douleur,* Paris, Seuil, 1976.

Parker, R.D. Perspectives on father-infant interaction. Dans J.D. Osofsky (éditeur), *Handbook of infancy,* New York, Wiley, 1978.

Levinson, D.J. A conception of Adult Development, *American Psychologist,* 1986, Vol. 41, n° 1, pp 3-13.

Parker, S. et Parker, H. Fathers and daughters : The broken bond. *Psychology Today,* Mars 1985, p. 10.

Perry, D.G. et Bussey, K. *Social Development* Englewood Cliffs, New Jersey, Prentice-Hall, 1984.

Plath, D.W. Contours of consociation : Lessons from a Japanese narrative. Dans P. Baltes et O. Brim, Jr., (éditeurs), *Life-span development and behavior* (Vol. 3), New York, Academic Press, 1980.

Smith, T.T. Adolescent reactions to attempted parental control and influence techniques. *Journal of Marriage and the Family,* 1983, Vol. 45, n° 3, pp. 533-542.

Spanier, G.B., Lewis, R.A. et Coles, C.L. Marital adjustment over the family life cycle : The issue of curvilinearity. *Journal of Marriage and the Family*, 1975, *37*, 263-

Steele, B.F. *Working with abusive parents from a psychiatric point of view*, Washington, D.C. : Government Printing Office, 1975. (DHEW Publication n° OHD-75-70).

Stinnet, N. et Sauer, K.H. Relationship characteristics of strong families. *Family Perspectives*, 1977, *11*, 3-11.

Tétreault, L. Étude de la communication parents-adolescent-e par perception réciproque. Thèse de maîtrise non publiée, École de Psychologie, Université Laval, Québec, 1985.

Troll, L.E. et Bengtson, V. Generations in the family. Dans W. Burr, G. Nye, R. Hill et I. Riess (éditeurs), *Contgemporary theories about the family*, (Vol. 1), New York : Free Press, 1979.

Troll, L.E. et Bengtson, V. Intergenerational Relations throughout the life-span. Dans B.B. Wolman (éditeur), *Handbook of Developmental Psychology*, Englewood Cliffs, New Jersey, Prentice-Hall, 1982.

Water, E., Wippman, J. et Sroufe, L.A. Attachment, positive, affect, and competence in the peer group : Two studies in construct validation. *Child Development*, 1979, *50*, 821-829.

Wilson, E.O. *Sociobiology*, Cambridge, Mass., Harvard University Press, 1975.

3.3

Les réorganisations familiales à la suite d'un divorce: la place de l'enfant

SUZANNE BARRY

INTRODUCTION

Le divorce et la séparation constituent des « crises » dans la vie adulte d'un nombre grandissant d'individus. En effet, plus d'une famille sur trois aura à envisager cette éventualité au cours de sa vie.

Si les adultes déclenchent eux-mêmes le processus de séparation ou de divorce, les enfants y occupent une place prépondérante puisque même si la relation conjugale prend fin, la relation parent-enfant est maintenue. Elle va cependant subir des modifications importantes autant en fonction du processus de règlement du conflit que par les décisions qui seront prises concernant les modalités du contact parent-enfant.

Le présent chapitre aborde la question de la séparation et du divorce en présentant certains aspects épidémiologiques du phénomène ainsi que le processus traditionnel de résolution de cette crise et de ses effets sur les individus impliqués. Par ailleurs, le divorce y sera envisagé comme un problème de système familial à l'intérieur duquel on s'interroge sur le pertinence de l'implication de l'enfant, dans ce processus où il est concerné au plus haut point.

La famille en changement

Le divorce et la séparation constituent probablement l'un des phénomènes les plus importants de la véritable révolution fonctionnelle qu'a connue la famille au cours des dernières décennies.

Plusieurs indices témoignent au Québec, des mutations importantes de la structure de la famille nucléaire traditionnelle composée d'un couple « uni pour la vie », et de leurs plus ou moins nombreux enfants. Le déclin significatif du taux de mariage des femmes, la baisse importante des taux de natalité avec une moyenne de 1,45 enfant par famille en 1983 comparativement à 3,8 en 1961, manifestent bien une certaine « résistance » à l'égard de l'institution du mariage et traduit l'émergence de modèles plus souples d'union entre homme et femme et même entre personnes de même sexe (Cloutier, 1985).

L'augmentation très importante des taux de séparation et de divorce introduit par ailleurs, parallèlement au modèle traditionnel de la famille nucléaire, des modèles de familles mono-parentales matricentriques et patricentriques et des modèles de familles « reconstituées » dont l'impact touchera une partie de plus en plus importante de la population.

LES STATISTIQUES DU DIVORCE

Épidémiologie

La loi canadienne sur le divorce est une loi récente ; en effet, ce n'est que depuis 1968 qu'elle est en vigueur. Les taux de divorce au Québec ont donc connu, au cours des années 70 une hausse vertigineuse passant de 8 divorces pour 100 mariages en 1960 à 36 divorces pour cent mariages en 1975, attribuables en partie à l'effet de la nouvelle loi.

Cependant, malgré une stabilisation de ces taux depuis le début des années 80, les statistiques actuelles de démographie sociale permettent de prévoir qu'au moins une famille sur trois fondée durant les années 1980, donnera lieu à une séparation ou un divorce (Gauthier et coll., 1982). Si l'on considère que dans plus de 60% des cas actuellement, il s'agit de familles avec des enfants, c'est plus de 20 000 d'entre eux qui sont annuellement touchés par la séparation ou le divorce de leurs parents au Québec.

La tendance québécoise en matière de séparation et de divorce reflète assez fidèlement celle de la majorité des pays industrialisés, notamment les États-Unis, c'est pourquoi il est légitime de considérer les divers indices que nous livrent les nombreux travaux américains sur le sujet.

Depuis une dizaine d'années, les conditions de vie des enfants dans leur famille ont connu des changements importants. En 1970, 85% des enfants de moins de 18 ans vivaient dans des familles bi-parentales alors qu'en 1982, ce pourcentage avait chuté à 75%. Parallèlement, et pour la même période, le pourcentage d'enfants vivant en famille monoparentale a presque doublé, passant de 12% à 22%. Même si l'on a connu durant cette période, une hausse des naissances hors mariage, la croissance est principalement attribuable à la hausse des séparations et des divorces.

On observe également, dans plusieurs pays, une hausse de divorce au sein des familles avec enfants. La relation entre le nombre d'enfants dans la famille et la probabilité d'un divorce s'exprimerait graphiquement par un demi-cercle, si les familles d'un ou deux enfants sont plus stables que les familles sans enfant, l'accroissement du nombre d'enfants au-delà de 2 est associé à un risque croissant de séparation (Fergusson, Horwood et Shannon, 1984).

D'autre part, les statistiques américaines font état d'une augmentation des taux de remariage suivant le divorce si bien que 5 hommes divorcés sur 6 et 3 femmes divorcées sur 4 contracteront un deuxième mariage. Cette nouvelle union se produit après une moyenne de 3 ans de vie monoparentale et pour près de 40% des familles ainsi « reconstituées », elle est suivie d'un nouveau divorce en deçà de 10 ans (Hetherington et Camara, 1984).

C'est dire que pour un nombre important d'enfants, le divorce de leurs parents entraîne une série de changements qui nécessiteront des adaptations successives importantes. On estime que l'ampleur du phénomène est tel que ces situations deviendront de plus en plus fréquentes, et elles constituent des situations génératrices de stress important.

Tous les enfants ne sont toutefois pas touchés par ces statistiques. En effet, les taux de rupture conjugale semblent varier en fonction de facteurs reliés à la formation de la famille et à sa situation sociale. Dans un effort d'identification des facteurs de risque, Fergusson et coll. (1984) ont identifié des caractéristiques familiales qui, toutes présentes, donnent une possibilité de 99% pour que l'enfant de cette famille vive une séparation. Ces caractéristiques sont : une union de fait des parents plutôt qu'une union légale, le jeune âge des parents lors du mariage, la conception de l'enfant préalablement à l'union, des naissances non planifiées et nombreuses, une faible scolarisation des parents et l'absence de pratique religieuse de la mère.

À l'inverse, l'absence de ces paramètres permet de prévoir une probabilité de 1% pour qu'un enfant ait à vivre la séparation parentale.

Malgré une stabilisation de la croissance des taux de séparation et de divorce perceptible depuis le début des années 1980, qui soulève l'hypothèse que les tendances observées depuis 1960 ne se poursuivront pas avec autant d'intensité au cours de la décennie 1980-90 (Bernard, 1983), la complexité et l'importance des phénomènes mis en cause dans la famille par la séparation et le divorce, nécessitent une compréhension des processus actuels de divorce et de ses effets, de même que la mise en place de nouveaux modèles de réorganisation familiale.

LE PROCESSUS « TRADITIONNEL » DE DIVORCE

Sans avoir la prétention de décrire de façon exhaustive et détaillée le processus de divorce actuellement en vigueur au Québec, nous tenterons de dresser un « portrait robot » typique du cheminement dans lequel devra s'engager une famille, à la suite d'une décision des conjoints d'en venir à une séparation ou à un divorce officiel.

Le divorce : un problème de couple

Le divorce est une procédure civile dont les principaux acteurs seront, une fois le processus amorcé, les avocats représentant les parties, soit les parents, et le juge. La récente réforme du droit civil au Québec autorise cependant qu'un avocat soit nommé pour représenter les intérêts des enfants lors du divorce de leurs parents, mais c'est au juge que revient la décision quant à la pertinence de cette représentation et un début de preuve doit être présenté par les procureurs des parents avant que cette décision ne soit prise.

Dans la très grande majorité des cas, le divorce est donc essentiellement envisagé comme un problème de couple au sein duquel la garde des enfants devient un élément à régler tout comme le partage des biens. Il s'agit d'une sorte de « contrat de démariage » qui sera négocié par le biais d'un processus adversarial au cours duquel chaque conjoint sera représenté par un procureur défendant les intérêts de son client « envers et contre tous », dans le but de « gagner sa cause ».

Pour un couple, la décision de divorcer est l'aboutissement d'un long processus de détérioration qui s'étend sur une période de plusieurs mois, voire des années, et précédée de conflits ouverts et de violence psychologique aussi bien que physique et ce, même chez des individus qui possèdent par ailleurs d'excellentes capacités parentales (Hetherington et coll., 1984 ; Wallerstein et Kelly, 1980). Le règlement qui s'effectue par le système judiciaire adversarial, loin d'atténuer ce conflit, l'intensifie la plupart du temps puisque tout au long du processus, chaque procureur accumule des éléments pour faire valoir son point de vue aux dépens de celui du conjoint. De plus, dans l'état actuel des choses, en dépit des nombreuses demandes pour que soit modifiée la présente loi, il est nécessaire pour obtenir un divorce d'invoquer une « faute » du conjoint, à moins que ceux-ci n'attendent que soit écoulée la période de non-cohabitation. Cette période sera d'un an, selon le projet de loi déposé en chambre à l'automne 85. Non seulement cette « faute » influence les décisions concernant la garde des enfants et les dispositions quant aux droits de visites et de sorties, elle oblige en outre les conjoints à faire état d'éléments de leur vie personnelle, bien au-delà de ce qu'ils auraient eux-mêmes souhaité, puisqu'au moment des interrogatoires, ils sont « entre les mains » des procureurs.

Un processus de confrontation

Le processus de règlement par la confrontation oblige également les parties à faire des demandes inflationnistes. Plusieurs éléments composent le litige et ils sont souvent intimement liés (la maison, les biens, les enfants, le spectre d'une pension alimentaire), et même les points d'entente préalables sont remis en question dans le but de constituer de part et d'autre des positions extrêmes qui permettront de « perdre » le moins possible. Il n'est donc pas rare de voir chacune des parties demander la garde exclusive des enfants avec l'octroi d'une pension alimentaire substantielle, en gonflant ses besoins puisque l'on sait d'avance que ces demandes seront « coupées » au moment de la décision.

Il est certain que l'évolution de la pratique du droit matrimonial a permis aux avocats de développer des compétences spécifiques dans ce domaine et que plusieurs professionnels tenteront des négociations auprès de leur client et du procureur de l'autre conjoint, mais la pratique du divorce ne leur est pas exclusive et un avocat de pratique matrimoniale peut tout aussi bien avoir à faire face à un criminaliste, mandaté par un conjoint déterminé à poursuivre le « combat » jusqu'au bout.

La garde de l'enfant : son « meilleur intérêt »

Si aucune entente ne survient au sein du couple par l'entremise de leurs procureurs, c'est à un juge de la Cour Supérieure que seront présentés les éléments du conflit. En matière de garde d'enfant, c'est le « meilleur intérêt de l'enfant » qui prévaut dans les décisions qui seront prises. Il appartient donc aux procureurs de démontrer, au moment du procès, par leur interrogatoire et contre-interrogatoire, que le meilleur intérêt de l'enfant se situe du côté de leur client. Les avocats peuvent à ce moment faire entendre les enfants, mais fort heureusement cette pratique est rare. Le juge peut cependant entendre, « ex parte » et sans notes sténographiques, les enfants impliqués, si les parties donnent leur accord. Il peut, en vertu des nouvelles dispositions du code civil, décider de nommer un procureur aux enfants, chargé de faire valoir leur meilleur intérêt et finalement, il peut demander qu'une expertise psycho-sociale soit menée par un service rattaché à la Cour. Cette expertise, consentie par chacun des parents, sera faite par un professionnel des sciences humaines (psychologue, travailleur social) qui, après avoir rencontré tous les membres de la famille, proposera au juge des recommandations concernant la garde et les droits de visite et de sortie des enfants. Cette recommandation ne lie cependant en rien la décision du juge et elle ne nécessite pas non plus l'accord des parents quant aux recommandations proposées.

La décision concernant la garde des enfants aussi bien que toutes les autres mesures accessoires appartient au juge. C'est une décision finale qui oblige les parties. C'est également une décision « ponctuelle », c'est-à-dire qu'elle pose des conditions statiques en vertu de la situation actuelle qui, si les ex-conjoints ne voient pas leur entente s'améliorer, demeureront inchangées à moins que l'un des deux n'entreprenne à nouveau d'autres procédures légales suivant le même processus, pour que des modifications soient apportées aux mesures prévues.

Un exemple de processus traditionnel de divorce

Un exemple concret permettra d'illustrer ce processus traditionnel de divorce dans lequel s'engagent bon nombre de familles au moment de leur divorce.

Joseph et Marie sont mariés depuis 5 ans, ils ont une petite fille de 2 ans. Bien que la détérioration de leur relation soit également ressentie par chacun d'entre eux, c'est Marie qui a pris l'initiative de la demande de divorce par l'entremise d'un avocat, réclamant la garde de sa fille et une pension alimentaire pour elle et l'enfant.

Joseph, qui ne désire pas cette séparation, réclame lui aussi la garde de sa fille et une pension alimentaire. Il confie sa cause à un criminaliste, déterminé à aller jusqu'au bout. Leurs positions sont irréconciliables et ils se retrouvent au tribunal. À la barre, Marie, sous le feu des questions de son procureur est amenée à parler des relations homosexuelles de son ex-conjoint dont elle reconnaît par ailleurs les compétences parentales. Joseph de son côté, fait état de l'instabilité émotionnelle de Marie et amène en preuve, des consultations psychiatriques. À la lueur des éléments apportés et après une expertise psychosociale, le juge décide d'accorder la garde de l'enfant à Joseph qui devra cependant verser une pension alimentaire à son ex-épouse. Il précise également pour Marie des modalités de contact avec sa fille, qui sont établies en fonction notamment des besoins d'une jeune enfant, soit de 4 heures à 6 heures, 2 jours par semaine, et le samedi de 9 heures à 5 heures. Ce sont des modalités que Marie et Joseph devront appliquer, et parce que les procédures ont intensifié le conflit qui les animait déjà, en faisant surgir notamment des éléments qu'eux-mêmes ne désiraient pas voir apportés, les relations qui s'établissent entre eux à la suite du procès demeurent conflictuelles. La communication est pratiquement impossible et leur insatisfaction quant à leurs méthodes éducatives réciproques s'intensifient. D'autant plus qu'après 6 ans de séparation, les modalités de contact mère-fille, prévues lors du jugement initial, ne sont plus adaptées aux besoins d'une petite fille de 8 ans qui va maintenant à l'école jusqu'à 4 heures, et qui ne peut passer une fin de semaine complète avec sa mère.

Marie décide donc de retourner en Cour pour réclamer un changement quant à la garde de sa fille, un nouveau processus accusatoire s'amorce qui risque fort d'intensifier un conflit dont l'enfant assumera les conséquences.

Bien qu'il s'agisse là d'un cas particulier, il est loin d'être un cas unique, aussi bien dans sa structure d'escalade des conflits que du point de vue du règlement, où chacun sort perdant et soumis à l'application d'un jugement vite désuet en fonction des besoins mêmes de l'enfant en évolution, et dont le seul mode de rétro-action demeure un nouveau processus adversarial. Comment, dans ces conditions, s'étonner des effets négatifs du divorce pour les enfants ?

LES EFFETS DU DIVORCE

Les études sur les effets du divorce sont abondantes. Elles s'appuient sur de nombreuses recherches dont certaines ont un caractère longitudinal.

Les réactions des parents et des enfants

Pour la famille, le divorce représente une crise à laquelle elle doit s'ajuster, en traversant tout d'abord une phase de désorganisation par rapport à l'ancien équilibre, suivie d'une période d'ajustement puis de réorganisation (Hetherington et coll., 1984). Cette crise s'accompagne d'un stress important pour tous les membres de la famille, stress qui peut provoquer des difficultés physiologiques, psychologiques et de comportement marquées (Hetherington, Cox et Cox, 1982 ; Kurdek, 1981 ; Wallerstein et coll., 1980).

Pour les adultes, les parents, le divorce provoque le déchaînement d'émotions puissantes et ce, autant chez le conjoint qui ne désirait pas la séparation que chez celui qui l'a demandée. Il semble en effet que le divorce émotionnel se produise longtemps après le divorce légal, et que les sentiments d'ambivalence, de dépression, d'agressivité et de jalousie soient longtemps omniprésents et persistants (Hetherington et coll., 1984). Les symptômes accompagnant généralement le divorce chez les adultes comprennent à la fois des troubles du sommeil et de l'alimentation, une mauvaise santé, des états dépressifs, des dysfonctionnements sexuels, l'abus des drogues et de l'alcool (Hetherington et coll., 1984).

Du côté des enfants, le divorce des parents génère également un stress important, tout d'abord parce qu'il s'agit d'une décision avec laquelle ils sont presque toujours en désaccord (Barry, en prép.). La plupart des enfants présentent donc durant la période qui suit la séparation de leurs parents, une série de difficultés en fonction notamment de leur stade de développement. Ainsi les groupes d'âge les plus sensibles aux difficultés relatives au divorce de leurs parents sont les jeunes enfants (2-5 ans) et les adolescents (Wallerstein et coll., 1980). On remarque de plus des différences liées au genre ; les garçons présentent toujours plus de difficultés que les filles et leur réadaptation est plus lente. Cependant il semble que chez les filles, les effets du divorce ressurgissent au moment de l'adolescence alors qu'elles entament leur vie amoureuse.

Les difficultés des enfants se manifestent par de la colère, des états dépressifs, la présence de peurs diverses et des fantaisies de réconciliation (Wallerstein et coll., 1980). Au niveau du comportement, les enfants qui vivent un divorce, et davantage les garçons que les filles, sont plus désobéissants, moins affectueux et souvent impliqués dans des conflits avec leurs pairs, autant dans leur milieu familial que scolaire (Hetherington et coll., 1982 ; 1984).

Les facteurs de médiation des effets

Cependant la plupart des recherches mettent clairement en évidence ce fait que, les effets négatifs du divorce sont davantage liés au fonctionnement familial qu'à la structure même de la famille, si bien qu'il est possible d'identifier une série de facteurs de médiation des effets du divorce, soient : la *quantité de conflits* marquant la transition familiale, la *perte de contact* qui en résulte entre certains membres et les *changements de rôle et d'attitude* dans la famille (Hetherington et coll., 1984).

La grande majorité des divorces s'accompagne de conflits importants dans la famille, et de façon générale, il semble que ce soit la présence de ces conflits, beaucoup plus que l'absence de l'un des parents, qui déclenche des problèmes de comportement chez l'enfant, puisque le décès d'un parent ne donne pas lieu à ces comportements (Hetherington et coll., 1984).

Pour la plupart des enfants, le divorce représente la perte d'un parent, dans la majorité des cas, le père. En effet, même si la relation père-enfant avant le divorce était bonne, elle n'est en rien un prédicteur valable du maintien de ce contact après la séparation, et il semble que deux ans après la séparation, un nombre important d'enfants restés avec leur mère ne voient que très rarement ou plus du tout leur père (Hetherington et coll.).

Or, le maintien de contacts réguliers et fréquents avec le parent qui n'a pas la garde semble permettre une meilleure adaptation de l'enfant, notamment du garçon, lui-même plus affecté que la fille par le départ du père (Hetherington et coll., 1982).

La séparation des parents provoque également une modification dans les relations parents-enfants. Au moment du divorce, on observe généralement une baisse des capacités parentales (Wallerstein et coll., 1980). Les pères, lorsque présents, sont souvent des « Père Noël » visiteurs et plus permissifs alors que les mères, devenues chef de famille, aux prises avec un surplus de stress et une diminution de ressources, augmentent leurs conduites coercitives de contrôle, surtout à l'égard des enfants plus jeunes et des garçons, ce qui produit souvent un cercle coercitif difficile à enrayer (Patterson, 1982). Les mères récemment divorcées ont également tendance à faire des demandes moins adultes aux enfants, et à leur exprimer moins d'affection tout en recherchant un certain support en remplacement du père absent (Hetherington et coll., 1982 ; Kurdek, 1981).

Les enfants de leur côté, sont appelés à prendre des responsabilités familiales accrues, et ont tendance à percevoir plus de contraintes dans leur milieu familial, notamment au niveau économique (Gauthier et Cloutier, en prép.).

La réponse négative des enfants au divorce de leurs parents est particulièrement aiguë au moment de la séparation, et davantage chez les garçons que chez les filles, mais leur adaptation générale connaît une amélioration sensible au cours des deux années subséquentes, surtout si les conflits entre les ex-conjoints s'amenuisent, si le parent qui a la garde conserve un bon niveau d'adaptation, et si les contacts avec le parent absent sont réguliers, fréquents et positifs (Hess et Camara, 1979 ; Hetherington et coll., 1984 ; Wallerstein et coll., 1980).

À la lueur de ces données, il convient de réexaminer le processus de divorce, en dégageant certaines tendances actuelles qui pourraient favoriser l'adaptation des parents et des enfants au moment de cette transition.

LE DIVORCE : UN PROBLÈME DE SYSTÈME FAMILIAL

La médiation.

Le processus traditionnel décrit précédemment envisage le divorce essentiellement comme un problème de couple et propose un mode de règlement adversarial qui souvent maintient et envenime les conflits, et débouche sur des solutions imposées et statiques. En regard des effets négatifs du divorce répertoriés par la recherche, on peut constater que ce processus intensifie davantage les difficultés qu'il ne les atténue.

Parallèlement à ce modèle, la médiation s'impose de plus en plus comme un mode d'intervention efficace et adaptatif, pour négocier le règlement du « contrat de démariage » que constitue le divorce.

La médiation est une démarche au cours de laquelle les ex-conjoints se rencontreront ensemble, sous la supervision d'un intervenant, qui peut tout aussi bien être un avocat qu'un intervenant social. Le but de la médiation est la production d'ententes, par le biais d'une approche de résolution de problèmes concernant les points en litige.

Appliquée aux États-Unis et plus particulièrement en Californie, où elle constitue une étape obligatoire dans les procédures qui impliquent la garde d'enfants, la médiation semble être un moyen efficace de résoudre et d'atténuer les conflits durant le processus du divorce. Des recherches démontrent que la médiation augmente les règlements à l'amiable ainsi que les sentiments de bien-être des individus impliqués. Il semble également qu'elle diminue les appels ultérieurs aux tribunaux (Bahr, 1981 ; Irving, Bohm, MacDonald et Benjamin, 1979).

Parce qu'elle vise la production d'ententes, la médiation atténue les conflits, et parce que les principaux intéressés sont impliqués dans les décisions, leur implication au niveau de l'application de ces décisions en est augmentée. Enfin, la communication amorcée durant le processus permet le développement d'habiletés qui pourront s'appliquer ultérieurement, et faciliter le réajustement des ententes en fonction de l'évolution générale de la situation ou des besoins des enfants.

Au Québec, la médiation est un concept récent et les services de médiation commencent seulement à être offerts à la population à travers les services publics et ce, dans certaines villes seulement.

Il est vrai que ce modèle a tendance à faire diminuer les contacts avec le système judiciaire et à favoriser les règlements hors Cour, ce qui n'est pas sans susciter certaines résistances chez les principaux intervenants actuels impliqués dans le règlement du divorce.

L'implication de l'enfant et sa capacité à consentir

Les modèles de règlement actuel du divorce, aussi bien le modèle traditionnel que le modèle de médiation, présentent le divorce comme un conflit de couple que les parents devront régler. Pourtant, la constante interdépendance dans le vécu des membres de la famille fait que les problèmes des parents sont aussi ceux des enfants, même s'ils ne sont pas vécus de la même façon pour tous (Cloutier, 1984). Le divorce, dans cette perspective devient un problème familial et il semble pertinent d'envisager l'implication de l'enfant dans ce processus amorcé par ses parents. L'enfant pourrait-il, et devrait-il participer à ces décisions qui le concernent au plus haut point, qui sont prises durant le processus de séparation et de divorce de ses parents ?

La reconnaissance de droits sociaux à l'enfant par la législation québécoise,[1] qui lui donne la possibilité d'être entendu lorsque son intérêt est en jeu, ouvre une porte à l'implication de l'enfant dans ce processus, mais pose aussi le problème de son autonomie et de sa capacité de décider de façon éclairée. C'est à ces questions que s'adresse une série de recherches sur les capacités de l'enfant à prendre des décisions compétentes et indépendantes (Grisso et Vierling, 1978 ; Melton, 1981, 1982, 1983 ; Weithorn, 1980, 1983). Globalement, les résultats de ces travaux montrent que la capacité de décider dans une situation impliquante est relativement précoce et que l'on ne

---

1. Loi de la protection de la jeunesse, L.R.Q. 1977, C.P. 34 et Code civil du Québec, art. 3, « 30 et 31 ».

peut nier la compétence de l'enfant à consentir dès l'âge de 7 ans. L'expérience antérieure de la prise de décision et la motivation à y participer, se révèlent cependant des variables d'influence de la qualité de décision de l'enfant.

Cette détermination des capacités de l'enfant est par ailleurs une approche normative qui ne tient compte ni de son expérience vécue dans sa famille, ni de la place qui lui est réellement accordée quant à son droit de parole. La question de l'implication de l'enfant dans le processus de divorce est davantage une question dont la réponse se trouve au niveau même de la famille, dans la perception que les membres (parents et enfants) en ont.

Le droit de parole de l'enfant : un modèle de l'implication de l'enfant dans le processus de divorce de ses parents

L'implication de l'enfant dans le processus du divorce de ses parents peut être envisagée par le biais du droit de parole qui lui est consenti dans sa famille dans les décisions qui accompagnent le processus de réorganisation. Ce droit de parole, témoin de la place qu'il tient dans les décisions qui le concernent, peut se définir en fonction d'un modèle à trois (3) niveaux de participation, soit 1) *l'accès à l'information,* 2) *la participation aux interactions* 3) le contrôle effectif de la décision.

Dans ce modèle, l'accès à l'information se réfère au degré selon lequel l'enfant est informé des événements ou des décisions qui le concernent. ainsi, lorsqu'un enfant n'est même pas informé d'une décision, on considère que son droit de parole est inexistant. La participation aux interactions quant à elle, est relative au degré d'intervention de l'enfant dans les discussions entourant la prise de décision et aux cours desquelles il fait valoir son point de vue. Le contrôle effectif quant à lui concerne l'importance ou le poids décisionnel accordé à ce point de vue de l'enfant au moment de la prise de décision.

Avec l'application de ce modèle d'implication de l'enfant, il est possible de tenir compte de la séquence temporelle du processus de divorce et de réorganisation en considérant la participation et le poids décisionnel de l'enfant à divers moments, soit avant, pendant et après le divorce.

Dans le but d'appliquer ce modèle du droit de parole de l'enfant dans sa famille, une recherche a été menée auprès de familles (parents et enfants) ayant vécu et n'ayant pas vécu le divorce, pour connaître le point de vue des familles quant à l'implication de l'enfant dans le processus de réorganisation familiale, par sa participation aux décisions qui le touchent directement (Barry, Cloutier, Fillion et Gosselin, 1985).

Les résultats indiquent de façon non équivoque que l'ensemble des familles accorde un droit de parole à l'enfant puisque la très grande majorité des répondants est d'avis qu'on doit l'informer et accepter sa participation dans les interactions précédant la prise de décision.

Le point de vue des familles quant au poids décisionnel de l'enfant est cependant moins unanime. Ainsi, parents et enfants s'accordent pour tenir compte du stade de développement de l'enfant, accordant plus de pouvoir aux plus âgés qu'aux plus jeunes, mais le point de vue des familles est aussi influencé par le sexe de l'enfant mis en cause, en fonction des attentes et attitudes différentes des parents envers leurs fils et leurs filles, exigeant de ces dernières une maturation plus rapide (Gauthier, 1984 ; Tetreault, Cloutier et Groleau, en prép.).

La recherche a aussi permis de mettre en évidence l'importance du moment, dans le processus de divorce où se situe la prise de décision. Ainsi, c'est pendant la séparation que l'on enregistre les variations les plus importantes de la place accordée à l'enfant au niveau de son poids décisionnel, dans des situations où s'affrontent la territorialité des parents et des enfants. Plus les enjeux sont importants pour l'adulte, plus il doit céder sur certains aspects de son point de vue pour tenir compte de celui de son enfant, plus les limites que le parent pose sont perceptibles.

Il semble de plus que l'expérience vécue du divorce amplifie ces résultats, et la différence de point de vue entre parents et enfants ; les parents ayant vécu un divorce accordent moins de place à l'enfant, alors que celui-ci en réclame davantage.

CONCLUSION

Le divorce et la séparation constituent des crises fort complexes dans la vie des individus, et les implications de cette décision du couple affectent l'ensemble du système familial.

Il semble de plus en plus évident qu'il n'est pas possible d'envisager leurs effets sur les individus en cause (parents et enfants) de façon linéaire, en considérant l'impact positif ou négatif de cette décision sur l'adaptation générale. En effet, les tendances contemporaines mettent plutôt en évidence les facteurs de médiation des effets, facteurs qui trouvent leur explication dans la qualité des réorganisations familiales qui accompagnent la séparation ou le divorce.

Le processus de résolution de la crise doit aussi s'ajuster à ces nouvelles perspectives et il ne peut plus être envisagé sur la base d'un conflit conjugal réglé par un processus adversarial et inflationniste de conflits.

L'émergence de la médiation comme processus de règlement par le biais de négociations qui visent la production d'ententes pourrait s'avérer un moyen efficace et adapté de résolution de cette crise affectant une proportion importante de familles québécoises au cours de leur vie.

Dans cette perspective, quelle pourrait être la place de l'enfant dans ce processus ?

De façon unanime, l'ensemble des familles québécoises semble prête à accorder un droit de parole à l'enfant lors de la séparation ou du divorce de ses parents, un droit à l'information et à la participation aux discussions entourant la prise de décision. Il est dès lors possible d'imaginer la participation de l'enfant au processus de médiation, une participation qui lui permettrait d'exprimer son point de vue en tant que membre de la famille directement concerné par les réorganisations. La participation de l'enfant n'implique cependant pas un pouvoir décisionnel puisqu'à ce niveau, les enfants eux-mêmes reconnaissent des limites, liées notamment à leur stade de développement et au contexte de la prise de décision. Ainsi, les aspects financiers et matériels échappent à leur contrôle et demeurent, de leur avis même, du ressort des parents.

La participation de l'enfant à la médiation pourrait se situer dans la production d'alternatives originales concernant les modalités de garde et de contacts avec ses parents, alternatives qui permettraient d'en venir à des solutions créatives et adaptées au contexte particulier de chaque famille.

Le processus de réorganisation familiale pourrait donc être envisagé dès que la décision parentale de la séparation ou du divorce a été prise, dans une médiation impliquant tous les membres de la famille. Cette médiation, menée par des intervenants formés aux dimensions psycholégales de la problématique, à travers un processus de génération d'alternatives et de négociations pourrait déboucher sur la production d'ententes respectant l'ensemble des individus impliqués, en tenant compte du contexte particulier de chaque famille.

Un tel processus deviendrait en lui-même le médiateur de l'adaptation de la famille dans les réorganisations multiples qu'entraînent la séparation et le divorce.

RÉFÉRENCES

Bahr, S.J. An evaluation of court mediation for divorce cases with children. *Journal of Family Issues*, 1981, 4, 160-176.

Barry, S. Le droit de parole de l'enfant durant les réorganisations familiales qui accompagnent le divorce de ses parents. En préparation.

Barry, S., Cloutier, R., Fillion, L. et Gosselin, L. La place faite à l'enfant dans les décisions relatives au divorce. (Revue Québécoise de Psychologie, 1986, 6, 3, 86-104).

Bernard, J. The family facing the future. Dans O.B. Gutknecht, E.W. Butler, L. Criswell et J. Meints. *Family, self and society : Emerging issues, alternatives and intervention,* Lanham, Maryland, University Press of America, 1983.

Cloutier, R. L'expérience de l'enfant et son adaptation future. *Apprentissage et Socialisation,* Décembre 1985.

Fergusson, D.M., Horwood, L.J. et Shannon, F.T. A proportional hasards model of family breakdown. *Journal of Marriage and the Family,* 1984, 46, 3, 539-549.

Gauthier, D. L'effet de la structure familiale sur l'interaction parents-adolescent-e-s telle que perçue par l'adolescent-e. Thèse de maîtrise non publiée, Québec, Université Laval, École de Psychologie, 1984.

Gauthier, D. et Cloutier, R. Comparaison de la communication parents-adolescents en famille mono et biparentales. En préparation.

Gauthier, P., Boyer-Cayouette, D., Dumais-Charron, L., Fortin, C., Gosselin, L. et Hotte, J.P. *Mères et enfants de familles mono-parentales.* École de Psycho-éducation, Université de Montréal, 1982.

Grisso, T. et Vierling, H. Minor's consent to treatment : A developmental perspective. *Professional Psychology,* 1978, 9, 412-417.

Hess, R.D. et Camara, K.A. Post-divorce family relationship as mediating factors in the consequences of divorce for children. *Journal of Social Issues,* 1979, 35, 79-96.

Hetherington, E.M. et Camara, K.A. Families in transition : The process of dissolution and reconstitution. Dans R.D. Parke, *Review of Child Development Research, Vol. 7, The Family,* Chicago, University of Chicago Press, 1984.

Hetherington, E.M., Cox, M. et Cox, R. Effects of divorce on parents and children. Dans M. Lamb (Ed.), *Nontraditional families,* Hillsdale, N.J. Erlbaum, 1982.

Irving, H., Bohn, P., MacDonald, G. et Benjamin, M. A comparative analysis of two family court services : An exploratory study of conciliating counseling. Toronto : Welfare grants directorate. Department of Mental Health and Welfare and the Ontario Ministry of the Attorney General, 1979.

Kurdek, L.A. An integrative perspective on children's divorce adjustment. *American Psychologist,* 1981, 36, 856-866.

Melton, G.B. Children's participation in treatment planning : Psychological and legal issues. *Professional Psychology,* 1981, *12,* 246-252.

Melton, G.B. Children's competence to consent : A problem in law and social science. Dans G. Melton, G.P. Koocher, M.J. Saks (eds.), *Children's Competence to Consent.* New York : Plenum Press, 1983.

Melton, G.B., Koocher, G.P. et Sacks, M.J. *Children's competence to consent,* New York : Plenum Press, 1983.

Patterson, G.R. *Coercitive family process.* Eugene, Oregon : Castalia, 1982.

Tétreault, L., Cloutier, R. et Groleau, G. Étude de la communication parent-adolescent-e-s par perceptions réciproques. Rapport de recherche non publié, École de Psychologie, Université Laval, 1985.

Wallerstein, J.S. et Kelly, J.B. *Surviving the breakup : How children and parents cope with divorce.* New York : Basic, 1980.

Weithorn, L.A. Competency to render informed treatment decisions : A comparison of certain minors on adults. Unpublished doctoral dissertation, University of Pittsburg, 1980.

Weithorn, L.A. Involving children in decision affecting their own welfare : Guidelines for professionals. Dans G. Melton, G.P. Koocher, M.J. Sacks (Eds), *Children's Competence to Consent.* New York : Plenum Press, 1983.

4
CHÔMAGE
ET CHANGEMENT
DE CARRIÈRE

4.1

Conséquences psychologiques du chômage des jeunes

La crise économique a entraîné une raréfaction des emplois et une croissance du chômage. Parallèlement, l'effort, entrepris depuis une vingtaine d'années, pour démocratiser l'accès à l'enseignement a entraîné (surtout dans les pays où, comme la France, l'Université est ouverte à tous les bacheliers et les frais de scolarité sont très bas) un décalage entre les ressources en main-d'œuvre et les emplois offerts, décalage qui se traduit non seulement par le chômage mais aussi par une surqualification croissante des personnels en place. Ainsi, toujours en France, les concours administratifs ouverts aux titulaires d'un DEUG (Diplômes d'Études Universitaires Générales ; 2 ans d'études après le baccalauréat) voient arriver des jeunes ayant une formation beaucoup plus poussée (4 à 5 ans d'études supérieures), qui surclassent leurs camarades. D'autres faits témoignent de cette surqualification. Par exemple, les services de renseignements des PTT (Postes, Téléphones et Télégraphes) utilisaient surtout des étudiants travaillant à temps partiel. Pendant des années, cette main-d'œuvre occasionnelle s'est renouvelée rapidement, les étudiants trouvant un emploi adapté dès qu'ils avaient obtenu leur diplôme ; ce qui rendait plus tolérable un travail astreignant mais de peu d'intérêt intrinsèque. Actuellement, dans l'incapacité de trouver un autre emploi, les étudiants restent après la fin de leurs études, — situation d'autant plus frustrante que les sacrifices consentis pour faire des études tout en travaillant sont restés stériles.

Caractéristiques nouvelles du marché de l'emploi, la surqualification et la difficulté à trouver du travail, devraient avoir, au moins, un élément positif, la garantie d'une motivation et d'une compétence élevées chez ceux qui ont la chance de ne pas faire partie des chômeurs. La réalité est tout autre. Non seulement la baisse de qualité est un fait général qui constitue le souci majeur des dirigeants du secteur public comme du secteur privé, mais c'est également ment la source d'une perte financière que l'Association Française des Qualiticiens a chiffré à 1000 FF par mois et par salarié, soit à 100 milliards de francs pour l'ensemble du pays. Parallèlement, on constate, dans tous les pays industrialisés, et ceci depuis une dizaine d'années, un ralentissement très net de la productivité (Denison, 1979). Plus frappante encore, la diminution constante, observable dans tous les pays de la communauté européenne, de la durée totale de travail, passée de 44,3 heures en 1977 à moins de 40 heures par semaine actuellement. Cette diminution était très souhaitée ; et elle n'est pas terminée : il existe une réelle aspiration des travailleurs à avoir du temps libre, même si cela se traduit par une réduction des revenus salariés. Il faut bien réaliser que cette diminution du temps de travail jointe à l'entrée plus tardive sur le marché de l'emploi et à l'abaissement de l'âge de la retraite réduisent considérablement la part de vie consacrée au travail. Il y a 50 ans, un homme passait 25 à 30% de sa vie au travail salarié. Actuellement, si on admet que la vie active dure 40 ans, que l'espérance de vie est de 73 ans en moyenne, chacun d'entre nous ne consacrera plus que 64 000 heures au travail salarié soit 10% de sa vie, seulement.

Bref, qu'on accuse la démotivation, qu'on parle de désacralisation du travail ou encore de crise de civilisation, le travail a certainement perdu le caractère central qu'il avait non seulement dans nos emplois du temps mais, plus profondément, dans le développement psychologique et dans l'équilibre personnel.

Pour expliquer cette démotivation au travail deux analyses sont en général proposées : 1) il y aurait une mutation collective des valeurs qui ferait accorder moins d'importance aux activités de travail et à la vie professionnelle. Cette mutation est d'ailleurs souvent vue comme parallèle à celle qui remet en question les valeurs familiales et le rôle central des enfants dans notre culture. 2) Les besoins que satisfait le travail seraient saturés ; d'autres besoins, profondément différents, de liberté, d'aventure, de mobilité envahiraient progressivement la conscience collective.

Aucune de ces explications n'est satisfaisante. La première est tautologique et oblige, en réalité, à chercher ailleurs les causes de cette «mutation collective des valeurs». De toute manière, la dévalorisation du travail est loin d'être un phénomène général. La retraite est souvent un choc ; le chômage aussi, même s'il est plus toléré par une société qui se sent responsable. Enfin les femmes arrivent massivement sur le marché du travail, quelle que soit leur catégorie sociale et elles sont de plus en plus nombreuses à exercer une activité professionnelle, même si le revenu du ménage ne l'exige pas. La seconde explication paraît tout à fait invraisemblable : comment est-il possible de croire qu'à une époque marquée par l'insécurité de l'emploi et par l'inflation, les besoins légitimes de stabilité, de sécurité et de niveau de vie disparaissent ou même perdent de leur acuité ?

Pour essayer de comprendre la concomitance inattendue d'une crise de l'emploi et d'une crise des motivations, il faut adopter une perspective dynamique et analyser la manière dont se construisent les motivations au travail de manière à pouvoir mettre en évidence, dans un second temps, les aspects de ce processus que perturbe la crise économique. C'est là qu'il faut utiliser les analyses psychologiques classiques et, en particulier, celles qui concernent le rôle de l'image de soi et celui de « l'instrumentalité » dans la dynamique du processus motivationnel.

Après Don Super, E. Schein montre bien combien sont liés, dans cette perspective, la genèse du choix professionnel et la développement psychologique de l'individu, d'une part, et le processus motivationnel, d'autre part (Schein, 1970). Le choix professionnel n'est pas la décision d'un instant, c'est un processus long, de maturation, d'essais et d'exploration active, qui permet à l'individu de se définir lui-même à travers ses attentes personnelles confrontées aux réalités du monde du travail. À travers cette évolution se construit activement un « self-concept » et une estime de soi qui déterminent fortement ensuite non seulement les choix ponctuels mais également, de manière plus diffuse, les objectifs, et les motivations mises en jeu pour les atteindre. Une fois ces « self-concept » élaborés au fil des premières expériences et des premières réactions sociales qu'elles ont suscitées, cette image de soi va être relativement imperméable aux nouvelles informations apportées ensuite par d'autres contacts, d'autres essais, d'autres évaluations.

Le processus du développement de l'image de soi, son rôle dans le développement psychologique lui-même, et dans l'élaboration du choix professionnel, sont bien connus. Nous avons eu l'occasion récemment de montrer comment ce « self-concept » reste stable malgré les informations nouvelles, — et jugées telles —, apportées par le psychologue et les tests qu'il fait passer. Non seulement chaque item du questionnaire de « self-concept » a été évalué de la même manière par des adolescents avant, et après qu'ils aient passé des tests et aient pris connaissance de leurs résultats, mais la structure factorielle des différents items du questionnaire reste tout à fait stable : sur les schémas factoriels, les réponses aux deux passages successifs du même questionnaire se placent exactement aux mêmes endroits (Levy-Leboyer, 1984). Aussi devrions-nous maintenant pousser l'analyse au second degré, et au lieu de nous borner à étudier la manière dont le « self-concept » détermine le choix professionnel, préciser comment l'image de soi se construit, et (ce qui est un thème d'actualité), comment les fluctuations de la vie économique et du marché de l'emploi affectent la construction, par l'adolescent, de cette image de soi qui conditionne et son choix professionnel et ses motivations au travail.

L'image de soi et les attentes qu'elle entraîne, déterminent les choix professionnels et les motivations. Mais il n'y a là qu'un des éléments du schéma plus complexe que représente le modèle cognitif de la motivation (Vroom, 1973). Le second facteur qui détermine l'ardeur apportée par chacun à réaliser son travail est appelé classiquement instrumentalité. Qu'entend-on par là ? Le lien, perçu par chaque travailleur entre le travail qu'il fournit d'une part, et les avantages et récompenses qu'il en reçoit d'autre part. L'instrumentalité, il faut le souligner, n'est pas caractéristique d'une tâche ou d'une situation de travail, quel que soit l'individu qui s'y trouve placé. C'est la manière dont chacun perçoit, en fonction des informations qu'il possède, de ses attitudes, de ses expériences passées etc... la relation qu'il estime exister entre le travail qu'il fait, les qualités de ce travail, et ce que l'organisation lui donne en échange. Les termes de cet échange peuvent être très variés : un salaire, le développement de la carrière, des avantages sociaux mais aussi un travail intéressant, des responsabilités, la possibilité de se réaliser.

Résumons-nous : d'une part, il y a actuellement une dévalorisation du travail, une diminution des motivations qui alimentent traditionnellement les efforts faits dans le cadre des activités professionnelles ; d'autre part, les psychologues ont montré que la motivation est tributaire de deux facteurs, — l'image de soi qui détermine les attentes, et l'instrumentalité. Nous avons, ailleurs, analysé dans leur ensemble, les effets psychologiques de la crise économique, les causes de la crise des motivations, les remèdes qu'on pouvait envisager. Nous voudrions, ici, nous borner à étudier les conséquences du chômage des jeunes sur l'attente et l'instrumentalité, clefs de voûte de la motivation au travail (Levy-Leboyer, 1984).

Voyons d'abord l'attente, fondée sur la confiance en soi. IL ne peut y avoir de motivation à effectuer une tâche pour un individu qui ne se croit pas capable de la maîtriser. De ce point de vue, nous l'avons dit plus haut, les premières expériences et les premières évaluations sont capitales. Le « self-concept » n'est pas, comme on pourrait le penser une perception intuitive de soi-même, ni une évaluation directe, proprioceptive en quelque sorte. C'est la synthèse des résultats obtenus qui se construit à travers l'expérience directe des succès et des échecs et qui, une fois construite, résiste aux succès et échecs ultérieurs.

Or, à quoi assistons-nous actuellement ? Non seulement à une montée persistante du chômage mais également à un chômage qui touche de plus en plus les jeunes qui, en fin d'études sont à la recherche d'un premier emploi. La stagnation ou la récession économique ont entraîné — (ce qui, en soi, est une bonne chose) des mesures de protection de l'emploi qui rendent tout licenciement très difficile. De ce fait, les plus âgés, déjà entrés dans le monde du travail, ont plus de chance de garder leur emploi que les jeunes, d'en trouver un. Les enquêtes qui ont été faites, comme celle de G. Balazs qui retrace en détail le parcours de 50 jeunes chômeurs, montre que la situation, au niveau individuel, est encore plus grave que les chiffres globaux ne le laissent supposer (Balazs, 1982). La plus grande partie des embauches de jeunes chômeurs sont, en effet, des emplois à durée déterminée. De ce fait, ils se trouvent pris dans l'alternance infinie du travail provisoire et de chômage. Cette incertitude, jointe aux difficultés matérielles qu'elle entraîne, se traduit par une série d'effets psychologiques, bien analysés en Australie, par Gurney : chute des ambitions, identité moins claire, maturité sociale ralentie. Ceci d'autant plus que ces jeunes tardent à se marier, à fonder un foyer et à devenir indépendants de leurs parents (Gurney, 1980).

Un autre effet des difficultés économiques, que nous avons déjà évoqué plus haut, c'est la surqualification par rapport aux exigences de l'emploi occupé. Elle a évidemment pour conséquence l'ennui et le désintérêt. Mais elle a des effets psychologiques plus profonds. En effet, pour qu'une réussite dans le travail ait un effet stimulant sur l'estime de soi et sur la motivation, il faut que cette réussite soit le résultat d'un effort. Si la tâche est trop facile, très en-dessous des capacités, la réussite n'est pas valorisante et ne contribue pas à l'élaboration d'un « self-concept » cohérent et positif.

Il faut réfléchir aux effets à long terme de ces difficultés en début de carrière. Si la crise dure, ce sont plusieurs générations successives qui en sortiront marquées, et pour le reste de leur existence. Comment ces jeunes réagissent-ils aux problèmes d'emploi ? Une étude récente de Galland et Louis montre bien qu'il n'y a pas de réaction unanime (Galland et Louis, 1981). Certains jeunes accusent la société d'être responsable de leurs difficultés parce qu'elle les a mal formés et qu'elle n'a pas su prévoir où étaient les emplois de demain : de ce fait, ils ne se sentent pas responsables du chômage qui les atteint. Les autres s'accusent de ne pas avoir trouver par eux-mêmes les formations et les moyens adéquats pour assurer leur insertion professionnelle. Qu'ils se dévalorisent ou rejettent un monde qui les accueille mal, il est certain que l'harmonieux développement synchronique de la vocation et de la personnalité, la vertu socialisante du travail, le développement parallèle de l'identité individuelle et du rôle social, — tout cela est manqué. De ce fait les jeunes, mal insérés socialement et professionnellement, ou bien développent un « self-concept » peu gratifiant, ou bien le développent sur d'autres bases (les sports, les loisirs, la convivialité...) où le travail n'a aucune part. Dans tous les cas, rien dans cette évolution ne conduit à attacher de l'importance au travail ou à construire des attentes motivantes.

Il n'en reste pas moins que ces jeunes gens attendent de la vie des satisfactions que le travail serait susceptible de leur procurer, directement ou indirectement. Comment jugent-ils la valeur « instrumentale » du travail ? Il est toujours difficile de reconstituer le parcours cognitif des autres. Cependant, mettons-nous à leur place. D'une part les médias leur répètent que la crise actuelle n'est pas due à la mauvaise gestion de telle ou telle entreprise, ou encore à la politique économique de leur pays. On accuse volontier des tiers : les autres pays, les effets pervers des décalages dans les modes de vie et les développements ou des facteurs trop généraux pour être appréhendés avec précision : les aléas historiques, la conjoncture économique, l'inégalité technologique, les taux de change, les accords internationaux... Bref, les media déresponsabilisent l'individu et font tout pour que chacun se sente victime passive plutôt qu'acteur de la crise actuelle. La réalité proche, sociale et familiale confirme cette impression générale d'impuissance et de malchance. D'abord la crise touche inégalement selon les pays, les régions d'un même pays et, surtout, selon les secteurs. Les jeunes de la génération actuelle entendent leurs aînés dire qu'ils ne pouvaient pas savoir en commençant leur vie active, à tel endroit, dans tel champ d'activité que cette région, ce secteur serait particulièrement victime de la crise économique. Dans ces conditions, comment pourraient-ils se croire mieux éclairés et plus influents ? Tout est en place pour qu'ils se sentent bien peu maîtres de leur destin. De fait, dans une enquête récente, seuls les jeunes possédant un fort bagage scolaire (notamment ceux qui ont suivi la filière scientifique au lycée) ont des intentions « actives », sont prêts à affronter les concours et jugent positives leurs chances de s'intégrer dans la vie active. Les autres, plus démunis, s'attendent à devenir chômeurs ou comptent vaguement sur l'aide de la famille et des amis (Lidvan, 1983). Et il est intéressant de noter que les filles et ceux qui sont d'origine sociale plus modeste sont encore plus découragés que les autres (Davaine, 1982). Bien pire, les très jeunes adolescents (13-15 ans) se montrent déjà conscients des obstacles et de l'inutilité de leurs efforts puisque, de toutes manières, cet effort sera sans effet (Mathey-Pierre, 1980). Rien d'étonnant dans ce cas à ce que le travail et l'activité professionnelle passent au second rang. Interrogés sur ce qui constitue pour eux la réussite, les jeunes engagés dans des filières techniques courtes, souvent peu génératrices d'emploi, privilégient les satisfactions familiales, le fait d'avoir des amis, le salaire et ce qu'on peut en faire, aux dépens de l'intérêt pour le travail et les possibilités de développer sa personnalité et son identité. Pour eux, le travail n'est qu'un moyen pour satisfaire d'autres besoins, mais n'est ni un but en soi, ni une source potentielle de satisfactions directes.

Aborder la vie adulte et le monde du travail en période de crise économique ne représente pas seulement un avatar passager dont un avenir plus souriant viendrait effacer les traces. C'est une première expérience qui, par ses effets sur les représentations et les attitudes, aussi bien que sur le développement de l'identité et de l'image de soi, entraîne des conséquences difficilement réversibles sur la motivation au travail et le rôle du travail dans « l'espace de vie » au sens Lewinien du terme. Réfléchir à ces conséquences, tenter de recréer la motivation au travail qui semble essentielle à l'équilibre et au fonctionnement des sociétés industrialisées représente, très certainement une priorité pour la psychologie.

RÉFÉRENCES

Balazs, G. Histoire professionnelle et sociale d'anciens chômeurs, Dossier de recherche n° 3, Centre d'études de l'emploi, 1982.

Davaine, M. L'insertion des jeunes en période de sous-emploi : réalités et représentations, Travail et Emploi, 1982, n° 14, pp. 55-71.

Denison, E. The puzzling drop in productivity, the Brooking Bulletin, 1979, Vol. 5, n° 2.

Galland, O. et Louis, M.V. Chômage et action collective, Sociologie du travail, 1981, 2, pp. 174-181.

Gurney, R.M. The effects of unemployment on the psycho-social development of school leavers, Journal of Occupational Psychology, 1980, 53, pp. 205-213.

Levy-Levoyer, Cl. Maturité vocationnelle, self-concept et tests, Revue de Psychologie Appliquée, 1984, 34, 4, pp. 305-322.

Levy-Levoyer, Cl. La Crise des Motivations, PUF, 1984.

Lidvan, Ph. Attitudes des jeunes face au travail, Cahier du Centre d'Études de l'Emploi, PUF, 1983, n° 26, pp. 237-341.

Mathey-Pierre, C. Représentation et vécu du devenir professionnel, Cahiers du Centre d'Étude de l'Emploi, PUF, 1980, n° 21, pp. 13-101.

Schein, E. Organizational Psychology, Prentice Hall, 1980.

D. Super, M.J. Bohn, Occupational Psychology, Wadsworth, 1970.

Vroom, V. Cf. Work and motivation, Wiley, 1964.

E. Lawler. Motivation in work Organization, Brooks Cole, 1973.

4.2

Estime de soi, solitude et dépression chez les chômeurs diplômés d'université selon la durée du chômage: une comparaison avec les non-diplômés

G.-R. de GRÂCE et P. JOSHI

Une recherche toute récente (Joshi et de Grâce, 1985) menée auprès de chômeurs non-diplômés d'université n'a pas trouvé de différence significative entre chômeurs récents (un mois et moins), moyens (6-7 mois) et chroniques (11-12 mois de chômage) quant à leur niveau d'estime de soi, de solitude et de dépression. De plus, les résultats chez les femmes, si l'on ne tient pas compte de la durée du chômage, ne diffèrent pas significativement de ceux obtenus chez les hommes pour ces trois variables.

L'objectif général de la présente recherche est d'étudier les mêmes variables de base auprès d'un groupe de chômeurs diplômés d'université. L'utilisation d'un schème expérimental analogue à la recherche de Joshi et de Grâce, à moins d'un an d'intervalle, permettra de comparer les résultats des deux recherches.

Aucune catégorie de travailleurs, qu'ils soient ouvriers, semi-professionnels ou diplômés d'université, n'est épargnée par le chômage. Au cours des années qui ont suivi la deuxième guerre mondiale, un diplôme universitaire assurait à son détenteur une carrière permanente et l'immunisait contre une perte d'emploi. Depuis 1970, toutefois, le marché du travail n'est pas beaucoup plus accessible aux diplômés d'université qu'il ne l'est aux non-diplômés. L'augmentation du nombre de professionnels, les changements démographiques, l'évolution du rôle de la femme, les modifications des priorités nationales, la migration internationale des professionnels et la crise économique ont obligé bon nombre de diplômés d'université à joindre le rang des chômeurs (Kaufman, 1982).

La perte d'emploi, tant chez les non-diplômés que chez les diplômés d'université, génère des perturbations psychologiques. Ainsi, certains chercheurs affirment que le chômage entraîne une diminution significative de l'estime de soi (Cobb et Kasl, 1977 ; Cohn, 1977 ; Perfetti, 1980 ; Sheppard, 1965 ; Swinburne, 1981 ; Wilcock et Frank, 1963) tandis que d'autres, obtenant des résultats contraires, concluent qu'il n'y a aucun lien entre le chômage et la diminution de l'estime de soi (Hartley, 1980 a, b ; Pieroni, 1980).

Pour divers auteurs, la solitude est associée à une diminution de l'estime de soi (Gordon, 1976 ; Loucks, 1980 ; Wood, 1978). Peplau, Miceli et Morsasch (1982) affirment qu'une faible estime de soi s'accompagne d'un ensemble d'attitudes et de comportements nuisibles à une interaction sociale satisfaisante, ce qui, graduellement, voue les individus à la solitude. Le chômeur, tout en ayant besoin de support social pour traverser sa situation de non emploi (Kaufman, 1982 ; Powell et Driscoll, 1973 ; Schlossberg et Leibowitz, 1980 ; Swinburne, 1981) s'isole socialement lui-même dans le but de protéger sa propre image (Briar, 1978).

Coopersmith (1967), quant à lui, constate que la diminution de l'estime de soi est liée, chez le chômeur, à un état dépressif. De même, à l'exception d'Oliver et Poincter (1981) qui affirment qu'il n'y a pas de différence significative entre les chômeurs et les travailleurs, la majorité des chercheurs ont trouvé un lien entre les états dépressifs et le chômage (Brown, Bhrolchain et Harris, 1975 ; Cooke, 1982 ; Coopersmith, 1967 ; Feather et Davenport, 1981 ; Finlay-Jones et Eckhardt, 1981 ; Roy, 1981 ; Swinburne, 1981).

Bien que ces sentiments de perte d'estime de soi, de solitude et de dépression soient présents, et chez les chômeurs non-diplômés, et chez les chômeurs diplômés d'université, Hepworth (1980) en arrive à la conclusion qu'ils sont plus manifestes chez les ouvriers et les individus non spécialisés que chez les professionnels. Gurin, Veroff et Feld (1960) et Staines et O'Connor (1979) sont tout à fait en désaccord avec cette dernière conclusion. Ils affirment que les professionnels obtiennent plus de satisfaction et de valorisation de leur emploi que les individus des autres groupes. De plus, les professionnels forgent leur identité et leur image d'eux-mêmes par le biais de leur travail. Leur estime de soi est donc plus atteinte lors des périodes de chômage. Kaufman

(1982) ajoute même que l'identité et la satisfaction de vie des plus scolarisés sont si fortement liées à leur travail que les professionnels ont des problèmes psychologiques plus graves lors d'une perte d'emploi, que ceux qui ne sont pas professionnels.

Ainsi, les chômeurs diplômés d'université sont voués à une plus grande solitude (Briar, 1978 ; Cohn, 1977) que leurs confrères non-diplômés. Cohn explique ceci par le fait que les travailleurs diplômés seraient plus vulnérables à la perception des autres dans leur estime d'eux-mêmes, que ne le sont les autres travailleurs. Le chômage, vécu comme un échec social, inciterait davantage les professionnels à s'isoler et à se retirer socialement, afin d'atténuer leur crainte d'être sous-estimés par les autres.

De plus, les chômeurs diplômés d'université vivent des états dépressifs plus importants que les chômeurs non-diplômés (Cobb et Kasl, 1977 ; Kaufman, 1982).

Les études précédentes mettent en évidence le fait que les conséquences psychologiques du chômage (baisse de l'estime de soi, solitude et dépression) sont plus fortes chez les chômeurs diplômés d'université que chez les chômeurs non-diplômés. Ces sentiments n'apparaîtraient pourtant pas tous au début de la période de chômage. Kaufman (1982), résumant les phases de réaction au chômage de Powell et Driscoll (1973), Hill (1978), Schlossberg et Leibowitz (1980) et Swinburne (1981), propose quatre phases :

1º *Période de choc et de soulagement :* lors de l'annonce de la mise à pied, la première réaction en est une de choc. Toutefois, l'anxiété face à un avenir incertain est réduite (durée de la période : trois à quatre semaines).

2º *Période d'efforts concertés :* tous les efforts sont dirigés vers la recherche d'un emploi. Cette période, d'une durée moyenne de trois mois, en est souvent une d'optimisme.

3º *Période de doute et d'agressivité :* le chômeur met en cause ses habiletés de chercheur d'emploi et réduit ses efforts au minimum. L'estime de soi diminue, les sentiments dépressifs apparaissent et l'individu commence à avoir de la difficulté dans ses relations avec les autres. Cette période dure en moyenne de six à dix semaines.

4º *Période de résignation et de retrait :* le chômeur cherche très peu d'emploi. Il se retire socialement, son estime de soi est pauvre et les sentiments dépressifs sont moins intenses. Cette phase apparaît après neuf à douze mois de chômage.

L'ensemble des recherches disponibles nous permet de formuler les hypothèses suivantes :

1º Il y aura une différence significative entre les résultats des chômeurs récents (un mois et moins), moyens (6-7 mois) et chroniques (11-12 mois de chômage), tous diplômés d'université, quant à l'estime de soi, la solitude et les états dépressifs.

2º Sur ces mêmes aspects, il y aura une différence significative entre les résultats obtenus chez les chômeurs diplômés d'université et les non-diplômés, répartis selon la durée de la période de chômage.

METHODOLOGIE

Chômeurs diplômés

Cet échantillon compte 81 chômeurs diplômés d'université, répartis en trois groupes : 30 chômeurs récents (un mois et moins), 30 chômeurs moyens (6-7 mois) et 21 chômeurs chroniques (11-12 mois de chômage). Les sujets, 34 femmes et 47 hommes, ont un âge moyen de 28,29 ans (E.-T. = 12,04) et une scolarité moyenne de 17,37 ans (E.-T. = 0,79).

L'enquête a été menée auprès de chômeurs qui se présentaient au Centre d'Emploi du Canada de Québec / Ste-Foy. Un agent de recherche choisissait au hasard parmi les personnes présentes, un chômeur diplômé d'université. Lorsque la personne pouvait s'insérer dans un des trois groupes de chômeurs sus-mentionnés, il lui était alors demandé de participer à une recherche sur le chômage.

Chômeurs non-diplômés

L'échantillon de chômeurs non-diplômés d'université est le même que celui qui a servi à la recherche de Joshi et de Grâce (1985). Il comporte 120 chômeurs répartis en trois groupes : 40 chômeurs récents (un mois et moins), 40 chômeurs moyens (6-7 mois) et 40 chômeurs chroniques (11-12 mois de chômage). Les sujets, soit 77 hommes et 43 femmes, ont un âge moyen de 29,60 ans (E.-T. = 9,06), une scolarité moyenne 12,33 ans (E.-T. = 2,00). Ils ont tous été choisis au même Centre d'Emploi que les chômeurs diplômés et de façon identique.

Instruments et procédure

Lorsqu'un chômeur acceptait de participer à la recherche, il était dirigé vers un endroit isolé du Centre d'Emploi où un agent de recherche lui remettait les questionnaires suivants, soit : 1° l'adaptation française du *Social Self-Esteem Inventory* (Gauthier, Samson et Turbide, 1982), 2° la traduction française de l'édition révisée du *U.C.L.A. Loneliness Scale* (Russel, Peplau et Cutrona, 1980) et 3° l'adaptation française du *Beck Depression Scale* (Gauthier, Thériault et Morin, 1982).

Ces questionnaires, dont la fiabilité a fait ses preuves, mesurent respectivement l'estime de soi, le niveau de solitude vécu, et les sentiments de dépression. Ils ont été présentés dans une suite établie au hasard à chaque sujet se soumettant à l'expérience. Cette dernière procédure permettait d'éviter qu'un questionnaire influence le suivant. Un questionnaire-maison s'ajoutait aussi aux trois premiers afin d'obtenir divers renseignements généraux sur chaque sujet.

RÉSULTATS

Chômeurs diplômés

Les résultats obtenus démontrent que les sujets diplômés des trois groupes (chômeurs récents, moyens et chroniques) ont une estime de soi moyenne, vivent un niveau moyen de solitude, et peu de sentiments de dépression (tableau 1).

Tableau 1
Résultats des trois groupes de sujets diplômés aux variables de base étudiées.

Variables	Groupe 1[a](n=30) M.	Groupe 1[a](n=30) E.-T.	Groupe 2[b](n=30) M.	Groupe 2[b](n=30) E.-T.	Groupe 3[c](n=21) M.	Groupe 3[c](n=21) E.-T.	d*l*	t	Prob.
Estime de soi	144,76	18,29	136,50	25,60			75	1,65	0,10
			136,50	25,60	133,19	27,56	49	0,44	0,66
	144,76	18,29			133,19	27,56	66	2,05	0,04*
Solitude	36,23	8,73	40,30	10,82			75	-1,81	0,07
			40,30	10,82	43,69	9,20	49	-1,14	0,25
	36,23	8,73			43,61	9,20	66	-3,17	0,002*
Dépression	4,78	4,91	9,33	8,50			75	-2,97	0,004*
			9,33	8,50	13,38	9,06	49	-1,63	0,11
	4,78	4,91			13,38	9,06	66	-5,07	0,000*

*   : différence significative
a   : Groupe 1 : chômeurs récents (1 mois et moins)
b   : Groupe 2 : chômeurs moyens (6-7 mois)
c   : Groupe 3 : chômeurs chroniques (11-12 mois)

Des tests « t » ont été calculés entre les trois groupes de chômeurs pour chacune des trois variables retenues. En ce qui concerne l'estime de soi, on constate qu'elle diminue progressivement du groupe récent au groupe moyen et de celui-ci au groupe chronique. La différence est même significative (le seuil accepté dans cette recherche étant de 0,05) entre les groupes récent et chronique (p = 0,04).

À la variable solitude, on observe la même progression mais en sens inverse, c'est-à-dire que celle-ci augmente progressivement d'un groupe à l'autre.

Ici également, la différence s'avère significative entre les groupes récent et chronique (p = 0,002).

Enfin, la dépression suit la même progression que la solitude. De plus, ici, deux différences sont significatives : entre les groupes récent et moyen (p = 0,004), et entre les groupes récent et chronique (p = 0,000).

Les résultats obtenus chez les femmes diplômées (n = 34) et ce, en excluant la variable « durée du chômage », ne sont pas différents de ceux obtenus chez les hommes diplômés (n = 47). Les résultats sont les suivants :« estime de soi » (H:M = 138,12, E.-T. = 24,69 ; F:M = 142,61, E.-T. = 20,74 ; p = 0,34) ; solitude (H:M = 38,78, E.-T. = 9,96 ; F:M = 39,35, E.-T. = 9,97 ; p = 0,77) ; dépression (H:M = 8,25, E.-T. = 7,63 ; F:M = 7,50, E.-T. = 8,20 ; p = 0,64).

Comparaison entre chômeurs diplômés et non-diplômés

Les résultats obtenus chez des chômeurs diplômés diffèrent significativement de ceux obtenus chez les chômeurs non-diplômés à deux variables (tableau 2). Les chômeurs récents diplômés ont une estime de soi significativement plus élevée que les chômeurs récents non-diplômés (p = 0,009). De plus, les chômeurs chroniques diplômés vivent significativement plus d'états dépressifs que les chômeurs chroniques non-diplômés (p = 0,01).

Tableau 2
Résultats des sujets non-diplômés et des sujets diplômés, répartis selon la durée de chômage, aux variables étudiées.

Variables	Groupe 1[a](n=120)		Groupe 2[b](n=81)		d*l*	t	Prob.
	M.	E.-T.	M.	E.-T.			
Chômeurs récents[c]							
Estime de soi	133,12	22,15	144,76	18,29	85	-2,68	0,009*
Solitude	38,32	9,37	36,23	8,73	85	1,08	0,28
Dépression	5,62	5,98	4,78	4,91	85	0,72	0,47
Chômeurs moyens[d]							
Estime de soi	134,90	27,66	136,50	25,60	68	-0,25	0,80
Solitude	40,20	10,84	40,30	10,82	68	-0,04	0,97
Dépression	8,02	6,56	9,33	8,50	68	-0,73	0,47
Chômeurs chroniques[e]							
Estime de soi	130,20	28,67	133,19	27,56	59	-0,39	0,69
Solitude	42,45	8,47	43,61	9,20	59	-0,50	0,62
Dépression	8,25	6,84	13,38	9,06	59	-2,48	0,01*

* : différence significative
a : Groupe 1 : chômeurs non-diplômés
b : Groupe 2 : chômeurs diplômés
c : Chômeurs récents : 1 mois et moins
d : Chômeurs moyens : 6-7 mois
e : Chômeurs chroniques : 11-12 mois

DISCUSSION

Chômeurs diplômés

Les résultats obtenus démontrent que les chômeurs diplômés possèdent une estime de soi moyenne, vivent un niveau moyen de solitude et peu de sentiments de dépression. Pour la variable « estime de soi », nos résultats vont dans le sens de ceux de Pieroni (1980) et de Hartley (1980, a, b) qui concluent qu'il n'y a pas de lien entre le chômage et la diminution de l'estime de soi. Mais en ce qui concerne la solitude, nos résultats sont en désaccord avec ceux rapportés antérieurement. Quant aux états dépressifs, ils corroborent ceux d'Oliver et Ponicter (1981) qui affirment qu'il n'y a pas de différence significative à cet égard entre les chômeurs et les non-chômeurs.

Lorsque les chômeurs diplômés sont répartis en trois groupes selon la durée du chômage (chômeurs récents, moyens et chroniques), on constate une différence significative entre les chômeurs récents et chroniques à la variable « estime de soi ». Le niveau d'estime de soi baisse en fonction de la durée du chômage. S'il y a une divergence dans les résultats des recherches antérieures concernant cette variable, cela serait peut-être dû au fait qu'elles n'ont pas tenu compte de la variable « durée du chômage ». Bien que le chômage puisse paraître sans effet au début, son effet nuisible se manifeste clairement après une période de 11-12 mois, sur le sentiment de valeur personnelle. Il faut tout de même retenir que cette diminution demeure à l'intérieur des limites normales. Le chômage étant devenu un phénomène très répandu dans notre contexte social, il n'est pas surprenant que cette baisse, pourtant significative, de l'estime de soi n'atteigne pas des proportions pathologiques. L'individu en chômage attribuerait sa situation à des facteurs extérieurs échappant à son contrôle personnel, plutôt que d'assumer la responsabilité de son manque de travail.

La solitude suit le cheminement inverse, quand on tient compte de la durée du chômage. Alors que l'estime de soi baisse avec la prolongation du chômage, la solitude augmente de façon significative pour les chômeurs chroniques par rapport avec chômeurs récents. Ces résultats vont dans le sens de ceux de Gordon (1976), Wood (1978), Loucks (1980) qui constatent qu'une baisse de l'estime de soi est liée à une augmentation de la solitude. Comme l'expliquent Peplau, Miceli et Morsasch (1982), une faible estime de soi s'accompagne d'un ensemble d'attitudes et de comportements nuisibles à une interaction sociale satisfaisante, ce qui graduellement entraîne la solitude. Le chômeur peut avoir tendance à s'isoler afin de protéger sa propre image, en dépit de son besoin de support social, comme le fait ressortir Briar (1978). Le fait que le niveau de solitude des chômeurs chroniques, bien que significativement plus élevé que celui des chômeurs récents, se situe à l'intérieur des limites normales pourrait trouver une explication analogue à celle proposée pour l'estime de soi.

Enfin, lorsque les sujets sont répartis selon la durée du chômage, il y a une différence significative dans la gravité des états dépressifs des chômeurs récents et moyens d'une part, et récents et chroniques d'autre part. Tout comme pour la solitude, l'état dépressif augmente avec la prolongation de la période de chômage. Encore une fois, nos résultats confirment ceux de la quasi totalité des recherches antérieures concernant la relation entre le chômage et la dépression (Brown, Bhrolchain et Harris, 1975 ; Cooke, 1982 ; Coopersmith, 1967 ; Feather et Davenport, 1981 ; Finlay-Jones et Eckhardt, 1981 ; Roy, 1981 ; Swinburne, 1981). Avec le temps, l'espoir du chômeur de se trouver un autre emploi s'évanouit, pour faire place à la détresse. De même, les privations dues à une baisse de revenus se font de plus en plus sentir, engendrant la dépression. La compréhension et le support de l'entourage s'affaiblit également avec le temps, si bien qu'il devient de plus en plus difficile pour le chômeur d'accepter sans tristesse sa situation. Le niveau de dépression demeurerait encore ici en deça du pathologique, pour les raisons proposées à la variable « estime de soi ».

Les résultats obtenus chez les femmes diplômées ne sont pas différents de ceux obtenus chez les hommes diplômés aux variables « estime de soi », « solitude » et « état dépressif ». Ces résultats confirment ceux de Kaufman (1982), qui affirme que le chômage a des effets similaires chez les hommes et chez les femmes, mais infirment ceux de Estes (1973) et de Cohn (1977). Ces derniers postulent que l'existence pour les femmes, du rôle alternatif de mère, peut diminuer les effets du chômage, et que les femmes chômeuses montrent de plus faibles perturbations psychologiques que les hommes chômeurs. Cette dernière explication, peut-être valable à cette époque, le semble moins aujourd'hui avec l'évolution du rôle de la femme, qui a développé face au travail à l'extérieur du foyer, une attitude semblable à celle de l'homme. D'ailleurs la recherche de Kaufman, publiée 9 ans après celle de Estes, et 5 ans après celle de Cohn, n'avait déjà pu trouver de différence significative entre les femmes et les hommes.

Comparaison entre chômeurs diplômés et non-diplômés

On constate d'abord que les chômeurs récents diplômés ont une estime de soi significativement plus élevée que les chômeurs récents non-diplômés. Par contre, cette différence s'estompe avec la prolongation du chômage. Ces résultats vont partiellement dans le sens de ceux de Hepworth (1980). Au début de la période de chômage, les chômeurs récents diplômés réussissent en effet à garder une meilleure estime de soi. On pourrait supposer que les diplômés avaient une meilleure estime de soi que les non-diplômés avant d'être en chômage. Ce sentiment se maintiendrait à un niveau plus élevé au tout début du chômage. Étant donné que les diplômés obtiennent plus de satisfaction et de valorisation de leur emploi que les individus des autres groupes (Gurin,

Veroff et Feld, 1960 ; Staines et O'Conner, 1979), il n'est guère surprenant de voir cette estime baisser rapidement au niveau de celle des non-diplômés, avec la prolongation du chômage.

Quant à la dépression, elle est significativement plus forte chez les chômeurs chroniques diplômés que chez les chômeurs chroniques non-diplômés. Ces résultats corroborent ceux de Cobb et Kasl (1977) et de Kaufman (1982). Alors que l'estime de soi baisse avec la prolongation du chômage chez les chômeurs diplômés, il est normal de voir leur dépression augmenter, ces deux variables étant reliées entre elles. Les chômeurs diplômés ont d'abord investi davantage de temps, d'énergie et d'argent dans leur préparation au travail que les non-diplômés. En raison de cette préparation plus poussée, leur déception de se retrouver en chômage serait donc plus grande. Il leur est aussi probablement plus difficile que pour les non-diplômés de conserver le même train de vie qu'avant le chômage, et de continuer à faire face à leurs obligations matérielles. Enfin, l'emploi, chez les diplômés, étant un moyen de satisfaction personnelle et sociale plus grand que chez les non-diplômés, la perte d'emploi occasionnerait davantage de dépression chez les diplômés lorsque le chômage devient de plus en plus une réalité durable.

CONCLUSION

Le but de cette recherche était d'étudier le niveau d'estime de soi, de solitude et de dépression chez des chômeurs diplômés d'université en tenant compte de la durée du chômage. Ainsi, les sujets furent répartis en trois groupes soit, chômeurs récents, moyens et chroniques. Ces sujets furent comparés à un échantillon de chômeurs non-diplômés d'université.

Les résultats obtenus démontrent que les sujets diplômés des trois groupes ont une estime de soi moyenne, vivent un niveau moyen de solitude et peu d'états dépressifs. Quant à l'estime de soi, on constate qu'elle est significativement plus faible chez les chômeurs chroniques que chez les chômeurs récents. À la variable solitude, les résultats sont significativement plus élevés chez les chômeurs chroniques que chez les chômeurs récents. Enfin, les états dépressifs sont significativement plus forts chez les chômeurs moyens que chez les chômeurs récents, de même que chez les chômeurs chroniques par rapport aux chômeurs récents. Il apparaît donc clairement que plus le chômage dure, plus les conséquences psychosociales néfastes se font sentir chez les chômeurs.

Les résultats obtenus chez les femmes diplômées en chômage, et ce, si l'on exclut la variable « durée du chômage », ne sont pas différents de ceux obtenus chez les hommes. Avec l'évolution du rôle de la femme au cours des dernières années, celle-ci aurait développé face au travail à l'extérieur du foyer une attitude similaire à celle de l'homme.

Les résultats chez les chômeurs diplômés diffèrent significativement de ceux obtenus chez les non-diplômés pour deux variables : les chômeurs récents diplômés ont une estime de soi plus élevée que les chômeurs récents non-diplômés. De plus, les chômeurs chroniques diplômés vivent plus d'états dépressifs que leurs collègues non-diplômés. Au début du chômage, les chômeurs récents diplômés réussissent à garder une meilleure estime de soi peut-être parce que celle-ci était meilleure avant le début du chômage. Quant à la dépression, on pouvait s'attendre à ce qu'elle soit plus élevée chez les chômeurs chroniques diplômés que chez les chômeurs chroniques non-diplômés. En effet, les diplômés ont investi davantage de temps, d'énergie et d'argent dans leur préparation au travail. Leur déception de se retrouver toujours en chômage après un an serait donc plus grande. Enfin, l'emploi pour les diplômés étant un moyen de satisfaction personnelle et sociale plus grand que pour les non-diplômés, la perte de celui-ci occasionnerait davantage de dépression chez les diplômés quand le chômage se chronicise.

RÉFÉRENCES

Briar, K.K. *The Effect of Long-term Unemployment on Workers and their Families*. San Francisco, CA : R et E Research Associates, 1978.

Brown, G.W., Bhrolchain, M.N. et Harris, T. *Social Class and Psychiatric Disturbances Among Women in an Urban Population*. Sociology, 1975, 9, 225-254.

Cobb, S. et Kasl, S.V. *The Consequences of Job Loss*. Cincinnati, Ohio : U.S. Department of Health, Education and Welfare, 1977.

Cohn, R.M. *The Consequences of Unemployment and Evaluation of Self*. Thèse, University of Michigan, 1977.

Cooke, D.J. *Depression : Demographic Factors in the Distribution of Different Syndromes in the General Population*. Social Psychiatry, 1982, 17, 29-36.

Coopersmith, S. *The Antecedents of Self-esteem*. San Francisco, CA : W.H. Freeman, 1967.

Estes, R.J. *Emotional Consequences of Job Loss*. Doctoral dissertation, University of Pennsylvania, School of Social Work, 1973.

Feather, N.T. et Davenport, P.R. *Unemployment and Depressive Affect : A Motivational and Attributional Analysis*. Journal of Personality and Social Psychology, 1981, 41 (3), 422-436.

Finlay-Jones, R. et Eckhardt, B. *Psychiatric Disorder Among the Young Unemployed*. Australian and New-Zealand Journal of Psychiatry, 1981, 15 (3), 265-270.

Gauthier, J., Samson, P. et Turbide, D. Adaptation française du *Social Self-esteem Inventory*. Revue Canadienne des Sciences du Comportement, 1982, 13 (3), 218-225.

Gauthier, J., Thériault, F. et Morin, C. Adaptation française d'une mesure d'auto-évaluation de l'intensité de la dépression (Beck). *Revue Québécoise de Psychologie*, 1982, 3 (2), 13-27.

Gordon, S. *Loneliness in America*. New York : Simon and Schuster, 1976.

Gurin, G., Veroff, J. et Feld, S. *American View their Mental Health : A National Wide Survey*. New York : Basic Books, 1960.

Hall, O.M. *Attitudes of Employed and Unemployed Men*. Psychological Bulletin, 1933a, 30, 732-733.

Hartley, J.F. *Psychological Approaches to Unemployment*. Bulletin of the British Psychological Society, 1980a, 33, 412-414.

Hartley, J.F. *The Impact of Unemployment upon the Self-esteem of Managers*. Journal of Occupational Psychology, 1980b, 53, 147-155.

Hepworth, S.J. *Moderating Factors of the Psychological Impact of Unemployment*. Journal of Occupational Psychology, 1980, 53 (2), 139-146.

Hill, J. *The Psychological Impact of Unemployment*. New Society, 1978, 43, 118-120.

Joshi, P. et de Grâce, G.-R. Estime de soi, dépression, solitude et communication émotive selon la durée du chômage, accepté pour publication, *Revue québécoise de psychologie,* 1985.

Kaufman, H.G. *Professionals in Search of Work : Coping with the Stress of Job Loss and Underemployment.* New York : John Wiley and Sons, 1982.

Loucks, S. *Loneliness, Affect and Self-Concept : Construct Validity of the Bradley Loneliness Scale. Journal of Personality Assessment,* 1980, *44* (2), 142-147.

Oliver, J.M. et Ponicter, C. *Depression in Automotive Assembly-Line Workers as a Function of Unemployment Variables. American Journal of Community Psychology,* 1981, *9* (5), 507-512.

Peplau, L.A., Miceli, M. et Morsasch, B. *Loneliness and Self-Evaluation* dans L.A. Peplau et D. Perlman (rédacteurs) *Loneliness, a Sourcebook of Current Theory Research and Therapy.* New York : Wiley & Sons, 1982.

Perfetti, L.J. *The Relationship Between Level of Self-Esteem and Unemployment in New-Jersey Mental Refinery Workers. Dissertation Abstracts International,* 1980, *40* (7-B), 3439.

Pieroni, R.M. *Factors and Predictors Underlying Psychological Distress During Unemployment. Dissertation Abstract International,* 1980, *41* (6-B), 2301.

Powell, D.H. et Driscoll, P.E. *Middle-Class Professionals Face Unemployment. Society,* 1973, *10* (2), 18-26.

Roy, A. *Risk Factors and Depression in Canadian Women. Journal of Affective Disorders,* 1981, *3* (1), 65-70.

Russel, D., Peplau, L.A. et Cutrona, C.E. *The revised U.C.L.A. Loneliness Scale : Concurrent and Discriminant Validity Evidence. Journal of Personality and Social Psychology,* 1980, *39* (3), 472-480.

Schlossberg, N.K. et Leibowitz, Z. *Organizational Support Systems as Buffers to Job Loss. Journal of Vocational Behavior,* 1980, *17,* 204-217.

Sheppard, H.L. *Worker Reaction to Job Displacement. Monthly Labor Review,* 1965, *88* (2), 170-172.

Staines, G.L. et O'Conner, P. The Relationship Between Work and Leisure, Unpublished paper, University of Michigan Survey Research Center, 1979.

Swinburne, P. The Psychological Impact of Unemployment of Managers and Professional Staff. Journal of Occupational Psychology, 1981, 54, 47-64.

Wilcock, R.C. et Frank, W.H. Unwanted Workers : Permanent Lay-offs and Long-term Unemployment. New York : Free Press of Gencoe, 1963.

Wood, L.A. Loneliness, Social Identity and Social Structure. Essence, 1978, 2 (4), 259-270.

4.3

Psychothérapie et changement de carrière

MONIQUE BRILLON et ANDRÉ RENAUD

Une profession, une carrière, un métier représentent beaucoup plus qu'un ensemble d'habiletés et de fonctions. Un travail étaye tout un mode de vie. Le métier exercé procure beaucoup plus qu'un revenu, qu'un gagne-pain, il inscrit le travailleur dans un milieu physique et social. Les gestes quotidiens exploitent et renforcent certains traits de caractère, certaines habiletés qui qualifient les rôles occupés dans la société et attribuent un statut social. Se développent alors certaines façons de faire, de penser et de vivre.

Avant l'ère industrielle, on s'interrogeait peu sur le sens et l'importance du travail pour le développement et l'épanouissement de la personne. Le travail, lié à la survie, portait en soi sa motivation et sa valorisation. Chacun jouait un rôle reconnu et valorisé dans l'organisation sociale. Le choix de carrière était stable et on affirmait volontiers : « *pierre qui roule n'amasse pas mousse* ».

La révolution industrielle et, plus récemment, la révolution technologique ont complexifié l'organisation sociale ; et spécialisé, technicisé, morcelé, segmenté le travail, lui retirant son sens immédiat. Cette nouvelle organisation du travail entraîne une bureaucratisation plus lourde et des lieux d'activités plus vastes, concentrés dans des régions géographiques déterminées (zones industrielles ou commerciales) souvent éloignées du logis, de la zone résidentielle. Les structures urbaines ont été repensées.

Il arrive fréquemment aujourd'hui que le travailleur sur une chaîne de montage répète inlassablement la même opération, ignore souvent le travail accompli sur une autre section de la chaîne et parfois même, le produit final. La robotique et la bureautique apportent à leur tour une réorganisation du travail qui exige une formation encore plus spécialisée de la part du travailleur. Ces restructurations successives et rapides entretiennent quelques relations de cause à effet avec les fréquents et violents états de crise rencontrés dans le monde du travail et l'insatisfaction manifeste des travailleurs.

Chacun reconnaît qu'il aura des échelons à gravir avant d'atteindre son objectif, qu'il devra déployer des efforts, faire ses preuves, convaincre ses patrons et ses pairs de ses compétences avant d'être agréé, respecté et admiré. La patience, la quantité d'énergies et les aptitudes varient d'un individu à un autre et chez un même individu selon les étapes de sa vie, les expériences vécues, le support et la compréhension rencontrés. Tous aspirent à une réalisation de leurs potentialités par leur travail, au bonheur par leur action. Certains y parviennent, d'autres l'atteignent partiellement, d'autres cherchent toujours et encore l'oasis. Certains oseront réorienter par eux-mêmes leur carrière, d'autres devront le faire parce qu'ils y seront forcés. D'autres encore élaboreront secrètement plusieurs projets en ce sens, mais ne les actualiseront jamais par crainte de paraître instables, parce qu'ils n'entrevoient aucune possibilité d'instaurer quelque changement que ce soit dans leur situation actuelle. Ces personnes se soumettent à leur sort et justifient leur inaction par diverses rationalisations : « *Il faut savoir se contenter de ce que l'on a. Trop d'ambition nuit. Il faut accepter son sort. Such is life.* » *Etc...* Ces travailleurs inhibent leurs désirs, leurs rêves pour ne plus souffrir de leur situation, ne plus ressentir la frustration, l'impuissance. Le nombre de personnes souhaitant changer de carrière au mitan de leur vie est de beaucoup supérieur au nombre de celles qui réalisent ce changement (Sarason, 1977). Nous constatons effectivement un accroissement du nombre des travailleurs qui changent une, deux, trois fois d'emploi au cours de leur vie. L'évolution des mentalités rend pareils changements plus acceptables. La situation économique et les progrès technologiques provoquent aussi plusieurs réorientations de carrière. Cependant, il s'avère que le facteur le plus puissant à motiver une telle modification est la disparité entre les rêves et aspirations intimes et la réalité telle que le travailleur la perçoit dans sa situation actuelle, et son anticipation du futur (Isaacson, 1981). Thomas (1979) démontre que 76 % des gens qui changent d'emploi cherchent avant tout un travail plus significatif pour eux, 69 % veulent un meilleur équilibre entre leurs valeurs personnelles et leur gagne-pain, 13 % une sécurité d'emploi et 11 % seulement désirent un meilleur salaire.

En début de carrière, l'individu accepte un compromis entre ses rêves, ses aspirations et la réalité immédiate quelque peu imposée par son travail. Le point de départ dans un emploi est généralement inférieur à l'idéal que la personne s'est fixé. La réalisation des ambitions est temporairement différée et le travailleur est appelé à réajuster ses rêves, à les projeter dans un avenir plus ou moins rapproché. Il tente d'optimiser sa position actuelle en remaniant, réorganisant et planifiant son travail pour le rendre plus conforme à ses aspirations (Ginzberg, 1972). Ainsi, un travailleur change plus volontiers et plus facilement d'emploi lorsque l'attrait créé par un nouveau poste et l'espoir d'améliorer son sort sont plus forts que la satisfaction apportée par le travail actuel (Snyder, R., Howard, A. et Hammer, T., 1978). Les facteurs en jeu dans ce calcul sont davantage de nature interne et intime qu'externe ou matérielle. Par ailleurs, que le travailleur découvre soudainement ou progressivement une nouvelle possibilité de réaliser ses rêves a peu d'importance en soi. C'est le niveau de conscience de sa propre situation et du degré de réalisation de ses ambitions, joint à l'évaluation des possibilités de les réaliser dans sa situation actuelle ou ailleurs, qui incitera l'individu à changer d'emploi, à accepter une promotion, à risquer une nouvelle orientation. Le niveau et la justesse des prises de conscience varient d'un individu à un autre et, chez un même individu, selon les étapes de son développement personnel et de ses conditions de vie. Une personne immature évalue souvent trop subjectivement sa situation, un sujet perturbé broie facilement du noir et juge négativement son état.

Le choix de l'occupation et les traits de la personnalité sont étroitement reliés. Ce que fait une personne pour gagner sa vie est très révélateur de sa personnalité. Même si les jugements stéréotypés sur le style de personnalité de tel ou tel travailleur frisent souvent la caricature, ils n'en traduisent pas moins une image globale de la personne exerçant telle ou telle occupation. Ainsi, on peut se demander si des personnalités semblables tendent à occuper des positions semblables, ou si le choix d'un travail relève du développement de certains traits de caractère. En fait, c'est toute la personnalité qui est en jeu dans le choix d'une carrière, quoiqu'en retour, la pratique d'un travail influence largement les buts, les idéaux, les mœurs, les rôles, les ami(e)s, le style de vie qu'une personne développe.

Ainsi, par exemple, il est reconnu que les policiers-patrouilleurs et les chauffeurs de taxi, soumis à un stress quasi-constant, souffrent souvent de troubles gastriques et de maux de dos. Les routiers, au volant de leur gros camion, défendent généralement leur indépendance avec une violence peu commune et s'avèrent fréquemment plus agressifs sur la route que le conducteur de plaisance. L'ingénieur est facilement caricaturé dans sa rationalité, son observation froide et son analyse aiguë des situations. Le politicien est souvent raillé pour ses « promesses » et le soin apporté à son image publique, etc...

Bref, malgré le jeu du hasard, l'opportunité des situations, la chance du moment, le choix d'un travail apparaît comme la suite d'un développement d'intérêts, d'habiletés, d'attitudes qui impliquent l'ensemble de la personnalité. Toute personne est en mesure de fournir quelques bonnes raisons, quelques explications conscientes pour justifier son choix de carrière. Cependant, le plus souvent la conversation se termine invariablement par des formules du genre :

« à vrai dire, je ne sais pas pourquoi j'ai opté pour cette profession »,
« il me serait difficile de dire exactement pourquoi c'est comme ça, mais c'est comme ça »,

« *je ne sais pas ce qui m'a poussé là dedans, mais j'y suis et j'aime ça* »,
« *je ne sais pas dire pourquoi exactement, mais je crois que j'avais ça en moi* »,
« *j'ai toujours voulu faire ce travail, j'étais tout jeune et je jouais à ça* ».

Des motivations inconscientes influencent encore plus fortement le choix d'une carrière. Les motivations conscientes ne représentent que la pointe de l'iceberg constitué par l'ensemble des facteurs favorisant telle orientation professionnelle au détriment de toutes les autres possibles. Selon que ces motivations inconscientes seront plus ou moins comblées, plus ou moins synchrones au moi, l'individu éprouvera plus ou moins de satisfactions à son travail et se réalisera à un degré plus ou moins élevé et épanouissant.

Le choix d'une carrière n'apparaît pas subitement. Au contraire, ce choix se révèle le produit d'un long processus commençant dès la petite enfance, processus qui suit le développement et l'intégration progressive de la personnalité. Au début, les premières considérations sont diffuses et irréalistes, égocentriques et narcissiques. L'enfant qui imite le geste signifiant l'interdit de toucher, s'identifie déjà à l'adulte puissant. Un peu plus tard, juste avant l'entrée à l'école, l'enfant s'exerce à d'autres gestuelles par imitation et explore ainsi ses goûts, ses aptitudes et le monde environnant. Il devient policier, pompier, conducteur d'autobus. Avec la scolarisation, il élargit son horizon, apprend à mieux connaître la réalité et les valeurs que la société attribue aux personnes. Aussi développe-t-il progressivement le culte des héros et des idoles. Il veut maintenant devenir un joueur de hockey, un astronaute, un acteur, etc... À l'adolescence, il s'essaie dans divers travaux durant les vacances d'été, les fins de semaine. À l'école, c'est dans les activités parascolaires qu'il se découvre, tandis qu'à la maison, il tâte certains travaux d'entretien et de réparation. Évidemment à cet âge, il est surtout attiré par ce qui lui apporte rapidement pouvoir et prestige. Au niveau collégial, il procède, avec une connaissance élargie, à l'examen de ses potentialités et des possibilités et exigences de la réalité. Il s'appuie davantage sur certaines identifications aux professeurs qui l'ont impressionné par leur savoir, leur façon d'être, leur action. Tout ce processus se déroule dans une trame familiale, une histoire intime qui influence tant le contenu que la forme des goûts et intérêts. Toute famille vit des problématiques diverses et des conflits interpersonnels qui marquent l'orientation profonde de la personnalité, les aptitudes, les attitudes et les intérêts de la personne.

Avant la fin des études collégiales plusieurs jeunes se sont déjà engagés par choix ou par obligation sur le marché du travail. Ils s'y sont lancés tête baissée pour fuir l'école, la monotonie de leur vie quotidienne, la pauvreté de leurs moyens financiers, les conflits familiaux, les difficultés personnelles. Ils ont été attirés par une ouverture, une opportunité, la proximité d'un gain matériel ou la liberté... Ils ont accepté cet emploi en attendant... en attendant de trouver autre chose... de trouver mieux... de découvrir leurs goûts et leurs intérêts... Ils ont opté pour le marché du travail pour s'impliquer davantage dans une action concrète... pour prendre de l'expérience... pour se sentir utile...

Ils sont déjà contents d'eux-mêmes ou déjà en quête d'un nième emploi. Ils ont déjà reçu leur première promotion ou prévoient une amélioration de leur sort, élaborent des projets ou ont trouvé ce qu'ils cherchaient et prévoient ce que sera leur avenir. Pour ceux qui ont choisi de poursuivre leurs études, foncièrement, c'est à peine sorti de l'enfance que l'organisation socio-scolaire les oblige à des décisions importantes et concrètes quant à l'orientation scolaire et professionnelle ultérieure. Encore imprégnés de l'emprise familiale, le recul nécessaire pour se définir en fonction de soi manque parfois. Le choix de carrière peut alors facilement s'avérer une voie empruntée par la personnalité pour résoudre des conflits infantiles. Ainsi, un fils aîné peut s'engager dans une profession libérale et scientifique pour répondre à des besoins conscients de reconnaissance sociale et de gains financiers, ou parce que ses résultats scolaires en mathématiques et en sciences lui apportaient la gratification indispensable à une bonne estime de lui-même. Malgré cela, il peut s'avérer que les intérêts profonds de la personne soient davantage orientés vers les arts et que le choix d'une carrière scientifique vienne plutôt répondre aux attentes parentales, au désir de conserver l'amour parental. En pareil cas, une orientation personnelle est inhibée au profit d'une sécurité dans la relation objectale. À l'inverse, tel autre dédaignera des études universitaires malgré un talent évident, prétextant préférer un travail manuel, concret. Pareil choix pourrait s'avérer à l'analyse une opposition aux valeurs familiales, un refus des idéaux parentaux, une hostilité inconsciente face aux premiers objets d'amour. Pareils choix peuvent éventuellement s'avérer synchrones au Moi, mais ils peuvent aussi chercher une solution à un conflit infantile, sans que le Moi y trouve son épanouissement.

La psychanalyse enseigne que toute activité culturelle ou sociale repose sur des bases pulsionnelles. Les tendances partielles de la sexualité ont une grande facilité à varier leurs objets et leurs buts.

« La tendance sexuelle, ayant renoncé au plaisir partiel ou à celui que procure l'acte de procréation, l'a remplacé par un autre but présentant avec le premier des rapports génétiques, mais qui a cessé d'être sexuel pour devenir social » (Freud, 1963).

Un certain nombre de ces tendances ressurgissent sous l'allure de formation caractérielle et constituent le « caractère » spécifique de l'individu. D'autres prennent une voie plus dégagée de la sphère conflictuelle et favorisent la « sublimation ». Selon Klein (1967), il y a dans les premières, une fixation de la pulsion à un mode spécifique de satisfaction, alors qu'il y a transfert de la situation de plaisir aux tendances du moi, dans les secondes.

On choisit consciemment un travail afin qu'il apporte satisfaction, agrément et permette une vie bien remplie et intéressante. On peut choisir aussi une occupation en fonction de la sécurité et du pouvoir qu'elle semble procurer, ou du prestige qu'elle laisse entrevoir dans la famille et la communauté, ou de l'argent et du bon temps qu'elle promet, ou de la popularité et des responsabilités qu'elle implique, etc... Cependant, au delà de ces motivations affirmées, le travailleur recherche une satisfaction plus profonde, plus intime, qui valorisera l'estime qu'il se porte, qui favorisera plus ou moins directement la réalisation de certains désirs, l'affirmation de certaines identifications, ou carrément la résolution de conflits infantiles. Le choix de carrière s'avère être largement fonction de l'organisation caractérielle de la personne ou, dans les meilleurs cas, des sublimations accomplies.

Bien que ce choix repose sur des motivations largement inconscientes, il peut s'avérer un heureux compromis, une façon saine et adaptée au Moi de résoudre les conflits infantiles. Plus l'individu connaît un développement sain, plus son choix de carrière peut être le fruit de sublimations. Son travail repose alors sur des bases de reconnaissance et de gratitude. L'occupation est satisfaisante et contribue à renforcer l'estime et la réalisation de soi.

Par ailleurs, un individu ayant connu un développement difficile, tendu, voire perturbé, a plus de chances de baser son choix de carrière sur des formations caractérielles. Son travail se révèle alors une tentative de réparation. De la réparation maniaque à la réparation en conformité avec la réalité, toutes les nuances sont possibles. Cependant la satisfaction retirée du travail accompli demeure handicapée, parce que chargée d'une dose plus ou moins grande d'angoisse liée au désir même de réparer, et à la crainte de ne pas réussir. Le degré de tolérance face aux frustrations, voire aux échecs inéluctablement liés au travail devient plus faible. Le plus souvent la personne ne remet pas en question son choix de carrière, mais accuse plutôt la situation, le contexte, l'organisation, les pairs, les autorités, etc... d'être la cause de son mécontentement. Elle parle parfois d'un vague malaise interne, sans pour autant relier cet inconfort intérieur et sa situation de travail. Elle se reproche de ne pas être aussi efficace qu'elle le souhaite, pas aussi créatrice qu'elle le désire, etc...

Le psychologue, plus particulièrement le psychothérapeute retrouve parfois dans son cabinet de consultation des individus ayant basé leur vie professionnelle sur des formations caractérielles, sur des conflits infantiles non solutionnés. Ils consultent pour un malaise au travail, un sentiment de non-réalisation personnelle, une impression d'épuisement au travail, un désabusement profond face à leur occupation et à leur vie en général, etc... D'autres viennent carrément poser la question d'une réorientation professionnelle. D'autres présentent des problématiques variées qui ne semblent entretenir aucune relation *a priori* avec leur activité quotidienne.

Quant à ceux dont le choix de carrière est basé sur certaines sublimations, ils ne sont pas à l'abri pour autant d'un questionnement, d'une crise, d'un doute en cours de carrière. La personne peut être forcée par des éléments extérieurs de reformuler son orientation professionnelle. Qu'il s'agisse d'une fermeture d'usine, d'un déménagement de la compagnie, d'une nouvelle technologie, d'une réorganisation, etc... l'individu peut éprouver non seulement une difficulté d'adaptation, mais une impossibilité, un refus massif de faire face, de composer avec la nouvelle situation. Il est possible alors d'observer des réactions dépressives importantes, etc... qui nécessitent un support psychologique, voire une psychothérapie.

CHOIX DE CARRIÈRE, FORMATIONS CARACTÉRIELLES ET PSYCHOTHÉRAPIE

Devant l'impossibilité d'optimiser son emploi dans le sens de son idéal, le travailleur peut accumuler une grande frustration, se désespérer, devenir désabusé à court, moyen ou long terme. La réaction négative sera d'autant plus forte que le niveau d'aspiration était élevé et la motivation forte (Isaacson, 1981). De plus, si les motivations reposent sur quelques conflits infantiles non résolus, l'insatisfaction atteint un niveau paroxystique et la personne se sent perdue à jamais. Toute sa vie affective s'en trouve alors perturbée. C'est souvent dans ce contexte que l'individu consulte en psychothérapie.

Ainsi, M., 42 ans, troisième tentative de suicide, désabusé, se plaint de n'avoir rien fait de bien dans sa vie, d'avoir échoué tout ce qu'il avait entrepris jusqu'à présent. Il aurait aimé « *faire des études avancées et devenir quelqu'un d'important comme les autres dans la famille.* » Deuxième d'une famille de trois enfants, il a toujours eu le sentiment d'être « *de travers, différent des autres.* ». Ses parents étaient de professions libérales et aspiraient au plus brillant avenir pour les trois enfants. M., en un sens, accepte cet idéal, mais le conteste par ailleurs. En réaction à la trame familiale, M., a orienté ses études, sa méthode de travail, ses ambitions immédiates selon certaines formations caractérielles, conformément aux fixations pulsionnelles établies en bas âges. Il a rejeté l'idéal parental, a cherché à se différencier, à s'individualiser sans le support de ses parents et des moyens qu'ils mettaient à sa disposition. Il voulait se prouver et démontrer aux autres qu'il pouvait réussir seul. La culpabilité de se détacher ainsi des siens, de balancer par dessus bord l'idéal proposé l'a poussé à développer une névrose d'échec. Il a toujours espéré une réparation miraculeuse des déceptions qu'il provoquait à ses parents et des blessures narcissiques subies. Il occupe son premier emploi à l'âge de 16 ans, après avoir été chassé de l'école pour indiscipline et chahut. Il devient commissionnaires dans une épicerie du coin. Il se voyait déjà commis, caissier, assistant-gérant. Il économiserait et achèterait son propre magasin, un magasin plus grand, plus beau. Hélas les promotions ne viennent pas assez rapidement ! Après neuf mois, M. cherche un nouvel emploi, un emploi plus prestigieux. Il s'exile sur un chantier de construction loin de ses parents. À son retour il veut démontrer qu'il est devenu quelqu'un. Il travaille très dur et dans des conditions pénibles. Il économise tout son salaire et s'achète une voiture usagée aux premières vacances. Il ne voulait pas arriver « *tout nu* » à la maison. Une voiture de belle apparence convaincrait tout le monde qu'il est « *devenu quelqu'un de bien.* » On ne le raillerait plus. Quelle réparation se fixait-il ! La voiture usagée exige rapidement des réparations coûteuses et la réaction de ses parents ne ressemble en rien à celle qu'il espérait. Déçu, désabusé, il retourne à son chantier en exil. Là, le travail, l'argent économisé ne lui garantissent plus la réparation désirée, l'expérience avait été trop amère. Dix mois plus tard il déserte son emploi et se dirige dans un grand centre urbain dans le but de se refaire une vie à sa mesure, une image plus positive de lui-même. Il devient vendeur itinérant, travailleur journalier dans une usine de pièces automobiles, dans une usine de textiles, dans une manufacture de chaussures, etc... Chacun des emplois est suivi d'une période plus ou moins longue de chômage. Il est toujours à la recherche de l'emploi qui ferait de lui un homme important, un homme dont on rechercherait la compagnie, qu'on admirerait. Ses relations avec les femmes suivent le même profil. Les déceptions amoureuses et sexuelles font suite aux coups de foudre, aux élans enflammés. La première tentative de suicide constitue une réaction dépressive à la nième perte d'emploi et à un chagrin d'amour. M. déménage de ville encore une fois, mais se retrouve seul, sans le sou, découragé. Il tente de s'enlever la vie par le biais d'un accident d'automobile. Il revient vivre auprès de ses parents durant quelques années. Il tente alors de reprendre ses études, mais encore une fois, les aspirations dépassent de beaucoup sa disponibilité à faire les efforts nécessaires. C'est un nouvel échec suivi d'une nouvelle fuite vers un paradis escompté qui se solde par la seconde tentative de suicide. La mort de son père, un peu plus d'un an avant la seconde tentative de suicide, paraît un événement majeur dont M. a d'abord nié toute l'importance. À sa sortie de l'hôpital, il demeure chez son frère aîné pendant quelques mois, puis chez sa mère. Il ouvre un commerce avec l'argent de l'héritage que son père lui a laissé. Cette boutique fonctionne bien au début, elle s'avère rentable quelques années, mais M. voit grand et aspire toujours à une réparation de son image, de son narcissisme blessé, à la restitution de son estime. Il roule carrosse, mène la grande vie, se présentant de moins en moins souvent à son travail, confiant de plus en plus ses responsabilités à quelques employés, si bien qu'il doit déclarer faillite après quelques années de vaches grasses. Adieu voiture neuve, grands restaurants, belles discothèques, etc... M. se retrouve « *tout nu* » selon son expression. Troisième tentative de suicide. Après un séjour de quelques mois en psychiatrie, M. retourne habiter chez sa mère âgée, malade, à qui il rend divers services. Au décès de sa mère, M. quitte sa ville natale pour se trouver du travail dans un autre pays. Il y demeure moins d'un an et en revient aussi démuni qu'à son départ. Il occupe diverses fonctions, toutes aussi limitées les unes que les autres. La dépression de plus en plus prégnante inquiète la famille immédiate qui l'incite sans cesse à consulter en psychothérapie. L'écart entre les désirs, les aspirations et la réalité de ses réalisations creuse un fossé de plus en plus pénible à supporter.

Durant les deux premières années de sa psychothérapie, M. tente sans cesse de mettre fin au processus, d'être rejeté, de prouver à tout le monde que personne ne peut quoi que ce soit pour lui. C'est bien le message que le thérapeute lui renvoie sans cesse : personne ne peut quoi que ce soit pour lui si lui ne le veut pas d'abord. M. finit par entendre ce discours et y réagir. C'est alors qu'il prend en charge le paiement complet de ses séances jusque-là acquittées au deux-tiers par son frère aîné. Il se trouve alors un emploi à temps partiel et reprend ses études. Il tient bon jusqu'à la fin. Il obtient un diplôme dans un métier technique et travaille quelques années dans une usine. Il y prend une bonne expérience et hésite longtemps avant d'ouvrir un atelier de réparation électronique qui s'avère suffisamment florissant pour lui permettre de gagner honorablement sa vie et se garantir enfin une image de lui-même mieux adaptée à la réalité et dont il est fier. La psychothérapie a contribué à dénouer le conflit infantile et la culpabilité. Elle a permis à M. d'ajuster ses aspirations à ses capacités, et d'atteindre enfin la réussite.

Parfois, le travailleur réalise progressivement et de lui-même que ses intérêts ont évolué. Il ressent, après quelques années, des besoins nouveaux. Il se perçoit différemment, ressent de nouvelles ambitions et souhaite vivre d'une nouvelle façon. En pareil cas, un changement d'emploi peut s'avérer un bon moyen de réaliser son nouveau rêve.

Ainsi, F., 39 ans, célibataire, assume de lourdes responsabilités dans une importante compagnie. Il a réussi brillamment ses études universitaires. À la fin de ses études, il n'a pas eu à chercher un emploi, on le lui a offert. Il s'adapte rapidement et efficacement à son travail. Il gravit les échelons du pouvoir un à un et se retrouve à 37 ans responsable de toute une section impliquant une centaine d'employé-e-s. Son travail l'amène à négocier divers contrats. Ces discussions sont souvent serrées, tendues, difficiles et demandent de plus en plus de détermination, de fermeté, de combativité. F. se sent bientôt fatigué, épuisé, isolé dans son bureau. Les maux de tête, les digestions difficiles, les sommeils agités, l'impossibilité de se détendre constituent les principaux symptômes présentés par F. à sa première entrevue. Il affirme aimer son travail, mais ne plus pouvoir supporter le stress suscité par ses responsabilités. Il croît avoir dépassé son niveau de compétence et craint de plus en plus de faire des erreurs coûteuses, d'être renvoyé pour une quelconque maladresse, malgré le fait que ses supérieurs lui réitèrent sans cesse leur satisfaction face à son travail.

F. est l'aîné d'une famille de quatre enfants. Son père possède une petite entreprise qui a toujours bien fonctionné et fait vivre à l'aise la famille. Sa mère s'est dévouée à sa famille et assiste son époux dans son travail. F. a refusé de s'impliquer dans les affaires de son père sous le prétexte d'acquérir une expérience différente. Étudiant, il travaille tous les étés, toutes les fins de semaine et souvent à temps partiel dans le bureau de son père. Il connaît bien cette affaire, mais souhaite s'enrichir d'« une expérience autre ». En psychothérapie, il prend progressivement conscience que son désir d'une *expérience autre* vise à se différencier d'un père omniprésent et omnipuissant. La maison familiale est annexée au commerce paternel, ainsi le père est toujours à proximité. Il désire se prouver à lui-même qu'il peut se passer de son père, voire, faire mieux que ce dernier. Il comprend qu'il s'agit d'une bonne affaire. Ses succès universitaires, ses succès professionnels, la confiance de ses employeurs ont fini par vaincre son scepticisme à l'égard de lui-même. Adolescent, on l'avait raillé, traité de « fils-à-papa ». Un jour, un de ses professeurs en colère lui a crié que sans son père, il ne serait rien dans la vie. Cette phrase s'est gravée en lui. Ajoutons à cela une rivalité œdipienne difficile, un désir de se révéler plus puissant que ce père déjà omnipuissant, nous saisissons les intérêts et motivations de F. à se débrouiller seul comme son père et sans l'aide de ce dernier, à s'impliquer dans un travail dont l'envergure et le prestige éclipseraient l'image du père tout-puissant. Au cours du processus psychothérapique, F. prend progressivement conscience de ses motivations et s'aperçoit qu'il a gagné, qu'il a réussi plus et mieux que son père, qu'il n'a plus de preuve à se donner. Il précise alors ses nouveaux désirs qu'il ressent vaguement. Il souhaite s'établir dans un mode de vie simple, aimer une femme, vivre une vie de famille plutôt qu'une vie d'hôtel. Il veut aussi réaliser un autre aspect de la vie que son père semble aussi avoir bien réussi, fonder un foyer, être heureux avec une compagne de vie, donner la chance à d'autres enfants de connaître ce qu'il a lui-même connu. Il souhaite donc se réaliser aussi sur le plan génital et son père lui sert encore de modèle. F. a donc quitté son employeur et développé une entreprise concurrente dans un domaine qu'il maîtrise bien. Il établit rapidement et solidement cette nouvelle orientation professionnelle. Sa vie plus stable a favorisé la rencontre d'une amie qu'il se propose d'épouser. Il se dit aujourd'hui détendu, heureux et a le sentiment de vraiment profiter de sa vie.

Le psychologue ou le psychothérapeute recevant en consultation un travailleur désireux de changer d'emploi, ou une personne quelque peu instable au travail, doit être à l'écoute des jeux et enjeux des facteurs inconscients.

Par exemple, certains changements dans l'organisation familiale peuvent être à la source d'un désir de réorientation professionnelle. La naissance d'un nouvel enfant, la charge de parents malades, le rapprochement d'une école pour les enfants, etc... sont autant de circonstances pouvant susciter une réorientation de carrière. Parfois c'est l'inverse. La popularité nouvelle d'un secteur attire les travailleurs. Ainsi en est-il présentement de l'informatique. Les promesses d'un avenir brillant, d'une position valorisée et valorisante suscitent l'intérêt, motivent l'orientation. Parfois, l'évolution des attitudes de la société envers une profession donnée amène un travailleur à modifier son cheminement de carrière. Une critique prolongée d'une profession, d'un métier par les médias, les rumeurs, les scandales, la mise à jour de la corruption dans un secteur donné du monde du travail ébranlent la confiance en soi d'une personne œuvrant dans ce secteur, lui retirent toute gratification et diminuent d'autant l'estime de soi. Le travailleur ne supporte plus d'être identifié à ces déclarations publiques déshonorantes, humiliantes. Ainsi, avons-nous déjà observé des policiers s'orienter vers un autre travail moins rémunérateur, mais heureux de ne plus être comptés parmi « *les bœufs, les chiens,* » etc... Une femme impliquée professionnellement dans la restauration abandonna toute ambition dans ce domaine à la suite d'un article paru dans un quotidien dénonçant la prostitution et le commerce de la drogue dans ces milieux.

Il nous est arrivé de constater chez certains hommes un désir d'améliorer leur sort après que leur épouse ait recommencé à travailler. Alors que celle-ci redécouvre le plaisir du travail, la valorisation par son geste professionnel, l'estime de soi liée à une identité sociale et professionnelle reconnue et rémunérée en conséquence, le discours sur son activité, l'intérêt d'autrui, etc..., son époux remet en question son activité quotidienne, la valeur retirée de son emploi. Ces changements chez l'épouse amènent parfois des bouleversements au sein du couple et provoquent chez l'homme un questionnement sur sa carrière. L'homme envie alors la satisfaction et l'épanouissement que semble revivre son épouse. Il se sent mal à l'aise dans son rôle de pourvoyeur, de producteur anonyme. Il jalouse sa compagne de vie, envie son sort. Il s'interroge alors, et souvent pour la première fois, sur son orientation professionnelle, il ré-évalue sa situation, questionne son avenir, cherche un débouché. Puisque le travail apparaît épanouissant, pourquoi ne le serait-il pas pour lui ? Dans tous ces cas, la psychothérapie peut aider l'individu à revoir son choix de carrière, ses motivations réelles, les bases de son estime de lui-même et orienter son travail d'une façon synchrone au Moi.

Une mutation dans l'organisation d'ensemble d'un emploi peut aussi susciter un désir de réorientation de carrière. Une petite entreprise achetée par une multinationale peut soulever une inquiétude, un déplaisir, une incertitude qui incite à la recherche d'un nouvel emploi. La promotion d'un collègue de travail considéré comme un égal ou un subalterne à un poste perçu comme supérieur peut aussi susciter une insatisfaction, un sentiment d'injustice à un point tel que le travailleur ne peut plus supporter son emploi et le quitte. La relocalisation d'une entreprise, une modification dans le système de production ou la qualité de la production, la prise de conscience d'un danger déjà existant ou nouveau dans l'emploi, certains développements technologiques entraînant de nouvelles méthodes de travail ou de nouveaux outils plus sophistiqués, ou l'inverse, le refus de l'employeur de moderniser son équipement, etc... constituent autant de motivations conscientes et différentes d'un renouveau professionnel. Les modifications étroitement liées à l'organisation spécifique d'un travail sont les plus provocatrices pour un changement d'emploi (Isaacson, 1981). Toutes ces raisons, en apparence plausibles et raisonnables, cachent souvent des motifs profonds et inconscients comme dans les cas de M. et F. La psychothérapie met à jour ces motivations inconscientes. Les changements ainsi provoqués au niveau de la structure de la personnalité se répercutent sur les désirs de réorientation de carrière en permettant à la personne d'effectuer ses nouveaux choix avec une meilleure participation du Moi, selon des désirs en harmonie avec le Moi, le Surmoi et le monde pulsionnel.

Parfois, les raisons évoquées par le travailleur se révèlent plus vagues et plus confuses, tout en suscitant autant d'insatisfaction. Chez certains c'est la méfiance quasi-paranoïde envers les patrons, chez d'autres ce sont les mésententes répétées sur le plan relationnel avec les collègues, chez d'autres il ressort une sorte de désaccord philosophique avec le système de valeurs de la compagnie, chez d'autres encore c'est la perception du favoritisme, de l'injustice, etc... qui motivent une nouvelle recherche d'emploi. Vaitenas et Wiener (1977) affirment que les personnes qui changent souvent d'emploi démontrent une congruence et une consistance plus faibles dans leurs intérêts, un plus haut niveau de perturbations émotionnelles et une plus grande peur de l'échec. Les fréquents changements de carrière procéderaient possiblement d'une diminution d'intérêt, d'un problème émotionnel ou d'une peur de l'échec.

Dans tous les cas, le psychothérapeute doit évaluer non seulement les raisons explicites du travailleur, mais aussi sa personnalité. Il importe peut-être davantage d'aider le travailleur à mieux se comprendre, à mieux connaître ses intérêts, ses ambitions, ses désirs, ses rêves. Souvent, un changement d'emploi ne s'avère pas une solution, mais plutôt une punition bien déguisée, une réaction de culpabilité. Dans d'autres cas, le désir d'un nouvel emploi n'est qu'un moyen de fuir une confrontation, une pulsion, une difficulté relationnelle, un sentiment pénible. Certains travailleurs recherchent le paradis perdu dans une nouvelle carrière. Il faut parfois aider la personne à prendre conscience de ses problèmes émotionnels qui perturbent sa motivation au travail, mettre à jour sa peur de l'échec qui l'incite à fuir. Plus le travailleur est jeune, plus il importe de l'assister dans la compréhension, la connaissance et l'acceptation de lui-même.

LE CHANGEMENT INVOLONTAIRE D'EMPLOI

Dans les situations discutées jusqu'à présent, le changement d'emploi est volontaire, désiré. Malheureusement, souvent ce changement s'avère involontaire, imprévu. La société industrielle et technologique subit d'importants remous économiques et sociaux. Les milieux de travail en sont profondément affectés et les travailleurs sont soudainement confrontés à des transformations majeures dans leurs activités quotidiennes. Certains métiers, certains travaux ne répondent plus aux besoins actuels. Des usines ferment et les employés sont carrément congédiés ou réaffectés à d'autres fonctions. D'autres milieux subissent des réaménagements en profondeur, tant au niveau de l'organisation que des objectifs, pour éviter la fermeture. Les travailleurs sont ainsi bousculés dans leurs habitudes, entraînés à de nouvelles tâches, recyclés. Les compétences d'hier ne sont plus requises. La personne concernée doit s'adapter rapidement et efficacement.

Toutes ces situations imposent à l'individu, sinon un changement de carrière, du moins des rééquilibrations personnelles successives et complexes. D'autant que le travailleur ne choisit pas ce qui lui arrive. Un tel événement provoque indubitablement une crise interne. Le Moi en subit les effets plus ou moins souffrants et dévastateurs selon sa force ou sa faiblesse relative, selon la motivation développée à l'égard du travail et selon l'investissement libidinal effectué sur ce gagne-pain, sur les collègues de travail, sur tout ce qui entoure cette activité quotidienne.

Le travailleur qui éprouve une grande satisfaction à son emploi se voit contraint de changer à contre-cœur. Il est profondément frustré que ses employeurs n'accordent pas la même importance que lui à son travail. Il est confronté à des séparations non désirées. Son milieu de travail se confond souvent avec son milieu social. Ses potentialités adaptatives sont mises à rude épreuve.

De plus, si le choix de carrière de l'individu est fondé sur une formation caractérielle, il risque davantage de ressentir une forte angoisse contre laquelle beaucoup d'énergies sont mobilisées. L'importance du choix de carrière dans le fonctionnement psychodynamique de la personnalité prend ici toute son importance. Le Moi, partagé entre l'organisation défensive de son choix de carrière et la perte possible de ce moyen de défense, se trouve démuni face aux changements imposés et son adaptation en est d'autant amoindrie. La personne ressent davantage le sentiment d'être inadéquate, impuissante devant les nouvelles tâches proposées.

Quelles que soient les circonstances, toutes ces situations provoquent des crises quasi-sismiques dans l'organisation du Moi et chacun y réagit en fonction de la structure dynamique de sa personnalité. Les personnes au Moi faible et dont le choix de carrière repose sur une organisation défensive, voire caractérielle, sont certes les plus traumatisées.

La perte d'emploi est donc le plus souvent vécue comme un cauchemar dans la réalité. Le travailleur se confronte alors à la nécessité de trouver un nouvel emploi. Ce changement indésiré, inattendu, se révèle le plus souvent désavantageux. S'agit-il d'un congédiement, d'une supplantation ? Peut-être le travailleur a-t-il progressivement subi une détérioration physique suite à un accident de travail ou au développement d'une maladie industrielle ? L'implantation de nouvelles technologies ont-elles déclassé le travailleur, rendu sa formation caduque ? Il y a peut-être autant de raisons et de situations différentes que de pertes d'emplois. Ici encore, les enjeux inconscients s'avèrent davantage déterminants et les effets plus néfastes.

Un changement involontaire de carrière constitue une expérience traumatisante et dévastatrice pour l'individu et ses proches. Peterson et Spooner (1975) ont étudié les diverses réactions à la crise provoquée par une perte d'emploi. Après une première phase de négation, apparaissent des réactions de colère, d'envie, de ressentiment dirigées contre soi ou contre l'employeur. L'individu peut être envahi par un profond sentiment d'échec. Cette impression liée à la rage incite l'individu à ne voir que les éléments extérieurs de la crise. Il ne relie pas l'événement traumatisant à l'ensemble de sa carrière. Une telle attitude bloque les réactions constructives et créatrices du Moi. La personne ne maîtrise plus l'anxiété et sombre progressivement et plus ou moins gravement dans des sentiments de désespoir et d'impuissance (Peterson et Spooner, 1975).

Une réelle réaction de deuil apparaît chez le travailleur concerné. La perte d'emploi répugne autant que la mort d'un être cher. Un profond sentiment de perte envahit la personne et inhibe temporairement toute démarche positive. Une forte impression d'injustice s'empare de l'individu et paralyse momentanément son action ou, au contraire, entraîne une décharge agressive difficilement contrôlée prenant pour objet les patrons, les collègues, un ami, un être cher. Parfois, c'est la dépression. L'individu se sent écrasé, sans force, sans motivation, sans but. Tout lui paraît sombrement inutile et voué à l'échec. Le tourment vécu dans pareille situation est toujours considérable. En effet, par son emploi le travailleur comblait ses besoins de sécurité, d'autonomie, d'idéal de vie et de connaissance du futur (Jones, 1979). Il y puisait sa valorisation et en retirait le sentiment d'une participation à la vie sociale. La perte de son travail signifie l'écroulement plus ou moins radical de son idéal, de son autonomie et de sa sécurité. « *Qu'est-ce que je vais faire ? Qu'est-ce que je vais devenir ? À quoi dois-je m'attendre ?* » Cette perte l'amène également à douter de sa valeur personnelle. Ce sont là les premières questions que le congédié se pose avec angoisse. La société le prend à sa charge pour un temps et lui verse un revenu d'assurance-chômage. Il doit adapter son régime de vie à ce nouveau revenu. Souvent le travailleur s'y refuse agressivement. C'est une façon de nier sa situation, sa souffrance, son humiliation. Ses projets d'avenir s'écroulent et anéantissent pour un temps toutes ses motivations, ses ambitions, ses rêves. Il est placé, malgré lui, dans une situation de dépendance matérielle et sociale qui réduit son estime de lui-même.

Une forte réaction agressive accompagne le plus souvent le trouble intérieur ressenti. La situation et l'adaptation à cette situation difficile s'en trouvent complexifiées. La vulnérabilité du travailleur est, pour une part, déterminée par son incompréhension de la raison du congédiement. « *Pourquoi cela m'arrive-t-il à moi ?* » L'absence de réponse claire est nocive et laisse place à l'imaginaire. Selon la personnalité du travailleur congédié, ses fantasmes sont dépressifs, paranoïaques, obsessionnels, sadiques, masochistes, etc... Il reste inhibé ou s'engage dans un activisme effréné. Il s'isole et rumine ou fuit vers les autres et conteste ouvertement le système, le travail, l'injustice, la société, etc... Il cherche honteusement un nouvel emploi ou attend patiemment qu'on lui offre l'emploi réparateur de l'affront subi. Il importe donc d'aider le travailleur à comprendre les raisons réelles de son renvoi. Il doit être parfois encouragé à rencontrer ses patrons et à leur demander des explications claires.

La fragilité du travailleur dans sa réaction agressive relève, d'autre part, de la qualité du support reçu de son environnement. La façon dont le milieu immédiat réagit à la perte de l'emploi influence grandement le chômeur. Le milieu peut ressentir une profonde insécurité et réagir agressivement en critiquant négativement, en reprochant telle ou telle conduite ou attitude, en déplorant le manque de compétence ou de diplôme, etc... La situation peut aussi servir de prétexte pour canaliser et exprimer certaines plaintes étrangères à la suspension d'emploi. D'anciennes frustrations saisissent l'occasion pour refaire surface et provoquer diverses querelles entre les gens du milieu et le travailleur-chômeur. Inversement, le milieu peut tenter de surprotéger le travailleur sans emploi. Aucune critique du travailleur n'est autorisée ou tolérée. La faute est catégoriquement rejetée sur autrui ou sur quelques manigances. « *C'est la faute du syndicat avec ses demandes exagérées... C'est le fils du patron qui l'a coulé... Le surintendant l'a congédié pour donner la place à un de ses amis... C'est une façon de faire de la Compagnie pour sauver de l'argent...* » Les raisons ne manquent pas, on en crée au besoin. Ces réactions témoignent de l'état de crise déclenchée par la perte de l'emploi.

La réaction du travailleur dépend encore, d'autre part, de l'organisation de la personnalité, de la force du Moi. Pour l'individu au Moi fort et à l'estime de soi solide, la crise demeure temporaire et la personne retrouve bientôt ses capacités d'adaptation. La personne au Moi faible, doutant d'elle-même, subit beaucoup plus difficilement pareille épreuve. L'individu ne sait plus être efficace. La maladie physique s'installe facilement, les accidents se multiplient, les troubles du sommeil apparaissent, les sautes d'humeur surviennent sans raison apparente. L'épuisement dépressif commence ses effets dévastateurs et enlève progressivement forces, motivations, désirs au sujet atteint. La passivité caractérise bientôt le travailleur jadis actif et efficace. Seuls des moments de crise de colère ou de larmes semblent secouer momentanément le désespéré. La réaction est forte et la capacité d'adaptation demeure faible. Le congédiement a visiblement attaqué profondément l'estime de soi, blessé narcissiquement le Moi qui se révèle maintenant inefficient. C'est souvent à ce stade que la consultation en psychothérapie s'engage. La personne se présente foncièrement déprimée. Le plus souvent, elle n'établit pas de lien causal entre son état psychique actuel et la perte d'emploi subi il y a déjà quelques mois, voire quelques années. En effet, au début de la phase de chômage, la blessure est insupportable et le Moi met tout en œuvre pour la dénier. L'occupation temporaire à divers petits travaux fait oublier le ressentiment. Le temps qui s'écoule entraîne avec lui moult préoccupations, mille problèmes à solutionner, plusieurs périodes critiques à traverser, tant sur le plan matériel que sur le plan émotif. Tous ces événements tiennent à distance les sentiments vécus au moment de l'écroulement des rêves, ambitions, projets. La personne ne se souvient même plus, parfois, de sa réaction initiale. Et pourtant, cette réaction est toujours présente, elle demeure tapie mais non moins opérante. Les démarches répétées et les espoirs déçus usent lentement la résistance physique et psychique de la personne. Le Moi, trop occupé à se défendre contre la souffrance morale, n'a plus de force. La douleur sourde et lancinante refait bientôt surface. Malgré le temps passé, elle n'est ni résolue, ni résorbée pour autant.

La douleur est bien le premier point à travailler, mais c'est aussi le plus difficile. L'appareil psychique a utilisé tous ses moyens pour faire taire et chasser cette souffrance, la refouler, la dénier, la tourner en son contraire. « *Je me suis senti assez soulagé après ça, je pouvais enfin faire ce que je voulais...* » affirmait très sincèrement un chômeur profondément déçu et désabusé. Le milieu encourage parfois les efforts défensifs de la personne. « *Ne pense plus à ça, regarde vers l'avenir, reprends-toi en main, ça va aller mieux tu vas voir.* » Ou encore. « *Tu te fais du mauvais sang inutilement, oublie tout ça, pense à ce que tu vas faire maintenant, ne regarde plus ton passé. Demain sera meilleur. Après la pluie le beau temps. Il ne peut pas faire mauvais tout le temps, le vent finira bien par tourner.* » Etc...

Parler de la douleur répugne, inquiète. On s'y refuse. Et pourtant... La dénier ne l'extirpe en rien. Même bien cachée, la souffrance poursuit ses ravages, mine les forces de la personnalité. Jusqu'à ce que la douleur soit résolue, peu de choses peuvent être faites pour réorienter la carrière de la personne consultante. Libérée de la douleur en y faisant face, la personne retrouve de nouvelles énergies et devient capable de concentration sur de nouvelles possibilités, capable de motivation face à un nouveau travail. Tenaillé par la douleur, l'individu use ses forces, ses énergies restent engagées dans une lutte contre la souffrance, la blessure. Lui demander de se tourner avec confiance vers l'avenir, c'est lui demander de faire appel à des énergies engagées ailleurs, à des forces non disponibles. Le jugement d'autrui est parfois sévère. « *C'est un paresseux, qu'il se secoue un peu et ça va aller.* » La psychothérapie peut aider la personne à s'approcher de sa douleur, à composer avec sa souffrance et ainsi reprendre possession des énergies sapées par la lutte pour colmater la blessure narcissique. La psychothérapie peut s'avérer une ressource précieuse, aider l'individu à reconnaître l'échec sans remettre en question toute sa personnalité, soutenir le Moi pour qu'il puisse faire face aux sentiments pénibles soulevés par la crise (angoisse de séparation, dévalorisation, anxiété, etc...). Dans certains cas, la crise peut s'avérer le point de départ d'une démarche plus fondamentale en psychothérapie. La personne identifie un malaise, accentué par la crise certes, mais présent depuis très longtemps. Malaise que le Moi a toujours refoulé. La perte de l'emploi agit alors comme un signal d'alarme et alerte le Moi à propos du coût de son organisation personnelle plus ou moins névrotique. La psychothérapie aidera alors l'individu à comprendre et à enrayer ce fonctionnement coûteux.

C., 28 ans au moment de la consultation, mariée et de profession libérale. Elle a travaillé pour une firme de moyenne importance. Elle aimait son travail et espérait faire carrière dans cette entreprise promise à un brillant avenir. Elle s'est rapidement adaptée à son travail et à ses collègues. Elle a développé plusieurs amitiés importantes avec les gens du bureau. Malheureusement, cinq ans après ses débuts, un ralentissement de travail provoque plusieurs mises à pied. Les dernières arrivées sont les premières renvoyées. «*Dommage, j'aimais bien travailler là, mais on m'a fait une bonne lettre de référence et je devrais facilement me retrouver du travail.*» Telle fut sa première réaction. Elle débute dans un nouvel emploi cinq semaines plus tard. Le travail est intéressant. *Ce fut facile de m'adapter à mon nouvel emploi, j'y faisais le même genre de travail.* Pourtant C. ne paraît pas enthousiaste. Elle a peine à se réveiller pour se rendre à l'heure au bureau. Ses compagnes et compagnons de travail l'invitent à dîner pour faire plus ample connaissance, mais elle n'a pas faim, ne parvient pas à se plaire en leur compagnie, trouve difficile de communiquer avec «ces gens-là.» Quelques mois plus tard, C. se sent fatiguée, épuisée, malade. Les migraines deviennent plus fortes et plus fréquentes. Sa lenteur au travail, ses absences répétées l'incitent bientôt à emporter des dossiers chez elle et à travailler le soir et les fins de semaine. Sa relation conjugale s'en ressent. L'époux se plaint de la fatigue de C., déplore son manque d'entrain, sa passivité. Les relations sexuelles se font rares et peu satisfaisantes. C. croit que la naissance d'un enfant rapprocherait les deux conjoints. Elle obtient un congé-maternité de six mois. Elle donne naissance à une fille à laquelle elle donne le prénom de sa meilleure amie et compagne de travail à l'emploi précédent. L'éducation de son enfant lui paraît lourde, pénible, accablante. Elle ne trouve aucune valorisation dans son rôle de mère. Le couple se présente en consultation pour une thérapie conjugale. Il ressort assez rapidement que le problème central n'est pas d'ordre conjugal, mais qu'il s'agit d'une réelle réaction de deuil non liquidée chez C. Dans un premier temps, cette réaction semble liée à la perte de son premier emploi. L'arrêt brutal d'une relation quotidienne avec des gens qu'elle aimait beaucoup, le relâchement progressif d'amitiés qui lui tenaient à cœur constituent une perte traumatisante sur le plan affectif, une perte semblable à la mort d'un être cher. La surprise du congédiement inattendu, la lettre positive de recommandation, le recouvrement rapide d'un nouvel emploi expliquent très partiellement que C.

n'a pas eu le temps de regretter son emploi précédent et de réagir à cette perte. Cette hypothèse paraît bien superficielle pour justifier les symptômes psychosomatiques, le désinvestissement affectif d'un époux et d'un enfant, le développement d'une dépression. C. fournit elle-même la raison réelle de sa réaction. Ses parents avaient dû faire de gros efforts sur le plan économique pour lui permettre de poursuivre ses études universitaires. C. réalisait un désir inconscient de sa propre mère en se lançant ainsi dans une profession libérale jusque là réservée aux hommes. Le père de C., ouvrier-manœuvre dans une petite entreprise, très fier de sa fille et de ses ambitions professionnelles, décéda lors de la première année des études universitaires de sa fille. C. pleura son père quelques jours, mais dû se ressaisir rapidement parce qu'une période d'examens approchait. « *Mon père aurait eu de la peine si je n'avais pas réussi mes examens.* » C. obtint ses diplômes universitaires avec grande distinction. Après ses études, elle se maria et suivit son époux à l'étranger où ils poursuivirent tous deux une formation spécialisée. À son retour, deux ans plus tard, elle occupe son premier emploi. Elle est très fière de sa profession. « *Le premier jour à mon emploi, j'ai pensé à mon père en entrant dans MON bureau pour exercer MA profession. Je sais qu'il me regardait et qu'il était fière de moi. Je le lui ai dit d'ailleurs dans ma tête. S'il était fier de moi j'étais aussi fier de lui. Je lui ai fait la promesse ce jour-là de ne jamais le décevoir.* » Voilà la signification que donnait C. à son travail. En réalisant un désir de sa mère, elle assiste son père à rendre celle-ci heureuse. Son père n'a jamais eu le sentiment d'avoir comblé son épouse, selon C. On peut analyser ici une réaction œdipienne bien déguisée. C. désire inconsciemment plaire à son père, donner à celui-ci le sentiment de fierté qui lui manquait et que son épouse, de par ses ambitions personnelles frustrées, ne soutenait pas suffisamment, dans la perception de C. La perte d'emploi réveilla chez C. tant le désir œdipien que la peine face à perte de l'objet de ses désirs œdipiens, tant la déception très vive causée par le décès de son père que le sentiment d'impuissance devant l'impossibilité de réaliser son désir inconscient. C'est bien pour plaire à un père décédé, mais dont la mort est déniée, que C. s'adapte si rapidement et si aisément à son premier emploi. Elle s'applique et on est content de son excellent rendement. « *Je suis sûre qu'Il était fier de moi.* » Son renvoi signifie l'écroulement de ses objectifs. Son travail n'a plus de sens. Sa motivation se retrouve sans objet, sans valeur. La dépression traduit bien la perte profonde de sens qu'enregistre alors la vie de C. La mise à jour de ces significations inconscientes permettent progressivement à C. de développer de nouvelles motivations, de nouveaux désirs. Après s'être confrontée à la douleur causée par la perte de son père, douleur ravivée par la perte de son premier emploi, elle retrouve lentement ses énergies, son goût au travail, sa créativité, sa vitalité. Elle s'implique maintenant dans son travail pour la satisfaction qu'elle en retire pour elle-même et parvient à établir des relations satisfaisantes avec ses compagnes et compagnons de travail.

Le milieu réagit à la perte d'emploi et accable ou supporte le travailleur congédié. Les attitudes peuvent se révéler contradictoires, voire antagonistes entre les membres de la famille concernée, mais elle se révèlent souvent à l'analyse, complémentaires. En effet, il se produit une ou plusieurs chaînes de réactions guidées par des motivations inconscientes qui saisissent l'occasion pour se matérialiser, s'exprimer, se manifester. Les enfants se sentent aussi concernés par la perte d'emploi de leur parent que l'autre membre du couple parental. Chacun a sa façon de percevoir la situation, de ressentir le drame en cause et de s'y adapter. On observe même souvent une complémentarité entre les réactions, créant ainsi un climat, voire une dynamique familiale spécifique qui devra aussi faire l'objet d'une analyse psychothérapique.

S., 16 ans, connaît un échec scolaire malgré d'excellentes capacités intellectuelles. L'adolescent n'est pas motivé à entreprendre une démarche psychothérapique, il refuse d'explorer son monde intérieur et de confier ses préoccupations. Il paraît pourtant inquiet, voire tourmenté, dépressif. Ses réactions sont explosives et nettement agressives. Des idées suicidaires se profilent en toile de fond. Le garçon s'identifie ici à la tentative de suicide de sa sœur aînée. Celle-ci, 19 ans, a pris, depuis, l'initiative d'un cheminement psychothérapique. Très attachée à sa psychothérapeute, elle poursuit sa recherche d'elle-même et découvre progressivement ses rêves, ambitions, désirs.

Devant l'hostilité de l'adolescent, les parents sont invités à explorer le vécu familial. C'est un couple tendu, fatigué, irrité, blessé narcissiquement qui se présente. Culpabilisé par la tentative de suicide de leur fille aînée, par l'échec scolaire et les problèmes de comportement de leur fils, ce couple est déchiré, honteux, replié sur lui-même. Les deux conjoints tentent de s'apporter mutuellement un support, mais la tâche devient de plus en plus difficile. Madame poursuit des études depuis quelques années déjà et ambitionne d'œuvrer prochainement dans le domaine de la santé. Monsieur occupait un poste de cadre dans une entreprise florissante. Il a été remercié de ses services à cause de ses difficultés à composer avec le travail en équipe. Cette situation existe depuis près de deux ans au moment de la consultation. Monsieur se décrit, et son épouse confirme ses dires, comme un homme agressif, un travailleur acharné et déterminé qui ne supporte pas la médiocrité, la paresse, le travail mal fait. Honnête et loyal, il ne tolère pas les jeux d'influences et de politiques fréquemment observés dans le domaine des affaires. La tension accumulée dans ses relations avec ses supérieurs et ses pairs étaient devenues son pain quotidien. « *Ça faisait assez longtemps que je vivais stressé, je me suis donné du temps pour décompresser avant de me chercher un emploi.* » Tel fut son premier commentaire à propos de son renvoi. « *Financièrement, je pouvais me permettre des vacances,* » ajoute-t-il, comme pour se convaincre que sa situation particulière ne dérange pas la famille. Et pourtant... Sa conjointe est foncièrement inquiète, non du soutien matériel et financier, mais de la passivité qui s'empare de cet homme si actif, du laisser-aller dont il fait preuve comparativement à l'empressement qu'il a toujours manifesté à solutionner les problèmes, du manque de courage à établir certains contacts alors que les règlements rapides étaient sa spécialité. Les enfants aussi sont angoissés. Ils ont eu assez peu de contacts avec ce père absent de la maison mais présent au travail. De partager maintenant tous les jours les trois repas avec ce père « inconnu » devient anxiogène. Sa présence constante insécurise. C'est lui qui souvent prépare les repas, assume diverses tâches ménagères. La tension s'est rapidement développée dans les relations entre ce père désœuvré qui a tout le temps de constater et de reprocher à l'un et à l'autre les petits travers, le désordre, le manque de ceci et de cela, etc... et les autres membres de la famille. La tentative de suicide de la fille aînée voulait bien signifier au père que la vie n'était plus possible pour elle dans ce contexte. L'échec scolaire et les problèmes de comportement du fils renvoient au père son propre échec. La réussite et l'enthousiasme de la mère pour ses études se veulent le grain d'espoir, la preuve que quelque chose est encore possible.

Évidemment, au moment de la consultation, le couple parental ignore tout du sens inhérent au comportement de chacun et de chacune. Une psychothérapie conjugale constitue la porte d'entrée à cette situation complexe. Quelques mois plus tard, monsieur poursuit seul une psychothérapie. Il prend progressivement conscience des attitudes et des angoisses que sa cessation d'emploi provoque chez les siens. Il découvre lentement, partiellement mais suffisamment, la signification de son intolérance au travail, de son attitude passive par la suite. Né d'un milieu humble, monsieur se culpabilise de mieux réussir sa vie que ses parents sur les plans économique, culturel et social. Il ressent un profond besoin de se punir, de limiter son succès, de payer davantage son bonheur. Il reprend contact avec les exigences de ses propres parents et avec l'agressivité que ces attentes suscitaient en lui, avec la culpabilité que ses parents lui insufflaient en multipliant et en lui soulignant à chaque fois les efforts et les sacrifices faits pour le faire instruire, « *pour lui donner une chance qu'ils n'avaient pas eue.* » Sa révolte au travail, sa contestation des manipulations d'influences, s'adressent en fait à ses parents. C'est contre leur éducation qu'il se rebelle. C'est bien là le message de son fils. Libéré de ce fardeau hérité de son enfance, monsieur reconstruit une confiance en lui-même, un espoir de vie, un sens adapté à ses ambitions. Il accepte un poste moins prestigieux dans un travail qu'il apprécie et ne se sent plus obligé de gravir les sommets de la réussite, d'être le premier afin de respecter les désirs de ses parents. Sa relation aux enfants se modifie profondément et le climat familial « *est maintenant agréable à vivre.* »

La perte d'emploi même prévisible, même pressentie, demeure traumatisante sur le plan personnel et désorganisatrice sur les plans familial et social. Les personnes atteintes sont objectivement blessées plus ou moins gravement dans leur estime d'elles-mêmes et dans leur adaptation. La rupture des relations objectales établies avec les collègues, avec le milieu, avec les activités entraîne une angoisse de séparation, d'abandon ou de rejet pénible. Le Moi doit effectuer un retrait des investissements libidinaux, alors que sa motivation profonde est inverse. Il souhaite maintenir ses relations, mais l'objet manque. Le Moi fonctionne alors comme à vide et échappe des énergies précieuses. C'est l'épuisement qui s'installe ou, au contraire, c'est la saisie du premier objet compensatoire. Cet objet peut être un nouveau travail, mais il est parfois l'alcool, les jeux de hasard, les sorties, l'aventure extra-conjugale, etc... Peu importe l'essence de l'objet compensatoire, il n'est pas le produit d'un choix du Moi. Il est capté par une personnalité en manque d'objet libidinal. Cet objet, ce nouvel emploi peut éventuellement répondre aux besoins immédiats du travailleur et de ses proches. Il peut aussi s'avérer, et la probabilité est grande, le fruit d'une organisation défensive, voire d'une réaction caractérielle. L'*équilibre* ainsi rétabli se révèle le plus souvent passager. La personne s'engage dans une activité, dans un travail, pour se dépanner, mais non pour se réaliser, s'épanouir. Le Moi se soumet aux impératifs des réalités matérielle, familiale et sociale. Il accepte temporairement cette adaptation nécessaire. Cependant, faute d'une réalisation personnelle suffisamment gratifiante, le Moi se rebelle et met bientôt tout en œuvre pour changer volontairement d'emploi. Il peut aussi s'installer un rejet progressif et subtil de l'emploi-dépanneur, une perte de plus en plus manifeste d'intérêt, une performance décroissante qui entraînent à court ou à moyen terme une nouvelle perte d'emploi.

La psychothérapie peut assister le travailleur dans son cheminement, dans sa réorientation de carrière et favoriser un choix éclairé, un investissement positif et épanouissant d'un nouveau travail.

L'INTÉGRATION DES FEMMES SUR LE MARCHÉ DU TRAVAIL

Le retour sur le marché du travail des *femmes au foyer* constitue un type particulier de *changement de carrière*. Ces femmes consultent également en psychothérapie et révèlent une dynamique particulière.

Le mouvement de libération des femmes a amené des modifications profondes dans l'organisation sociale. La liberté sexuelle, le contrôle des naissances, l'accès aux études supérieures et aux diverses professions, etc... influencent la définition et l'opérationnalisation des rôles sexuels et sociaux. Le développement de moyens contraceptifs plus efficaces a donné aux femmes une plus grande liberté dans l'organisation de leur vie, dans la part de temps qu'elles consacrent à leur fonction maternelle, à leur développement socio-professionnel, à leur carrière d'éducatrice qu'elles partagent avec leur conjoint, à leurs obligations sociales, etc...

Ces changements sont parallèles aux bouleversements industriels et technologiques. De nouvelles valeurs sont promulguées : se réaliser, s'épanouir par son travail, affirmer sa valeur personnelle, se libérer des carcans inhérents aux rôles traditionnels, se défendre du caractère restrictif des rôles transmis par l'éducation, etc... Le désir, tant de la femme que de l'homme, de se réaliser pleinement, d'exploiter ses potentialités, de vivre sa vie, est intensément stimulé.

De plus en plus de femmes s'éveillent à ces idées nouvelles. Elles refusent l'infériorisation, la limitation qu'elles et leurs mères avant elles, ont toujours subies. La tâche n'est pas facile et ne se résume pas à une simple question de bonne volonté. Les femmes se sont jadis identifiées aux modèles traditionnels, elles ont assimilé les schèmes socialement admis et valorisés, schèmes qui ont régi toutes les relations hommes-femmes depuis très longtemps, trop longtemps. Beaucoup de femmes vivent un conflit entre les valeurs d'hier qu'elles souhaitent rejeter et les valeurs actuelles qu'elles tentent parfois timidement, parfois rageusement d'implanter.

Ce conlit, ravivé par l'écart entre les idées véhiculées socialement et le vécu intime et enraciné des femmes, vient complexifier celui déjà inhérent à un changement de carrière. En effet, lorsqu'une femme effectue un retour sur le marché du travail, il s'agit non seulement d'une réorientation de carrière, mais d'une remise en question d'un vécu profondément ancré, d'une image d'elle-même, voire d'une identité sexuelle. Bien souvent, une telle décision bouleverse la relation conjugale, ébranle la relation amoureuse, perturbe toutes les relations homme-femme, telles qu'elles ont été vécues jusqu'à présent. Un tel changement est ressenti non seulement comme un développement personnel indispensable, mais aussi comme une transformation globale (Rosenwald et Wiersma, 1983).

Les recherches et les écrits féministes dénoncent l'impact des facteurs sociaux et environnementaux sur la perception que les femmes développent d'elles-mêmes (Guyon, Nadeau et Simard, 1981). Elles doutent de leurs capacités, se rendent dépendantes de l'approbation de leur conjoint et des hommes qu'elles rencontrent à leur travail, elles se sentent facilement inférieures, coupables. Elles prennent conscience que ces sentiments contribuent à leur malaise intérieur, à leurs inhibitions, à leur manque d'audace, à leur cumul d'agressivité, etc... Le plus souvent, dénoncer cette influence ne suffit pas. Les femmes doivent en réaliser individuellement et intimement la portée.

Ainsi, T., 34 ans, mariée depuis douze ans, mère d'une enfant de 10 ans, lutte contre une profonde angoisse en s'adonnant aux travaux ménagers sur un mode obsessionnel et compulsif. Plusieurs rituels névrotiques marquent ses activités quotidiennes. À plusieurs reprises, T. a exprimé, timidement au début puis de plus en plus agressivement, son désir de travailler à l'extérieur de la maison. Son époux s'oppose à un tel choix. « *Je suis capable de bien faire vivre ma femme et ma fille,*affirme-t-il fièrement. *Tu n'as qu'une maison et une fille à t'occuper et t'arrives pas, tu es toujours épuisée, tu vas te faire mourir si tu vas travailler...* » lui répète sans cesse son époux. Rageuse, déprimée, T. croit que son mari a raison. Elle cherche à s'occuper. Suit quelques cours pour se distraire... Songe à reprendre sérieusement des études. Elle ne connaît pas ses goûts, ignore ses ambitions, minimise ses potentialités. Au début de sa psychothérapie, recommandée par son médecin de famille, T. apparaît dépendante, passive, manquant de confiance en elle-même, foncièrement frustrée et agressive, anxieuse et obsessive. La relation conjugale est gravement perturbée. Le mari se plaint que son épouse ne ressemble plus à la femme qu'il a connue et aimée. Elle, elle se sent incomprise, mal aimée et responsable de tous les problèmes. Les débuts de la psychothérapie sont hésitants et quelque peu entravés par l'attitude négative de l'époux face au coût des séances. Foncièrement, il a surtout peur que son épouse change. Le désaccord du mari ouvertement exprimé et répété face à cette démarche culpabilise T. qui n'ose pas profiter de ses séances, se raconter, confier ses sentiments réels, ses pensées secrètes, ses désirs cachés. Très lentement, elle s'apprivoise et accepte de vivre le processus psychothérapique. Elle prend bientôt le psychothérapeute à témoin de ses pensées, rêves, fantasmes. T. se sentirait valorisée, elle croirait en son intelligence si elle obtenait un diplôme universitaire. Elle reprend et réussit avec facilité les études collégiales abandonnées. Hésite à s'inscrire à l'université, attend une année, retrouve l'angoisse, la dépression, les rituels, les peurs, etc... L'attitude du mari est toujours négative face aux désirs de son épouse. Il devient insécure à son tour et somatise son angoisse. La relation conjugale se détériore sans cesse, T. ne veut plus se soumettre aux valeurs de son conjoint, affirme vouloir se réaliser et s'inscrit à des études universitaires qu'elle réussit très bien malgré l'insécurité et les difficultés conjugales qui aboutissent bientôt à une séparation. La démarche de T. est lente et pénible, mais courageuse. Les gains réalisés en psychothérapie la soutiennent et la motivent à poursuivre sa recherche d'elle-même, de sa voie, de sa vie. Ses études terminées, elle s'engage avec enthousiasme dans une pratique professionnelle qui lui procure manifestement l'autonomie qu'elle a progressivement gagnée sur elle-même en psychothérapie.

Il ne suffit pas, au risque de se répéter, de dénoncer ces états, ces faits pour libérer les femmes des entraves à leur développement. Des éléments de réalité extérieure s'imposent comme une confirmation de leur sentiment. L'enjeu est souvent trop grand pour que, par la seule argumentation, elles trouvent le courage d'aller à contre-courant et de dessiner leur voie, de construire leur propre réalisation personnelle. Ces sentiments et ces conceptions sont profondément inscrits dans l'être humain. La libération vraie et authentique, autant de l'homme que de la femme, exige une prise de conscience individuelle, une exploration personnelle de la nature et de la force des influences encore actives de l'éducation reçue, une identification claire et intime des attitudes et comportements découlant des valeurs imposées, une mise à jour des désirs, des ambitions et des rêves bien à soi, une découverte concrète des potentialités nécessaires à leur réalisation, etc... Cela implique aussi de retrouver son agressivité et de l'utiliser positivement.

La femme traditionnellement au foyer se présente en consultation avec un bagage de sentiments dépressifs, d'infériorité, de peurs, d'insécurité, une importante inhibition de l'action et de l'affirmation de soi dans un mouvement d'autonomie. La psychothérapie contribue peu à peu à mettre à jour les causes de ces états intérieurs, à lever les refoulements qui annihilent les désirs, à liquider la culpabilité qui entrave le développement de l'autonomie. Cette libération amènera cette femme à repenser son organisation de vie, à se rendre responsable de sa propre réalisation personnelle, à se valoriser par sa propre action et non plus par les succès de son conjoint ou de ses enfants.

À l'inverse, des femmes de carrière se présentent en consultation en se plaignant de difficultés dans leurs relations amoureuses. L'attitude du conjoint influence certes l'adaptation de la femme à ses rôles de travailleuse, de mère et d'épouse. Devant certains conflits, les femmes ont diverses réactions. Certaines essaient d'être des super-femmes en remplissant tous les rôles. Ces femmes nourrissent de grandes insatisfactions et connaissent de plus en plus la dévalorisation et la frustration. D'autres établissent une coupure entre leur vie affective et leur vie professionnelle. Elles ne parviennent pas alors à concilier les deux et c'est l'ambivalence, l'incertitude, le doute qui s'installent. La culpabilité et la peur du succès sont souvent à la base de pareils conflits. La psychothérapie peut aussi aider ces femmes à réconcilier les divers aspects d'elles-mêmes et contribuer à un meilleur épanouissement personnel.

Telle est l'histoire de P., 41 ans, profondément engagée dans une réussite professionnelle exemplaire. Elle occupe un poste élevé de cadre dans une compagnie multinationale. Toutes ses énergies ont été investies dans son travail, dans une lutte de tous les instants pour faire et défendre sa place dans un monde ou la compétition est sans merci. Puis, progressivement, sans raison apparente, P. s'ennuie à son travail, remet en question le sens de son activité professionnelle, ne trouve plus sa carrière intéressante. P. a le profond et vague sentiment d'avoir perdu son temps, de n'avoir rien fait de sa vie. Elle se surprend à pleurer, à se fâcher sans raison. Elle consulte son médecin pour épuisement. Celui-ci constate une grande tension qu'il qualifie de surmenage dans un premier temps. Après un mois de repos, il retrouve sa patiente dans un état aggravé. Il lui conseille alors une psychothérapie. Dans les premiers mois de son cheminement, P. parle beaucoup de son travail, des responsabilités qu'elle ne parvient pas à partager, du développement de sa carrière, etc... Il faut plusieurs mois avant qu'elle raconte son roman familial, l'insatisfaction de sa mère vis-à-vis de la vie conjugale et familiale, sa frustration motivant les critiques acerbes qu'elle adressait sans cesse à son époux et à ses enfants, ses commentaires aigres lorsque P. amenait un ami à la maison, ses exigences à propos de l'entretien ménager, etc... P. entretenait également une rancœur contre son père. Elle lui reprochait d'avoir été un assis, de n'avoir pas su rendre son épouse heureuse, de s'être satisfait de peu toute sa vie. P. a fait beaucoup d'efforts pour quitter le plus tôt possible son milieu familial. Elle s'était jurée d'éviter l'expérience de sa mère, de ne pas s'engager avec un homme avant d'être autonome matériellement. Aujourd'hui, P. a le sentiment de s'être joué un mauvais tour. Elle regrette son statut de tante riche qui s'occupe des enfants des autres. Elle s'ennuie dans sa solitude affective. P. s'est identifiée à l'image de l'époux idéal que sa mère aurait aimé. Il y a là un grave conflit œdipien pour lequel une psychothérapie en profondeur peut s'avérer une ressource valable.

EN GUISE DE CONCLUSION

Les exemples cités ne prétendent nullement que la psychothérapie est une panacée à tous les maux. Bien au contraire, elle s'avère souvent impuissante. En effet, un préalable s'impose à la psychothérapie et le psychothérapeute n'a aucune maîtrise sur cette condition *sine qua non*. Avant toute chose, la personne en difficulté doit reconnaître l'existence du problème et souhaiter solutionner ce conflit. Le psychothérapeute ne peut vouloir à la place de l'Autre, il ne peut pas l'accompagner dans sa démarche, être le témoin important de ses désirs, pensées, rêves. Personne ne peut forcer quelqu'un d'autre à changer d'attitude, de pensée, de comportement. Une telle modification, si elle est imposée ne dure pas, parce qu'elle n'est pas intégrée à la personnalité : le Moi interne du sujet maintient son négativisme, son refus, oublie, ne pense pas, s'échappe. C'est pourquoi le régime autocratique provoque tant la transgression des règles alors que la participation, la cogestion, la démocratie suscitent l'implication de la personne, le désir de l'autodétermination. Encore faut-il que le Moi soit en mesure de se prendre en charge, de s'assumer dans diverses situations. Le Moi doit se développer pleinement pour pouvoir jouir de ses potentialités, mais les entraves au plein épanouissement sont légion. L'être humain est l'organisme vivant le moins développé à sa naissance. Ses comportements ne sont pas fixés génétiquement, il doit les apprendre et les inventer au besoin. C'est pourquoi son potentiel adaptatif est si considérable.

Vivant en collectivité, l'Homme se donne des règles sociales et morales de conduite. Ces normes sont communiquées à l'enfant par l'éducation. Ce dernier, pour conserver l'amour de ses parents, intègre sans nuance ces lois, ces traditions, ces façons de faire. Elles deviennent, dans la mémoire psychique, des substituts parentaux actifs qui guident le Moi dans ses attitudes et comportements, le récompensent ou le punissent, comme les parents, lorsqu'il se conforme aux règles, ou les transgresse. C'est le jeu du Surmoi. Cette instance s'avère un support indispensable au Moi. Parfois, il demeure infantile et juge catégoriquement les désirs, les sentiments, les rêves, les condamne et pénalise le Moi comme si ce dernier méritait la peine capitale. Parfois, le Surmoi gagne en maturité avec l'expérience et devient plus nuancé dans ses jugements. Il accepte alors les différences entre les systèmes de valeurs, compose avec la nouveauté des situations et permet au Moi une adaptation plus articulée.

Dans le choix d'une carrière, dans la réalisation personnelle, le Moi joue un rôle dynamique important. Il fait la synthèse des désirs internes de la personne et des expériences vécues, des valeurs reçues et des opportunités présentes dans la réalité. Il évalue les possibilités de réussite et d'épanouissement de la personne dans cette orientation. Il juge les efforts nécessaires et canalise les énergies en conséquence. Il analyse les conditions réelles et trouve une voie de réalisation. Il accomplit toutes ces tâches avec plus ou moins de facilité selon que son expérience vécue a favorisé une croissance normale, saine et adaptée. Il s'aquitte maladroitement de ses fonctions lorsqu'il a été confronté trop tôt à des situations qui dépassaient ses capacités, lorsqu'il fut privé d'affection et de tendresse sans compensation valable à ces carences.

La psychothérapie propose à la personne une exploration d'elle-même, une reprise en main de son cheminement, une chance de se confronter à nouveau avec les expériences traumatisantes et de tirer profit du développement actuel pour composer avec ce vécu et le maîtriser enfin.

Le développement de la psychothérapie s'est largement accentué ces dernières décennies. De plus en plus d'employeurs acceptent d'y référer des employés mésadaptés, malheureux, désabusés. De plus en plus d'entreprises préfèrent venir en aide à leurs employés en difficulté plutôt que de recourir au congédiement, au remplacement du travailleur expérimenté par un nouveau à entraîner. On reconnaît la valeur d'investissement que représente une personne adaptée à son travail, maîtrisant son activité, connaissant les rouages de l'usine, etc... Aussi tente-t-on de plus en plus de traiter le mal à sa source, de corriger sur les lieux la cause des difficultés. On sait maintenant que respecter la personne, la confirmer dans sa valeur et ses compétences, lui faire confiance, etc... contribuent à rendre cette personne heureuse, l'incitent à investir dans son travail, à agir avec plaisir et fierté, à se sentir digne et responsable. Le rendement de ce travailleur est accru d'autant. Les accidents de travail sont moindres chez les gens heureux, les congés de maladie diminuent lorsque le climat de travail respecte la dignité de l'être humain. La personne obtient d'être libérée sur son temps de travail pour se rendre à ses rendez-vous. Elle participe au coût des séances dans une proportion acceptable et son employeur défraie la différence. Le travailleur vient consulter autant parce qu'il envisage un changement volontaire de carrière, un réajustement de son activité, que parce qu'il ressent une angoisse pénible à la suite d'une promotion, parce qu'il vit difficilement l'adaptation à ses nouvelles fonctions, parce qu'il ne partage plus les valeurs de son employeur, parce qu'il veut améliorer son sort, etc... Il s'engage dans une psychothérapie parce qu'il devient désabusé, déprimé, déçu de sa situation actuelle, parce qu'il se trouve désemparé devant la perte de son emploi, parce qu'il ne peut plus supporter l'autorité de ses patrons, parce qu'il boit de plus en plus pour faire taire une douleur intérieure insupportable et sans nom, etc... Tous ne sont pas guéris, mais plusieurs affirment que leur état s'améliore.

Des psychologues, des travailleurs sociaux, des conseillers en orientation, des agents de relations humaines assistés de travailleurs bénévoles viennent en aide aux travailleurs alcooliques, aux employés narcomanes, aux collègues déprimés, etc... dans des entreprises de tous genres. Les résultats sont encourageants et l'expérience aidant, le futur s'annonce meilleur. L'aide apportée sur place peut, dans bien des cas, s'avérer suffisante. Parfois, une conjugaison des deux approches se révèle plus efficace.

> R. 42 ans, marié depuis dix-neuf ans, trois enfants (deux filles de 16 et 11 ans et un garçon de 14 ans). Depuis cinq ans maintenant, R. boit régulièrement. Depuis deux ans, il boit en cachette à son travail. Sa tâche exige une certaine précision et toute erreur entraîne d'importantes difficultés. Son épouse, E., demande de l'aide. Elle craint le renvoi de son conjoint. « *Avec trois enfants aux études, la maison à payer, c'est pas le temps qu'il fasse pareille bêtise.* » R. nie ses difficultés, même si ses proches lui font observer son changement de comportement et d'attitude. R. s'absente de plus en plus souvent de la maison. Il lui arrive de ne pas rentrer pour le repas du soir et, tard en soirée, il revient en état d'ébriété. Le lendemain, il se traîne péniblement à l'usine. Il accumule les congés de maladie, les retards, les fautes techniques au travail. Il a déjà reçu

deux avis disciplinaires. Heureusement pour R., son contremaître a déjà connu pareilles difficultés et est tout disposé à lui venir en aide. Celui-ci entreprend de faire reconnaître à R. ses difficultés, de lui faire prendre conscience de son alcoolisme. Quatre mois plus tard, R. fait face à son problème et demande de l'aide.

R. n'est plus heureux. Dans sa famille, il ressent une profonde déception. Il se sent inférieur à ses frères et beaux-frères. « *Ils ont tous une belle maison, moi je n'ai qu'un petit bungalow et j'ai toutes les misères du monde à rencontrer l'hypothèque.* » Il craint de ne pas avoir les moyens financiers nécessaires pour soutenir les études de ses enfants. Il veut tout leur donner, tout leur acheter. Il veut surtout cacher l'état modeste de ses revenus. L'épouse de R. garde de jeunes enfants à la maison. C'est là une façon de plus de contribuer aux revenus familiaux. E. ne voit pas que R. en est humilié. Dans le système de valeur de R. « *un homme, un vrai homme, ça ne se fait pas vivre par une femme.* »

Au travail, R. espérait une petite promotion qui n'est pas venue. « *Ça aurait été une petite reconnaissance, mais ils ne te reconnaissent pas aussi facilement.* » R. occupe la même fonction depuis sept ans.

L'élément déclencheur semble être la fin des études de son frère cadet et l'obtention, par celui-ci, d'un poste de professionnel pour le même employeur que R. Le poste occupé par le frère cadet est supérieur dans la hiérarchie à celui de R. et la rémunération annuelle est près du double de celle de R. Ce dernier ressent cette situation comme une profonde injustice. « *C'est parce que moi j'ai travaillé et que j'ai payé une pension à mes parents que ce jeune morveux a pu étudier. Et maintenant, il va me donner des leçons, me dire quoi faire à mon travail.* » Dans le secret du cabinet de consultation, R. exprime toute sa jalousie, son envie, sa rivalité, sa frustration, sa colère. « *Ça fait même pas un an qu'y gagne sa vie, il achète une cabane trois fois grosse comme la mienne.* »

À l'usine, le contremaître et deux autres employés, avec l'autorisation de leur employeur, prennent R. en charge, l'entraînent lors des pause-café loin de sa case où il cache de la boisson, l'accompagnent après le travail, passent le prendre tous les matins, échangent avec lui sur leurs difficultés face à l'alcool, etc... Bientôt, R. accompagne ses acolytes aux réunions hebdomadaires d'un groupe d'alcooliques anonymes. Les progrès sont lents mais solides. Les congés de maladie, les retards viennent à disparaître. R. ne boit plus qu'en fin de semaine. Il accepte maintenant d'appeler à l'aide lorsqu'il n'en peut plus et qu'il sent le désir de s'étourdir croître en lui.

À la maison, il se raconte davantage à son épouse qui a dû réapprendre à écouter attentivement. L'épouse d'un des compagnons de travail de R. a été d'un grand secours dans cette tâche. R. ne s'absente plus le soir, sauf pour les rencontres du groupe d'alcooliques anonymes. R. reprend confiance en lui, exprime de plus en plus verbalement ses insatisfactions plutôt que de chercher à les noyer dans l'alcool. Trois années d'efforts communs s'avèrent plus rentables à court et à moyen terme qu'un congédiement. Tout le monde en tire profit.

La psychologie analyse les tâches et les conditions de travail, participe à la sélection et à la promotion du personnel, propose des aménagements propres à tenir compte des dimensions complexes de la personne et à faciliter l'adaptation de la tâche à accomplir aux possibilités du travailleur et, réciproquement, l'adaptation de la personne au travail à effectuer.

RÉFÉRENCES

Freud, S., *Psychologie collective et analyse du Moi,* in Essais de psychanalyse, P.B.P., Payot, Paris, 1963.

Ginzberg, E., *Toward a theory of occupational choice, A restatement, Vocational Guidance Quaterly,* 1972, 20, 169-176.

Guyon, L., Nadeau, L. et Simard, R., *Va te faire soigner, t'es malade,* Éditions Stanké, Montréal, 1981.

Isaacson, Lee E., *Counseling male midlife career change, The Vocational Guidance Quaterly,* juin 1981, 324-332.

Isaacson, Lee E., *op. cit.*

Isaacson, Lee E., *op. cit.*

Klein, M., *Essais de psychanalyse,* Payot, Paris, 1967.

Jones, W.H., *Grief and involuntary career change : Its implications for counseling, Vocational Guidance Quaterly,* 1979, 27, 196-201.

Peterson, William D. et Spooner, Susan E., *Career crises for helping professionals : Who counsels the counselor in crisis ? Journal of College Student Personnel,* January 1975, 80-84.

Peterson, William D. et Spooner, Susan E., *op. cit.*

Rosenwald, G.C. et Wiersma, J., *Women, Career Changes and the New Self, Psychiatry,* 1983, 46.

Sarason, S.B., *Work, aging and social change,* N.Y., Free Press, 1977.

Snyder, R., Howard, A. et Hammer, T. *Mid-career change in academia : The decision to become an administrator, Journal of Vocational Behavior,* 1978, 13, 229-241.

Thomas, L.E., *Causes of mid-career changes from high status careers, Vocational Guidance Quaterly,* 1979, 202-208.

Vaitenas, R. et Wiener, Y., *Development, emotional and interest factors in voluntary mid-career change, Journal of Vocational Behavior,* 1977, 11, 291-304.

5
VIEILLISSEMENT ET MORT

5.1

La santé
chez les personnes âgées

NICOLAS ZAY

INTRODUCTION

Selon tous les indices, nous allons assister à la fin du siècle à une véritable révolution démographique, imputable à un vieillissement des populations sans précédent dans l'histoire. Le nombre des 60 ans et plus[1], qui est passé de 214 à 350 millions entre 1950 et 1975, atteindra 1 milliard 100 millions en 2025 selon les prévisions de l'ONU[2]. Cette augmentation de l'ordre de 224% signifie que, dans la plupart des pays industrialisés, le nombre des septuagénaires va augmenter de 50% et celui des nonagénaires va doubler[3]. À la lumière de ces chiffres, on peut prédire sans risque de se tromper que les prochaines décennies vont se dérouler sous le signe d'un accroissement pro-

---

1. L'Organisation des Nations Unies a choisi l'âge de 60 ans comme âge d'entrée dans la phase mythique de la vieillesse, un compromis pouvant convenir à tous les pays membres, compte tenu des variations dans leur espérance de vie.
2. Il ne s'agit pas d'estimations étant donné que toutes les personnes recensées sont déjà vivantes.
3. Entre 1983 et 1993, on prévoit une augmentation de 4% de l'ensemble de la population québécoise, alors qu'on s'attend à ce que le nombre des 65 ans et plus augmente de 40% et celui des 80 ans et plus de 75%. Bien sûr, les statistiques peuvent être trompeuses, car l'augmentation des 80 ans et plus en nombre absolu est sensiblement inférieure à celle des 65 à 79 ans. Il n'en reste pas moins que l'accroissement du nombre des grands vieillards crée une situation tout à fait nouvelle à laquelle nous ne sommes pas habitués.

gressif de leurs besoins sanitaires et sociaux, tant extra-hospitaliers qu'hospitaliers. C'est dans la prévision de cette évolution démographique qu'il nous paraît nécessaire de revoir et d'étendre nos connaissances biologiques, psychologiques et sociologiques du vieillissement, favorisant ainsi indirectement le développement de la gérontologie à la fois en tant que science et en tant que modèle d'organisation des services médicaux et sociaux d'une population âgée, différente de celle d'aujourd'hui.

Dans les pages qui suivent, et sous cet éclairage évolutif, nous traiterons de quelques-uns des aspects de la problématique de la santé chez les personnes âgées. Après une brève discussion du concept de santé, nous aborderons les raisons de l'intérêt croissant des sociétés pour cette problématique et nous examinerons l'attitude de la personne âgée face à sa santé et la façon dont elle assume, s'il y a lieu, son rôle de malade. En conclusion, on trouvera un aperçu succinct de ce que seront probablement les services gérontologiques de demain.

LA NOTION DE SANTÉ

C'est un concept en constante évolution. Les premiers qui ont essayé d'en cerner les paramètres à l'époque contemporaine, l'ont défini comme un état caractérisé par l'absence de maladies et d'infirmités. Dans leur optique restrictive, c'est la présence d'une pathologie des structures anatomiques, physiques et psychiques qui sert d'indicateur à l'évaluation de l'état de santé. Par la suite, d'autres définitions, plus englobantes, ont été avancées. La définition la plus large nous vient de l'Organisation mondiale de la santé pour laquelle la santé est un état caractérisé par « un bien-être physique, mental et social complet », ce qui englobe à la fois des facteurs biomédicaux, psychologiques et sociaux. De l'ensemble de ces facteurs découlent des modifications organiques et physiologiques propres au vieillissement normal ; d'autres modifications découlent d'états pathologiques dont les causes peuvent d'ores et déjà être détectées, soignées et, de plus en plus souvent, prévenues ; d'autres modifications encore, découlent de situations sociales ou environnementales (manque de ressources financières, logement dysfonctionnel, absence ou insuffisance de rôles, exclusion du monde du travail, etc.). D'autres définitions de la santé mettent l'accent sur un seul des aspects du bien-être complet. Pour Dubos (1969), la santé est la capacité de bien fonctionner mentalement et physiquement et de pouvoir actualiser toutes ses potentialités. Pour Audy (1970), c'est une qualité continue, potentiellement mesurable par l'aptitude à se remettre des traumatismes subis, qu'ils soient d'ordre chimique, physique, infectieux, psychologique ou social.

Grâce à ces notions élargies de la santé qui s'appliquent particulièrement bien à la problématique de la population âgée, de nouvelles pistes de recherche ont pu être ouvertes en gérontologie. Par ailleurs, si l'on prenait à la lettre la définition un peu trop idéaliste de l'O.M.S., il n'y aurait pas ou presque pas de gens âgés pouvant se prétendre bien portants ou espérer se maintenir en bonne santé pendant longtemps. Les stress et les conflits, présents du berceau à la tombe dans la vie de chacun d'entre nous, non seulement augmentent en nombre avec l'âge mais influencent directement ou indirectement notre sentiment de bien-être[1].

Au stade actuel de nos connaissances, la façon la plus réaliste de définir la santé reste encore de dire qu'est en bonne santé celui ou celle qui est capable d'affronter le stress avec succès ou, pour l'exprimer autrement, la personne qui a « la capacité de maintenir un équilibre dynamique entre soi et son environnement » (Verwoerdt, 1973).

LA SANTÉ DE LA PERSONNE VIEILLISSANTE

Élément clé dans la vie de tous, la santé acquiert une signification particulière au fur et à mesure que l'individu avance en âge car elle affecte de plus en plus ses différentes activités, qu'il s'agisse de sa vie familiale, de ses relations sociales, de son travail ou de ses loisirs.

Si la personne vieillissante est le plus souvent capable de maîtriser sa situation socio-économique, il n'en va pas de même pour sa santé et son milieu de vie. Il lui est évidemment donné de pouvoir se faire soigner convenablement si elle est malade, ou de conserver sa santé si elle est bien portante, à la condition de faire de la culture physique, de veiller à son régime alimentaire, de passer régulièrement un examen médical, etc. Tout cela cependant ne lui évitera pas les problèmes de santé qui vont se présenter avec l'avance en âge. Quant à la quantité et à la qualité des soins qu'elle reçoit, elle n'en a pas le contrôle étant donné que celles-ci dépendent en grande partie des politiques gouvernementales et des ressources qui y sont affectées. Il en va de même pour le choix de son milieu de vie qui reste subordonné à ses capacités fonctionnelles et à sa situation financière.

Par ailleurs, les changements sont nombreux tout au cours de l'existence. La transition d'une phase de la vie à une autre n'est jamais brusque. La conscience qu'on en a et la manière dont on la ressent varient selon la place qu'on occupe dans l'échelle des âges. L'être humain commence à vieillir dès sa naissance, mais la conscience qu'il en a varie selon les différentes étapes de la vie. Chez les jeunes, cela signifie grandir. L'enfant qui vous dit avec un large sourire qu'il est entré à l'école, veut vous faire comprendre qu'il a déjà passé le stade du préscolaire et le niveau de son petit frère fréquentant la mater-

---

1. Par stress, nous entendons la réponse de l'organisme à l'action positive ou négative de l'environnement.

nelle. L'adolescent qui décroche, parfois au milieu de ses études, le fait souvent parce qu'il a hâte de grandir, de devenir adulte plus vite, sans passer par l'apprentissage fastidieux de l'enseignement régulier.

À l'autre bout de la vie, vieillir est souvent perçu, surtout passé la soixantaine, comme une expérience négative. Tout d'un coup, on se sent trop vieux pour apprendre un nouveau métier, pour se remarier, pour accepter un nouvel emploi. L'état de santé y est pour quelque chose. C'est d'ailleurs l'un des indices qui fait prendre conscience du vieillissement avec le moins de ménagement.

À partir de la soixantaine, l'individu commence à percevoir la dégradation de l'une ou l'autre de ses fonctions corporelles ou psychiques, et la nouvelle situation sociale à laquelle il se trouve confronté. Si les symptômes de cette dégradation surviennent avant la soixantaine, on parle de vieillissement prématuré, et s'ils surviennent très tard (autour de 100 ans), on parle de vieillissement tardif.

Nous ne discuterons pas ici des prédicteurs du vieillissement prématuré (hérédité, handicap physique ou mental, stress psychologique) ni des prédicteurs du vieillissement tardif (capacité de faire face aux vicissitudes de l'existence et à l'hostilité de l'environnement). Nous nous arrêterons surtout à l'impact que peut avoir la prise de conscience d'une altération de l'état de santé sur le bien-être de l'individu.

On attribue souvent l'accumulation des problèmes de santé à l'avance en âge. Même en l'absence de données scientifiques sur le sujet, il n'en reste pas moins que la détérioration générale du fonctionnement physique fait partie intégrante du processus de vieillissement. On est aussi fondé à penser que la morbidité présente chez la personne âgée des caractéristiques particulières.

1) De façon générale, l'incidence et la prévalence de la maladie sont plus élevées chez les 65 ans et plus que dans les autres groupes d'âge[1]. Selon l'enquête Santé Canada de 1978-1979, 86% des personnes de 65 ans et plus ont déclaré avoir eu au moins un problème de santé au cours de la période étudiée, contre 50% chez les moins de 65 ans. Le risque de contracter de nouvelles maladies augmente avec l'âge, principalement à cause des modifications dégénérescentes que subissent les appareils et systèmes du corps.

2) L'incidence des maladies aiguës, à apparition soudaine et à évolution lente, diminue avec l'âge alors que celle des maladies chroniques augmente. On estime que dans le groupe des 65 ans et plus, trois personnes sur quatre

---

1. Par incidence on entend le nombre de nouveaux cas d'affection diagnostiqués au cours d'une période donnée, et par prévalence, la somme de tous les cas d'affection relevés dans un milieu à un moment donné, qu'ils soient anciens ou nouveaux. Sur le plan médico-social, l'incidence permet de préciser l'évolution avec l'âge du risque de contracter certaines maladies, tandis que la prévalence permet de comparer l'étendue d'une affection dans les différents groupes d'âge.

souffrent d'une maladie chronique au moins. Parmi les maladies aiguës, on peut signaler les troubles respiratoires, le plus fréquemment relevés dans tous les groupes d'âge, avec une moyenne de quatre maladies par année chez les enfants et une moyenne de 1,6 maladie chez les personnes âgées. Quant aux affections chroniques, elles se présentent soit comme des séquelles d'accidents aigus, tels les accidents cérébraux-vasculaires, soit comme des maladies de long cours, telles les tumeurs malignes dont l'évolution est lente mais irréversible.

3) La durée de la maladie, quelle qu'en soit la nature, est toujours plus longue chez la personne âgée que chez une personne jeune.

4) La polypathologie est la caractéristique principale de l'état morbide du sujet âgé. Chez lui, la maladie se présente rarement seule, d'une façon isolée. Le plus souvent, il y a cumul, engrenage ou chevauchement de plusieurs affections, avec ou sans lien de causalité, mais dont les évolutions peuvent intervenir comme facteurs d'aggravation réciproque. Si le taux des malades atteints de plusieurs affections est faible avant cinquante ans, il s'élève dangereusement au-delà de soixante. D'où une difficulté de diagnostic plus grande et des problèmes de prescription thérapeutique accentués chez la personne âgée. Bref, il y a lieu d'envisager un élargissement de la notion de polypathologie au-delà de la simple combinaison de plusieurs affections, afin d'englober la détermination inter-active entre les facteurs organiques, mentaux et sociaux, que ce soit dans la genèse, le déclenchement ou l'aggravation des troubles.

5) La maladie de la personne âgée s'insère, la plupart du temps, dans un schème social générateur d'insécurité, qu'il s'agisse d'isolement social, de situation financière précaire ou de conditions de logement laissant à désirer.

L'INTÉRÊT POUR LA SANTÉ DES SÉNIORS

Cet intérêt relativement récent s'explique par la croissance numérique des gens atteignant le «mur biologique», grâce à une meilleure compréhension des problèmes du vieillissement donnant lieu à une plus grande autonomie sur le plan physiologique.

À l'époque préhistorique, les gens mouraient à 20 ans (Valois, 1937), sans avoir eu le temps de connaître la vieillesse, du moins pas dans le sens que nous lui attribuons aujourd'hui. Pour la Grèce et la Rome antiques, l'espérance moyenne de vie se situait aux alentours de 28 ans. Les citoyens avaient tout juste le temps de procréer que déjà la mort venait s'emparer d'eux. Au cours des siècles suivants, l'espérance de vie moyenne fut d'environ 32 ans (l'Angleterre médiévale), pour atteindre tant bien que mal 48 ans aux États-Unis à la fin du siècle dernier[1]. Tout compte fait, ce n'est qu'au cours du XXe

---

1. Au Québec, l'espérance de vie était de 39,7 ans pour les hommes et de 41,9 pour les femmes en 1831.

siècle que l'allongement de l'espérance de vie est devenu statistiquement significatif. Pour reprendre Eisdorfer (1973), ce fut l'un des changements les plus marquants de notre civilisation occidentale au cours des dernières décennies. Il est à noter cependant que seule l'espérance de vie moyenne a progressé. Si nous vivons « en moyenne » plus vieux, c'est que le progrès de la technologie médicale a extirpé bon nombre de maladies qui tuaient prématurément les gens et que les conditions créées par la nouvelle technologie ont permis à l'être humain des temps modernes de continuer à vivre, à une période où l'affaiblissement de ses forces physiques et la réduction de son activité l'auraient rendu incapable de subsister dans les conditions d'antan. La longévité moyenne, c'est-à-dire la durée maximale qu'un être humain peut espérer vivre, est restée pratiquement inchangée. Pour s'en convaincre, il suffit de comparer l'allongement de l'espérance de vie à la naissance avec celui à des âges plus avancés (50, 60 ou 70 ans). Comme résultat, la courbe de survie chez l'être humain tend à se rapprocher d'un parallélogramme presque horizontal à son sommet et s'abaissant brusquement à l'âge auquel le décès pour cause de vieillesse est le plus fréquent. Cet âge se situe actuellement entre 70 et 90 ans dans les sociétés occidentales (Comfort, 1968).

Le deuxième phénomène est l'évolution des attitudes individuelles et collectives vis-à-vis de la vieillesse d'une part, et de la santé d'autre part. Parmi les stéréotypes qui ont façonné pendant longtemps les mentalités, celui qui assimile la vieillesse à la décrépitude physique et mentale est peut-être le plus tenace. Il est entendu que la maladie et la vieillesse constituent, dans l'esprit de beaucoup de gens, des domaines qui s'interpénètrent, surtout depuis qu'un nombre croissant de gérontologues trouvent commode d'adopter une attitude « gériatrique » à l'égard de la population âgée[1]. On les entend chuchoter, sinon professer, que la vieillesse n'est rien de plus qu'une maladie comme les autres. Tout le monde en est frappé tôt ou tard. Même ceux qui résistent à toutes les autres maladies, finissent, sans exception, par succomber à celle-là. Penser à la vieillesse comme à une maladie dégénérative, plutôt qu'à une condition humaine éternelle et conforme au destin, c'est en faire un problème médical. Or, l'un des buts avoués de la gérontologie est justement de prévenir cette maladie que nous appelons actuellement le grand âge (Rosenfeld, 1979). Si notre stéréotype commence à peine à lâcher prise, c'est qu'il a été souvent repris dans la littérature au cours des siècles. Ceux qui réussissaient à survivre autrefois à l'hostilité de leur environnement physique et social étaient rares et, comme tels, respectés et vénérés. Mais l'image qu'ils nous ont transmise de la vieillesse n'est pas toujours édifiante. Le premier texte connu sur cette étape de la vie a été trouvé en Égypte. Il a été écrit en 2500 avant Jésus-Christ

---

1. Attitude des professionnels qui sont préoccupés avant tout par les maladies des vieillards.

par Ptah-Hotep, philosophe et poète. Selon Simone de Beauvoir (1970), la vieillesse y est dénoncée en ces termes :

« Comme est pénible la fin d'un vieillard ! Il s'affaiblit chaque jour ; sa vue baisse, ses oreilles deviennent sourdes ; sa force décline ; son cœur n'a plus de repos ; sa bouche devient silencieuse et ne parle point. Ses facultés intellectuelles diminuent et il lui devient impossible de se rappeler aujourd'hui ce que fut hier. Tous ses os sont douloureux. Les occupations auxquelles on s'adonnait naguère avec plaisir ne s'accomplissent plus qu'avec peine et le sens du goût disparaît. La vieillesse est le pire des malheurs qui puisse affliger un homme. Le nez se bouche et on ne peut plus rien sentir. »

C'est dans cette image de décrépitude qu'il faut chercher les origines des attitudes et comportements sociaux vis-à-vis du vieillissement et leur aboutissement, sur le plan individuel, soit au rejet de la réalité du vieillissement, soit à une aveugle soumission à son sort.

Le troisième phénomène, probablement le plus significatif dans une perspective évolutive, est l'autonomie croissante de la personne vieillissante. Au cours de ce siècle on a vu non seulement s'allonger la durée moyenne de vie de l'homme et de la femme, mais encore s'abaisser l'âge physiologique par rapport à l'âge chronologique. Femmes et hommes vivent en moyenne cinq ans de plus et, à âge chronologique comparable, sont de cinq à huit ans plus jeunes que n'étaient leurs aînés avant le début du siècle (Bastenie, 1983). Il ressort d'études épidémiologiques que la santé de cohortes successives de vieillards du même âge s'améliore et on prévoit que, hommes et femmes vivant de plus en plus longtemps, les incapacités majeures pourront dans une large mesure être limitées à une mince tranche d'âge proche de la mort (Nations Unies, 1982).

Un autre signe de l'autonomie croissante de la personne âgée est le recul vers un âge avancé de sa tendance à chercher aide et soutien auprès d'une figure parentale. Cette tendance, Goldfarb (1965) l'a désignée par le terme de « parentification ». Privée de son rôle de parent et de ses autres rôles sociaux, la personne âgée « fait d'un autre son parent » et en devient dépendante. Durant ce processus, elle s'efforce de réaliser certains buts, de combler certains désirs ou certaines aspirations, par l'entremise d'autrui et par des moyens dont l'incorporation s'est faire souvent à l'époque de son enfance. Elle y recourt chaque fois qu'elle se sent tendue, déprimée ou délaissée. Cette tendance peut être interprétée comme l'expression d'un urgent besoin d'aide ou comme la recherche d'un appui moral. En d'autres mots, la personne âgée se tourne vers un parent substitut par qui elle compte soulager ses tensions et se procurer des satisfactions. C'est ce qui se passe, à peu de choses près, dans le processus de délégation de rôle ou dans celui de renversement de rôle.

LA MESURE DE LA SANTÉ

La santé peut se mesurer en termes de présence ou d'absence de maladies, ou en termes de fonctionnement (Shanas et Maddox, 1976). Si les avis sont partagés quant aux avantages et inconvénients de ces deux types de mesure, une chose est certaine : le sujet âgé évalue son état de santé plutôt en termes de fonctionnement qu'en termes de pathologie.

Dans le premier cas, il s'agit d'établir s'il y a présence ou non d'une maladie physique ou mentale. Dans l'affirmative, on en évalue la nature et la gravité en laboratoire, à l'aide de tests, d'échelles ou autres instruments, en fonction de critères préétablis. Dans le deuxième cas, on mesure, dans la vie réelle, la capacité d'un sujet à accomplir certaines tâches nécessaires à la vie quotidienne, c'est-à-dire son « espace-action ». Pour en établir les limites, on se sert de différents types d'indicateurs. Dillard (1983) en propose trois :

— des indicateurs d'*indépendance physique,* comme la fréquence nécessaire d'aide par une tierce personne ;
— des indicateurs de *mobilité-déplacement,* comme le confinement au lit ou au fauteuil, la capacité de sortir de chez soi ou de son quartier ;
— des indicateurs relatifs aux *occupations habituelles.* Ce type d'indicateur quantifie la restriction des activités habituelles (ou principales) du fait d'un problème de santé.

Pour mesurer la polypathologie, caractère essentiel de la situation de la personne âgée, on a créé des instruments à trois dimensions, recouvrant des aspects de fonctionnement différents selon que l'individu est en rapport avec lui-même ou avec son entourage, et selon le domaine exploré (Israël, Kozarevič et Sartorius, 1984). Les dimensions en question sont le physique, qui concerne les activités fonctionnelles principalement centrées sur des activités corporelles, activités de la vie quotidienne ; le mental, qui englobe les aspects psychiques, et le social, qui concerne les relations avec autrui, les interactions avec l'environnement et les principaux événements de la vie.

Un autre aspect important en matière de santé est la notion de « probabilité de mener une vie en bonne santé tout au long du cycle de vie » envisageant explicitement l'avenir sous l'angle de l'espérance de santé pour le reste de la vie (OCDE, 1976). Il s'agit d'un indicateur de morbidité différent des indicateurs de mortalité et dont l'élaboration repose sur la nécessité de distinguer entre la durée de la vie, telle que mesurée par l'espérance de vie, et l'état de santé[1].

---

1. Au Québec, les résultats d'une enquête sur l'espérance de vie en bonne santé a montré que, passé le cap de 65 ans, le risque de voir ses activités restreintes de façon permanente devient très sérieux : en 1980, 30,5% des hommes et 38% des femmes vivant chez eux connaissaient cette forme de limitation et, dans 90% des cas, il s'agissait d'une restriction sérieuse (Dillard, 1983). Les principales causes en sont les maladies de l'appareil circulatoire étant donné que le quart environ des journées de limitation permanente leur sont attribuables.

Par ailleurs, si l'on a prêté beaucoup d'attention à l'impact des changements environnementaux et sociaux sur la santé, on s'est peu occupé des effets que peut avoir un changement dans l'état de santé sur la qualité de la vie. On dispose d'un nombre impressionnant d'études sur l'effet des changements survenus dans les conditions familiales (mort du conjoint, divorce, remariage, etc.), dans les conditions sociales (perte du confident, changement de domicile, etc.) et dans la situation économique (retraite). On dispose aussi d'études sur le rapport entre le stress et les troubles psychiatriques. Mais la question de savoir comment l'état physique se répercute sur les processus psychologiques et sociaux n'a toujours pas été élucidée. Comme le signale Selye, l'aptitude à maintenir l'intégrité physique s'épuise à mesure que l'organisme vieillit (Lieberman, 1974). Même si l'on ne comprend pas toujours les processus qui sont en cause, il est raisonnable de penser que les capacités physiques de la personne âgée peuvent mettre des limites à son adaptation. On sait que l'interrelation entre les fonctions psychologiques et sociales, d'une part, et le fonctionnement somatique, d'autre part, est sans grande importance chez la personne âgée relativement bien portante, mais qu'elle le devient dès que la détérioration de sa capacité physique atteint un niveau critique.

LA PERCEPTION DE L'ÉTAT DE SANTÉ

Comme les problèmes de santé relèvent le plus souvent du domaine physiologique, on pourrait présumer que la réaction de l'individu aux atteintes qu'il subit dépend de leur gravité. La réalité est cependant plus complexe. Bien que toute affection physique ou mentale comporte un fonds physiologique, son influence sur les attitudes et les comportements de l'individu vieillissant reste relativement secondaire.

Le sujet déclaré « malade » par un professionnel de la santé ne modifie pas nécessairement son image de soi[1] tant et aussi longtemps qu'il n'a pas vraiment pris conscience de son état et qu'il n'y a pas décelé une menace pour son intégrité. Cette prise de conscience va être affectée par plusieurs facteurs, dont la cohorte d'âge à laquelle le sujet appartient, les paramètres de celle-ci se définissant en fonction d'un certain nombre de critères environnementaux. Tout compte fait, il y a des gens qui, tout en étant malades, vivent une existence sans histoire, qu'on pourrait qualifier de normale, alors que d'autres tout en étant relativement bien portants se comportent comme s'ils se préparaient à mourir.

Pour ces derniers, la détérioration physique n'est ni plus ni moins qu'une lente marche vers l'au-delà, une conséquence de la vieillesse, accompagnée

---

1. Résultat du processus par lequel s'élabore progressivement, à partir des informations reçues du milieu extérieur et de l'univers intérieur, la représentation mentale de soi-même (Zay, 1981).

d'un état de dépression quasi permanent. Pour les autres, beaucoup plus nombreux, les défaillances physiques restent des avertissements auxquels « ils penseront plus tard ». C'est à l'intention de ces derniers qu'on organise des programmes de prévention dont l'efficacité est souvent limitée par des facteurs économiques, sociologiques et psychologiques.

La perception qu'a l'individu de son état de santé découle de la manière dont il interprète sa condition physique, telle qu'il la ressent. C'est le résultat de la synthèse qu'il a faite des informations reçues de l'extérieur, compte tenu de ses impressions sensorielles, elles-mêmes influencées par ses aspirations, ses besoins et son expérience de vie. Même si les examens médicaux décèlent des symptômes pathologiques chez la plupart des personnes âgées, la présence ou l'absence de symptômes n'est pas une condition de « bien-être » en soi (Shanas, 1962). C'est la perception de l'état de santé plus que le diagnostic qui détermine, en fin de compte, les pratiques sanitaires et l'utilisation des services de santé.

La perception de l'état de santé se répercute cependant sur celle du bien-être. La première est au cœur du processus d'adaptation au vieillissement. En témoigne la relation étroite qui existe entre cette perception et la satisfaction de vivre. Plus on croit sa santé bonne, plus on a de chances d'être satisfait de son sort, content de son passé et positif à l'égard de l'avenir. Au cours du processus d'adaptation, la forme physique se détériore, ce qui oblige l'intéressé à s'adapter aux transformations de son corps. Il y a des gens que leur état physique inquiète à tel point qu'ils ressentent toute douleur et tout mal doublement. C'est le cas de ceux que Shanas (1968) appelle les « pessimistes de la santé », ceux qui déclarent se porter mal alors que des indices objectifs indiquent que leur santé est relativement bonne. D'autres semblent indifférents au mal physique. C'est le cas des « optimistes de la santé », ceux qui ne cessent de dire qu'ils se portent bien même s'ils souffrent, ou encore, qui font de la surenchère de leur forme physique, en soulignant à quel point leur résistance physiologique est supérieure à celle de leurs pairs. La majorité des personnes vieillissantes semblent cependant avoir de leur état de santé ou de la gravité de leur maladie une conception qui correspond assez bien à leur capacité fonctionnelle. Si l'on utilise la fonction plutôt que la pathologie pour juger de leur perception, on peut dire qu'elles font généralement preuve de beaucoup de réalisme.

L'AUTO-ÉVALUATION DE LA SANTÉ

C'est l'appréciation partielle ou globale que fait l'individu de sa santé ou de sa capacité fonctionnelle. L'intérêt que présente l'auto-évaluation provient du fait qu'elle peut servir d'indicateur de la maturité avec laquelle la personne âgée fait face au vieillissement. Elle peut aussi être utile pour mesurer les aspirations et, partant de là, pour prédire le comportement. La conditions physique, la tournure d'esprit avec laquelle on aborde l'état de santé (optimisme ou pessimisme), l'expérience de vie et l'image de soi sont des facteurs qui ont une influence incontestable sur l'auto-évaluation.

Lorsque l'individu évalue sa santé, il tient normalement compte de certains critères, dont ses antécédents médicaux. Il tend à comparer l'état actuel de sa santé à son état antérieur, ou encore, à celui de personnes qui ont à peu près le même âge que lui ou qui vivent dans des conditions similaires aux siennes. Si pour une raison ou une autre, il arrive à la conclusion qu'il se porte moins bien que les autres, sa santé objective va tendre à se détériorer sans égard à ce qu'elle était auparavant (Hendricks et Hendricks, 1977).

À venir jusqu'ici, on s'est contenté de comparer l'évaluation objective, celle que fait le médecin, à l'évaluation subjective, celle que fait le sujet. Puis on a commencé à comparer aussi les auto-évaluations de personnes appartenant à des groupes d'âge différents (Shanas, 1968). À vrai dire, ni l'une ni l'autre approche ne se défend sur le plan méthodologique. La confrontation de l'auto-évaluation de la santé avec son évaluation médicale ne fournit aucune indication sur la façon dont l'âge affecte l'évaluation, et cela d'autant moins que l'âge peut jouer aussi bien sur la perception du médecin que sur celle du patient. On peut soutenir, sans pouvoir le prouver au stade actuel des connaissances en gérontologie, que la différence relevée entre l'évaluation objective et l'évaluation subjective peut être attribuée en bonne partie à la différence d'âge des acteurs en présence.

On estime que l'auto-évaluation de la santé est en corrélation directe avec l'auto-évaluation de l'incapacité et en corrélation élevée avec le degré de mobilité et la détérioration fonctionnelle du sujet étudié (Shanas, 1968).

Alors que l'état de santé est cause de dépression chez les septuagénaires, il est cause d'optimisme chez les octogénaires. Parmi ceux qui vivent chez eux, beaucoup sont très fragiles, mais on en trouve aussi qui sont actifs et mobiles (Shanas, 1968). Le seul fait de vivre aussi longtemps que quatre-vingts ans laisse supposer qu'on fait partie d'une élite biologique et peut-être même d'une élite psychologique. Chose assez surprenante, les grands vieillards font souvent montre d'un remarquable savoir-faire social et d'un excellent moral (Cumming et Parlegreco, 1961).

Quand on compare hommes et femmes d'âge avancé, on constate que les premiers sont plus optimistes à l'égard de leur santé que les dernières, sauf peut-être au cours des années qui suivent immédiatement leur mise à la retraite et durant lesquelles ils s'efforcent de trouver des rôles à leur mesure. Tissue (1972) fait remarquer que les évaluations fondées sur l'examen médical ne coïncident que partiellement avec celles qu'en donne l'individu auquel on demande d'apprécier son état de santé. Il en déduit que s'il en est ainsi, c'est que les auto-évaluations représentent « un énoncé sommaire de la façon dont les nombreux aspects de la santé, qu'ils soient objectifs ou subjectifs, se trouvent associés dans le cadre de référence perceptuel d'un répondant ». Il semblerait que des facteurs objectivement vérifiables n'entrent dans le sentiment de satisfaction que tire l'aîné de la vie, que s'ils deviennent subjectivement significatifs pour l'auto-évaluation de sa santé.

Concrètement, la perception générale de la santé peut inclure, entre autres, la façon dont se sent quelqu'un, la perception qu'il a de la façon dont il devrait se sentir à son âge et la perception qu'il a de la maladie de ses pairs par comparaison à la sienne. Il s'ensuit que la bonne santé est susceptible d'accentuer la satisfaction de vivre, alors que la mauvaise santé y porte atteinte. Ce que le sujet entend cependant par bonne ou mauvaise santé est en partie l'émission d'un jugement subjectif.

Selon Palmore et Luikart (1972), « une personne dont la santé est mauvaise, objectivement parlant, peut quand même tirer beaucoup de satisfaction de sa vie si elle a l'impression de se porter assez bien. Pareillement, une personne qui se porte bien peut ne pas retirer beaucoup de satisfaction de sa vie si elle est persuadée que sa santé est mauvaise ». Une étude de Berghorn et Schafer (1981) montre qu'à mesure que les tâches augmentent en difficulté, le nombre de personnes âgées capables de les exécuter diminue et que les 75 ans et plus sont moins nombreux à pouvoir les accomplir que les moins de 75 ans. Cela les a amenés à dire qu'au fur et à mesure qu'elles avancent en âge, de moins en moins de personnes sont à même de vivre de façon autonome même dans leur propre foyer. Ce qui ne veut nullement dire qu'elles ne peuvent plus mener une existence heureuse chez elles, mais simplement qu'elles ont besoin d'aide de façon continue.

L'attitude de l'individu à l'égard de son état de santé est aussi influencée par les stéréotypes que véhicule son environnement au sujet de la vieillesse. Certains de ces stéréotypes nous viennent du passé, d'autres sont le produit de la civilisation industrielle qui valorise la mobilité, les acquis technologiques ainsi que les valeurs et normes nouvellement apparues.

LA SATISFACTION DE VIVRE

Une perception et une évaluation positives de la santé devraient normalement aboutir à un sentiment général de bien-être. La plupart des gérontologues qui ont étudié la corrélation entre la bonne santé et la satisfaction de vivre, l'ont trouvée positive (Maddox et Eisdorfer, 1962). Ce n'est pas étonnant, car la même relation a été constatée entre le vieillissement et l'adaptation réussie, qu'on la mesure par la satisfaction de vivre, le moral ou la santé mentale. Il n'est pas exagéré de dire que la satisfaction de vivre est le thème le plus fouillé en recherche gérontologique (Maddox et Wiley, 1976). De toutes les évaluations, c'est l'auto-évaluation de la santé (par opposition à son évaluation médicale) qui se trouve associée de la façon la plus nette avec la satisfaction trouvée dans la vie ou, pour dire les choses autrement, l'évaluation médicale de la santé, à moins qu'elle ne reflète celle qu'en fait le sujet lui-même, n'est pas en rapport avec la satisfaction de vivre.

Pour l'individu qui examine sa santé, l'existence d'une corrélation positive entre les divers indicateurs du bien-être, dont la satisfaction de vivre, le moral, le bonheur et autres, est certainement de bon augure. Quant au chercheur du domaine de la santé, il a tout intérêt à faire une distinction entre l'auto-évaluation et son évaluation médicale, car la correspondance entre les deux n'est pas toujours évidente, ni parfaite.

Si l'on prend maintenant le sujet âgé comme objet d'étude pour examiner la relation entre adaptation et état de santé d'une part, et entre auto-évaluation de la santé, l'évaluation médicale de celle-ci et la satisfaction de vivre d'autre part, on arrive à des conclusions qui peuvent surprendre.

L'adaptation générale de la personne âgée dépend, jusqu'à un certain point de son état de santé, surtout de l'évaluation qu'elle en fait elle-même. Si elle s'estime bien portante, elle dira généralement qu'elle tire beaucoup de satisfaction de sa vie, même si sa santé cliniquement évaluée n'est pas parfaite. D'où, il existe un rapport positif entre l'auto-évaluation de la santé et la satisfaction de vivre, mais pas nécessairement entre la satisfaction de vivre et l'évaluation médicale, sauf s'il y a une certaine correspondance entre les deux.

S'il se produit un changement négatif ou positif dans l'auto-évaluation, c'est que la santé est devenue pour une raison ou une autre plus préoccupante ou moins préoccupante qu'auparavant. Quant à l'évolution de la santé perçue au cours du cycle de vie, elle semble coïncider *grosso modo* avec celle de la satisfaction de vivre. Plus la santé est bonne plus la satisfaction est grande, et plus la santé se détériore plus la satisfaction diminue. Ainsi, l'incidence des affections chroniques, plus élevée chez les vieux que chez les jeunes, et l'auto-évaluation de la santé, plus négative chez les premiers que chez les seconds, sont autant de facteurs qui expliquent pourquoi le moral et le sentiment de bonheur chez la personne âgée sont plus bas. Par ailleurs, les personnes âgées ne semblent pas plus inquiètes de leur santé que les jeunes ; la conservation de celle-ci jusqu'à un âge avancé peut leur procurer de nombreuses gratifications.

Enfin, les aînés tendent, en règle générale, à surestimer leur état de santé. Dans une proportion variant selon les auteurs de 60 à 70%, ils prétendent se porter mieux que ne l'indique leur médecin (Susser et Watson, 1971). Néanmoins, les études longitudinales qui ont exploré l'aptitude de l'aîné à décrire fidèlement sa santé physique montrent que l'évaluation qu'il en fait est avant tout un indicateur de sa satisfaction. De ce fait, celle-ci peut se révéler plus importante pour la prédiction de sa longévité que l'état réel de sa santé.

LE RÔLE DE MALADE

C'est à partir de la perception qu'il a de son âge et de sa santé que l'individu vieillissant s'installe, plus ou moins confortablement, dans ce qu'on appelle le « rôle de malade »[1]. Il se soumet volontairement aux traitements thérapeutiques et adopte une gamme de comportements de dépendance qui, au bout du compte, justifient l'abandon d'une partie de ses obligations habituelles. Si pour le jeune, le rôle de malade est un moyen d'échapper temporairement au contrôle sociétal, pour le vieux, il est particulièrement menaçant parce qu'il comporte le risque d'une « captivité permanente » (Kastenbaum, 1976), c'est-à-dire d'un non-retour à l'état de non malade.

Il en résulte que celui qui s'estime bien portant va se comporter en bien portant, alors que celui qui se pense malade va être porté à en assumer le rôle. Et comme la perception de l'état de santé d'un individu donné est influencée par la façon dont les autres perçoivent son état, quelqu'un pourra se penser malade parce que les autres le traitent comme tel, ou bien portant, parce que tout le monde le félicite de sa bonne mine.

Si l'évaluation que fait l'individu de sa santé ne concorde pas avec celle qu'en font les autres, il aura tendance à régler ses mécanismes d'adaptation pour que les deux évaluations ne se contredisent pas. Il peut s'y prendre de plusieurs façons : soit qu'il change sa propre évaluation, soit qu'il essaie de convaincre les autres qu'ils sont mauvais juges de son état. Il peut aussi s'entourer de gens qui sont d'accord avec son évaluation, ou encore, discréditer l'opinion des autres. De toutes les évaluations possibles, c'est cependant celle du médecin qui a le plus de poids à ses yeux. Si lui-même se sent malade et que son médecin traitant est du même avis, il y a de fortes chances qu'il accepte de jouer le rôle de malade même si son entourage le trouve relativement bien portant. Inversement, si lui-même se sent souffrant mais que le médecin ne partage pas son avis, il est fort probable qu'il refusera de jouer un rôle de malade même si son entourage le trouve mal en point.

Comment donc l'individu vieillissant ressent-il sa maladie ? S'il s'en inquiète parce qu'il entrevoit tous les ennuis qu'elle peut lui causer si elle est de longue durée, il l'accepte cependant, ou tout au moins semble s'y résigner. De façon générale, il réagit à des symptômes, et cela de la même façon qu'il l'a fait sa vie durant. Certains se précipitent chez le médecin dès qu'ils ont l'impression que ça « cloche ». D'autres, trouvent mille et une excuses pour ne pas aller le voir, en se disant que le symptôme fait partie du processus du vieillissement et que, de toute façon, personne n'y peut rien. Au cours d'une de nos enquêtes, une interviewée a qualifié sa santé d'excellente puisqu'elle n'avait pas mis les pieds dans un cabinet médical depuis plus de dix ans. Pour elle, semble-t-il, une visite chez le médecin équivalait à un autodiagnostic de maladie. C'est ce genre de personne qui est d'ailleurs le plus porté à tenir le médecin responsable de ses maux. D'autres encore, restent aveugles à des symptômes pourtant bien réels et ont bon espoir de se guérir tout seuls grâce à quelque produit-miracle qu'ils ont acheté en vente libre. Il faut que les

---

1. Ce rôle embrasse l'ensemble des conduites de celui qui est ou se considère malade (Zay, 1981).

symptômes deviennent graves et pénibles à supporter pour qu'ils se décident à consulter un professionnel.

CONCLUSION

Pour terminer ce bref tour d'horizon prospectif, disons que le comportement des cohortes âgées de demain sera, pour le moins, sensiblement différent de celui des cohortes âgées d'aujourd'hui et que les conditions de vie que leur réservera la société future vont différer de celles que leur assure la société actuelle. On encouragera de plus en plus la personne vieillissante à choisir le milieu de vie le plus prometteur pour la satisfaction de ses besoins. Pour faciliter la continuité de sa vie quotidienne, une attention particulière sera accordée à la fonctionnalité du logement et à la performance de son réseau de support naturel. Il ne s'agit évidemment pas de favoriser la prise en charge des aînés par le système bureaucratique de l'État, mais d'encourager un réseau de services apte à fonctionner en dehors du contexte traditionnel de bien-être social et permettant à l'individu de prendre ses décisions de façon autonome tant et aussi longtemps qu'il en est capable. On y tiendra sans doute compte du fait que la solidarité verticale des familles de quatre, de cinq ou même de six générations se verra considérablement renforcée par la solidarité horizontale entre pairs. Probablement centralisé et informatisé, ce système fera appel aux dernières innovations technologiques afin d'aider les intéressés à s'acquitter seuls des tâches quotidiennes de la vie. Concrètement, cela veut dire qu'au lieu de rénover des bâtiments vétustes dans les quartiers les plus insalubres des villes, on demandera aux architectes et spécialistes de l'électronique de concevoir des logements, sinon plus agréables, du moins plus faciles à entretenir avec des forces diminuées. Grâce à leur appréciation des bienfaits de la technologie, les aînés de demain auront évidemment une attitude plus positive à l'égard de ces innovations et seront plus versés dans le maniement de gadgets électroniques, médicaux et autres, tels que les appareils de surveillance à distance des changements qui s'opèrent par la force des choses dans leurs paramètres physiologiques.

Pour les grands vieillards qui, en dépit de conditions environnementales modernisées, ne pourront se passer du soutien quasi permanent d'un personnel qualifié, les secteurs public et privé se verront forcés de mettre en place un réseau de services institutionnels à la fois complets et spécialisés.

RÉFÉRENCES

AUDY, J.R. *Measurement and Diagnosis of Health*. San Francisco : University of California, School of Medicine, 1970.

BASTENIE, P.A. *Le vieillissement et les nouvelles sources de jeunesse*. Paris : Flammarion, 1983.

BERGHORN, F.J. et D.E. SCHAFER. « The Quality of Life and Older People ». In F.J. Berghorn, D.E. Schafer & Associates, *The Dynamics of Aging*. Boulder : Westview Press, 1981, 331-351.

COMFORT, A. *Vivrons-nous plus jeunes plus longtemps ? Bilan et perspectives de la gérontologie*. Verviers : Gérard et Co., 1968.

CUMMING, E. et M.L. PARLEGRECO. « The very Old ». In E. Cumming & W.E. Henry, *Growing Old : The Process of Disengagement*. New York : Basic Books Inc., 1961.

De BEAUVOIR, S. *La vieillesse*. Paris : Gallimard, 1970.

DILLARD, S. *Durée ou qualité de la vie ?* Québec : Conseil des Affaires sociales et de la Famille, 1983.

DUBOS, R.J. *Man, Medicine and Environment*. Toronto : The New American Library, 1969.

EISDORFER, C. « Observations on Medical Care of the Aged ». In R.R. Boyd & Ch. G. Oakes (Eds), *Foundations of Practical Gerontology*. Columbia : University of South Carolina Press, 1973, 68-71.

GOLDFARB, A.I. « Psychodynamics and the Three-Generation Family ». In E. Shanas & G.F. Streib (Eds), *Social Structures and the Family : Generational Relations*. Englewood Cliffs : Prentice Hall, 1965, 10-45.

HENDRICKS, J. et C.D. HENDRICKS. Aging In Mass Society. *Myths and Realities*. Cambridge : Winthrop Publishers Inc., 1977.

ISRAËL, L., D. KOZAREVIC et N. SARTORIUS. *Évaluations en gérontologie*. Basel : S. Karger, 1984, 2 volumes.

KASTENBAUM, R. « A Developmental Field Approach to Aging and its Implications for Practice ». In D.P. Kent, R. Kastenbaum & S. Sherwood (Eds), *Research, Planning and Action for the Elderly*. New York : Behavioral Publications, 1976.

LIEBERMAN, M.A. « Adaptative Process in Late Life ». In N. Datan & L.H. Ginsberg (Eds), *Life Span Developmental Psychology*. New York : Academic Press, 1975, 135-159.

MADDOX, G.L. et C. EISDORFER. « Some Correlates of Activity and Morale among the Elderly ». *Social Forces,* 1962, 40, 3, 254-260.

MADDOX, G.L. et J. WILEY. « Scope, Concepts and Methods in the Study of Aging ». In R. Binstock & E. Shanas (Eds), *Handbook of Aging and the Social Sciences*. New York : Van Nostrand Reinhold Co., 1976, 3-34.

NATIONS UNIES. *Plan international d'action de Vienne sur le vieillissement*. Vienne : Assemblée mondiale sur le vieillissement, 1982.

ORGANISATION DE COOPÉRATION ET DE DÉVELOPPEMENT ÉCONOMI-
QUES. *Mesure du bien-être social.* Paris : 1976.

PALMORE, E. et C. LUIKART. « Health and Social Factors Related to Life Satisfaction ». In E. Palmore (Ed.), *Normal Aging II.* Durham : Duke University Press, 1974, 185-200.

ROSENFELD, A. *Allonger la vie. Une approche scientifique.* Paris : Robert
Lafont, 1976.

SHANAS, E. *The Health of Older People : A Social Survey.* Cambridge : University Press, 1962.

SHANAS, E. « The Psychology of Health ». In E. Shanas, P., Townsend, D.,
Wedeerburn, H., Friis, P., Milhoj & H. Stehouwer (Eds), *Old People in
Three Industrial Societies.* New York : Atherton Press, 1968.

SHANAS, E. et G.L. MADDOX. « Aging Health and the Organization of Health
Resources ». In R.H. Binstock & E. Shanas (Eds), *Handbook of Aging and
the Social Sciences.* New York : Van Nostrand Reinhold Co., 1976,
592-618.

SUSSER, M.W. et W. WATSON. *Sociology in Medicine.* London : Oxford University Press, 1971.

TISSUE, T. « Another Look at Self-Rated Health among the Elderly ». *Journal
of Gerontology,* 1972, 27, 1, 91-94.

VALOIS, H.V. « La durée de la vie de l'homme fossile ». *L'anthropologie,* 1937,
47, 499.

VERWOERDT, A. « Biological Characteristics of the Elderly ». In R.R. Boyd &
Ch. G. Oakes (Eds), *Foundations of Practical Gerontology.* Columbia :
University of South Carolina Press, 1973, 51-67.

ZAY, N. *Dictionnaire-manuel de gérontologie sociale.* Québec : Les Presses
de l'Université Laval, 1981.

5.2

La solitude chez les personnes âgées: une recension des recherches empiriques

CLAUDINE BEAUPRÉ

GASTON-RENÉ DE GRÂCE

La solitude est un sentiment que plusieurs personnes sont appelées à rencontrer à un moment ou à un autre de leur vie. Elle est ressentie, selon la définition de Peplau et Caldwell (1978), lorsque les relations sociales d'une personne sont moins nombreuses et moins satisfaisantes que cette dernière le souhaiterait. La solitude est donc le reflet de la différence entre le désir et le niveau réellement atteint de contacts sociaux.

Une des dimensions les plus importantes de la solitude est sa nature subjective. Cet aspect se retrouve dans la définition rapportée ci-haut et il est souligné par plusieurs auteurs tels que Dooghe et al (1980), Kivett (1979), Munnichs (1964) et Nahemow (1969). En fait cette dimension de subjectivité différencie la solitude de l'isolement. La solitude est un sentiment d'insatisfaction face à ses propres relations tandis que l'isolement est la condition objective d'un nombre restreint de relations sociales (Dooghe et al, 1980 ; Munnichs, 1964 ; Nahemow, 1979 ; Peplau et Caldwell, 1978). Dans la mentalité populaire cependant, les deux concepts sont très reliés l'un à l'autre. C'est ainsi que la solitude est souvent associée aux groupes d'individus susceptibles de vivre dans l'isolement.

Les personnes âgées connaissent plusieurs événements qui les contraignent à un isolement accru, par exemple le départ des enfants, la retraite, le veuvage, des problèmes de santé, des difficultés financières, la mort d'amis et de pairs, etc. La plupart des gens associent alors la solitude au vieil âge et la perçoivent comme un malaise inévitable de la fin de la vie. À ce propos l'étude de Harris et al (1977) sur l'image culturelle de la vieillesse révèle que la majorité (60%) de la population américaine voit la solitude comme un problème très sérieux pour les personnes âgées.

Les recherches empiriques à ce sujet démentent cependant ces idées préconçues et démontrent que peu de personnes âgées souffrent de solitude. En fait, le pourcentage de personnes âgées qui se sentent souvent seules varient de 7 à 22% selon les diverses recherches (Fidler, 1976 ; Gubrium, 1974 ; Harris et al, 1977 ; Kivett, 1979 ; Kraus et al, 1976 ; Munnichs, 1964 ; Nahemow, 1979 ; Townsend, 1968 ; Tunstall, 1966). De plus, d'après Hornung (1981), Knipscheer (1975) et Parlee (1979), les personnes âgées éprouvent moins de solitude que les autres groupes d'âge. Ainsi, Hornung (1981) a trouvé que les veuves âgées éprouvent moins de solitude que les adolescents, les jeunes adultes, les ménagères, les adultes divorcés et les mères célibataires à faible revenu. Knipscheer (1975) constate que les personnes âgées vivant dans leur maison ou en institution souffrent moins de solitude que les personnes d'âge moyen. Parlee (1979) obtient une incidence de solitude plus faible chez les personnes âgées que dans tous les autres groupes d'âge. Dans cette étude, le pourcentage de répondants qui se sentent souvent ou quelquefois seuls diminue avec l'âge (moins de 18 ans : 79%, 18-24 ans : 71%, 25-34 ans : 69%, 35-44 ans : 60%, 45-54 ans : 52%, 55 ans et plus : 37%).

Différentes explications à ces conclusions peuvent être apportées. Comme le soulignent Peplau et al (1982), les personnes âgées sont peut-être plus satisfaites de leurs relations sociales que les plus jeunes, car leurs attentes face à leurs relations sont réalistes et raisonnables tandis que celles des plus jeunes peuvent être très élevées et non réalistes.

Il est possible aussi qu'à cause de la mesure auto-évaluative utilisée dans la majorité des recherches, la différence se situe dans la volonté et la capacité de reconnaître des sentiments de solitude en soi plutôt que dans l'incidence de la solitude ressentie. Les jeunes peuvent être plus enclins que leurs aînés à reconnaître de tels sentiments chez eux.

Quoiqu'il en soit, ces différents résultats démontrent que la solitude n'est pas le lot unique et indiscutable des personnes âgées et remettent en question notre vision de la vieillesse.

Certains chercheurs ont alors tenté de mettre en relief les caractéristiques psychosociales pouvant engendrer la solitude chez les personnes du troisième âge afin de déterminer quels sont les sous-groupes de personnes âgées les plus susceptibles de souffrir de solitude. Ces caractéristiques psychosociales peuvent être regroupées en diverses catégories. Les facteurs sociaux sont répartis en quatre sous-groupes : données descriptives de base, milieu de vie, activités et loisirs, contacts sociaux. Les facteurs personnels sont regroupés sous quatre thèmes : santé, émotions, habiletés sociales, contrôle de sa situation.

FACTEURS SOCIAUX

Données descriptives de base

Les données descriptives de base étudiées jusqu'à maintenant sont l'état civil, le sexe, l'âge, le degré d'éducation, l'occupation et le revenu.

L'état civil influence le degré de solitude. La plupart des recherches reconnaissent que les personnes âgées mariées sont celles qui éprouvent le moins de solitude (Atchley, 1975 ; Gubrium, 1974 ; Kivett, 1979 ; Nahemow, 1979 ; Perlman et al, 1978 ; Rubenstein et al, 1979 ; Townsend, 1968 ; Tunstall, 1966 ; Willmott et Young, 1960). D'un autre côté, les personnes veuves sont celles qui souffrent le plus de solitude (Atchley, 1975 ; Gubrium, 1974 ; Hornung, 1981 ; Kivett, 1979 ; Perlman et al, 1978 ; Townsend, 1968 ; Tunstall, 1966 ; Willmott et Young, 1960). Cependant, la durée du veuvage et la durée du mariage avant le veuvage influencent le niveau de solitude. Hornung (1981), Townsend (1968) et Tunstall (1966) constatent que les personnes âgées veuves depuis moins de cinq ans souffrent plus de solitude que celles qui le sont depuis plus longtemps. De plus, d'après Hornung (1981), les veuves qui ont été mariées pendant plus de cinquante ans avant leur veuvage se sentent plus seules que celles qui ont été mariées moins longtemps.

En ce qui concerne les célibataires et les divorcés, Kivett (1979), Townsend (1968) et Tunstall (1966) ont observé que les célibataires éprouvent moins de solitude que les veufs mais plus que les gens mariés. Par contre, Willmott et Young (1960) trouvent que les célibataires et les gens mariés éprouvent le même degré de solitude et Gubrium (1974) constate que moins de célibataires que de gens mariés se sentent souvent seuls.

En ce qui concerne les personnes âgées divorcées, Gubrium (1974) trouve qu'elles souffrent autant de solitude que les personnes veuves. Nahemow (1979) en arrive à la conclusion qu'il y a plus de solitude chez les divorcés que chez les veufs et les gens mariés. Par contre, Kivett (1979) estime que les divorcés souffrent plus de solitude que les gens mariés mais moins que les veufs et les célibataires.

Diverses explications peuvent être apportées en ce qui concerne certains résultats. Les veufs sont les personnes âgées qui souffrent le plus de solitude. D'après Gurin et al (1960), ils sont aussi les seuls dont le statut d'isolement est clairement non volontaire. Cet isolement soudain, à la suite de la perte d'un être cher, est habituellement non désiré et dans bien des cas, non prévisible. Les attentes de la personne veuve face à ses relations sociales demeurent élevées alors que le nombre réel de ses contacts diminue considérablement. Avec le temps, la personne veuve s'adapte à sa nouvelle situation. Elle diminue ses attentes et/ou augmente le nombre de ses contacts sociaux. Ceci peut expliquer pourquoi la durée du veuvage a une influence sur l'incidence de solitude. En ce qui concerne les divorcés, la brusque diminution dans le nombre réel de ses contacts sociaux peut être plus désirée et plus prévisible et c'est peut-être pourquoi les divorcés éprouvent moins de solitude que les veufs.

D'après Gubrium (1974) et Lowenthal (1964), les célibataires éprouvent moins de solitude que les veufs et les divorcés, pourtant ils sont plus isolés. Deux explications peuvent être fournies à cela. D'abord, les célibataires sont des personnes qui ont toujours été isolées (Gubrium, 1975). Ces personnes ne font pas face à une diminution de leurs relations sociales comme c'est le cas pour les veufs et les divorcés. Ils s'attendent à avoir peu de relations sociales et se contentent du peu qu'ils ont. Ceci amène à formuler l'hypothèse que l'isolement est désiré par les célibataires. Gubrium (1975) a justement décrit les célibataires comme des personnes qui préfèrent être seules, qui valorisent l'indépendance, qui ont des activités solitaires et en sont satisfaites, et qui n'éprouvent pas de solitude.

Les personnes âgées mariées sont celles qui éprouvent le moins de solitude. Malgré cela, dans certaines recherches, la différence entre l'incidence de solitude chez les personnes mariées et les autres états civils est assez faible (Gubrium, 1974 ; Townsend, 1968 ; Tunstall, 1966). La satisfaction de la vie conjugale peut y avoir joué un rôle. Perlman et al (1978) ont trouvé que la solitude est inversement reliée à cette satisfaction.

Le sexe, l'âge, le niveau d'éducation et l'occupation sont des facteurs qui apportent peu ou pas de différence significative dans le niveau de solitude (Harris et al, 1977 ; Hornung, 1981 ; Kivett, 1979 ; Perlman et al, 1978). Cependant, peu de chercheurs ont étudié ces variables et des recherches supplémentaires seraient nécessaires. Il pourrait s'avérer intéressant de voir si ces variables influencent la relation entre un facteur donné et la solitude (par exemple si l'âge influence la relation entre l'état civil et la solitude).

Les données concernant l'influence du revenu sur la solitude sont contradictoires. Hornung (1981) et Kivett (1979) trouvent que le revenu n'a pas d'influence sur le degré de solitude. Par contre, Perlman et al (1978) et Harris et al (1977) concluent qu'un faible revenu est associé à une plus grande solitude. D'autres recherches sont à suggérer, surtout celles qui tenteraient d'étudier la relation entre le revenu et la solitude, isolée de l'influence d'autres variables telles que l'âge, la santé, etc.

Milieu de vie

Le milieu de vie comporte trois principales données : le type de milieu, le type d'habitation et l'arrangement de vie.

La résidence en milieu rural et la résidence en milieu urbain sont les deux types de milieu qui sont analysés dans les recherches. Selon Woodward et al (1974), il n'y a pas de différences dans la solitude entre le milieu rural et urbain.

La personne âgée peut choisir entre divers types d'habitation, par exemple une maison unifamiliale, un appartement, un complexe d'habitation pour personnes âgées et une institution. Pour ce qui est des trois premiers types d'habitation, Woodward et al (1974) ne constatent aucune différence significative dans le degré de solitude de leurs occupants. Cependant, lorsque la personne en question n'est pas satisfaite de son type d'habitation, elle souffrira plus de solitude (Woodward et al, 1974). De plus, si cette personne a emménagé dans sa résidence actuelle à cause de circonstances forcées plutôt que par choix, elle éprouvera plus de solitude (Perlman et al, 1978).

La satisfaction et l'élément de choix face à son type d'habitation semblent donc importants. Leur influence sur la solitude peut être expliquée de deux façons selon Woodward et al (1974). D'un côté, la solitude peut être due à la frustration de ne pouvoir changer sa situation (absence de choix). D'un autre côté, la personne insatisfaite de son type d'habitation peut avoir un tempérament qui fait qu'elle éprouvera de la solitude et sera insatisfaite de son type d'habitation quel que soit l'endroit où elle vit.

Un type d'habitation est cependant clairement relié à la solitude, c'est l'institution. Ceux qui vivent en institution souffrent plus de solitude que ceux qui restent dans la communauté (Kraus et al, 1976). Est-ce l'institution qui les rend ainsi ? D'après la recherche de Kraus et al (1976), il semble plutôt que les personnes qui font leur admission à une institution souffrent déjà plus de solitude que celles qui demeurent dans la communauté.

Kraus et al (1976) ont dressé un portrait des gens qui demandent à entrer en institution. Ils sont plus vieux, plutôt de sexe féminin, ils viennent du milieu urbain et ils ont un faible revenu. Le plus souvent, ils ne vivent pas avec un conjoint. Ils se perçoivent davantage en mauvaise santé que la majorité des gens et ils ont subi une plus grande perte d'indépendance dans leurs activités journalières. Ils participent moins aux activités sociales, passent plus de temps à ne rien faire et ils ont moins de contacts avec leurs familles et amis bien qu'ils ne soient pas socialement isolés. Enfin, ils souffrent davantage de solitude et de dépression. Ce serait donc davantage à cause du genre de personnes qui sont portées à y entrer qu'à cause de l'institution que l'incidence de solitude est plus élevé dans ce type d'habitation. Il est intéressant de signaler que plusieurs d'entre eux n'ont pas besoin d'une telle entrée en institution d'après Kraus et al (1976) et Solomon (1979). Enfin, Dooghe et al (1980) constatent que ceux qui ont une attitude négative envers l'admission éprouvent plus de solitude. Ceci vient appuyer les résultats concernant l'influence de la satisfaction de son type d'habitation sur la solitude.

L'arrangement de vie consiste dans le fait de vivre seul, vivre avec son conjoint et/ou ses enfants ou vivre avec d'autres personnes.

D'après Nahemow (1979), Peplau et al (1982) et Shanas (1962), la majorité des personnes âgées préfèrent vivre seules plutôt que de vivre avec leurs enfants ou d'autres parents. Elles voient souvent le fait de vivre seules comme un signe d'indépendance, d'autonomie et d'accomplissement. Dans ce cas, ceux qui vivent seuls ne devraient pas éprouver beaucoup de solitude puisque leur isolement est désiré.

Malheureusement, les résultats sont assez contradictoires à ce sujet. D'après Hornung (1981), il n'y a pas de différence dans la solitude entre les diverses sortes d'arrangement de vie. Pour sa part, Perlman et al (1978) constatent qu'il y a plus de solitude chez ceux qui vivent avec des parents que parmi ceux qui vivent seuls ou avec leurs conjoints. Par contre, Nahemow (1979), Townsend (1968) et Tunstall (1966) trouvent que ceux qui vivent seuls sont ceux qui souffrent le plus de solitude. Ensuite, viennent ceux qui vivent avec des parents autres que les enfants et le conjoint (Nahemow, 1979 ; Townsend, 1968 ; Tunstall, 1966).

Ces diverses contradictions ne permettent pas d'avoir une idée précise de la situation et d'autres recherches sont nécessaires. Il est cependant possible que ces contradictions soient dues au fait que certaines variables pouvant influencer la relation arrangement de vie-solitude n'aient pas été contrôlées. Par exemple, l'élément de choix, la préférence, la satisfaction de son arrangement de vie peuvent influencer grandement le niveau de solitude. Il serait utile d'en tenir compte dans les recherches ultérieures.

Activités et loisirs

Selon Hornung (1981) et Perlman et al (1978), le sentiment de solitude est plus élevé lorsque la personne âgée n'a pas autant d'activités qu'elle le voudrait. Cependant, le nombre d'activités lui-même n'affecte pas le niveau de solitude (Munnichs, 1964 ; Perlman et al, 1978). Ce résultat peut être expliqué par le fait que si l'isolement en rapport avec les activités est désiré, la personne âgée ne se sentira pas seule. Par contre, la solitude apparaîtra lorsque la personne a des attentes plus élevées que son nombre réel d'activités.

Kivett (1979) et Perlman et al (1978) constatent que les personnes âgées qui se sentent seules sont plus enclines à dire qu'elles ont des difficultés de transport. Deux hypothèses peuvent expliquer ce résultat :

1) Les difficultés de transport amènent un plus grand isolement, probablement non désiré, ce qui entraîne un plus grand sentiment de solitude.

2) Les personnes qui souffrent de solitude donnent des raisons extérieures à leur solitude. Ainsi, elles accusent les difficultés de transport au lieu de se blâmer elles-mêmes. Elles ne font alors aucun effort pour changer cette situation.

Contacts sociaux

Les contacts sociaux peuvent être examinés selon deux aspects : le nombre de contacts sociaux et le type de contacts.

Comme nous l'avons souligné plus haut, l'isolement et la solitude sont souvent associés dans la mentalité populaire. Les recherches empiriques peuvent nous permettre d'éclaircir la relation entre ces deux conditions. Hornung (1981) trouve que le temps passé seul n'a pas d'influence sur la solitude. Gubrium (1975) a découvert que même si la plupart des célibataires de son étude ont toujours été isolés, ils n'éprouvent pas de solitude. De même, Lowenthal (1964) observe que les personnes âgées en institution qui sont isolées souffrent moins de solitude que les semi-isolées et que les sociables.

Par contre, d'après Dooghe et al (1980), la solitude est reliée principalement à l'isolement. Munnichs (1964) signale que toutes les personnes qui se sentent seules sont isolées, mais seulement 45% des personnes isolées se sentent seules. Cela nous suggère qu'il y a peut-être une certaine relation entre la solitude et l'isolement mais que ce dernier état ne mène pas nécessairement à la solitude. Ceci est appuyé par le fait que l'incidence de l'isolement ne concorde pas avec l'incidence de solitude dans les recherches qui comportent ces deux données (Dooghe et al, 1980 ; Gubrium, 1974).

Ainsi, l'isolement peut parfois mener à la solitude, mais pas toujours. De même, la solitude peut parfois être une réponse à l'isolement mais aussi, en d'autres occasions, être due à d'autres facteurs. Munnichs (1964) souligne justement que les facteurs menant à la solitude sont des facteurs personnels comme le manque de but personnel et de satisfaction dans la vie. L'étude de Lowenthal (1964) dégage l'importance de l'influence des facteurs de personnalité sur le sentiment de solitude. Fidler (1976) signale que lorsque l'isolement n'est pas accepté, celui-ci mène à la solitude. Par contre, s'il est désiré, il est vu comme un signe d'indépendance et d'autonomie. Peplau et Caldwell (1978) constatent aussi que l'isolement social mène à la solitude seulement lorsque les attentes d'une personne à propos de ses relations sociales demeurent élevées.

Contrairement à la croyance populaire, la plupart des chercheurs observent que les contacts avec la famille ont peu ou pas d'influence sur la solitude (Arling, 1976 ; Blau, 1973 ; Hornung, 1981 ; Perlman et al, 1978 ; Shanas et al, 1968). En fait, le contact avec les amis est plus important dans la diminution de la solitude que le contact avec la famille selon Arling (1976) et Perlman et al (1978).

Plusieurs hypothèses ont été émises concernant ce résultat (Arling, 1976 ; Peplau et al, 1982 ; Wood et Robertson, 1978). Ainsi, on a souligné que les contacts familiaux viennent de liens formels qui ont une nature d'obligation. Bien souvent, la personne âgée a des intérêts et des expériences différents de ceux de sa famille. Le lien affectif n'est pas nécessairement présent même s'il y a interaction. La famille contrôle la fréquence et la durée des visites.

Par rapport aux enfants, les personnes âgées se retrouvent dans une position de dépendance après avoir eu une longue période d'autonomie par rapport à leurs enfants. D'un autre côté, le contact avec les amis vient d'un choix mutuel et volontaire. Les expériences et les intérêts sont communs. Le lien affectif doit être présent pour que la relation se poursuive. Il y a égalité et réciprocité dans l'aide apportée et dans les échanges. Les rencontres se font habituellement selon un accord entre les parties.

Diverses explications sont donc possibles concernant l'importance relative des liens amicaux et des liens familiaux par rapport à la solitude. Il est difficile de savoir quelle est la plus valable. L'étude de Lee et Ihinger-Tallman (1980) permet du moins de constater que la relation avec la fratrie n'affecte pas le moral et que le contact avec les amis est alors plus important.

FACTEURS PERSONNELS

Santé

L'auto-évaluation de sa santé est la mesure la plus fréquemment employée pour étudier l'influence de la santé sur la solitude. Presque tous les chercheurs qui y font appel en arrivent à ce consensus : la personne âgée qui évalue sa santé comme étant mauvaise souffre plus de solitude (Kivett, 1979 ; Nahemow, 1979 ; Perlman et al, 1978 ; Shanas et al, 1968). Seule la recherche de Hornung (1981) ne trouve aucune relation entre la solitude et l'évaluation que fait la personne âgée de sa propre santé.

Le fait d'utiliser l'auto-évaluation de sa santé comme principale mesure de la variable « santé » peut biaiser les résultats. En effet, l'auto-évaluation de santé peut ne pas avoir de relation avec le degré réel de sa santé bien que Shanas (1962) ait trouvé que dans 70% des cas, ces deux données concordent. Certaines explications peuvent être apportées en ce qui concerne la forte relation entre la solitude et une santé perçue comme étant pauvre. Celles-ci proviennent de l'étude de Nahemow (1979) :

1) Une mauvaise santé peut contribuer à amener un isolement accru et entraîner la solitude.
2) Les personnes qui se sentent seules perçoivent tout négativement et évaluent leur santé plus mauvaise qu'elle ne l'est en réalité.
3) Les personnes qui évaluent leur santé comme étant mauvaise voient aussi leur santé pire que celles des autres personnes du même âge. Elles se voient différentes et se sentent alors plus seules.

En ce qui concerne les autres facteurs de santé qui ont été étudiés, il est à souligner que l'incapacité physique et une mobilité limitée sont associées à une plus grande solitude (Kivett, 1979 ; Townsend, 1968 ; Tunstall, 1966). En ce qui concerne les handicaps physiques, les données sont plus contradictoires. Kivett (1979) trouve que les problèmes visuels sont discriminateurs de solitude mais non pas les problèmes auditifs. Par contre, Perlman et al (1978) découvrent une plus grande solitude chez ceux qui ont de la difficulté à entendre. D'après eux cependant, les autres handicaps physiques n'influencent pas le degré de solitude. Des recherches supplémentaires seraient nécessaires dans ce domaine. Il serait peut-être important de tenir compte de la durée du handicap. Une perte physique récente pourrait amener un plus grand sentiment de solitude que si le handicap est plus ancien. Dans ce dernier cas, la personne âgée a pu s'adapter à sa situation, modifier ses attentes afin de les rendre plus réalistes et plus proches du niveau réel de ses relations. De plus, en acceptant davantage son handicap, la personne âgée a moins tendance à s'isoler, augmente ses contacts sociaux et sa solitude diminue.

Émotions

La plupart des auteurs sont d'accord pour dire que les personnes qui se sentent seules ont moins de satisfaction dans la vie (Hornung, 1981 ; Lopata, 1969 ; Munnichs, 1964 ; Perlman et al, 1978). Elles sont moins heureuses (Perlman et al, 1978). Elles éprouvent souvent un sentiment de vide, de manque d'énergie et d'ennui continuel (Perlman et al, 1978). Elles ont moins de buts individuels (Munnichs, 1964). Denes (1976) observe aussi que la majorité des pessimistes et de ceux qui ont des émotions négatives sont des personnes qui se sentent seules.

Ces résultats suggèrent deux hypothèses :

1) La solitude est un facteur important qui peut diminuer le bien-être psychologique de la personne âgée et susciter des sentiments négatifs.

2) La solitude est fonction de la personnalité. Elle est une conséquence d'un certain type de personnalité. Ainsi, une personne qui est insatisfaite de sa vie en général, qui est négative et pessimiste, sera probablement insatisfaite de ses relations sociales, et quels que soient la qualité et le nombre de ses relations, elle se sentira seule. Lowenthal (1964) et Munnichs (1964) soulignent l'importance des facteurs de personnalité sur la solitude.

Habiletés sociales

Les données concernant la relation entre les habiletés sociales et la solitude proviennent de Perlman et al (1978). Ceux-ci ont découvert qu'une plus grande solitude est associée à de pauvres habiletés sociales, à l'anxiété sociale et à l'utilisation de contrainte concrète dans les tentatives d'influence. Les personnes qui se sentent seules sont aussi moins efficaces à faire valoir ce qu'elles veulent. Il y a plus de solitude chez ceux qui discutent davantage de choses très intimes avec des connaissances. Les auteurs expliquent ce dernier résultat par le fait que la personne solitaire est moins sensible au fait qu'il est inapproprié de s'ouvrir intimement à une simple connaissance. Les relations risquent d'être plus inadéquates et l'ouverture excessive réduit la possibilité d'une réciprocité.

Contrôle de sa situation

Le contrôle de sa situation se définit comme étant la possibilité de prédire, de choisir et de contrôler sa situation. Peplau et Caldwell (1978), dans leur étude sur la solitude, concluent que le degré de contrôle influence la solitude. Perlman et al (1978) trouvent plus de solitude chez ceux qui n'ont pas un sentiment de contrôle de leurs affaires.

Dooghe et al (1980) ont constaté que ceux qui n'ont jamais visité une institution avant d'y entrer se sentent plus seuls. Il en est de même pour ceux qui ont une attitude négative envers l'admission à une institution. Enfin, ces auteurs ont souligné à quel point l'élément de choix était limité et la dépendance favorisée dans les institutions. De même, Solomon (1979) a trouvé que les personnes vivant en institution perçoivent les renforcements comme venant de l'extérieur, n'étant pas de leur propre contrôle et non relatifs à leurs comportements. Ceci pourrait expliquer la plus grande incidence de solitude chez les personnes qui vivent en institution.

Schulz (1976) a démontré que les personnes âgées en institution qui pouvaient prévoir et contrôler les visites que des étudiants leur rendaient, voyaient s'améliorer leur santé physique et psychologique. Peplau et al (1982) ont aussi souligné que le choix accru et une responsabilité personnelle plus grande, même pour de petites choses telles que le choix et l'entretien d'une plante, améliore la participation sociale et le bien-être général.

HYPOTHÈSES EXPLICATIVES DE LA SOLITUDE

À la suite de tous ces résultats, certaines hypothèses explicatives du niveau de solitude peuvent être dégagées : la personnalité négative, la désolation associée à des pertes et le degré de contrôle de sa situation.

Personnalité négative

La solitude est rencontrée plus souvent chez des personnes qui sont négatives et insatisfaites. Ainsi, d'après les recherches mentionnées auparavant, il y a plus de solitude chez ceux qui sont insatisfaits de leur type d'habitation, de leur nombre d'activités, de leur vie en général. Ceux qui se sentent seuls évaluent leur santé plus négativement. Ils ont plus de sentiments négatifs. Par définition, ils sont insatisfaits de leurs contacts sociaux. Ils ont de pauvres habiletés sociales, ont de la difficulté à se faire et à garder des amis et ont souvent des modes de relation inadéquate. Ils ont une image de soi négative.

Ce type de personnalité associé à la solitude en est peut-êtr une conséquence mais il peut aussi en être la cause. Certaines personnes, même si elles sont très isolées à cause du veuvage, de la maladie, etc. ne souffrent pas de solitude. Ce qui les différencie des personnes moins isolées mais souffrant de solitude, c'est le fait qu'elles se satisfont de leurs contacts sociaux. Elles ont un type de personnalité qui leur permet de se satisfaire du peu de relations sociales qu'elles ont, alors que d'autres en seront toujours insatisfaites quels que soient la qualité et le nombre de relations qu'elles ont.

Désolation associée à des pertes

Certaines situations amènent presqu'irrémédiablement de la solitude lorsqu'elles arrivent et ce, quel que soit le type de personnalité. Le veuvage, la maladie, les handicaps physiques, la retraite se retrouvent parmi ces situations. Les recherches sur le veuvage ont démontré que la durée du veuvage a un effet important sur la solitude, le moral, le bien-être, etc. Ce facteur de temps peut aussi être important en ce qui concerne la maladie, les handicaps physiques et la retraite. La solitude mesurée au début de ces situations peut être temporaire. Elle peut n'être présente qu'à l'étape suivant immédiatement le changement et s'estomper par la suite. Si c'est le cas, la désolation serait un élément explicatif pertinent.

Différents auteurs ont souligné son importance et en ont fourni une définition. Townsend (1968) la définit comme un isolement par la perte d'une relation intime. Gubrium (1974) la décrit comme un isolement soudain. Il distingue la désolation négative de la désolation positive. La première est considérée par la personne comme indésirable, par exemple le veuvage. La deuxième est perçue comme désirable, comme dans certains cas de divorce (ce statut est davantage choisi que le veuvage). L'importance de la désolation sur la solitude a aussi été soulignée par Fidler (1976) et Gubrium (1975).

D'après les différentes définitions données de la solitude et de la désolation, et à la lumière des résultats obtenus, nous en arrivons à l'hypothèse suivante : la désolation est un phénomène qui apparaît au moment où une brusque diminution dans le nombre de contacts sociaux se produit, et où un ajustement dans les attentes ne s'est pas encore effectué. Une solitude temporaire s'en suit. Cependant, si la diminution du nombre de contacts est prévisible et/ou désirée (ex. : divorce, santé déclinante), l'effet de la désolation sera moins douloureux et la personne éprouvera moins de solitude.

Degré de contrôle de sa situation

Certaines situations associées à la solitude ont en commun le fait que le degré de contrôle, de choix, de prévisibilité est absent ou restreint et que la personne est dépendante des autres et/ou des circonstances. Ces situations sont le veuvage, le fait de vivre en institution, l'incapacité physique et une mobilité limitée.

Le fait de n'avoir pas le choix ni la possibilité de changer sa situation peut frustrer la personne qui vit cette expérience. Prise dans une situation dont elle ne veut pas et dont elle ne peut sortir, la personne se sent seule. Puisqu'elle est dépendante de l'extérieur, qu'elle ne peut contrôler ni même prévoir sa situation, la personne se referme sur elle-même, s'isole affectivement et ceci l'amène à se sentir seule. À moins que la personne âgée ne finisse par accepter cette situation où elle n'a pas de contrôle personnel, elle éprouvera de la solitude.

POSSIBILITÉS DE DIMINUTION DE LA SOLITUDE

Même si les recherches empiriques démontrent que la majorité des personnes âgées ne souffrent pas de solitude, il ne faut pas oublier que de 7 à 22% éprouvent ce sentiment fréquemment. Si nous voulons aider ces personnes âgées, il importe de connaître les aires de changement dans le degré de solitude qui leur sont possibles. D'après nous, les changements dans le niveau de solitude sont possibles par le biais de changements dans les relations sociales, dans les attentes en ce qui concerne les relations sociales, dans la personnalité et dans le degré de contrôle de sa situation. Les deux premiers sont suggérés par la définition de la solitude fournie par Peplau et Caldwell (1978). Les deux autres proviennent des hypothèses explicatives mentionnées plus haut.

Changement dans les relations sociales

Peplau et Caldwell (1978) considèrent que la solitude apparaît quand les relations sociales d'une personne sont moins nombreuses ou moins satisfaisantes que ce que la personne désire. Si cette dernière augmente le nombre de ses relations sociales, ceci devrait amener une diminution de son sentiment de solitude. Il en est de même si ses relations sociales deviennent plus satisfaisantes.

Avoir des relations satisfaisantes est d'ailleurs probablement plus important que d'avoir beaucoup de relations sociales. Encourager la personne âgée à former une relation stable et intime peut lui donner un moyen de diminuer sa solitude. Lowenthal et Haven (1968) ont constaté le bienfait qu'apporte la présence d'un confident sur le moral. De plus, Lopata (1969) et Vinick (1978) ont souligné que le remariage est une alternative très satisfaisante au veuvage et à la solitude qui y est associée.

Changement dans les attentes à propos des relations sociales

La solitude apparaît quand les attentes de relations sociales sont plus élevées que la qualité ou le nombre réels de relations. Si la personne âgée diminue ses attentes et se satisfait de ses relations sociales, elle devrait ne plus ressentir de solitude. Une intervention encourageant les personnes âgées à diminuer leurs attentes pourrait se faire par exemple grâce à des cours de préparation à la vieillesse, par des consultations individuelles, etc. L'intervention pourrait avoir plusieurs objectifs :

1) Amener la personne âgée à comprendre et à accepter les restrictions qui découlent du vieillissement.
2) L'encourager à changer ses attentes face aux relations sociales et à avoir des attentes plus réalistes.
3) Lui faire prendre conscience que l'isolement peut être positif. La plupart y voient une faute personnelle ou blâment les autres et les circonstances de leur état. L'isolement de la personne âgée pourrait plutôt être considéré comme une crise de la vie, une étape à passer qui, si elle est bien résolue, peut amener un sentiment d'indépendance, d'autonomie et d'intégrité.

Changement dans la personnalité

Nous avons émis l'hypothèse que le type de personnalité peut expliquer pourquoi certaines personnes âgées souffrent de solitude et d'autres pas. Si cela s'avère exact, un changement dans la personnalité devrait amener un changement dans le sentiment de solitude.

Deux types de changements de personnalité sont importants. Premièrement, il serait important d'amener la personne âgée à être plus positive, à se percevoir d'une façon plus positive. Cela pourrait se faire en travaillant à augmenter la confiance en soi de la personne âgée, en lui faisant prendre conscience de ses ressources et de ses possibilités, et en déterminant avec elle des programmes d'activités valorisantes et enrichissantes qui sont disponibles.

Un deuxième type de changement de personnalité serait d'améliorer les habiletés sociales. Des cours pourraient être donnés afin d'enseigner aux personnes âgées qui ont de pauvres habiletés sociales, comment se faire des amis et comment réussir à maintenir ces nouvelles relations.

Changement dans le degré de contrôle de sa situation

De faibles possibilités de contrôle, de choix, de prévisibilité et une forte dépendance face aux autres et aux circonstances ont été suggérés comme étant des explications possibles au sentiment de solitude. D'après cette hypothèse, la solitude devrait diminuer si le degré de contrôle augmente. Cette augmentation du degré de contrôle est possible dans certaines situations.

L'institution est souvent reconnue comme un lieu où la personne est placée dans un état de dépendance et où elle n'a pas de contrôle sur ce qui l'entoure. Au Québec, 4,7% des personnes âgées vivent en institution (Statistique Canada, 1981). Pourtant, d'après Solomon (1979), plus de la moitié des personnes âgées en institution n'ont pas besoin de ce type d'habitation. Donc, plusieurs personnes âgées pourraient retourner vivre dans la communauté. Pour ceux qui ne peuvent espérer un retour dans la communauté, une augmentation de la marge de responsabilité et de contrôle devrait être permise dans les institutions.

Il s'avère toutefois extrêmement important de changer la mentalité qui croit que vieillesse = solitude = impossibilité de changement. Si la personne âgée considère que la solitude est immuable, qu'elle est le lot de la vieillesse, elle fera peu de tentatives pour en sortir. Il est important de lui faire prendre conscience qu'elle peut changer sa situation, qu'il y a des moyens à sa disposition pour et que c'est à elle de les utiliser. Il s'agit donc de lui faire voir qu'elle peut avoir le contrôle de sa solitude, qu'elle peut ne pas être dépendante des autres et des circonstances.

Le rôle de chacune des possibilités de changements ou d'interventions peut être vu comme suit :

1) Le changement dans les relations sociales produit un changement rapide dans le sentiment de solitude. Il peut servir de renforcement.
2) Les changements dans les attentes face aux relations sociales et dans la personnalité agissent sur la mentalité, les préjugés, le moral, etc. Ils sont importants car si l'individu blâme les autres ou les circonstances pour sa solitude, s'il attend le changement de l'extérieur, il ne fera pas d'efforts pour changer sa situation.
3) Le changement dans le degré de contrôle de sa situation donne un sentiment d'autonomie, d'indépendance. Il met l'individu dans une position plus positive et active face à sa solitude et à son isolement.

CONCLUSION

Le concept de vieillesse est souvent associé à la solitude dans l'esprit des gens. Le but de cette étude était, après avoir vérifié s'il en était vraiment ainsi d'après les recherches empiriques, de dégager les caractéristiques psychosociales des personnes âgées souffrant de fait de solitude.

Ainsi, la plupart des études empiriques ont démontré que moins de 25% des personnes âgées souffrent de solitude. Les caractéristiques de ces dernières sont d'ordre social et personnel. Les facteurs les plus souvent associés à la solitude sont : le veuvage, l'auto-évaluation négative de sa santé, les émotions négatives, l'insatisfaction de son type d'habitation, du nombre de ses activités, de ses contacts sociaux et de sa vie en général.

À la lumière de ces résultats, des hypothèses ont été émises pour expliquer le sentiment de solitude que certaines personnes âgées éprouvent, et des possibilités d'intervention visant à diminuer la solitude ont été suggérées. Il est à espérer que cela puisse faire baisser l'incidence de solitude chez les personnes âgées et leur permettre de vivre leur vieillesse comme une autre étape de leur développement personnel.

RÉFÉRENCES

ARLING, G. The elderly widow and her family, neighbors and friends. *Journal of Marriage and the Family,* 1976, *38,* 757-768.

ATCHLEY, R.C. Dimensions of widowhood in later life. *The Gerontologist,* 1975, *15,* 176-178.

BLAU, Z.S. *Old Age in a Changing Society.* New York : Franklin Watts, 1973.

DENES, Z. Old age emotions. *Journal of the American Geriatrics Society,* 1976, *24,* 465-467.

DOOGHE, G., VANDERLEYDEN, L. et VAN LOON, F. Social adjustment of the elderly residing in institutional homes : A multivariate analysis. *International Journal of Aging and Human Development,* 1980, *11,* 163-176.

FIDLER, J. Loneliness — the problems of the elderly and retired. *Royal Society of Health Journal,* 1976, *96,* 39-44.

GUBRIUM, J.F. Marital desolation and the evaluation of every day life in old age. *Journal of Marriage and the Family,* 1974, *35,* 107-113.

GUBRIUM, J.F. Being single in old age. *International Journal of Aging and Human Development,* 1975, *6,* 29-41.

GURIN, G., VEROFF, J. et FELD. *Americans View their Mental Health.* New York : Basic Books, 1960.

HARRIS, L. et Associés. *The Myth and Reality of Aging in America.* A study for the National Council of the Aging, June, 1977.

HORNUNG, K.L. Loneliness among older urban widows. *Dissertation Abstracts International,* 1981, *41* (7-A), 3288.

KIVETT, V.R. Discriminators of loneliness among the rural elderly : Implications for intervention. *The Gerontologist,* 1979, *19,* 108-115.

KNIPSCHEER, C.P. Social integration : A problem for the elderly ? *Nederlands Tijdschrift voor Gerontologie,* 1975, *6,* 138-148.

KRAUS, A.S., SPASOFF, R.A., BEATTIE, E.J., HOLDEN, E.W., LAWSON, J.S., RODENBERG, M. et WOODCOCK, G.M. Elderly applicants to long-term care institution. I - Their characteristics, health problems and state of mind. *Journal of the American Geriatrics Society,* 1976, *24,* 117-125.

LEE, G.R. et IHINGER-TALLMAN, M. Sibling interaction and morale. *Research on Aging,* 1980, *2,* 367-391.

LOPATA, H.Z. Loneliness : Forms and components. *Social Problems,* 1969, *17,* 248-261.

LOWENTHAL, M.F. Social isolation and mental illness in old age. *American Sociological Review,* 1964, *29,* 54-70.

LOWENTHAL, M.F. et HAVEN, C. Interaction and adaptation : Intimacy as a critical variable. *American Sociological Review,* 1968, *33,* 20-30.

MUNNICHS, J.M.A. Loneliness, isolation and social relations in old age. *Vita Humana,* 1964, *7,* 228-238.

NAHEMOW, N. Residence, kinship and social isolation among the aged Baganda. *Journal of the Marriage and the Family,* 1979, *41,* 171-183.

PARLEE, M.B. The friendship bond : Pt's survey report on friendship in America. *Psychology Today,* 1979, oct., 43-54.

PEPLAU, L.A., BIKSON, T.K., ROOK, K.S. et GOODCHILDS, J.D. Being old and living alone. *dans* L.A. Peplau et D. Perlman (rédacteurs), *Loneliness.* New York : John Wiley, 1982.

PEPLAU, L.A. et CALDWELL, M.A. Loneliness : A cognitive analysis. *Essence,* 1978, *2,* 207-220.

PERLMAN, D., GERSON, A.C. et SPINNER, B. Loneliness among senior citizens : An empirical report. *Essence,* 1978, *2,* 239-248.

RUBENSTEIN, C., SHAVER, P. et PEPLAU, L.A. Loneliness. *Human Nature,* 1979, *Feb.,* 58-65.

SCHULZ, R. Effects of control and predictability on the physical and psychological well-being of the institutionalized aged. *Journal of Personality and Social Psychology,* 1976, *33,* 563-573.

SHANAS, E. *The Health of Older People : A Social Survey.* Cambridge, Mass. : Harvard University Press, 1962.

SHANAS, E., TOWNSEND, P., WEBBERBURN, D., FRIIS, H., MMIJOH, P. et STEHOUWER, J. (rédacteurs) *Older People in Three Industrial Societies.* New York : Atherton Press, 1968.

SOLOMON, I.H. Psychological characteristics of aged persons residing in a nursing home versus residing in the community. *Dissertation Abstracts International,* 1979, *39* (9-B), 4599.

STATISTIQUE CANADA. *Recensement du Canada de 1981.* 1981.

TOWNSEND, P. Isolation, desolation and loneliness. *dans* E. Shanas et autres (rédacteurs) *Older People in Three Industrial Societies.* New York : Atherton Press, 1968.

TUNSTALL, J. *Old and Alone.* London : Routledge and Kegan Paul, 1966.

VINICK, B.H. Remarriage in old age. *Journal of Geriatrics Psychiatry,* 1978, *11,* 75-77.

WILLMOTT, P. et YOUNG, M. *Family and Class in a London Suburb.* London : Routledge and Kegan Paul, 1960.

WOOD, V. et ROBERTSON, J.F. Friendship and kinship interaction : Differential effect on the morale of the elderly. *Journal of Marriage and the Family,* 1978, *40,* 367-375.

WOODWARD, H., GINGLES, R. et WOODWARD, J.C. Loneliness and the elderly as related to housing. *The Gerontologist,* 1974, *14,* 349-351.

5.3

Solitude et sens à la vie chez la femme âgée vivant seule

GASTON-RENÉ DE GRÂCE

INTRODUCTION

La vieillesse peut être envisagée comme une prime mystérieuse de la vie (David, 1983). Grâce à l'amélioration des services de santé et à l'accroissement de la longévité qui en a résulté, la majorité d'entre nous sommes appelés à franchir le cap des 65 ans, pour le meilleur et pour le pire !

Le Rapport gouvernemental canadien sur le vieillissement (1982) mentionne que la proportion et le nombre des personnes âgées de 65 ans et plus s'accroît d'année en année. Des 2,3 millions (10% de la population) qu'elles étaient en 1980, *Statistiques Canada* projettent qu'elles seront 3,4 millions à la fin du siècle, soit 12% de l'ensemble de la population canadienne.

Au Canada, toujours selon le *Rapport gouvernemental canadien sur le vieillissement* (1982), l'une des caractéristiques les plus frappantes du profil changeant de la population âgée est le déséquilibre marqué et croissant du nombre de femmes et d'hommes. Dans la première moitié du siècle, il y avait un peu plus d'hommes âgés que de femmes âgées. Depuis 1961, toutefois, on compte un plus grand nombre de femmes que d'hommes de 65 ans et plus. En 1976, à l'échelle nationale la proportion se situait à 78 hommes pour 100 femmes et les projections statistiques laissent présager que la proportion des femmes continuera d'augmenter parmi la population âgée. D'ailleurs,

255

l'espérance de vie des femmes (77 ans) est de 8 ans supérieure à celle des hommes. Parmi les femmes âgées de 65 ans et plus, la proportion de celles qui vivent seules, soit de plein gré ou «par la force des choses», est passée de 15% en 1961 à 33% en 1976.

Or, considérant que le groupe des femmes âgées vivant seules constitue un segment important de la population âgée, nous avons cru nécessaire et même primordial de nous y attarder spécifiquement dans le cadre de la présente recherche. Cette recherche vise essentiellement à déterminer si, chez les femmes âgées vivant seules, il existe une relation entre deux phénomènes existentiels : la solitude et le sens à la vie.

Ces deux variables ont retenu notre attention pour les raisons suivantes. De nos jours, de plus en plus de personnes mentionnent qu'elles souffrent de solitude. Instinctivement, considérant les conditions dans lesquelles elles sont placées, nous sommes portés à croire que ce sentiment est présent chez les personnes âgées surtout si ces personnes vivent seules. De plus, les diverses recherches sur la solitude nous ont appris qu'un individu qui se sent seul, de par l'insatisfaction qu'il ressent au niveau de ses relations sociales, n'est pas investi dans une autre personne. Or, la théorie sur le sens à la vie de Frankl (1978) soutient que, outre l'investissement dans une œuvre ou pour une cause, l'investissement dans une personne constitue une façon privilégiée de donner un sens à son existence.

Dans cette perspective, nous pensons que si une personne n'est pas investie dans une œuvre ou pour une cause et si, de plus, elle se sent seule, la vie aura moins de sens pour elle. C'est ce que nous voulons vérifier au sein de la présente étude.

Le plan de travail que nous nous sommes tracé est le suivant. Dans un premier temps, nous présentons les cadres théoriques respectifs de la solitude et du sens à la vie. Puis, nous résumons les résultats des recherches empiriques, effectuées auprès des personnes âgées, qui ont considéré soit l'un ou l'autre ou les deux phénomènes étudiés. Puis nous développons les divers aspects de notre recherche : hypothèse, méthodologie, présentation des résultats, discussion et conclusion où nous indiquons des avenues possibles de recherches futures.

PARTIE THÉORIQUE : SOLITUDE

L'expérience de la solitude est un fait inévitable de l'existence humaine. Mais, en dépit de son universalité et de son impact sur le genre humain, les chercheurs en sciences sociales ont généralement ignoré le sujet, du moins jusqu'à très récemment (Dunn et Dunn, 1980 ; Kivett, 1979). Une des raisons majeures rattachée à cette constatation est que la solitude est un phénomène complexe qui, par surcroît, n'est pas directement observable.

Dans une perspective définitionnelle, nous nous apercevons que la solitude peut prendre différentes significations pour différentes personnes. Il suffit de lire n'importe quel ouvrage d'inspiration philosophique ou littéraire sur le sujet pour le constater. Pour certains, la solitude peut se traduire par un besoin d'amour ou d'amitié intime ; pour d'autres, elle peut représenter le vide laissé par l'absence de stimulation sociale ; pour d'autres encore, elle peut désigner un état d'abandon, de séparation.

Dans la littérature scientifique, il y a eu presqu'autant de variations dans la définition du concept qu'il y a eu d'auteurs qui ont traité le sujet (Haas-Hawkings, 1978). Cependant, des différentes perceptions qu'ont les chercheurs de la solitude, Peplau et Perlman (1982) mentionnent qu'il y a trois points d'accord vraiment importants. Premièrement, la solitude résulte de déficiences dans le réseau de relations sociales d'une personne. Deuxièmement, c'est une expérience subjective. Troisièmement, l'expérience de la solitude est déplaisante et pénible. D'ailleurs, selon Suedfeld (1982), la solitude est, par définition, un état émotionnel négatif.

Pour Kivett (1979) et Weiss (1973) une dimension commune à plusieurs définitions de la solitude est le désir d'une forme spécifique de relations et non pas simplement le simple désir de compagnie. De fait, on observe souvent, chez les personnes âgées, qu'en dépit de contacts substantiels avec d'autres personnes, elle expriment quand même des sentiments de solitude (Heltsley et Powers, 1975).

Les théories

Plusieurs théoriciens, de différentes approches, ont abordé la solitude. Ceux du modèle psychodynamique (Fromm-Reichmann, 1959 ; Sullivan, 1953) considèrent que la solitude est le résultat du besoin insatisfait d'intimité humaine et ils perçoivent l'expérience de la solitude comme étant excessivement déplaisante. Fromm-Reichmann (1959) la décrit comme suit :

> ... l'état d'esprit d'une personne pour qui la présence de gens dans sa vie passée est plus ou moins oubliée et l'espoir qu'il pourrait y avoir des relations interpersonnelles futures hors des limites de son attente ou de son imagination.[1] (p. 5)

Selon Burnside (1971), cette définition s'applique particulièrement bien aux personnes âgées puisque, pour elles, les gens de leur passé ne sont pas seulement oubliés mais ils peuvent être décédés, ce qui, nécessairement, élimine toute attente de relation future. Quoiqu'il en soit, les tenants du modèle psychodynamique considèrent la solitude comme une force dynamique, pro-

---

1. Toutes les traductions sont libres.

vocatrice et pathologique directement liée à la source infantile des conflits.

Les théoriciens de l'approche phénoménologique (Moore, 1976 ; Rogers, 1973, 1961) se distinguent des précédents en ce sens qu'ils recherchent les causes de la solitude dans le vécu intérieur actuel d'un individu plutôt que dans l'influence de son enfance. Selon eux, l'expérience de solitude résulte du désaccord entre le moi actuel d'un individu et son moi idéalisé et elle est donc la manifestation d'un ajustement inadéquat. Pour Rogers (1961), la personne qui se sent seule est aliénée de ses véritables sentiments intérieurs. Il considère que cette personne, en cherchant l'acceptation et l'amour, développe une façade, et ainsi, s'aliène d'elle-même. En croyant que son vrai moi n'est pas aimable, elle reste enfermée dans sa solitude.

Les existentialistes (Moustakas, 1972, 1961 ; Von Witzleben, 1958) perçoivent la solitude comme étant inhérente à la condition humaine : les humains sont fondamentalement, inexorablement et éternellement seuls. Moustakas distingue la vraie solitude ou solitude existentielle (la conscience que possède l'individu d'être inévitablement séparé des autres, seul face aux expériences ultimes de sa vie) de l'anxiété de solitude (angoisse, peur d'être seul qui conduit l'être humain à fuir devant les questions cruciales de sa vie et à plonger dans l'activisme). Dans l'anxiété de solitude, l'être humain est coupé de son senti, de la connaissance de ce qui se passe en lui et il se défend contre un monde qui n'est pas aimable alors que dans la solitude existentielle il est pleinement conscient de lui-même en tant qu'entité isolée et solitaire. Quoique douloureuse, l'expérience de la solitude existentielle peut être positive car elle est le germe d'une force créatrice et d'un courage de vivre renouvelé.

Les théoriciens de l'approche sociologique (Slater, 1976 ; Riesman, Glazer et Denney, 1961) croient que la solitude est causée par des facteurs culturels et des facteurs liés à la vie en société elle-même. Pour Slater, le problème vient de l'individualisme qui étouffe à la base les besoins d'engagement, de communauté eet de dépendance : chacun poursuit sa propre destinée individuellement sans tenir compte d'autrui. Il en résulte donc un sentiment de solitude. Essentiellement, pour les représentants de cette approche, la cause de la solitude est à l'extérieur de la personne.

Dans une perspective interactionniste, on accorde de l'importance à la fois aux facteurs personnels et aux facteurs situationnels. La solitude résulte de leur interaction réciproque. Weiss (1973) considère que certaines personnes ont tendance à se sentir seules à cause de leur personnalité ou de leurs valeurs. De plus, des situations comme la mort d'un conjoint, le divorce, ou le déménagement dans une autre ville augmentent les occasions de solitude, ce qui dans de telles situations, paraît être une réaction normale. Tel que le sentiment Perlman et Peplau (1982), Weiss postule deux types de solitude. La solitude émotionnelle qui résulte de l'absence d'un attachement intime avec une personne, tel que vécu dans la relation amoureuse, et la solitude sociale qui est une réponse à l'absence d'amitiés significatives ou d'un sens de la communauté.

Peplau et Perlman (1981), sont les représentants les plus importants de l'approche cognitive de la solitude. Ces chercheurs mentionnent que l'aspect qui domine leur approche est l'importance attachée à la cognition comme facteur médiatif entre les déficits dans la sociabilité et l'expérience de la solitude. Tel que le rapportent Peplau et Perlman (1982), les approches cognitives proposent que la solitude survient lorsque l'individu perçoit une divergence entre deux facteurs, le modèle désiré et le modèle existant de relations sociales. Peplau et Perlman (1979) considèrent que chaque personne possède un niveau optimal d'interactions sociales et que lorsque ce niveau n'est pas atteint, le sentiment de solitude émerge. Or, l'insatisfaction de l'individu qui souffre de solitude est directement reliée aux facteurs cognitifs qui opèrent en lui.

Définition

Dans une perspective définitionnelle, considérant que le concept de solitude utilisé et mesuré dans cette recherche est issu de l'approche cognitive, nous retenons la définition de Peplau et Caldwell (1978) :

La solitude est présente lorsque le réseau de relations sociales d'une personne est plus petit ou moins satisfaisant que ce qu'elle désire...

La solitude reflète la relation entre le niveau désiré d'interaction sociale d'une personne et le niveau de contact que cette personne a atteint. (p. 208)

Comme le reflète cette définition, le sens de la solitude auquel nous nous référons n'a pas trait à la situation objective dans laquelle une personne est privée de relations sociales, situation identifiée comme un état d'isolement. Trop d'auteurs ont, dans leurs recherches, réduit l'expérience de la solitude à cet état objectif. Pourtant, une des dimensions les plus importantes de la solitude, tel que nous l'avons mentionné précédemment, est sa nature subjective. Cet aspect, d'ailleurs, a été souligné par de nombreux auteurs dont Beaupré (1983), Peplau et Perlman (1982), Kivett (1979), Nahemow (1979) et Townsend (1973).

De fait, tandis que l'isolement social est une condition physique observable, que l'on peut détecter à l'œil nu, qui peut être directement mesurée à partir de critères objectifs (Townsend, 1973) et qui, jusqu'à un certain point, peut être contrôlée (Sadler et Johnson, 1980), la solitude, de son côté, puisqu'elle est un sentiment, ne peut être perçue comme le simple résultat de circonstances sociales observables. Comme l'indique Sheldon, cité par Weiss (1973), la solitude est plutôt une réponse d'un individu à une situation extérieure, situation cependant à laquelle d'autres personnes peuvent régair très différemment de lui.

D'un autre côté, on ne peut nier le fait que solitude et isolement social peuvent être reliés l'un à l'autre. Certains auteurs l'ont suggéré dont Weiss (1973), lorsqu'il traite de la solitude de l'isolement social et Gordon (1976) lorsqu'il explique que les sentiments de solitude chez les personnes âgées sont intrinsèquement liés à un isolement social qui perdure. Cependant, ces deux phénomènes ne coïncident pas toujours. Pour Townsend (1973), un des résultats les plus frappants de sa recherche, effectuée chez les vieillards britanniques, est que les personnes qui vivent dans un isolement relatif face à leur famille et à la communauté n'expriment pas toujours qu'elles sont seules. Polcino (1978) ainsi que Heltsley et Powers (1975) ont observé que certaines personnes peuvent se sentir seules au milieu d'un groupe et que d'autres, qui n'ont que très peu d'échanges sociaux, peuvent ne pas se sentir seules du tout. Lowenthal (1964), contrairement à Gordon (1976), rapporte que les personnes âgées ayant une longue histoire d'isolement étaient moins enclines à exprimer des sentiments de solitude que celles possédant un degré élevé de participation sociale. Dans le même ordre d'idée, pour Peplau et Caldwell (1978) il apparaît logique que les gens isolés socialement réduisent leur désir pour des relations sociales. Or, selon la définition de la solitude retenue pour les fins de cette recherche, s'il n'y a pas d'écart entre le niveau existant et le niveau désiré de relations sociales peu importe le nombre et même s'il n'y en a aucune, il ne peut y avoir de sentiment de solitude.

PARTIE THÉORIQUE : SENS À LA VIE

Dans le cadre de cette étude, la théorie du sens à la vie à laquelle nous nous référons est celle de Frankl (1978). Frankl est le fondateur de la logothérapie (du mot grec logos qui veut dire sens), la troisième école de psychothérapie viennoise. La logothérapie constitue la première application de la philosophie existentielle à la santé mentale. Elle vise à aider les individus à faire face aux situations de crise lorsqu'un changement radical de statut a créé chez eux une perte d'identité personnelle et de sens à la vie.

La conception logothérapique de l'être humain, qui considère que chaque individu se révèle comme étant un être en recherche de sens, repose sur trois piliers fondamentaux : la liberté de volonté, la volonté de sens, et le sens à la vie. Ces trois piliers s'opposent directement et respectivement à trois principes largement répandus dans la majorité des approches qui s'intéressent à la personne humaine, soit : le pan-déterminisme, la théorie de l'homéostasie et le réductionnisme.

Le pan-déterminisme regarde l'être humain comme étant un système qui fonctionne comme une machine. Dans cette perspective, l'individu en vient progressivement à s'identifier à ce qu'il crée : une chose, un objet qui réagit mécaniquement aux diverses conditions auxquelles il est soumis.

Or, la liberté de volonté, telle que la conçoit Frankl, fait référence à la liberté qu'a l'être humain de prendre la position qu'il désire face aux diverses conditions auxquelles il est confronté. Il ne s'agit aucunement de cette notion illusoire de liberté humaine voulant que la personne soit libérée de toutes conditions confrontantes mais plutôt de la liberté qu'elle possède de choisir l'attitude qu'elle veut adopter face à ces conditions :

> Ultimement, l'être humain n'est pas assujetti aux conditions auxquelles il est confronté ; plutôt, ces conditions sont assujetties à sa décision. Volontairement ou involontairement, il décide s'il fera face ou non, s'il se laissera programmer ou non par ces conditions. (p. 48)

Le deuxième principe, l'homéostasie, fait référence au fait que la personne humaine possède certains besoins qu'elle doit satisfaire afin de réduire la tension créée par ceux-ci. Cette réduction de tension permet de maintenir ou de restaurer un équilibre intérieur que l'on appelle l'homéostasie. Frankl s'oppose à cette théorie car il conçoit que l'être humain est toujours tendu vers quelque chose d'autre que lui-même :

> Quant à moi je pense que l'être humain n'est pas avant tout motivé par de tels états intérieurs, mais plutôt par quelque chose ou quelqu'un dans le monde extérieur, que ce soit une mission à remplir ou un partenaire à aimer. (p. 94)

En fait, il ne considère pas que la tension intrapsychique est quelque chose devant être éliminée à tout prix. Un sain degré de tension, comme celui provenant de la volonté de donner un sens à sa vie, est inhérent à la nature humaine et essentiel à la santé psychologique.

C'est pourquoi la volonté de sens, quant à elle, réfère à un besoin spécifique qui est présent en l'être humain, celui de chercher pour trouver un sens, un but dans la vie :

> L'être humain est toujours tendu vers un sens, toujours en quête active de sens ; en d'autres mots, ce que j'appelle la volonté de sens doit même être considérée comme la principale préoccupation de l'être humain... (p. 29)

Frankl soutient que la personne en quête de sens, qui cherche à répondre aux questions que la vie lui pose, manifeste son humanité et, de cette façon, peut s'accomplir pleinement. De plus, considérant que la perte de sens à la vie indique un mauvais ajustement émotionnel, il voit en la volonté de sens un critère fidèle de santé mentale. Ce besoin de trouver un sens, présent à un degré plus ou moins élevé en chaque être humain, n'est pas réductible à d'autres besoins. D'ailleurs, le concept de volonté de sens lui-même est un concept distinct de ceux de plaisir et de pouvoir tels que présentés respectivement par la psychologie freudienne et aldérienne. Selon Frankl, la volonté de sens constitue l'essence de la motivation humaine ; quand le sens n'est pas trouvé, l'être humain devient existentiellement frustré.

Le troisième principe, le réductionisme, est une procédure pseudo-scientifique qui, au lieu de prendre les phénomènes humains tels qu'ils sont avec leur pleine valeur, les réduit à des phénomènes sous-humains ou les déduit de ceux-ci : « L'amour, par exemple, y sera interprétée comme la sublimation des pulsions et instincts sexuels que l'être humain partage avec les autres animaux. » (p. 79)

De plus, le réductionisme véhicule une philosophie ou une attitude que Frankl déplore, le rien d'autre que :

Le réductionisme est le nihilisme d'aujourd'hui... Le nihilisme d'hier enseignait le néant. Maintenant, le réductionisme prêche le « rien d'autre que ». L'être humain n'est rien d'autre qu'un ordinateur ou qu'un singe nu ». (p. 55)

Évidemment, l'être humain dans sa totalité n'est pas comparable à un ordinateur, à un objet ou à un quelconque animal car, contrairement à ceux-ci, il a besoin d'un sens pour exister.

Or, le sens à la vie constitue le troisième pilier fondamental de la conception logothérapique de l'Homme. Mentionnons d'abord qu'il n'existe aucun sens universel de la vie commun à tous les êtres humains. De fait, chaque situation individuelle possède une signification qui est unique en ce sens qu'elle peut être découverte par une personne unique. Mais, même si le sens d'une situation peut changer d'une personne à une autre, il n'est jamais absent de cette situation. Cependant, ce sens n'est pas donné d'avance ; l'Homme doit le chercher ou l'inventer lui-même. Il ne peut s'attendre à le recevoir d'une autre personne. Dans cette recherche de sens, l'individu est guidé par sa conscience qui, selon Frankl, est la capacité intuitive de trouver ce qui est signifié par une situation spécifique.

Une personne peut trouver un sens à sa vie soit en s'investissant dans un travail, une œuvre ou pour une cause, soit en aimant une autre personne dans une rencontre profonde où chacune peut vivre son unicité. Tout en se dévouant pour une cause ou à une personne, et trouvant par le fait même une signification existentielle, l'individu réalisera simultanément ses valeurs expérientielles, en permettant aux émotions supérieures d'émerger complètement.

De plus, une personne privée de l'opportunité de trouver un sens en s'investissant dans un travail, une œuvre ou une autre personne, peut le faire par l'attitude qu'elle choisit de prendre face à une situation qu'elle ne peut, par ses propres efforts, modifier de quelque façon que ce soit. Ainsi :

... Nous ne devons jamais oublier que l'on peut trouver un sens à la vie même si nous sommes confrontés à une situation désespérée face à laquelle nous sommes impuissants. Lorsque nous faisons face à un destin qui ne peut être changé... Lorsque nous ne sommes plus capables de changer une situation — comme une maladie incurable, un cancer inopérable — nous nous retrouvons devant le défi de nous changer nous-mêmes. » (p. 39)

D'ailleurs, Frankl considère que l'appréciation la plus noble de la profondeur du sens de la vie est justement réservée aux personnes qui vivent des situations où elles doivent se dépasser, s'élever au-dessus de l'inévitable par l'attitude qu'elles adoptent. De fait, face à l'expérience de souffrance physique ou morale qu'on ne peut apaiser, les valeurs d'attitude jouent un rôle prépondérant. Frankl considère que ces valeurs ont une dimension plus élevée que les valeurs créatrices et expérientielles car elles donnent aux individus la possibilité de trouver et d'accomplir un sens dans une situation désespérée, de changer une situation tragique ou pénible en un mode actualisant d'existence.

Du point de vue de la psychopathologie, tel que le mentionne de Grâce (1983), il serait erroné de concevoir l'absence de sens de la vie, le vide existentiel, comme un phénomène pathologique. Le vide existentiel n'est pas une névrose ou, s'il le devient, c'est une névrose iatrogène c'est-à-dire causée par le psychiatre ou le psychologue qui prétend la guérir. Cependant, si le vide existentiel n'est pas une névrose, il peut en être la cause. Nous parlons alors d'une névrose noogène.

Frankl envisage trois types principaux de névrose : la névrose somatogène qui est d'origine biologique, la névrose psychogène qui est d'origine psychologique et la névrose noogène qui est d'origine spirituelle. De fait, cette dernière est causée par un problème spirituel, un conflit d'ordre moral ou éthique, et généralement par un vide existentiel ou une frustration existentielle.

Finalement, précisons que l'expérience du vide existentiel, qui pousse une personne à vouloir trouver un sens à sa vie, peut permettre à cette personne de découvrir, par le biais de la transcendance de soi et de la prise en charge de responsabilités, que dans toute situation, si merveilleuse ou pénible soit-elle, il y a une signification.

RECHERCHES EMPIRIQUES : SOLITUDE

Depuis quelques années, la solitude est reconnue comme un problème psychosocial important. Cette reconnaissance a suscité des programmes systématiques de recherches empiriques (Wood, 1978). Hier, on parlait aisément de pénurie d'articles scientifiques alors que maintenant on constate que la recherche sur la solitude est des plus florissante (Peplau et Perlman, 1980). Évidemment, la qualité et la quantité des recherches effectuées nous apportent une meilleure compréhension du phénomène.

Chez les personnes âgées, la solitude est souvent considérée comme un problème fréquent. Cependant, le support empirique de cette considération est très pauvre, surtout lorsqu'il s'agit de personnes résidant dans la communauté. Les résultats de plusieurs recherches (Gubrium, 1974 ; Harris et ass., 1977 ; Kivett, 1979 ; Kraus et coll., 1976 ; Munnichs, 1964 ; Nahemow, 1979 ; Townsend, 1973 ; Tunstall, 1966) nous permettent de constater que le pourcentage de personnes âgées qui se sentent souvent seules varie de 7 à 22%. Nous pouvons donc affirmer qu'il n'y a qu'une minorité d'individus âgés qui souffrent de solitude grave et prolongée. Cependant, deux études suggèrent qu'à des âges plus avancés (80 ans et plus), la solitude peut être une expérience plus commune (Dean, 1962 ; Tunstall, 1966).

Quoiqu'il en soit, malgré le fait que la majorité des personnes âgées ne se sentent pas seules et qu'elles perçoivent leurs relations sociales comme satisfaisantes, certaines autres font l'expérience de sentiments douloureux de solitude (Peplau et coll., 1982). Or, à cette expérience pénible, plusieurs facteurs psychosociaux sont associés.

Caractéristiques sociales associées à la solitude

Hornung (1981), Kivett (1979), Perlman et coll. (1978) ont constaté que ce sont les personnes veuves qui souffrent le plus de solitude chez les gens âgés. Hornung (1981) spécifie cependant qu'il faut tenir compte et de la durée du veuvage et de la durée du mariage avant le veuvage lorsque l'on considère l'influence de cet état sur la solitude. Néanmoins, le veuvage est une source majeure de perte sociale à cet âge puisqu'en plus de la disparition du partenaire central de vie, il y a aussi une absence d'attentes culturelles vis-à-vis du rôle que doit prendre la personne veuve (Arling, 1976). Perlman et coll. (1978) ont, quant à eux, constaté que l'insatisfaction dans le mariage était elle aussi reliée au niveau élevé de solitude.

En ce qui concerne la différence du niveau de solitude entre les femmes et les hommes âgés, Beaupré (1983), dans sa recension de recherches empiriques sur la solitude chez les personnes âgées, mentionne que peu ou pas de différences significatives ne sont observées entre les deux sexes.

Les études qui ont pris en considération les variables : âge (Baum, 1982 ; Creecy et coll., 1982 ; Harris et ass., 1977 ; Hornung, 1981 ; Korthuis, 1983 ; Perlman et coll., 1978 ; Townsend, 1973) ; niveau d'éducation (Baum, 1982 ; Harris et ass., 1977 ; Kivett, 1979 ; Korthuis, 1983 ; Perlman et coll., 1978) ; occupation (Hornung, 1981 ; Perlman et coll., 1978) ; et revenu (Baum, 1982 ; Harris et ass., 1977 ; Hornung, 1981 ; Kivett, 1979 ; Korthuis, 1983 ; Perlman et coll., 1978) rapportent des résultats contradictoires et ne permettent pas de déterminer si ces variables ont une valeur discriminante sur le niveau de solitude.

Quant à l'influence qu'a le fait de demeurer seul ou avec une ou plusieurs autres personnes, les résultats de différentes recherches sont souvent opposés les uns aux autres et, par conséquent, nous empêchent d'avoir une idée précise de la situation (Beaupré, 1983).

De leur côté, Woodward et coll. (1974) ont observé qu'une personne âgée insatisfaite de son type d'habitation souffrira davantage de solitude que celle qui en est satisfaite. De plus, Kraus et coll. (1976) ont constaté que les personnes qui vivent en institution, probablement à cause des caractéristiques qui leur sont propres, éprouvent plus de solitude que celles qui résident dans la communauté indépendamment de leur type d'habitation.

Au niveau des facteurs reliés à la santé physique, Baum (1982), Creecy et coll., (1982), Kivett (1979), Korthuis (1983), Perlman et coll. (1978) et Picard (1984) ont observé que les personnes âgées qui auto-évaluent leur condition physique comme mauvaise se sentent significativement plus seules que les personnes qui se perçoivent comme étant en bonne santé. Hornung (1981), quant à elle, n'a trouvé aucune relation entre ces deux variables.

Pour ce qui est des contacts interpersonnels, les résultats de recherches de Perlman et coll. (1978) et de Arling (1976) révèlent que, pour les personnes âgées, les contacts amicaux sont plus importants pour réduire la solitude que les contacts familiaux. De plus, Peplau et coll. (1982) ont constaté que pour une personne âgée qui demeure seule ou pour celle qui est satisfaite dans son mariage, la disponibilité d'un(e) confident(e) s'avère être un élément important pour contrer les sentiments de solitude. Enfin, Korthuis (1983), Creecy et coll. (1982), Perlman et coll. (1978) ont observé que le fait d'être insatisfait du nombre de contacts avec les amis ou la parenté était directement relié au fait de se sentir seul. Cette constatation est tout-à-fait consistante avec la définition même de la solitude telle que présentée par l'approche cognitive de Peplau et Perlman.

Caractéristiques de la personnalité associées à la solitude

En plus des caractéristiques sociales que nous venons de présenter, différents facteurs de personnalité ont été mis en relation avec la solitude chez les personnes âgées. Korthuis (1983), dans son étude sur les caractéristiques fonctionnelles associées aux sentiments de solitude chez les gens âgés vivant seuls, a observé que les variables : être insatisfait dans la vie, percevoir la vie comme ennuyante, s'inquiéter fréquemment et s'auto-évaluer pauvrement au niveau de la santé mentale étaient significativement reliées à la solitude. De fait, en ce qui concerne la variable insatisfaction dans la vie, Picard (1984), Hornung (1981), Perlman et coll. (1978), Lopata (1969), et Munnichs (1964) arrivent, eux aussi, aux mêmes conclusions.

De plus, les résultats des recherches de Picard (1984) et de Perlman et coll. (1978) suggèrent que les personnes âgées qui se sentent seules sont moins heureuses, qu'elles éprouvent souvent un sentiment de vide, de manque d'énergie, d'ennui continuel, de manque de contrôle sur leurs affaires et qu'elles vivent davantage d'anxiété sociale. Dénès (1976), pour sa part, estime que les individus âgés qui sont pessimistes vivent un plus haut niveau de solitude que les optimistes. Ajoutons aussi que Perlman et coll. (1978) ont observé une relation inversée entre le niveau de solitude et la religiosité.

Enfin, Baum (1982) ainsi que Perlman et coll. (1978) ont constaté un lien significatif entre le niveau de dépression et le fait de se sentir seul. Les résultats de Baum (1982) lui ont aussi permis de trouver que la solitude était inversement reliée au phénomène existentiel du sens à la vie. Dans le même ordre d'idées, Munnichs (1964) conclut que les personnes âgées qui se sentent seules n'ont pas de but individuel.

RECHERCHES EMPIRIQUES : SENS À LA VIE

Si les recherches empiriques sur la solitude chez les personnes âgées se font de plus en plus nombreuses, celles sur le sens à la vie sont à peu près inexistantes. La littérature scientifique permet actuellement de dénombrer onze (11) études qui comprennent le sens à la vie parmi les variables étudiées. La plus ancienne de ces recherches, quoique très récente, remonte à 1973. De fait, peu de chercheurs se sont intéressés au phénomène du sens à la vie chez les gens du troisième âge.

Les études empiriques effectuées jusqu'à maintenant permettent de retrouver deux éléments communs à chacune. Le premier a trait à l'utilisation du même instrument pour mesurer le sens à la vie, soit le questionnaire « Purpose-in-life Test » (P.I.L.) développé et validé par Crumbaugh et Maholick (1964). Cet instrument, constitué d'une échelle d'attitude de vingt (20) items, a été construit pour mesurer le manque de sens à la vie tel qu'expliqué dans le système de la logothérapie conçu par Frankl.

Le deuxième élément commun à ces recherches est leur nature corrélative. En effet, l'intérêt des chercheurs dans ce domaine s'est attardé à déterminer le degré de relation qui peut exister entre différents phénomènes et le sens à la vie.

Baum et Boxley (1983), Fisk (1980) et Varna Garis (1977) ont étudié la relation existant entre le sens à la vie et la dépression. Leurs résultats respectifs confirment la présence d'un lien négatif statistiquement significatif entre ces deux variables. Ces résultats sont consistants avec ceux obtenus par Philips (1980) et Crumbaugh et Maholick (1968) qui, pour leur part cependant, ont observé cette relation chez des populations plus jeunes.

Baum et Boxley (1983), dans une recherche portant sur l'identification subjective de l'âge chez les personnes âgées, ont trouvé, à partir d'une analyse multivariée, que le sens à la vie se révélait être le meilleur prédicteur de l'âge subjectif chez cette population. De fait, avoir un sens à la vie était significativement associé à une perception plus jeune de soi ainsi qu'à un meilleur bien-être émotionnel, physique et social. De plus, dans cette même recherche, les auteurs ont aussi observé une relation significative entre un sens à la vie élevé et une participation active dans un groupe d'affiliation. Cette observation est consistante avec le principe voulant qu'en s'investissant, une personne peut trouver un sens à sa vie. Il est à noter que le résultat obtenu dans cette recherche quant à la relation entre le sens à la vie et le bien-être physique est en accord avec les résultats rapportés par Findlay (1982), Fletcher (1982), et Fisk (1980).

Une étude préliminaire de Baum (1982) sur le lien entre la solitude et plusieurs variables physiques, psychologiques et socio-démographiques chez les personnes âgées a permis de déceler une corrélation négative significative entre le fait de se sentir seul et celui de trouver peu de sens à sa vie.

Fletcher (1982), à partir d'un échantillon de femmes âgées et Fisk (1980), d'un échantillon incluant aussi des hommes âgés, ont constaté qu'un locus élevé de contrôle interne, permettant de contrôler avec succès l'environnement, était directement relié à un niveau élevé du sens à la vie. De son côté, Findlay (1982) a, elle aussi, trouvé un lien positif et significatif mais cette fois-ci avec le degré de satisfaction dans la vie. En ce qui concerne l'opportunité sociale (i.e. le fait de résider ou non dans un milieu réservé spécifiquement aux personnes âgées), Fletcher (1982) n'a observé aucune relation entre cette variable et le sens à la vie chez les femmes âgées. Par contre, Solomon (1979) a observé que, comparativement à un groupe de personnes résidant dans la communauté, celles qui vivent en institutions obtiennent des résultats significativement plus bas au questionnaire sur le sens à la vie.

Laufer et coll. (1981) ont, pour leur part, exploré la relation entre le construit du sens à la vie et celui des aspirations et intérêts vocationels chez les personnes âgées travaillant en atelier protégé. Contrairement à leurs attentes, aucune relation significative n'a été trouvée entre ces deux construits. Ils expliquent leurs résultats en mentionnant que le construit du sens à la vie mesure quelque chose de plus global que celui des intérêts et aspirations au travail. D'un autre côté, ces chercheurs ont constaté que les phénomènes de sens à la vie et de volonté de vivre avaient une corrélation positive l'un avec l'autre.

De son côté, O'Rouke (1977) a trouvé une relation positive entre le sens à la vie et la motivation religieuse chez les personnes âgées. Il est à noter cependant que cette étude était limitée à des sujets chrétiens. Enfin, Durlak (1973), dans une recherche sur la relation entre la peur de la mort et le sens à la vie chez les femmes âgées, a observé que ces deux variables étaient inversement reliées l'une à l'autre.

Concernant les lacunes générales relatives à ces recherches, mentionnons d'abord qu'aucun chercheur n'a réussi à déterminer l'incidence de la perte du sens à la vie chez les personnes âgées. Si certains l'ont fait, soit qu'ils ne l'ont pas indiqué ou que leurs échantillons n'étaient pas représentatifs de l'ensemble de la population. Deux recherches (Laufer et coll., 1981 ; Varna Garis, 1977) comprennent chacune un échantillon de sujets dont l'âge frontière est inférieur à 65 ans, ce qui, nécessairement, limite la généralité des résultats obtenus puisque, par définition, la population du troisième âge est composée de personnes âgées de 65 ans et plus.

De plus, aucune des onze (11) recherches recensées ne s'est attardée spécifiquement à relever les caractéristiques psychosociales (v.g. caractéristiques démographiques, familiales, sociales, et psychologiques) des personnes âgées souffrant d'une perte ou de l'absence totale de sens à la vie. C'est donc dire que dans ce domaine et chez cette population la recherche est loin d'avoir atteint son point de saturation. Ceci est encore plus évident lorsque l'on considère la recherche sur le sens à la vie chez les femmes âgées puisqu'uniquement deux études ont été recensées parmi les onze recueillies soit celles de Fletcher (1982) et de Durlak (1973).

Finalement, en ce qui concerne l'étude préliminaire de Baum (1982), il faut considérer que ce chercheur a déjà établi qu'il existait une corrélation négative statistiquement significative (r = −.37, p✕.05) entre la solitude et le sens à la vie chez les personnes âgées, et cela à partir des mêmes instruments de mesure (U.C.L.A. Loneliness Scale, Purpose-in-life Test) qui sont utilisés dans la présente étude.

Notre recherche qui vise essentiellement le même objectif que Baum (1982) diffère cependant à quatre niveaux. Premièrement, Baum a étudié cette variation concomitante chez les personnes âgées des deux sexes. De plus, quoiqu'il mentionne qu'il s'agit de personnes âgées résidant dans la communauté, il ne spécifie pas les limites d'âge de ses sujets ni si ses sujets demeuraient seuls ou avec quelqu'un d'autre. Enfin, il s'est servi d'un échantillon de sujets provenant de la ville de Los Angeles, Californie. Or, dans notre étude, nous nous attarderons spécifiquement aux femmes québécoises francophones qui demeurent seules dans la communauté et qui sont âgées de 70 à 80 ans.

Hypothèse de recherche

L'hypothèse de cette recherche est formulée en accord avec les cadres théoriques préalablement décrits. Il existe deux façons principales pour une personne de donner un sens à sa vie : soit en s'investissant dans un travail, une œuvre ou pour une cause et, ou, en s'investissant dans une ou des personnes. Le *Rapport gouvernemental canadien sur le vieillissement* (1982), s'appuyant sur *Statistiques Canada*, mentionne qu'uniquement une proportion de 5,2% de personnes âgées de 70 ans et plus demeurent une force active dans la communauté et cela principalement dans le secteur primaire d'activités. Donc, puisque les femmes âgées de 70 ans et plus ne sont généralement pas investies dans un travail, ni dans une œuvre, celles qui l'étaient (3/75) ont été retirées de l'échantillon, il leur reste une façon de donner un sens à leur existence : s'investir dans des personnes. Or, les personnes qui se sentent seules ne sont pas investies dans d'autres personnes ou du moins ne sont pas satisfaites de ces relations. C'est pourquoi notre hypothèse, qui stipule une variation concomitante négative, est la suivante : Plus le niveau de solitude augmente chez une personne, plus son sens à la vie diminue.

MÉTHODOLOGIE

Sujets

L'échantillon de sujets de cette recherche est constitué de 44 femmes âgées volontaires dont 35 veuves, 8 célibataires et 1 femme séparée. L'âge des sujets s'étend de 70 à 80 ans inclusivement, la moyenne étant M = 75,46 ans et l'écart-type, E.-T. = 2,89 ans. Toutes ces femmes vivent seules et demeurent à Québec dans un édifice à appartements (non spécifiquement réservé aux personnes âgées). Cet endroit a été choisi parce qu'il permettait de trouver en un lieu commun un nombre élevé de sujets tout en contrôlant les variables suivantes : type d'habitation, commodités accessibles à toutes (banque, épicerie, restaurant et la présence de médecin, d'infirmières, et de prêtre) club de l'âge d'or à même l'établissement et divers autres services offerts à chaque personne pour leur bien-être personnel (ex. : piscine, sauna, salle de conditionnement physique).

À partir de la liste du Club de l'âge d'or de l'endroit, nous avons contacté 110 personnes. De celles-ci, 75 ont accepté de nous rencontrer et 44 (soit 59%) ont été retenues parce qu'elles correspondaient aux critères de sélection de l'échantillon préalablement fixés. Ces critères étaient les suivants : être une femme, âgée entre 70 et 80 ans inclusivement, demeurant seule, autonome, non-engagée dans un travail, une œuvre ou pour une cause, physiquement et mentalement apte à répondre aux questions et disponible environ 1 heure 15 minutes soit le temps requis pour répondre au formulaire de renseignements généraux ainsi qu'aux deux questionnaires utilisés pour l'expérimentation, le *revised U.C.L.A. Loneliness Scale* (Russell, Peplau et Cutrona, 1980) et le *Purpose-in-life Test* (Crumbaugh et Maholick, 1964), tous deux adaptés à la langue française.

Tableau 1
Caractéristiques des sujets (N = 44) (Moyenne (M), écart-type (E.-T.)).

	M	E.-T.
Âge	75,46	2,89
Ans seule	9,88	8,02
Scolarité	11,44	2,85
Nombre d'enfants	1,82	1,91

Comme l'indique le tableau 1, les 44 sujets demeurent seuls depuis 9,88 ans en moyenne, l'étendue étant de 1 à 34 ans. La moyenne de leurs années de scolarité est 11,44 années, la plus scolarisée en ayant 20 et la moins en ayant 4. Parmi ces 44 femmes, 16 n'ont aucun enfant vivant présentement, soit qu'ils n'en ont jamais eu, soit qu'ils sont décédés. Les 28 autres sujets ont 2,85 enfants en moyenne, l'étendue se situant de 1 à 7. La moyenne du nombre d'enfants pour l'ensemble de l'échantillon est de 1,82 enfants.

Enfin, le revenu annuel moyen, qui n'est pas indiqué dans le tableau, est d'environ 20 000 $. Cependant, tenant compte que 12 sujets n'ont pas voulu répondre à cette question et que la plupart des 32 autres hésitaient à le faire, ou n'y répondaient que vaguement, ce montant approximatif ne doit être considéré que sous toute réserve.

Instrumentation

Au niveau des instruments de mesure, nous avons utilisé en premier lieu un formulaire de renseignements généraux concernant l'âge de chaque sujet, son état civil, le nombre d'enfant(s) vivant(s) (s'il y avait lieu), le degré de scolarité, le nombre d'année(s) de vie seule, le revenu approximatif par année et si ce sujet était ou non impliqué dans une œuvre. Puis, nous nous sommes servis de deux questionnaires. Le premier mesurant le niveau de solitude est une adaptation française de la version revisée du *U.C.L.A. Loneliness Scale* de Russell, Peplau et Cutrona (1980). Quoique cette adaptation française n'ait pas encore fait ses preuves auprès d'une population francophone, elle présente, dans sa version originale anglaise, une grande consistance interne (coefficient alpha de 0,94). Cette échelle de mesure de la solitude comprend 20 items, 10 formulés positivement et 10 négativement devant chacun être coté sur une échelle allant de 1 à 4. Notons que la cote attribuée à un item formulé négativement prend une valeur inverse à la valeur indiquée. La cote moyenne des femmes ayant servi à établir les normes était de 36,06 sur une possibilité de 80, la cote minimum étant de 20. Ainsi tout résultat au-dessus de 36,06 indique un niveau de solitude plus élevé que la moyenne.

Russell (1982) mentionne que la version revisée du *U.C.L.A. Loneliness Scale* est l'échelle de solitude la plus employée actuellement, qu'elle est relativement courte, d'administration facile, très fidèle et que sa validité permet à la fois d'identifier la solitude et de discriminer celle-ci de d'autres construits y étant reliés.

Le deuxième questionnaire, lui aussi étant une adaptation à la langue française, mesure le construit du sens à la vie tel que défini par Frankl (1978). Il s'agit du *Purpose-in-life Test* de Crumbaugh et Maholick (1964). Ce questionnaire, constituant une échelle d'attitude de 20 items, établit le degré auquel une personne considère qu'elle a un but, un sens qui donne à sa vie une identité unique. Chaque item doit être coté sur une échelle de Likert allant de 1 à 7, ce dernier chiffre indiquant un niveau plus élevé de sens à la vie. La cote moyenne ayant servi à établir les normes pour l'ensemble de la population était de 102 sur une possibilité de 140. Ainsi, tout sujet ayant un résultat supérieur à 102 démontre un niveau plus élevé de sens à la vie que la moyenne.

Pour Buros (1972), le *Purpose-in-life Test* est une mesure fidèle et valide puisqu'il mesure effectivement le construit qu'il prétend mesurer. De plus, Meier et Edwards (1974) ainsi que Yarnell (1971) mentionnant que le P.I.L. est un questionnaire qui n'est pas limité à un groupe d'âge spécifique. Il peut donc être utilisé avec les personnes âgées.

Procédure

Les 44 sujets de l'expérimentation ont été rencontrés individuellement dans leur appartement. Chaque personne avait, dans un premier temps, à remplir un formulaire de renseignements généraux. Après quoi, les deux questionnaires, le *revised U.C.L.A. Loneliness Scale* et le *Purpose-in-life Test*, ont été administrés à chacun des sujets. L'ordre dans lequel les questionnaires étaient présentés variait d'un sujet à l'autre.

Une fois les questionnaires dûment complétés, nous avons recueilli verbalement les impressions des sujets pour leur permettre d'exprimer en leurs mots ce qu'elles avaient vécu ou ce qu'elles vivaient par rapport aux thèmes touchés par les questionnaires. Ces impressions ne sont toutefois pas considérées dans la présente recherche.

La compilation des résultats pour les deux questionnaires a été faite selon les normes prescrites par leurs auteurs respectifs. Les données recueillies de ces questionnaires ainsi que celles concernant les renseignements généraux ont été traitées par S.P.S.S. (Statistical Package for the Social Sciences) afin d'obtenir :

1) Moyenne, écart-type, étendue, variance pour chacune des données.
2) Le coefficient de corrélation r de Pearson entre la solitude et le sens à la vie.

PRÉSENTATION DES RÉSULTATS

La cote moyenne de solitude pour les sujets de notre échantillon est de 30,48 avec un écart-type de 9,19 et une étendue allant de 21 à 61. Cette cote suggère un niveau de solitude inférieur aux normes établies, la cote moyenne pour les femmes de tout âge étant de 36,06. Mentionnons que sur les 44 sujets, 8 (18%) ont obtenu une cote supérieure à 36,06 indiquant un niveau de solitude supérieur à la moyenne de la population alors qu'un seul (2%) a dépassé la cote de 60 qui désigne la limite inférieure d'un niveau de solitude grave.

En ce qui concerne le sens à la vie, la moyenne de tous les sujets est de 111,66 avec un écart-type de 15,25 et une étendue de 77 à 137. Selon les normes établies pour l'ensemble de la population par Crumbaugh et Maholick (1968), cette cote de 111,66 se situe à l'extrémité supérieure de la zone « incertaine » (92 à 112). Cette zone indique que le sens à la vie n'apparaît pas comme étant clairement défini. Cependant, comparée à la moyenne de toute la population (102), la cote moyenne de l'échantillon (111,66) suggère un niveau supérieur du sens à la vie pour les femmes âgées vivant seules. Sur les 44 sujets, 4 d'entre elles ont obtenu un résultat inférieur à 91 indiquant clairement une absence de sens à la vie tandis que les cotes de 23 sujets dépassent 113 suggérant la présence d'un sens à la vie bien défini.

La corrélation entre la solitude et le sens à la vie est de $-,53$, ce qui est statistiquement significatif (p $\times$ .0001) et indique une variation concomitante négative entre les deux variables suggérant que plus une personne se sent seule, plus son sens à la vie est faible.

DISCUSSION

L'objectif de cette recherche est de vérifier l'hypothèse stipulant qu'il existe une relation négative entre les phénomènes de sens à la vie et de solitude chez les femmes âgées vivant seules. L'analyse statistique a effectivement démontré que, de façon significative, ces deux variables sont inversement reliées l'une à l'autre. Nous pouvons donc affirmer qu'un degré élevé de solitude va de pair avec un faible niveau du sens à la vie, tout comme un niveau très élevé de sens à la vie est lié à l'absence de sentiment de solitude.

L'observation de cette relation négative entre ces deux variables vient confirmer les assertions théoriques sur lesquelles l'hypothèse de cette recherche était fondée. En effet, Frankl (1978) spécifie qu'il y a deux façons privilégiées pour une personne de trouver un sens à sa vie. Nous avons contrôlé la première de ces façons qui consiste à s'investir dans un travail, une œuvre ou pour une cause en retranchant de notre échantillon les sujets qui vivaient un tel investissement. Il restait aux sujets la possibilité de s'investir dans une ou des personnes pour donner un sens à leur vie. De son côté, la théorie sur la solitude soutient qu'une personne qui se sent seule n'est pas investie dans aucune autre personne ou du moins n'est pas satisfaite de ses relations. Or, le résultat obtenu dans cette recherche, vient appuyer la déduction théorique effectuée à savoir qu'une femme âgée qui demeure seule, qui ne vit pas d'investissement occupationnel et qui, par surcroît, se sent seule, souffre aussi d'un vide existentiel puisqu'elle n'est pas non plus investie dans une autre personne.

Au niveau des recherches empiriques, on constate plusieurs corrélats communs à la solitude et au sens à la vie chez les personnes âgées qui confirment indirectement la relation négative observée entre ces deux phénomènes.

En effet, Kraus et coll. (1976) ont constaté que les personnes âgées qui vivent en institution se sentent plus seules que celles qui vivent dans la communauté alors que Solomon (1979) a observé qu'elles ont un sens à la vie moins élevé.

Picard (1984), Korthuis (1983), Baum (1982), Creecy et coll. (1982), Kivett (1979) et Perlman et coll. (1978) ont trouvé un lien positif entre le fait de se sentir seul et d'auto-évaluer négativement sa santé physique. De leur côté, Baum et Boxley (1983), Fletcher (1982), Findlay (1982) et Fisk (1980) ont observé un lien négatif entre le construit du sens à la vie et l'auto-évaluation négative de sa santé.

Les résultats de la recherche de Picard (1984) démontrent que les personnes âgées qui se sentent seules manquent aussi de contrôle sur leurs affaires. Fletcher (1982) et Fisk (1980), quant à eux, ont observé qu'un niveau élevé de sens à la vie était relié à la capacité qu'ont les individus âgés de contrôler avec succès leur environnement.

Pour ce qui est de la motivation religieuse, Perlman et coll. (1978) ont noté une relation négative avec le niveau de solitude tandis que O'Rouke (1977), pour sa part, a constaté un lien positif avec le fait d'avoir un sens à la vie.

En ce qui a trait à la satisfaction dans la vie, les résultats des recherches de Picard (1984), Korthuis (1983), Hornung (1981), Perlman et coll. (1978), Lopata (1969) et Munnichs (1964) indiquent que cette variable est inversement reliée à la solitude alors que Findlay (1982) a observé une variation concomitante positive avec la présence bien définie d'un sens à la vie.

Enfin, Baum (1982) ainsi que Perlman et coll. (1978) ont démontré que les sentiments de dépression étaient directement liés au sentiment de solitude chez les personnes âgées tandis qu'une corrélation négative avec le sens à la vie a été observée par Baum et Boxley (1983), Fisk (1980) et Varna Garis (1977).

D'un autre côté, outre ces corrélats communs à la solitude et au sens à la vie qui, cependant, tout en étant communs varient en sens inverse pour chacun des phénomènes, Munnichs (1964) a observé que solitude et manque de buts individuels allaient de pair et, plus directement, Baum (1982), à partir d'un échantillon de 75 américain(e)s âgé(e)s, a trouvé que le sens à la vie était négativement relié au fait de vivre en état de solitude. Le résultat de notre recherche corrobore donc ce résultat de Baum. Or, la reproduction des résultats obtenus par des chercheurs indépendants provenant de milieux différents accroît de façon significative l'objectivité du phénomène.

En terminant, il importe de spécifier que pour l'ensemble de l'échantillon, nous constatons, d'une part, un niveau plus faible de solitude que pour les femmes en général et, d'autre part, un niveau plus élevé de sens à la vie que pour l'ensemble de la population. Nous croyons que ces résultats peuvent s'expliquer par le lieu de résidence des sujets. En effet, quelques centaines de personnes âgées, en bonne santé pour la plupart, demeurent dans un même complexe d'habitation où logent également des gens des autres groupes d'âge. À cet endroit, la possibilité d'établir des contacts interpersonnels, en général, et des contacts amicaux, en particulier, est nettement accrue tout comme la possibilité de choisir les relations que l'on désire. Or, comme le révèlent les résultats des recherches de Perlman et coll. (1978) et de Arling

(1976) les contacts amicaux sont plus importants pour réduire la solitude que les contacts familiaux. D'ailleurs, les résultats de la recherche de Blau (1961) suggèrent que, pour une femme, les besoins de relation intime durant le veuvage peuvent être satisfaits par des liens créés avec les personnes du même sexe. De plus, nous savons pertinemment que les relations intimes où chaque personne peut se révéler telle qu'elle est, favorisent l'investissement affectif ce qui, nécessairement, à une influence directe sur le niveau de sens à la vie. Enfin, le fait que cet édifice soit bien dans la communauté plutôt que réservé aux personnes âgées peut jouer un rôle également. Comme l'indique la recherche de Kraus et coll. (1976), ce sont les personnes âgées qui vivent en institution qui éprouvent davantage de solitude.

CONCLUSION

Au Québec, tout comme au Canada et en Europe, les recherches scientifiques touchant les personnes âgées se font de plus en plus nombreuses. Tant les gouvernements que les chercheurs eux-mêmes sont concernés par le désir d'améliorer la qualité des diverses sphères à la vie des gens du troisième âge.

La présente étude a permis de regarder, à partir d'un échantillon de 44 femmes âgées de 70 à 80 ans vivant seules, la relation qui pouvait exister entre deux phénomènes existentiels à savoir la solitude et le sens à la vie. Dans la première partie de cette recherche nous avons décrit les cadres théoriques des deux phénomènes étudiés puis nous avons relevé les recherches empiriques, effectuées auprès des personnes âgées, qui ont touché à l'une ou l'autre de ces deux variables. Dans un deuxième temps, nous avons développé les différents aspects de notre recherche soit, l'hypothèse, la méthodologie, la présentation et la discussion des résultats.

Dans notre recherche, les construits de solitude et du sens à la vie ont été respectivement mesurés par le *revised U.C.L.A. Loneliness Scale* et le *Purpose-in-life Test*. Le traitement statistique des données obtenues a démontré que ces deux phénomènes étaient négativement et significativement reliés l'un à l'autre. Ce résultat confirme l'hypothèse de recherche établie au départ basée sur la théorie de Frankl (1978), spécifiant que plus une personne se sent seule, plus son niveau de sens à la vie diminue à moins que cette personne soit investie dans un travail, une œuvre ou pour une cause.

Dans le cadre de prochaines recherches, il serait intéressant, en premier lieu, de déterminer l'incidence de l'absence de sens à sa vie chez les personnes âgées à partir d'un échantillon représentatif de l'ensemble de cette population. Par la suite, d'autres recherches pourraient déterminer et les caractéristiques psychosociales et le type de personnalité de la personne âgée qui souffrent à la fois de solitude et d'absence de sens à sa vie. Ceci permettrait d'élargir l'étendue de nos connaissances dans le domaine et d'avoir les assises théoriques nécessaires pour répondre adéquatement aux besoins des gens qui vivent ces problèmes existentiels.

En terminant, mentionnons que pour plusieurs personnes âgées il est impossible de trouver un sens à la vie dans les sphères où ce sens a été dominant pendant de nombreuses années tel que le travail, l'éducation des enfants ou la relation avec un conjoint. Nous croyons qu'il est important de leur rappeler que des avenues nouvelles s'offrent à chacun et chacune d'elles que ce soit dans le domaine de la créativité, de l'implication communautaire à temps partiel ou simplement au niveau des relations humaines puisque leur expérience de vie est une richesse à partager et constitue un acquis pour l'ensemble de la collectivité.

RÉFÉRENCES

Arling, G. The elderly widow and her family, neighbors and friends. *Journal of Marriage and the Family*, 1976, *38*(1), 757-768.

Baum, S.K. Loneliness in elderly persons : a preliminary study. *Psychological Reports*, 1982, *50*, 1317-1318.

Baum, S.K. et Boxley, R.L. Age identification in the elderly. *Gerontologist*, 1983, *23*(5), 532-537.

Baum, S.K. et Boxley, R.L. Depression and old age. *Journal of Clinical Psychology*, 1983, *39*(4), 584-590.

Beaupré, C. *La solitude chez les personnes âgées : une recension des recherches empiriques.* Essai de maîtrise non publié. Université Laval 1983.

Blau, Z. Structure constaints of friendship in old age. *American Sociological Review*, 1961, *26*, 429-439.

Burnside, I.M. Loneliness in old age. *Mental Hygiene*, 1971, *55*,3, 391-397.

Buros, O.K. (rédacteur) *Seventh mental measurements Yearbook.* Gryphon Press, Highland Park, N.J., 1972.

Creecy, R.F., Wright, R. et Berg, W.E. Correlates of loneliness among the black elderly. *Activities Adaptation and Aging*, 1982, *3*(2), 9-16.

Crumbaugh, J.C. et Maholick, L.T. An experimental study in existentialism : The psychometric approach to Frankl's concept of noogenic neuroses. *Journal of Clinical Psychology*, 1964, *20*, 200-207.

Crumbaugh, J.C., Cross-validation of Purpose-in-life Test based on Frankl's concepts. *Journal of Individual Psychology*, 1968, *24*, 74-81.

Crumbaugh, J.C. Aging and adjustment : The applicability of logotherapy and the Purpose-in-life Test. *Gerontologist*, 1972, *12*(4), 418-420.

David, P. Vivre et faire vivre la vieillesse. *Écrits en Gérontologie,* Conseil consultatif national sur le troisième âge. Ministère de la santé et du Bien-être social, Ottawa, Canada, 1983.

Dean, L.R. Aging and the decline affect. *Journal of Gerontology*, 1962, *17,* 440-446.

de Grâce, G.R. Aspects positifs des déséquilibres psychologiques. Dans P. Joshi et G.R. de Grâce, rédacteurs, *Conceptions contemporaines en santé mentale.* Montréal : Décarie (éditeur), 1983.

Denes, Z. Old age emotions. *Journal of the American Geriatrics Society*, 1976, *24*(10), 465-467.

De Vogler, K.L. Adult's meaning in life. *Psychological Reports*, 1981, *49*(1), 87-90.

Dunn, E.F. et Dunn, P.C. Loneliness and the black experience. Dans J. Hartog, J.R. Audy, Y.A. Cohen, rédacteurs, *The anatomy of loneliness.* New York : International University Press, 1980, 284-302.

Durlak, J.A. Relationship between attitudes toward life and death among elderly women. *Developmental Psychology*, 1973, *8*(1), 146.

Findlay, C.A. Life satisfaction and purpose in life during late adulthood. *Dissertation Abstracts International*, 1982, *42*(10-B), 4222.

Fisk, P.C. The effect of loss of meaning on the mental and physical well-being of the aged. *Dissertation Abstracts International,* 1980, *40*(8-B), 3925.

Fletcher, S. An investigation of the relationship of locus of control and social opportunity to life satisfaction and purpose in life among elderly women. *Dissertation Abstracts International,* 1982, *42*(12-B), 4744.

Frankl, V. *The will to meaning : Foundations and application of Logotherapy.* New York, World Publishing Co., 1969.

Frankl, V. *The unheard cry for meaning : Psychotherapy and humanism.* New York, Simon & Schuster, 1978.

Fromm Reichmann, F. Loneliness. *Psychiatry,* 1959, *22,* 1-15.

Gordon, S. *Lonely in America.* New York : Simon & Schuster, 1976.

Gubrium, J.F. Marital desolation and the evaluation of every day life in old age. *Journal of Marriage and the Family,* 1974, *35,* 107-113.

Haas-Hawkings, G. Intimacy as a moderating influence on the stress of loneliness in widowhood. *Essence,* 1978, *2,* 4, 249-258.

Harris, L. et Associés. *The myth and reality of aging in America.* A study for the National Council on the Aging, juin 1977.

Heltsley, M.E. et Powers, R.C. Social interaction and perceived adequacy of interaction of the rural aged. *Gerontologist,* 1975, *15,* 533-536.

Hornung, K.L. Loneliness among older urban widows. *Dissertation Abstracts International,* 1981, *41,* (7-A), 3288.

Kivett, V.R. Discriminators of loneliness among the rural elderly : Implications for intervention. *Gerontologist,* 1979, *19,* 1, 108-115.

Korthuis, K.E. Functional characteristics associated with feelings of loneliness in older persons who live alone. *Dissertation Abstracts International,* 1983, *43* (8-A), 2557.

Kraus, A.S., Spasoff, R.A., Beattie, E.J., Holden, E.W., Lawson, J.S., Rodenberg, M. et Woodcook, G.M. Elderly applicants to long-term care institution. 1- Their characteristics, health problems and state of mind. *Journal of the American Geriatrics Society,* 1976, *24,* (3), 117-125.

Laufer, W.S., Laufer, E.A. et Laufer, L.S. Purpose in life and occupational interest in a gerontological sheltered workshop. *Journal of Clinical Psychology,* 1981, *37* (4), 765-769.

Lopata, H.Z. Loneliness : forms and components. *Social Problems,* 1969, *17,* 248-261.

Lowenthal, M.F. Social isolation and mental illness in old age. *American Sociological Review,* 1964, *29,* 54-70.

Meier, A. et Edwards, H. Purpose-in-life Test : Age and sexual differences. *Journal of Clinical Psychology,* 1974, *30* (3), 384-386.

Moore, J.A. Loneliness : Self-discrepancy and sociological variables. *Canadian counselor,* 1976, *10* (3), 133-135.

Moustakas, C.E. *Loneliness.* New York : Prentice-Hall, 1961.

Moustakas, C.E. *Loneliness and love.* Englewood Cliffs, N.J. : Prentice-Hall, 1972.

Munnichs, J.M.A. Loneliness, isolation and social relations in old age. *Vita Humana,* 1964, *7,* 228-238.

Nahemow, N. Residence, kinship, and social isolation among the aged Baganda. *Journal of Marriage and the Family,* 1979, *41* (1), 171-183.

O'Rourke, W.D. The relationship between religiousness, purpose in life and fear of death. *Dissertation Abstracts International,* 1977, *37* (11-A), 7046-7047.

Peplau, L.A. et Caldwell, M.A. Loneliness : A cognitive analysis. *Essence,* 1978, *2,* 4, 207-220.

Peplau, L.A. et Perlman, D. Blueprint for a social psychological theory of Loneliness. Dans M. Cook et G. Wilson, rédacteurs, *Love and attraction.* Oxford, England : Pergamon, 1979, 99-108.

Peplau, L.A. et Perlman, D. Perspectives on loneliness. Dans L.A. Peplau, D. Perlman, rédacteurs, *Loneliness : A sourcebook of current theory, research and therapy.* New York : John Wiley, 1982, 1-18.

Peplau, L.A., Bikson, T.K., Rook, K.S. et Goodchilds, J.D. Being old and living alone. Dans L.A. Peplau, D. Perlman, rédacteurs, *Loneliness : A sourcebook of current theory, research and therapy,* New York : John Wiley, 1982, 327-347.

Perlman, D., Gerson, A.C. et Spinner, B. Loneliness among senior citizens : An empirical report. *Essence,* 1978, *2* (4).

Perlman, D. et Peplau, L.A. Toward a social psychology of loneliness. Dans S.W. Duck et R. Gilmour, rédacteurs, *Personal relationships : 3. Personal relationships in disorder.* London : Academic Press, 1981.

Perlman, D. et Peplau, L.A. Theoretical approaches to loneliness. Dans L.A. Peplau, D. Perlman, rédacteurs, *Loneliness : A sourcebook of current theory, research and therapy.* New York : John Wiley, 1982, 123-134.

Picard, G. *Les caractéristiques psychosociales des personnes âgées vivant de la solitude.* Essai de maîtrise non publié. Université Laval, 1984.

Polcino, A. Loneliness — The genesis of solitude, friendship, and contemplation. *Hospital Progress,* 1979, *60,* 61-65.

Rapport gouvernemental canadien sur le vieillissement. Ministère de la Santé et du Bien-être social. Ottawa, Canada, 1982.

Rogers, C.R. The loneliness of contemporary man as seen in « the case of Ellen West ». *Annals of Psychotherapy,* 1961, *3,* 22-27.

Rogers, C.R. The lonely person — and his experiences in a encounter group. Dans C.R. Rogers, *Carl Rogers on encounter groups.* New York : Harper and Row, 1973.

Russel, D. The measurement of loneliness. Dans L.A. Peplau, D. Perlman, rédacteurs, *Loneliness : A sourcebook of current theory, research and therapy.* New York : John Wiley, 1982, 81-104.

Sadler, W.A. et Johnson, T.B. From loneliness to anomia. Dans J. Hartog, J.R. Audy, Y.A. Cohen, rédacteurs, *The anatomy of loneliness.* New York : International University Press, 1980, 284-302.

Slater, S. *The pursuit of loneliness.* Boston : Beacon Press, 1976.

Solomon, I.H. Psychological characteristics of aged persons residing in a nursing home versus residing in the community. *Dissertation Abstracts International,* 1979, *39* (9-B), 4599.

Suedfeld, P. Aloness as a healing experience. Dans L.A. Peplau, D. Perlman, rédacteurs, *Loneliness : A sourcebook of current theory, research and therapy.* New York : John Wiley, 1982, 54-67.

Sullivan, H.S. *The interpersonal theory of psychiatry.* New York : Norton, 1953.

Townsend, P. Isolation and loneliness in the aged. Dans R. Weiss, rédacteur, *Loneliness : The experience of emotional and social isolation.* Cambridge : MIT Press, 1973.

5.4

L'évolution de notre rapport avec la mort

JEAN-LOUIS DROLET

INTRODUCTION

Une des qualités inhérentes à la vie est de vouloir se perpétuer. Ainsi, dès la naissance, nous sommes en lutte avec notre environnement et tentons de le maîtriser, afin d'être moins vulnérables. Toute sa vie durant, l'être humain est préoccupé par sa sécurité et sa survie, physique comme psychologique. Dans cette perspective, la mort n'est pas uniquement une fin biologique mais un symbole complexe, dont la signification varie d'une personne à l'autre, d'une culture à l'autre, et qui est fort dépendant de la nature et des vicissitudes du processus de développement (Wahl, 1959). La présente étude a pour objectif de mettre en relief l'unité naturelle entre la vie et la mort et de jeter quelque lumière nouvelle sur l'évolution du rapport qu'entretient l'adulte avec sa propre mort.

La mort pendant l'enfance et l'adolescence

Déjà le nouveau-né a une propension naturelle vers ce qui le maintient en vie et réagit fortement lorsque l'environnement, constitué presqu'uniquement par la mère au début, le frustre dans ses besoins vitaux. Que l'on parle d'instinct de vie, d'image mentale, ou encore de libido, ce dont il est question c'est d'une « reconnaissance » plus ou moins articulée de ce qui est bon, plutôt neutre, ou encore dangereux pour l'organisme.

La fascination dont fait preuve l'enfant pour l'action d'apparaître et de disparaître (tel que manifesté dans le jeu de « peek-a-boo » ou « cou-cou ») à partir de l'âge de trois mois est une représentation symbolique de sa tentative pour maîtriser les concepts d'être et « ne pas être » (Maurer, 1966). L'angoisse de la séparation manifestée vers 8 mois peut aussi être interprétée comme une identification par l'enfant de la perte de ses parents à la perte de son lien à la vie. L'expression « parti! », pour signifier ce qui disparaît, est une des premières à être utilisées par l'enfant. Vers 2 ans, lorsque l'enfant prend conscience que tout ce qui est parti ne revient pas nécessairement, il tente de maîtriser sa peur de disparaître en projetant « parti » sur son entourage et en le provoquant à volonté. On voit ainsi les enfants de cet âge insister pour éteindre et rallumer sans relâche la flamme d'un briquet.

À partir d'une recherche effectuée avec 378 enfants normaux entre 3 et 10 ans, Nagy (1959) a identifié trois stades distincts dans le développement de la signification de la mort chez l'enfant. Le premier stade, entre 3 et 5 ans, est marqué par le refus de voir la mort comme étant définitive. La mort est alors perçue comme un départ, soit temporaire ou permanent. Par conséquent, les enfants de cet âge vivent la mort comme une séparation pénible. Au second stade, entre 5 et 9 ans, la mort est personnifiée par un être surnaturel. Bien qu'elle soit maintenant une éventualité, la mort n'est pas encore une certitude car celui ou celle qui peut éviter le « bonhomme de la mort » ne meurt pas. Selon Nagy, ce n'est qu'à partir de 9 ou 10 ans que l'enfant conçoit la mort de façon réaliste, c'est-à-dire comme un processus inévitable et irréversible faisant partie du cycle de vie de tout organisme vivant.

On peut cependant se demander si cette conception plus réaliste chez les enfants plus vieux est seulement reliée à l'âge ou si la prise de conscience de l'expérience avec sa propre mort et de celle des autres ne pourrait être un facteur important. Certains chercheurs ont exploré cette question et ont effectivement trouvé que, tout dépendant de leurs expériences, plusieurs enfants peuvent percevoir la mort comme un processus irréversible bien avant l'âge de 9 ans (e.g. Bluebond-Langner, 1977 ; Melear, 1973). Plus spécifiquement, Bluebond-Langner (1977), dans son étude sur des enfants atteints de la leucémie dont l'âge varie entre 18 mois et 14 ans, a observé que tous les enfants, peu importe leur âge, devaient passer par une même séquence de cinq étapes avant d'en arriver à vraiment comprendre que leur mort était imminente.

Selon certaines recherches, la pré-adolescence (entre 9 et 12 ans) apparaît comme une période d'accalmie en regard de la conscience de la mort. Ainsi, on a trouvé que ce groupe de jeunes entre 9 et 12 ans est moins perturbé par l'idée de la mort que les enfants entre 5 et 8 ans et les adolescents entre 13 et 16 ans (Alexander et Adlerstein, 1960 ; MacIntire et al., 1972). On pourrait ainsi supposer qu'à certaines périodes de sa vie l'individu entretient un rapport moins tumultueux avec la mort.

Pour une majorité d'adolescents, la mort est une expérience associée à un lointain futur, qu'ils préfèrent d'ailleurs ne pas trop anticiper. Pour eux, le présent devient si intense que le passé et l'avenir sont presque inexistants. Ils se perçoivent comme étant au point de départ d'un cheminement important qui contient en lui-même les promesses d'une vie réussie, mais dont la progression n'est cependant que très vaguement pressentie. Par contraste, la fin de ce cheminement tend à prendre une signification très négative à leurs yeux. Ainsi Kastenbaum (1959) rapporte que la plupart des adolescents de 15, 16 et 17 ans faisant partie de sa recherche entrevoient le futur comme un risque, une expérience désagréable et dépourvue de valeurs positives. La mort est donc pour eux une fin vide, non-active, et dénuée de tout sens.

Cette relation antithétique entre la vie et la mort observée à l'adolescence reflète bien l'intensité et le caractère absolu de la crise d'identité marquant cette période (Blake, 1969). En effet, l'adolescent est reconnu pour son instabilité émotive et ses conflits intérieurs, qui s'expriment dans un mouvement de balancier plus ou moins accentué entre des sentiments de puissance sans limite, voire d'immortalité, et des sentiments d'impuissance pouvant entraîner la mort psychologique et parfois même physique. Selon Lifton (1979), le nombre élevé de suicides et de problèmes de schizophrénie chez les adolescents est une conséquence directe d'une angoisse exacerbée de la mort difficilement contrôlée pendant cette période. Dans notre culture, les adolescents tentent tant bien que mal de transcender cette angoisse par leur quête idéaliste de connaissance et d'accomplissement et par leur désir magnanime et souvent très fanatique de rendre ce monde, qu'ils viennent à peine de découvrir, meilleur.

La mort et la vie adulte

Contrairement à l'adolescent, le nouvel adulte (approximativement entre 18 et 40 ans) semble moins directement confronté à sa propre mort. Comparativement à l'adolescence, on pourrait parler d'une période de retrait ou d'accalmie en regard de l'éventualité de la mort biologique. Pendant cette période, l'adulte est plus pressé que jamais de bâtir et de développer une structure de vie qui lui soit propre. Cette urgence se manifeste surtout par un désir intense de fonder une famille et d'avoir des enfants, d'accomplir quelque chose d'important au travail, bref de faire sa place dans le monde adulte et d'avoir ainsi l'opportunité de « laisser sa trace ».

Cette urgence particulière éloigne donc les nouveaux adultes de la conscience de la mort proprement dite, mais est bien loin de les laisser indifférents à la discontinuité que cette dernière pourrait représenter quant à leurs projets et objectifs. Ainsi, un peu paradoxalement, le nouvel adulte est accablé par une double hantise : celle d'une vie non-vécue et d'une mort prématurée (Lifton, 1979). Cette vision est d'ailleurs supportée par une étude conduite par Diggory et Rothman (1961). Ces chercheurs ont pu démontrer que face à l'hypothèse de leur propre mort, les adultes entre 25 et 39 ans sont plus préoccupés par l'éventualité d'être privés d'une expérience de vie et de devoir abandonner certains projets que ceux qui ont passé l'âge de 40 ans.

La transition de la quarantaine et les phases subséquentes du développement sont caractérisées par une capacité accrue d'imaginer la fin du processus de vie. Selon Jaques (1965), le problème le plus saillant pour l'adulte d'âge moyen (i.e. entre 40 et 60 ans) est d'être confronté à sa propre mortalité : un individu doit apprendre alors, plus profondément qu'il n'a été possible de le faire jusque-là, que sa mort est inévitable. Évidemment, des facteurs tels qu'une diminution graduelle d'énergie et de force physique, une plus grande susceptibilité à diverses maladies, un taux croissant de mortalité chez les parents et amis du même âge, contribuent à faire de la mort une éventualité plutôt qu'un événement hypothétique et abstrait pour l'adulte d'âge moyen. Le temps aussi prend maintenant une signification différente : il est structuré et perçu en « temps-qui-reste-à-vivre » plutôt qu'en « temps-vécu » (Neugarten, 1968).

Le refus d'assumer la réduction du temps qui est à notre disposition peut avoir des effets détériorants non seulement sur notre relation avec la mort mais aussi sur la qualité de la vie elle-même. Ainsi, il a été démontré que les personnes qui tentent par toutes sortes de moyens d'arrêter le temps et d'éviter le changement qu'il implique, en s'accrochant plutôt à ce qui est familier, ont généralement très peur de la mort (Bascue, 1973 ; Dickstein et Blatt, 1966 ; Goodman, 1981). Au contraire, celles qui tendent à se dégager du passé et à valoriser davantage les projets et les entreprises futures craignent très peu la mort.

Dans notre culture, cette nouvelle confrontation avec la mort semble marquer de façon particulière la période de « crise des quarante ans » (entre 38 et 45 ans environ), et a pour effet de provoquer une réévaluation de la position de l'adulte dans l'existence, c'est-à-dire de la signification et de la pertinence des accomplissements passés et des objectifs futurs. Cette réévaluation peut prendre la forme d'un questionnement personnel modéré, ou peut être accompagnée d'une souffrance intense. Sans elle cependant, l'adulte d'âge moyen (40-60 ans) risque de consolider une nouvelle structure de vie qui soit perçue intérieurement comme étant inauthentique et, par conséquent, vide de sens et de vitalité. Au contraire, l'adulte qui accepte cette remise en question intérieure, si pénible soit-elle, est susceptible de pouvoir donner à la deuxième moitié de sa vie une énergie et une direction renouvelées. Mais sans une confrontation intime avec la finalité de la vie, ce questionnement peut difficilement avoir lieu. Le face à face avec sa propre mort est en quelque sorte la seule voie d'accès à un niveau d'intégrité ou d'actualisation personnelle supérieures chez l'adulte d'âge mûr.

En ce sens, l'unité naturelle entre la vie et la mort trouve peut-être son expression la plus explicite au-delà de la quarantaine. En effet, plusieurs études tendent à confirmer le rapport de réciprocité positive entre l'âge, l'actualisation personnelle et la capacité d'assumer la mort. Goodman (1981) a observé que les adultes d'âge mûr qui atteignent un haut niveau d'actualisation de soi craignent moins la mort que les plus jeunes, que ces derniers soient très actualisés ou non. Cependant, les plus vieux qui sont déçus de leur réalisation personnelle craignent davantage la mort que les plus jeunes. Cela laisse supposer que la vieillesse peut être un temps de sérénité et d'intégrité personnelle, mais aussi une période d'angoisse et de désespoir, tout dépendant de la façon dont on a vécu sa vie. En ce sens, il serait juste de dire que l'on meurt comme on a vécu. Selon Erikson, le désespoir de l'adulte d'âge mûr exprime « le sentiment que le temps est court, trop court pour essayer de recommencer une nouvelle vie et prendre d'autres chemins vers l'intégrité » (1972, p. 137). De leur côté, Kalish et Reynolds (1977) ont comparé trois groupes d'adultes (entre 20 et 39 ans, 40 et 59 ans, 60 ans et plus) sur leurs attitudes face à la mort et ont enregistré un rapport positif et significatif entre l'âge et l'acceptation de la mort en général, et entre l'âge et l'acceptation de sa propre mort en particulier. Ils identifient quatre facteurs pouvant expliquer la sérénité des plus vieux face à la mort : une plus grande expérience du phénomène de la mort ; une plus grande préparation à sa propre mort ; un désengagement des préoccupations antérieures jumelé à une vie intérieure plus riche ; et aussi une vie religieuse ou spirituelle plus intégrée.

La croyance populaire selon laquelle la vieillesse et la peur de la mort sont intimement associées est infirmée par plusieurs recherches. Le processus de vieillissement semble, au contraire, calmer les craintes à propos de la mort et aider à voir ce phénomène sous un angle plus positif (Feifel et Branscomb, 1973 ; Kalish et Johnson, 1972 ; Sadowski et al., 1979 ; Swenson, 1959).

Dans une culture qui tend à nier la mort de façon aussi systématique, il n'est pas inconcevable d'imaginer que l'angoisse de la mort puisse être projetée dans un futur lointain, un moment retardé pourrait-on dire, de manière à protéger la croyance que la rencontre avec la mort n'est pas pour maintenant. Kogan et Shelton (1962) ont d'ailleurs démontré que les gens âgés sont cognitivement différenciés du reste de la population en ce qui concerne leur attitude face à la mort. Ils ont trouvé que tandis que les plus jeunes identifient la mort comme étant la plus grande peur des plus vieux, les plus vieux, eux, estiment que leurs plus grandes préoccupations sont l'insécurité financière et la solitude. Assez curieusement, dans cette étude, les plus jeunes adultes craignaient plus la mort que les adultes d'âge mûr et les plus vieux.

En conclusion, nous pourrions postuler l'existence d'un processus d'apprentissage réparti tout au long de la vie et permettant une reconnaissance et une acceptation progressives du rapport intime et unitaire existant entre la vie et la mort.

LE SENTIMENT D'IMMORTALITÉ SYMBOLIQUE

Comme l'enfant et l'adulte sont naturellement prédisposés à maintenir et perpétuer la vie, il apparaît que nos conceptions de la mort et notre rapport existentiel avec notre finitude peuvent être mieux compris si le problème est étudié en termes de continuité et de discontinuité. Après tout, la mort est ce qui menace le plus notre continuité personnelle. Il en est ainsi parce que nous sommes non seulement conscients de l'éventualité de notre propre mort, mais surtout parce que nous avons la capacité d'anticiper, à l'aide d'images mentales, notre annihilation. Ainsi, nous sommes capables d'imaginer qu'un jour notre existence corporelle, notre personnalité, notre identité sociale, nos relations avec les autres, et nos projets seront interrompus. Même pour ceux qui croient fortement en une forme de vie après la mort, la conscience de la mort fait naître en eux une peur de l'inconnu, un sentiment d'irréversibilité, en quelque sorte un « pré-sentiment » de discontinuité (Diggory et Rothman, 1961 ; Feifel, 1959 b).

Robert Jay Lifton (1976, 1979), qui a beaucoup étudié notre besoin de continuité, propose un nouveau paradigme basé sur l'évolution du processus d'imagerie mentale (ou de la formation de symboles) dans lequel la mort et la symbolisation de la continuité de la vie occupent une place centrale. Sa théorie repose sur le postulat que notre besoin d'utiliser la négation comme défense suprême contre l'idée de la mort est une preuve substantielle que cette dernière existe dans notre vie mentale. Nous avons donc tout au moins une « pré-conscience » de notre mort, qui se manifeste dans un besoin fondamental et universel de préserver et de développer un sentiment personnel de continuité symbolique à travers les différents éléments de la vie (dont l'amour et les engagements personnels ; l'apprentissage et le travail ; la mort, le jeu et la transcendance ; la relation avec la société et l'environnement ; la croissance). Ce sentiment de continuité est aussi appelé sentiment d'immortalité symbolique parce qu'il nous procure, sur le plan symbolique, un lien avec ce qui nous a précédé et ce qui nous survivra.

Le sentiment d'immortalité symbolique peut être défini comme un sentiment fondamental de confiance en l'intégrité, la continuité et le mouvement du processus de vie tel qu'expérimenté dans l'interaction avec les diverses composantes du monde dans lequel nous vivons. Il est immortel parce que nous pouvons sentir que notre participation dans le monde en tant qu'êtres humains fait partie d'un « projet » qui va au-delà de notre mort. Il est symbolique parce que même si nous pouvons reconnaître la continuité de la chaîne humaine, nous restons quand même conscients de notre fin. Ce que nous avons besoin de sentir, ne serait-ce qu'inconsciemment, c'est que d'une façon ou d'une autre il restera des traces de notre passage dans le flux immortel de la vie.

Le sentiment d'immortalité symbolique peut être développé à travers cinq modes d'expérience : le mode biosocial, le mode créateur, le mode naturel, le mode spirituel, et le mode de l'expérience transcendante. Le mode biosocial d'immortalité symbolique est associé au sentiment que chaque personne est la continuité de ses parents et de générations antérieures, de même qu'au sentiment qu'elle va continuer de vivre à travers sa progéniture. Le sentiment d'appartenir à une culture qui va nous survivre (continuité biohistorique) est aussi inclu dans ce mode. En effet, le mode biosocial peut s'étendre de la famille à la culture (ou sous-culture), à la race, à la nation, ou même être associé à des principes d'éthique ou des valeurs personnelles. Il pourrait inclure des dimensions telles que l'identité ou le rôle social, ainsi que notre façon de percevoir et d'évaluer l'espèce humaine.

Le sentiment d'immortalité symbolique peut aussi être acquis par le biais du travail et de la créativité en général. C'est le mode créateur d'immortalité symbolique. Ce qui est crucial dans ce mode c'est le développement d'un sentiment d'impact personnel durable, quelle que soit la nature ou la forme de son expression. C'est le sentiment que notre travail, notre enseignement (multiple et varié, y compris élever des enfants), notre influence personnelle (sur des amis, la famille, des collègues, ou la société dans son sens large), qu'ils soient humbles ou considérables, vont nous survivre de telle sorte que notre contribution ne s'éteindra pas complètement. Ce qui est plus important encore dans ce mode, c'est le sentiment que ce que nous faisons est valable parce que cela a des effets durables. Valeur et durabilité convergent ici. Pour être « créatrice », une entreprise doit avoir des éléments transcendants, durables, générant ainsi un sentiment que l'apport fourni peut servir à rehausser la vie d'autres personnes et, par le fait même, contribuer à prolonger symboliquement celle du « créateur ». On peut imaginer, par exemple, combien un enseignant dévoué au développement de ses étudiants peut être motivé dans sa tâche à l'idée d'exercer une influence positive sur la vie de plusieurs d'entre eux et, peut-être aussi, avoir un impact, si minime soit-il, sur les personnes qui feront partie de leur vie.

Un troisième mode, le mode naturel d'immortalité symbolique, est associé à la perception que la nature qui nous entoure, sans limite en espace et en temps, va rester. Un bon enracinement dans la nature nous permet de nous sentir partie intégrante d'un univers qui nous transcende et qui est éternel. Comme nous faisons partie de cette nature, nous pouvons donc être assurés que quelque chose de nous restera après notre passage. Bien que notre conception de la nature puisse changer (pour inclure les métamorphoses terrestres, les autres planètes), nous continuons à voir et à chercher en elle des significations ultimes à notre existence.

Le quatrième mode offre la possibilité de transcender la mort par l'accomplissement spirituel. C'est le mode spirituel d'immortalité symbolique. Il prend généralement la forme d'une tentative d'éloignement de la vie profane et mondaine pour l'adoption d'une existence plus spirituelle. L'idée littérale d'une vie après la mort n'est pas essentielle pour ce mode. En fait, une telle notion est absente dans plusieurs religions (e.g. le Judaïsme et le Bouddhisme). Cependant, le sentiment de pouvoir obtenu par la spiritualité, le pouvoir de vivre et le pouvoir sur la mort, est central. Même si l'immortalité spirituelle est souvent recherchée en groupe, à l'intérieur d'une culture ou d'une religion spécifique, et est par conséquent associée à des croyances partagées, elle est avant tout une quête personnelle de signification ultime et de continuité. Ainsi, il est possible d'atteindre un haut niveau d'immortalité symbolique sans être religieusement orthodoxe.

Le mode de l'expérience transcendante peut être défini comme étant la capacité de « se perdre » dans d'autres éléments et mouvements de la vie. Il diffère des autres modes d'immortalité symbolique en ce qu'il dépend uniquement d'un état physique, un état si intense qu'en lui le temps et la mort disparaissent. Cet état est caractérisé par une unité psychique et une intensité perceptuelle extraordinaires. Il peut prendre la forme d'une expérience extatique intense ou encore d'un sentiment plus courant de bien-être avec soi-même et avec la vie. Il peut survenir dans toutes sortes d'activités, mais il est souvent associé à des moments tels que l'accouchement, l'orgasme, l'effort athlétique, la création intellectuelle ou artistique, l'expérience religieuse ou spirituelle, et toute forme de contemplation. En plus du sentiment de bien-être qu'elle procure, l'expérience de transcendance a pour effet de générer un changement intérieur souvent très significatif. Ce changement peut généralement être décrit comme un état d'organisation mentale amélioré, qu'il prenne la forme d'un sentiment de satisfaction personnelle renouvelé, d'une résolution de problème, ou encore d'un changement important de valeurs.

La formation et l'évolution des images psychiques constituent la pierre angulaire de la théorie de Lifton sur le sentiment d'immortalité symbolique. Il définit l'image comme « une anticipation structurée de l'interaction avec l'environnement » qui sert de lien immédiat entre le système nerveux et l'environnement. Selon Lifton, nous sommes ce que nous imaginons être. Ainsi, l'existence humaine peut être définie comme une recherche d'images vivifiantes, par opposition à des images paralysantes. Conséquemment, une évolution saine de l'imagerie psychique produira un sentiment d'immortalité symbolique suffisamment fort pour faire face à la mort et à ses équivalents symboliques. Par contre, l'absence d'une imagerie vivifiante ou sa désintégration menace la vie même.

En accord avec le principe d'unité naturelle entre la vie et la mort, Lifton affirme que les images de la mort commencent à se former dès la naissance et continuent d'exister tout au long de la vie. Ces images sont en fait des équivalents ou des évocations de la mort : ce sont les « images-sentiments » de séparation, de désintégration, et d'inertie. Ces équivalents de la mort servent de précurseurs psychiques à l'image de la mort biologique et continuent d'interagir avec cette image après son émergence. Chaque équivalent-de-la-mort a une contrepartie associée à la vitalité et à l'affirmation de la vie. Ainsi, le contact forme une polarité avec la séparation, l'intégrité forme une polarité avec la désintégration, et le mouvement est la contrepartie de l'inertie.

La première polarité, le contact ou la séparation, met en évidence le besoin humain fondamental de se lier, de faire partie, d'interagir avec quelqu'un ou quelque chose. Chez le jeune enfant ce besoin est manifesté par ce que Bowlby appelle le « comportement d'attachement » tel que sucer, sourire, pleurer, se cramponner, poursuivre et imiter. Éventuellement, la connexion vitale est établie avec d'autres personnes, avec des groupes, des idées, des mouvements historiques (ces deux derniers requièrent une plus grande capacité de symboliser, et, par conséquent, sont généralement associés à la vie adulte). La contrepartie de l'expérience d'«être en contact avec» se manifeste dans l'image-sentiment d'être séparé du reste du monde. Cette image évocatrice de la mort peut, si elle est suffisamment intense, mener à des perturbations mentales sérieuses telles que la schizophrénie et la dépression profonde, qui sont en elles-mêmes des formes de mort psychologique, et peuvent parfois véritablement provoquer la mort.

La deuxième polarité, l'intégrité ou la désintégration, évolue également tout au long du cycle de vie. Dès le début, tel qu'indiqué par le travail de Mélanie Klein sur la peur de l'enfant d'être annihilé, l'organisme est menacé par la désintégration (Lifton, 1974). Au fil des années, cette image négative s'éloigne de la dimension purement physiologique et en vient à assumer principalement des dimensions éthiques et psychologiques. Ainsi, chez l'adulte, comme le sentiment d'identité est généralement mieux développé, l'intégrité peut dépendre autant, et parfois même davantage, de la survie des valeurs personnelles que de la préservation de la vie physique. C'est ce à quoi Rollo May (1967) fait allusion quand il dit que pour les gens matures, la mort n'est pas la plus grande menace pour le soi, c'est plutôt la perte de la liberté personnelle ou de quelqu'autre valeur transcendante. Généralement parlant, la désintégration survient dans des moments où les images individuelles sont en conflit avec les images véhiculées par la culture et la période historique. C'est alors que l'individu développe des images de sa «relation-au-monde» qui sont inadéquates et sans signification pour l'action psychique et, par conséquent, est aux prises avec un sentiment relatif de détachement et de désintégration personnelle.

La troisième polarité, le mouvement ou bien l'inertie, tient un grand rôle dans l'évolution du processus de symbolisation car elle correspond à nos images les plus littérales de la vie et de la mort. La vie est synonyme d'activité, d'énergie, de mouvement ; au contraire, la mort est associée à l'arrêt de toute activité, l'absence complète d'énergie, l'immobilité totale. Comme c'était le cas pour les deux autres polarités, le mouvement trouve sa signification première dans l'idée physiologique d'un corps en action. Par exemple, un jeune enfant devient rapidement anxieux et inconfortable lorsque retenu et incapable de bouger. Réciproquement, les parents cherchent et vérifient les indices de vitalité chez leurs enfants en observant leur développement physique. Plus tard, le mouvement prend une signification plus symbolique et est relié à des «images-expériences» tels que le progrès, le changement, l'actualisation, l'espoir, et l'enrichissement personnel et collectif. Pour l'enfant comme pour l'adulte, l'absence de mouvement devient une forme de stase ou d'inertie qui peut être vécue comme une mort psychologique, morale, et même physique.

UNE ÉTUDE SUR LE SENTIMENT D'IMMORTALITÉ SYMBOLIQUE CHEZ LE NOUVEL ADULTE

Le problème de la mort a beaucoup été associé à la crise des quarante ans et à la vieillesse, mais nous savons très peu de choses sur la relation qu'entretient le nouvel adulte (18-40 ans) avec la mort. Par ailleurs, la plupart des études empiriques disponibles ne tiennent pas compte de l'interdépendance des concepts de mort et de vie dans le processus de développement de la personne, et, par conséquent, fournissent une compréhension plutôt étroite de l'influence de la mort sur la vie. Dans le but de corriger ces lacunes, l'auteur du présent chapitre a entrepris de vérifier, de façon empirique, l'hypothèse d'une évolution du sentiment d'immortalité symbolique chez le nouvel adulte. Afin de répondre à cet objectif, un questionnaire original a été développé : le Test sur le Sentiment d'Immortalité Symbolique (Drolet, 1985).

Deux groupes d'âge ont été comparés, c'est-à-dire 73 adultes entre 19 et 25 ans, et 63 adultes entre 33 et 39 ans. Le choix de ces groupes d'âge repose sur la reconnaissance de deux stades de développement distincts pendant la période entre 18 et 40 ans. Ceux-ci sont : le stade du jeune adulte, approximativement entre 18 et 30 ans, et le stade de l'adulte établi, approximativement entre 30 et 40 ans (Bocknek, 1980 ; Levinson, 1978). Il était postulé que les différences existant entre ces deux stades auraient une influence significative sur l'évolution du sentiment d'immortalité symbolique durant la période de vie du nouvel adulte.

La peur de la mort et le sens à la vie ont aussi été mesurés. Comme le sentiment d'immortalité symbolique est psychobiologiquement relié à la conscience existentielle et angoissante de la mort, il a été supposé qu'un haut niveau d'immortalité symbolique ferait diminuer la peur de la mort. Quant au sens à la vie, il a souvent été défini dans la littérature comme étant l'expérience de transcendance de la mort (Frankl, 1972 ; Koestenbaum, 1964 ; Marcel, 1962). En ce sens, il devrait corréler positivement avec le sentiment d'immortalité symbolique, et négativement avec la peur de la mort.

Prémisses concernant le développement du nouvel adulte

Il a été postulé que les adultes établis (30-40 ans) ont certaines qualités, qui sont absentes ou encore moins développées chez les jeunes adultes (18-30 ans), qui pourraient leur permettre de faire l'expérience d'un sentiment d'immortalité symbolique plus fort. Voici cinq des qualités, de nature intrapsychique ou psychosociale, pouvant sous-tendre un tel gain : un sentiment d'exercer une influence réelle sur la société ; une capacité à prendre des engagements personnels profonds ; une plus grande capacité de se centrer ; une meilleure intégration des principes de vie et de mort (contact-séparation ; intégrité-désintégration ; mouvement-inertie) ; et un plus haut niveau de symbolisation.

Un sentiment d'exercer une influence réelle sur la société. La tâche intrapsychique centrale des jeunes adultes consiste à se particulariser, c'est-à-dire à donner une saveur personnelle à leur identité nouvellement acquise (Bocknek, 1980). En effet, pendant que les adolescents s'appliquent à développer un sentiment global de ce qu'ils sont les jeunes adultes sont occupés à définir leur identité de façon plus spécifique (en termes d'intérêts, d'aptitudes, de valeurs, de croyances, d'attitudes, etc...). Cette tâche du développement est essentielle en ce qu'elle aide les jeunes adultes à accroître l'autocontrôle indispensable à la vie adulte. Cependant, l'attention de ces derniers est encore beaucoup trop orientée vers le raffinement de leur propre identité pour leur permettre d'investir librement et en toute confiance dans la culture.

Les tâches intrapsychiques centrales des adultes établis consistent à consolider les acquisitions personnelles, interpersonnelles et professionnelles, et à mettre à exécution les projets (Bocknek, 1980). Les adultes établis ont une propension à prendre les choses en main et à vouloir exercer une influence concrète sur leur monde, mais ils ont aussi l'énergie et la compétence pour le faire. Ils perçoivent la complexité des besoins et des exigences sociales et réalisent aussi l'importance de leur contribution active. Leur sentiment de compétence personnelle et sociale est acquis principalement par le biais du travail et de l'activité culturelle quotidienne. Mais, en fait, il peut provenir de toute activité dans laquelle un individu a investi ou pour laquelle il a développé des habiletés spécifiques, comme par exemple élever une famille. Ce sentiment de compétence nouvellement acquis contribue grandement à accroître leur sensation d'être une partie active et essentielle d'un processus qui les transcende. Par conséquent, comme le sentiment de connexion et de participation dans le monde est une condition très favorable à l'immortalité symbolique, il a été supposé que « le sentiment d'exercer une influence réelle sur la société » contribuerait à différencier les deux groupes d'âge au Test sur le Sentiment d'Immortalité Symbolique.

Une capacité à prendre des engagements personnels profonds. Cette prémisse repose en partie sur la première puisque c'est le sentiment de compétence (relié à une expérience plus solide) dont jouit l'adulte établi qui lui permet de s'engager plus à fond que ne le fait le jeune adulte et de jouer ainsi un rôle plus actif dans la société. Tandis que le jeune adulte a la tâche paradoxale d'explorer les possibilités et les alternatives de la vie adulte, et de faire certains choix lui permettant de développer une structure de vie stable qui lui soit propre, l'adulte établi est prêt à faire des choix plus définitifs. Parlant des hommes, Levinson (1978) décrit bien la détermination de l'adulte établi : « Un homme ressent plus fortement l'urgence d'être 'sérieux', d'être responsable, de décider ce qui est vraiment important et d'agir en conséquence » (p. 139). Toute forme d'engagement personnel est une façon naturelle de se transcender, de sorte qu'il devient possible de sentir sa participation dans le processus plus large de la vie. C'est une « communion » avec le monde, qui suppose une confiance de base en son intégrité, et qui contient en elle-même des « images-sentiments » d'immortalité.

Une plus grande capacité de se centrer. Lifton (1979) définit le centrage (ou focalisation) comme une expérience d'unification, un mélange harmonieux des dimensions immédiates et ultimes de l'existence, dans laquelle la personne se sent particulièrement vivante. Dans ces moments de paroxysme, la mort n'existe plus. La personne est exclusivement en contact avec les principes de vie (le contact, l'intégrité, et le mouvement), ce qui signifie que les images immédiates de séparation, de désintégration et d'inertie, de même que les images ultimes (ou existentielles) d'absence de sens à la vie et de détérioration de l'immortalité symbolique, disparaissent momentanément. Cette capacité de se centrer repose sur l'enracinement personnel, c'est-à-dire la relation qu'entretient la personne avec son temps et aussi avec sa propre histoire individuelle, collective et biologique (Lifton, 1979).

Les jeunes adultes se distinguent des adolescents par leur capacité de sortir d'eux-mêmes (transcendance), qui constitue en fait une condition préalable à l'expérience paroxystique. Par la suite, il est probable que la qualité de cette expérience s'améliore au fur et à mesure que les adultes deviennent mieux enracinés dans leur corps, leur sexualité, et leur culture. Il a été présumé que le développement de la capacité de se centrer ainsi que la solidification de l'enracinement personnel influenceraient positivement le sentiment d'immortalité symbolique.

Une meilleure intégration des principes de vie et de mort (contact-séparation ; intégrité-désintégration ; mouvement-inertie). Alors que l'adolescence est une période pendant laquelle la personne est envahie par des images de mort confrontantes, le jeune adulte et l'adulte établi ont un sentiment de pouvoir sur la vie suffisamment fort pour ne pas être submergés par l'angoisse occasionnée par des images de séparation, de désintégration, et d'inertie. En d'autres mots, ils réussissent à transcender la mort de façon plus efficace que pendant l'adolescence. Cependant, il est probable que l'adulte établi soit plus disposé que le jeune adulte à reconnaître sa finitude. Comme cette reconnaissance stimule l'intégration de l'unité naturelle entre la vie et la mort, il peut être assumé que l'adulte établi possède une meilleure intégration des principes de vie et de mort que le jeune adulte. En effet, la conscience accrue de la mort, alliée à la recherche inhérente de l'adulte pour atteindre un équilibre harmonieux entre l'accomplissement immédiat et la signification existentielle ultime, pousse les individus à vouloir développer, avec plus d'acharnement et de façon plus authentique qu'auparavant, de meilleures formes de contact, d'intégrité et de mouvement avec le monde. Ces efforts contribuent certes au développement du sentiment d'immortalité symbolique à l'âge du nouvel adulte.

Un plus haut niveau de symbolisation. En entrant dans la vie adulte et en continuant de se développer, notre processus interne d'imagerie mentale (de la vie et de la mort) est généré davantage par des symbolisations abstraites que par des images psycho-physiologiques, ces dernières étant plus pré-dominantes au cours de l'enfance. Ce qui caractérise le début de la vie adulte est la capacité de « faire contact » au-delà de soi-même. Mais pour y parvenir, les jeunes adultes et les adultes établis doivent être capables de se détacher des liens à l'intérieur de la famille d'origine pour entretenir des « relations » avec les groupes, les idées, les forces historiques, etc. Dans ce sens, on peut s'attendre à ce que les adultes établis soient plus habilités que les jeunes adultes à percevoir le contact, l'intégrité, et le mouvement de leur vie sur une variété de niveaux et dans une multitude de formes. Finalement, puisque le Test sur le Sentiment d'Immortalité Symbolique est composé d'items qui font appel à la pensée symbolique, il a été assumé que les adultes établis y trouveraient plus de sens que les jeunes adultes.

Hypothèses

Les hypothèses spécifiques étaient donc les suivantes :

1. Le groupe d'adultes établis (33-39) aura un sentiment d'immortalité symbolique significativement plus élevé que le groupe de jeunes adultes (19-25) ;
2. Le groupe d'adultes établis sera significativement moins angoissé par la mort que le groupe de jeunes adultes ;
3. Le groupe d'adultes établis manifestera un sens à la vie significativement plus élevé que le groupe de jeunes adultes ;
4. Le sentiment d'immortalité symbolique devrait être inversement relié à l'anxiété face à la mort ;
5. Le sentiment d'immortalité symbolique devrait être en corrélation positive avec le sens à la vie ;
6. L'anxiété face à la mort devrait être inversement reliée au sens à la vie.

Méthode

Les tests utilisés pour mesurer le sentiment d'immortalité symbolique, l'anxiété face à la mort et le sens à la vie étaient respectivement le Test sur le Sentiment d'Immortalité Symbolique (Drolet, 1985), le Death Anxiety Scale (Templer, 1970) et le Purpose in Life Test (Crumbaugh et Maholick, 1964). Les deux derniers ont été utilisés dans leur version française pour les fins de cette recherche. Le Test sur le Sentiment d'Immortalité Symbolique et le Purpose in Life Test sont des échelles de type Likert (Selltiz et al., 1976). Chaque item offre un choix de 7 réponses afin d'évaluer avec exactitude le niveau d'accord ou de désaccord avec le contenu de l'affirmation. Le Test sur le Sentiment d'Immortalité Symbolique est composé de 26 items, tandis que le Purpose in Life Test contient 20 items. Quant au Death Anxiety Scale, il comprend 15 items et offre deux choix de réponse, soit vrai ou faux.

En tout, 136 sujets ont répondu aux questionnaires, soit 73 jeunes adultes (54 femmes et 19 hommes) et 63 adultes établis (40 femmes et 23 hommes). Environ 95% des volontaires étaient étudiants à temps partiel ou à temps plein dans les facultés d'éducation ou des sciences sociales à l'Université Laval, Québec. Les autres, environ 5%, n'étaient pas étudiants mais travaillaient dans le domaine des sciences humaines.

Résultats

Tel que prédit, une corrélation positive et significative ($r = .46$) a été obtenue entre les deux groupes d'âge et le sentiment d'immortalité symbolique, avec $F_{(1,134)} = 36,74$ et $p \times .0001$. D'autre part, un coefficient corrélationnel non-significatif de $-.09$ a été obtenu entre les deux groupes et l'anxiété face à la mort, avec $F_{(1,134)} = 1,29$ et $p \times .26$, rejetant ainsi la deuxième hypothèse formulée.

Par ailleurs, une corrélation significative entre l'âge et l'anxiété face à la mort a été observée dans le groupe des jeunes adultes, avec $r = -.24$, $F_{(1,71)} = 7,23$, $p \times .04$. Ainsi, dans le groupe d'âge entre 19 et 25 ans, les sujets plus vieux ont tendance à être moins anxieux face à la mort que les sujets plus jeunes. Aucune relation semblable n'a pu être observée dans l'autre groupe.

Finalement, une corrélation positive et significative ($r = .35$) a été obtenue entre les deux groupes d'âge et le sens à la vie, avec $F_{(1,134)} = 18,23$, $p \times .0001$. Le tableau 1 présente la moyenne et l'écart-type obtenus par les jeunes adultes et les adultes établis sur les trois tests utilisés.

Tableau 1
Moyennes et écarts-types des deux groupes d'âge sur les trois variables dépendantes.

Groupe	n	Sentiment d'immortalité symbolique[a]		Anxiété face à la mort[b]		Sens à la vie[c]	
		Moyenne	Écart-type	Moyenne	Écart-type	Moyenne	Écart-type
19-25	73	121,93	22,11	7,41	2,66	101,81	16,29
33-39	63	143,11	18,00	6,83	3,33	112,75	13,10
Échantillon complet	136	131,74	22,85	7,14	2,99	106,88	15,82

a   Score maximum possible = 182
b   Score maximum possible = 15
c   Score maximum possible = 140

Un coefficient de corrélation de $-,26$ a été obtenu entre le sentiment d'immortalité symbolique et l'anxiété face à la mort. Ce coefficient est significatif et dans la direction prévue, avec $F_{(1,134)} = 9,62$, $p \times .003$. Aussi, tel que prédit, une corrélation positive et significative a été observée entre le sentiment d'immortalité symbolique et le sens à la vie, avec $r = ,84$, $F_{(1,134)} = 313,84$, $p \times .0001$. La sixième hypothèse, qui prédisait une relation négative entre l'anxiété face à la mort et le sens à la vie, a aussi été confirmée, avec $r = -,30$, $F_{(1,134)} = 14,36$, $p \times .0005$.

Discussion

Les résultats suggèrent l'existence d'un développement significatif du sentiment d'immortalité symbolique pendant la période du nouvel adulte. Plus spécifiquement, ils démontrent que les adultes établis font généralement l'expérience d'un sentiment d'immortalité plus fort que celui des jeunes adultes. Compte tenu de la nature du sentiment d'immortalité symbolique, le changement observé peut être expliqué à deux niveaux. D'abord, il représente un accroissement de la pensée symbolique pendant la période du nouvel adulte. Ainsi, les adultes établis auraient plus de facilité que les jeunes adultes à sentir la continuité de la chaîne humaine, de même qu'à percevoir la pluralité des formes et visages que peut prendre cette continuité. Ils seraient aussi plus aptes à imaginer les composantes destructrices de leur vie pouvant conduire à un sentiment de séparation, de désintégration, ou d'inertie.

Le changement observé indique aussi une évolution positive de l'imagerie mentale pendant la période du nouvel adulte. En d'autres mots, du moins en ce qui concerne le type de population dont il est question ici, les images vivifiantes de contact, d'intégrité et de mouvement supplantent les images symbolisant la mort (i.e. la séparation, la désintégration, l'inertie). Ceci suggère une certaine évolution de la capacité de symboliser la mort (par le processus d'imagerie mentale) tout en étant apte à la transcender (avec les moyens fournis par la culture), au lieu d'être paralysé par l'anxiété qu'elle suscite. Les résultats indiquent en effet que même si les adultes établis ne sont pas moins anxieux face à la mort que les jeunes adultes, ils manifestent par ailleurs un sentiment d'immortalité symbolique plus élevé que ces derniers.

D'une certaine façon, il n'est pas très surprenant de trouver que les deux groupes ne sont pas différenciés sur l'échelle d'anxiété face à la mort. Les études qui ont observé une corrélation entre l'âge et l'anxiété face à la mort ont comparé des groupes d'âge plus distancés et appartenant à des phases développementales plus distinctes, par exemple, l'adolescence, le nouvel adulte, l'adulte moyen, la vieillesse (e.g. Blake, 1969 ; Sadowski et al., 1979). Quant à la corrélation négative observée dans le groupe de jeunes adultes, elle peut être imputée à la période transitionnelle entre l'adolescence et la période du jeune adulte, soit approximativement entre 17 et 22 ans (Levinson, 1978). Même si cette période est généralement identifiée comme faisant partie intégrante de la vie adulte, il est probable que plusieurs des jeunes sujets faisant partie de ce groupe sont encore aux prises avec des dimensions psychologiques caractérisant l'adolescence. Après tout, comme l'indique Bocknek (1980) : « C'est une position relative dans le cycle de vie... non un âge chronologique fixe, qui distingue un stade de développement » (p. 33). Par ailleurs, si nous éliminons la variable âge et comparons plutôt la performance de tous les sujets au Test sur le Sentiment d'Immortalité Symbolique et au Death Anxiety Scale (Hypothèse 4), nous découvrons que ceux et celles qui sont anxieux face à la mort ont un sentiment d'immortalité symbolique significativement plus faible, et ceux et celles qui sont moins anxieux face à la mort ont un sentiment d'immortalité symbolique significativement plus fort. Ceci supporte le postulat théorique selon lequel le développement du sentiment d'immortalité symbolique contribue à nous immuniser contre l'angoisse de la mort.

Le développement du sens à la vie pendant la période du nouvel adulte peut être relié aux différences de développement existant entre le stade du jeune adulte et le stade de l'adulte établi. Même si les jeunes adultes jouissent d'une certaine confiance pour structurer et donner une orientation à leur vie, ce n'est que pendant la période de l'adulte établi que les individus ont vraiment conscience de leur propre efficacité. Alors que les jeunes adultes sentent qu'ils ont encore besoin de se préparer pour agir, les adultes établis, eux, sont prêts et ont un besoin pressant d'accomplir des choses significatives. Dans l'ensemble, les adultes établis sont plus profondément engagés dans leurs activités et leurs projets que les jeunes adultes, et cela expliquerait leurs scores plus élevés au Purpose in Life Test.

Finalement, la relation obtenue entre le sens à la vie et l'anxiété face à la mort corrobore la littérature existant sur le sujet (e.g. Blazer, 1973 ; Durlak, 1972, 1973 ; Goodman, 1981). Il peut être affirmé que la peur de la mort et le sens à la vie sont des expériences incompatibles. Une peur excessive de la mort peut être dûment considérée comme une expression symptômatique de l'incapacité d'aller de l'avant dans l'expérience de la vie.

CONCLUSION

Il peut être conclu que la période du nouvel adulte, en apparence plus calme, psychologiquement parlant, que celle qui la précède et celle qui la suit, c'est-à-dire l'adolescence et la transition des quarante ans, est une période pendant laquelle la relation qu'entretient l'adulte avec sa propre mortalité évolue de façon significative. Comme le changement observé entre 19 et 39 ans est positif, il est fort possible que le sentiment d'immortalité symbolique puisse continuer d'évoluer par la suite. Mais cette hypothèse demande à être vérifiée dans le cadre d'une autre étude. Les résultats obtenus supportent le postulat de base de cette étude, à savoir que le sentiment d'immortalité symbolique, avec sa compréhension unitaire des concepts de vie et de mort, est une dimension qui peut rendre compte de la relation qu'entretient l'adulte avec sa propre mort. Finalement, il peut être conclu que l'anxiété face à la mort chez le nouvel adulte n'est pas fonction de l'âge mais dépend plutôt de la capacité de transcender la mort par le biais d'un sentiment de continuité symbolique avec les êtres et les choses, de même qu'un sentiment de direction et de pouvoir personnel.

RÉFÉRENCES

ALEXANDER, I.E. et A.M. ADLERSTEIN. Studies in the psychology of death. In H.P. David & J.C. Brenglemann (Eds.), *Perspectives in personality research*. New York : Springer, 1960.

BASCUE, C. Relationship of time orientation and time attitudes to death anxiety in elderly people. *Dissertation Abstracts International*, 1973, *34*, 866-867.

BLUEBOND-LANGNER, M. Meanings of death to children. In H. Feifel (Ed.), *New meanings of death*. New York : McGraw-Hill, 1977.

BLAKE, R.R. Attitudes toward death as a function of developmental stages (Doctoral dissertation, Northwestern University, 1969). *Dissertation Abstracts International*, 1969, *30*, 3380B (University Microfilms no 70-10).

BLAZER, J.A. The relationship between meaning in life and fear of death. *Psychology*, 1973, *10*, 33-34.

BOCKNEK, G. *The young adult : Development after adolescence*. Monterey, CA : Brooks/Cole, 1980.

CRUMBAUGH, J.C. et L.T. MAHOLICK. An experimental study in existentialism : The psychometric approach to Frankl's concept of noogenic neurosis. *Journal of Clinical Psychology*, 1964, *20*, 200-207.

DICKSTEIN, L.S. et S. BLATT. Death concern, futurity, and anticipation. *Journal of Consulting Psychology*, 1966, *30*, 11-17.

DIGGORY, J.C. et D.Z. ROTHMAN. Values destroyed by death. *Journal of Abnormal and Social Psychology*, 1961, *63*, 205-210.

DROLET, J.L. *Psychological sense of symbolic immortality during early adulthood*. Doctoral dissertation, Boston University, Boston, 1985. (university Microfilms N° 8602339)

DURLAK, J.A. Relationship between individual attitudes toward life and death. *Journal of Consulting and Clinical Psychology*, 1972, *38*, 463.

DURLAK, J.A. Relationship between attitudes toward life and death among elderly women. *Developmental Psychology*, 1973, *8*, 146.

FEIFEL, H. et A.B. BRANSCOMB. Who's afraid of death ? *Journal of Abnormal Psychology*, 1973, *81*, 282-288.

FRANKL, V.E. *The will to meaning*. New York : New American Library, 1969.

GOODMAN, L.M. *Death and the creative life*. New York : Springer, 1981.

JAQUES, E. Death and the mid-life crisis. *International Journal of Psychoanalysis*, 1965, *4*, 502-514.

KALISH, R.A. et A.I. JOHNSON. Value similarities and differences in three generations of women. *Journal of Marriage and the Family*, 1972, *34*, 49-54.

KALIDH, R.A. et D.K. REYNOLDS. The role of age in death attitudes. *Death Education*, 1977, *1*, 205-230.

KASTENBAUM, R. Death and development through the lifespan. In H. Feifel (Ed.), *New meanings of death*, New York : McGraw-Hill, 1977.

KOESTENBAUM, P. The vitality of death. *Journal of Existentialism,* 1964, *5,*(18), 139-166.

KOGAN, N. et F.C. SHELTON. Beliefs about « old people » : a comparative study of older and younger samples. *The Journal of Genetic Psychology,* 1962, *100,* 93-111.

LEVINSON, D.J. *The seasons of a man's life.* New York : Knopf, 1978.

LIFTON, R.J. The sense of immortality : on death and the continuity of life. In R.J. Lifton (Ed.), *Explorations in psychohistory.* New York : Simon & Schuster, 1974.

LIFTON, R.J. *The life of the self : toward a new psychology.* New York : Simon & Schuster, 1976.

LIFTON, R.J. *The broken connection.* New York : Simon & Schuster, 1979.

MacINTIRE, M., C. ANGLE et L. STRUEMPLER. The concept of death in Mid-Western children and youth. *American Journal of Disease of Children,* 1972, *123,* 527-532.

MARCEL, G. My death and myself. *Review of Existential Psychiatry,* 1962, *2* (2), 105-117.

MAURER, A. Maturation of concepts of death. *British Journal of Medical Psychology,* 1966, *39,* 35-41.

MAY, R. *Psychology and the human dilemma.* New York : Norton, 1967.

MELEAR, J.D. Children's conception of death. *Journal of Genetic Psychology,* 1973, *123,* 359-360.

NAGY, M.H. The child's view of death. In H. Feifel (Ed.), *The meaning of death.* New York : McGraw-Hill, 1959.

NEUGARTEN, B.L. Adult personality : toward a psychology of the life cycle (1968). In W.C. Sze (Ed.), *Human life cycle.* New York : Aronson, 1975.

SADOWSKI, C.J., S.F. DAVIS et M.C. LOFTUS-VERGARI. Locus of control and death anxiety : A reexamination. *Omega,* 1979, *10,* 203-210.

SELLTIZ, C., L.S. WRIGHTSMAN et S.W. COOK. *Research methods in social relations.* New York : Holt, Rinehart & Winston, 1976.

SWENSON, W.M. Attitudes toward death among the aged. In R. Fulton (Ed.), *Death and identity.* New York : Wiley, 1965. (*Reprinted from Minnesota Medicine,* 1959, *42*)

TEMPLER, D.I. The construction and validation of a death anxiety scale. *The Journal of General Psychology,* 1970, *82,* 165-177.

WAHL, C.W. The fear of death. In H. Feifel (Ed.), *The meaning of death.* New York : McGraw-Hill, 1959.

5.5

Vers une conception personnelle et sereine de la mort

**(De la nécessité d'une préparation
à un art de vie après la cinquantaine)**

ALBERT BENZAKEN

À ma mère, décédée prématurément en terre désormais étrangère

À mon père, mort chargé d'ans en nouvelle terre d'accueil

INTRODUCTION

« Parions qu'une baie de la noire maison reste ouverte sur l'azur »
Daniel Boulanger*

Ici est proposée une première contribution empirique en vue d'une approche sereine de la mort, à partir de la cinquantaine.

Aussi conviendrait-il de considérer cette étude, dans la perspective principale de la prévention des facteurs de risque attribués, en général, au vieillissement. Car il paraît évident que ces atteintes, non traitées, aggravent les effets stressants du questionnement fondamental.

Témoignages

Cependant, François Mauriac, à la télévision, considérait son quatre-vingtième anniversaire comme « un jalon sur une route qui approche de plus en plus d'un événement : la mort ». Il ajoutait aussitôt : « Pourquoi ne pas la regarder en face ? » Tandis que Vladimir Jankelevitch qui vient de s'en aller, lui répondait, en quelque sorte, à la radio : «J'ai horreur de dire adieu : tout ce qui est ultime tout ce qui est la dernière fois, j'en ai l'horreur, la fureur, la phobie». Et quant au cinéaste Woody Allen, presque quinquagénaire ? Interviewé à la sortie de son film La Rose Pourpre du Caire, sur le fait qu'il n'y jouait pas et devait en éprouver quelque frustration, il répondait par la négative[1] : «Je déteste me voir sur l'écran... (car) je deviens chauve. C'est terrible...

— Vous faites un film par an. On dirait que vous vous pressez, vous avez peur ?... Vous pensez souvent à votre mort ?

— oui ».

Dès l'abord, ces témoignages pris sur le vif, et donc retenus pour leur caractère spontané, soulignent tous la perplexité humaine à l'égard de la mort. La voici, comme préfigurée, chez l'auteur comique américain, par certains changements corporels. Préoccupation anxieuse, peur, révolte ou volonté d'affrontement, la vieillesse interdirait-elle l'accès à la plénitude d'être, à l'apaisement à tout le moins ?

Certes, l'équilibre de la maturité se trouve remis en question, passé cinquante ans, par les signes avant-coureurs d'une véritable crise, ponctuée par des déficits physiques, les malaises de l'andro-ménopause, le départ des enfants, l'admission à la retraite, l'isolement mal supporté, le veuvage cruel. Ce qui se traduit chez l'un ou chez l'autre par le mal de vivre, l'insomnie, les méfaits de la solitude, le développement des tendances dépressives, l'angoisse des jours à venir et de l'heure où les ombres s'épaississent (Niezstche).

Circonstances initiales de l'étude

Mais la connaissance pluridisciplinaire du vieillissement ne pourrait-elle intervenir d'une manière utile ? En tout cas, cette pensée nous a conduit à créer, au sein du Centre Universitaire Inter-Âges, un atelier de recherche en Gérontologie à Nice. S'y retrouvent, en une coopérative de travail, une trentaine de retraités âgés actuellement de 51 à 81 ans, médecins, psychologues, ingénieurs, commerçants, enseignants, mères de famille. Tous volontaires pour effectuer tantôt seuls, tantôt en petites équipes, ou tous ensemble, les démarches souvent difficiles, que suppose l'examen des divers aspects de leur avance en âge, jusqu'ici non préparée.

PRINCIPES DE BASE

Dans ce cadre propice, l'exploration entreprise, les solutions attendues reposent, sur la comparaison dialectique entre nos sentiments, nos idées, nos comportements et ceux des générations montantes hic et nunc, d'une part, avec les mentalités et les activités de nos congénères d'âge comparable, ailleurs ou à d'autres époques, d'autre part.

Ce double effort d'analyse synchronique et diachronique, ainsi que les conditions requises : activité mentale, échange intellectuel, rencontre affective, initiative délibérée et responsable, paraissent recéler une influence bénéfique pour les participants, en un temps où le vieillissement comporte, souvent, des difficultés accrues.

C'est que, dans la culture occidentale, s'observe une nette dévalorisation de la personne âgée : l'avance en âge comporte, outre un amoindrissement du dynamisme physique, une perte de sens, au lieu du pouvoir accru accordé naguère à l'aïeul. Prestige et autorité d'ailleurs encore reconnus en Afrique, par exemple.

BUT

C'est dans ce contexte plutôt négatif qu'il importe d'entreprendre une prévention systématique des risques encourus, intervention dont le niveau de réussite correspondra grosso modo au degré d'autonomie sauvegardée. La préoccupation majeure n'est plus un savoir pour le savoir, ou pour la réussite professionnelle, mais une participation active en vue d'un statut personnel qui valorise et maintient le sujet présent dans la cité. Avec l'ambition légitime de son plein accomplissement idéal.

OPÉRATEURS PSYCHIQUES DE LA CRISE DU VIEILLISSEMENT

En fait, doivent être pris en considération, trois opérateurs négatifs du vieillissement, selon Jacques Gaucher[2] :

— le deuil de soi, avec la remise en question des rôles de géniteur, d'éducateur et de producteur,
— la réduction de l'idéal du moi, face à un devenir anxiogène et un bilan plus ou moins gratifiant,
— l'affaiblissement du support corporel.

D'où résulteraient une diminution du vouloir-vivre, l'apparition de mécanismes négatifs de défense tels que les craintes phobiques ou les crispations sur l'avoir.

IMPORTANCE DU RÔLE SOCIAL

Comme toujours, la solution à cette crise implique le difficile rétablissement de l'équilibre remis en question à mi-parcours, entre les processus de l'assimilation active et conquérante, et ceux de l'accommodation passive ou consentante. Dans ces deux mouvements, la notion du rôle social paraît centrale. Elle intervient, en effet, dans les situations d'échange, de protection, de relation au monde et à soi-même. Et l'on peut dire, désormais, que l'existence de l'Homme contemporain se trouve définie surtout par ses fonctions dans la cité. Aussi la retraite, si elle signifie en première approche le repos et la liberté bien mérités, ne manque-t-elle pas d'être bientôt ressentie comme « la chute dans l'inutilisable » (Gabriel Marcel), et l'orientation vers l'antichambre de la mort.

Il convient donc de rechercher un infléchissement des mentalités et la sauvegarde de l'élan vital (on connaît a contrario les suites irrémédiables du syndrome de glissement). On mettra en question les stéréotypes sur la décrépitude inéluctable et sur la nécessité d'une mise hors d'usage. Le sujet vieillissant surmontera son amertume, dès lors qu'il continuera à prendre en main sa propre vie, compte-tenu de son expérience, de ses capacités éprouvées et de certaines potentialités toujours en attente.

Elle est heureusement souvent vérifiée, bien au-delà de la soixantaine, la possibilité individuelle de l'information, de la formation, de la participation et de la créativité. Tandis que sont démontrées fréquemment l'inexactitude et la nocivité d'idées reçues, démobilisatrices et débilitantes. Le thème de recherche de notre atelier de Gérontologie illustre cette prise de position. Au cours de la session écoulée, notre groupe s'est efforcé de définir *Une Conception Personnelle et Sereine de la Mort* en réalisant le programme suivant.

PROGRAMME 1984-1985

1ère communication :	« L'enseigne de Gersaint » — Watteau et sa dernière œuvre, allégorie de la fuite du temps.
2ème communication :	Essai d'anthologie thanatologique.
3ème communication :	Évolution de l'idée de la mort dans la France chrétienne, jusqu'en 1789.
4ème communication :	La mort hic et nunc.
1ère conférence :	le sens de la mort d'après les religions juive, catholique et protestante. Panel-discussion de trois ministres des cultes considérés.
2ème conférence :	les rites funéraires à Madagascar par le Professeur Lapierre, Éthonologue.

Ces communications et ces conférences ont fourni la substance initiale de la présente étude.

DE L'ANGOISSE À LA SÉRÉNITÉ

« La mort, une sorte d'objectivité subjective »

Jankelevitch[3]

Si l'on souhaite avec Descartes « voir clair en nos actions et marcher avec assurance en cette vie », tandis que s'approche la fin du parcours, c'est une problématique principalement philosophique qui s'offre à nous.

Une triple interrogation

Aussi emprunterons-nous à Michel Philibert[4] la triple interrogation classique :

Que pouvons-nous savoir ?
Que devons-nous faire ?
Que nous est-il permis d'espérer ?

La mort, de nos jours

PROBLÉMATIQUE

La première question porte sur les difficultés quotidiennes de la personne âgée, lesquelles se regroupent autour de deux pôles : comment parachever son projet de vie et comment déterminer un sens positif à son existence, dans un environnement moins propice ?

La seconde interrogation vise le mystère ultime de l'après-vie : « la mort est-elle un terme ou un commencement ? » demande Christian Chabanis[5].

Certes, il en est que les composantes caractérologiques et le vécu particulier « prédisposent à désirer le repos, le sommeil et la mort » selon Roger Mehl[6]. D'autres semblent manifester au long des jours une allégresse imperturbable. N'empêche que l'on se demande, dans certains cas, si un tel comportement ne traduirait pas une sorte de défense contre « l'angoisse inhérente à la perspective de la mort ». Il en est également qui paraissent se diriger sans encombre vers une fin douce et apaisante, voire vers une renaissance longtemps espérée, parfois non sans quelque impatience, à l'instar de Thérèse d'Avila qui s'écria : « Je meurs de ne pas mourir ! ».

Reste, enfin, la grande majorité qui s'interroge sur l'échéance la plus singulière et la plus généralisée à la fois. À la limite, cela peut aller jusqu'aux troubles dépeints par le Docteur Guillaumot[7] : « anxiété, hypochondrie, symptômes dépressifs, réalisent à eux trois, un tableau névrotique, caractéristique, dont la fréquence varie de 20 à 30 % selon les auteurs ». Notre psychiatre ajoute alors : « Elle est toujours là, en tiers... je veux parler de la mort... sujet tabou ». Comment composer avec elle. Et d'abord selon quelle conception ?

LA MORT AUJOURD'HUI

Elle paraît se réduire à la mort clinique, et la plus discrète possible. Encore l'arrêt des fonctions physiologiques et mentales ne la définit-elle pas sans hésitation. Et que dire des discussions relatives à l'acharnement thérapeutique ? Si le maintien de la vie apparaît éminemment souhaitable, on s'interroge sur une science qui n'accepterait guère de limite à son pouvoir et sur l'Homme contemporain qui ne se résoudrait pas à l'inévitable. Qu'on songe au recours à la cryogénèse ! Ou, plus simplement, aux espoirs suscités par l'allongement de l'espérance de vie. Aspiration ambivalente à l'immortalité : crainte de la souffrance et de la durée du passage, vertige devant une éternité sans limite, difficulté d'un projet intemporel. Mais aussi appréhension d'un encombrement de la planète et de la non-régénération biologique de l'espèce.

Les circonstances actuelles semblent particulièrement anxiogènes : les progrès de la médecine, eux-mêmes, ne résolvent pas, on l'a vu, tous les problèmes. On sait aussi que la société actuelle, en raison de ses exigences de technicité et de productivité, se hâte de mettre, non sans imprudence, les personnes âgées hors circuit. Gabriel Marcel s'insurge à juste titre contre cette mort sociale prématurée, avons-nous dit.

En somme, l'abaissement du seuil de tolérance à la douleur, la prétention mythique à l'immortalité, le transfert progressif du ciel à la terre de la responsabilité de la vie — transgression sacrilège et aventurée aux yeux de certains — la marginalisation précipitée des anciens, l'escamotage de la mort, la discrétion des rites funéraires et la quasi-inexistence du travail du deuil, telles sont les données de base sur lesquelles se développe l'appréhension aiguë de la mort, à notre époque.

Ainsi se renouvelle, aux approches de l'an 2000, une peur millénariste, faite d'appréhension du futur, de culpabilité pour le passé et de malaise pour un présent étroit. La non-considération personnelle et la situation d'insécurité nourrissent, chez les uns, la sensation amère d'inutilité, chez les autres, celle d'une disparition prématurée dans un abîme insondable.

Irons-nous jusqu'à affirmer avec Dolto que « nous ne vivons pas une heure sans angoisse » ? Et avec Gabriel Marcel, analysant les Dialogues des Carmélites de Bernanos, que « l'angoisse ou la peur... est en train de devenir notre élément » ? À tout le moins, constatons-nous en Europe « une sorte de conscience absolument captive de l'émotion de peur » (Roger Mucchielli)[8] : « Je me réveille brusquement, la nuit, angoissé » s'écrie spontanément l'un de nos étudiants septuagénaires. Une statistique significative dénombre en France cinq millions d'adultes qui prennent régulièrement des hypnotiques le soir.

Il est vrai que, de l'école au cinéma, des Fables du bon La Fontaine — La mort et le bûcheron — aux lettres de mon moulin de Daudet — La chèvre de Mr Séguin — et d'Ingmar Bergman dans le film Cris et Chuchotements, à François Truffaut dans La Chambre Verte, « la mort lit constamment par-dessus notre épaule » (Louis Porcher)[9]. Ainsi sommes-nous soumis à des formes d'acculturation qui, toutefois, n'accordent à la Belle Infidèle qu'un statut ambigu : mort-spectacle sur nos écrans, « pompes » funèbres onéreuses mais expéditives dans nos villes. S'expliquent alors, peut-être, son surgissement fantasmatique dans notre imaginaire et son influence institutionalisée dans nos organismes de prévoyance sociale, sous couvert de la sécurité matérielle et des aides médico-psychologiques, en cas de maladie ou de handicap terminal.

Limites de la réflexion rationnelle. Dans ce contexte, au fur et à mesure de son avance en âge, l'individu éprouve de la difficulté à abandonner le monde de l'avoir. Il se préoccupe plus encore du risque fréquent de dépendance, d'où sa crainte de la solitude et, parfois, son effroi accru à l'égard du « présupposé dernier » (Jankelevitch). Il s'interroge sur l'imprévisibilité et s'insurge même contre l'irréversibilité de la mort. Il accepte d'autant moins de se voir dérober sa fin que le retour éternel assuré par Nietzsche est, pour certains, une « absurdité » : toute fois est prime ultime » s'écrie Jankelevitch sur les ondes de la radio. Y a-t-il une survie et, en ce cas, sous quelle forme ? De toute façon, demeurerait cette totale solution de continuité apparente avec l'existence.

Le rationalisme montre ici ses limites, nous semble-t-il, car l'Homme se demande, avec le peintre Odilon Redon, comment utiliser « la logique du visible au service de l'invisible ». Que cache la partie immergée de l'iceberg ? Hors-jeu les certitudes de la raison ! La maîtrise croissante du monde se heurte ici à un incommensurable hiatus.

La crise d'adaptation. Elle inaugure l'entrée dans la sénescence. Narcissisme déçu et irrationnel persistant, le climat n'est pas, d'emblée, à l'apaisement. La crise colore tout le vécu du sujet qui, tout à la fois, commence à dresser son bilan, à définir le sens de son existence, à imaginer son futur de plus en plus aléatoire, à renoncer trop vite peut-être « au long espoir et aux vastes pensées ». Avec, en contrepoint, l'appréhension du face à face avec la mort, l'ultime rendez-vous avec l'être, pour Pierre Mannoni[10].

Alors s'instaure une dialectique aux aspects contrastés : tantôt le mouvement de fuite ou de refus délibéré l'emporte, tantôt l'imaginaire produit ses fantasmes ; et si l'on déplore le fait que, de nos jours[11], « la mort meurt... volée aux vivants, aux mourants » (Agnès Debert), l'hédonisme ambiant fait barrage à l'affliction, le divertissement pascalien à la méditation.

À la recherche d'un nouvel équilibre vers 50/60 ans, le sujet appréhende d'abord les données objectives de la mort : phénomène repérable selon des coordonnées spatio-temporelles[3] et que la biologie, la médecine, les sciences humaines explorent avec une précision grandissante. Mais cela ne suffit pas, car le sujet se heurte, quand même, à un phénomène sans commune mesure avec les autres événements considérés comme naturels, tels que la naissance par exemple. Le décès d'un proche, notamment, le choque : « Tout le monde est le premier à mourir » constate avec ironie le dramaturge Eugène Ionesco. Et chacun de nourrir dans ces conditions un fol encouragement devant l'indétermination de la date : « Je sais que je vais mourir, nous confie Jacques Madaule, mais je ne le crois pas ».

On répugne, par conséquent, à généraliser les données de l'expérience — celle de la mort de l'autre qui informe peu ou même ne dit rien de la mort personnelle. — D'autant plus que demeure le caractère intangible de l'après-vie. Ainsi la réflexion objective se trouve sinon exclue, du moins limitée : « peut-on faire du mystère un problème et du scandale une loi » (Jankelevitch). Si le phénomène létal lui-même est du ressort de la science, l'au-delà, quand on y adhère, appelle le secours de la religion pour les uns, de la démarche métaphysique pour les autres. À moins que l'on reconnaisse comme seule réponse, la pure contingence de l'être, fruit du hasard ou de la nécessité limitée dans le temps et l'espace. Nous allons y revenir.

Dès maintenant, ne pourrions-nous découvrir une justification ou, si l'on veut, une signification à l'angoisse éprouvée par les humains ? Nous inclinons à penser qu'elle révèle peut-être une considération éminente pour l'existence individuelle irremplaçable, en tout cas pour une réalité autre qu'une manifestation indifférente de l'élan vital bergsonien. Elle s'apparente, en vérité, à une protestation immature et impuissante, contre les signes annonciateurs d'une désorganisation ou « d'un je ne sais quoi, qui n'a plus de nom dans aucune langue » d'après Bossuet.

Toutefois, parler de considération et d'immaturité c'est, à notre avis, faire pressentir la possibilité d'atténuer ou même de surmonter cette émotion qui, livrée à elle-même, s'intensifierait après le demi-siècle, jusqu'à la névrose ou pire encore, au fil des jours.

Que devons-nous faire ?

Trois domaines, ceux de la biologie, de la psychologie et de la sociologie, offrent ici leur contribution. — La mort s'intègre naturellement au cycle vital. Chaque individu, pour ce qui le regarde, la considère comme l'achèvement du processus qui, depuis sa naissance, l'a conduit à son plein développement et à la sénescence, en attendant l'arrêt objectif des manifestations biologiques — Loi de l'existence individuelle et qui s'applique à toutes les espèces vivantes. À cela s'ajoute, certes, le caractère encore contingent de la présence de l'Homme — ce n'est plus tout-à-fait vrai pour la plante et l'animal — notamment en ce qui touche à l'incertitude du dernier jour.

L'application d'une loi écarte donc la perception d'un scandale. D'autant plus qu'elle constitue le moyen de régénération de l'espèce. Et chacun de se considérer alors comme un relais nécessaire et généreux, « un donneur de vie ». Quant à l'indétermination terminale, ne pourrait-elle s'interpréter en terme de liberté ? Sur le seul terrain physique, le sujet peut s'efforcer en pleine responsabilité, la science et une bonne hygiène de vie aidant, de contribuer à l'allongement de sa propre espérance de vie — La mort est si douce, admet Saint-Exupéry, quand elle est dans l'ordre des choses possibles.

La réaction attendue du sujet informé se traduirait ici au minimum par un comportement de résignation et non plus de révolte. Nous serions en présence d'une conception plus élaborée : elle impliquerait les idées d'achèvement, du devoir accompli, voire de la pleine réalisation personnelle. D'où ressortiraient le sentiment d'appartenance à un univers éternel et platonicien qui transcende le monde sensible, périssable, à tout le moins la possibilité de transmission et de survie — Ou par sa lignée, ou par son existence exemplaire, ou par son œuvre au service de la cité.

Héritiers de ceux qui nous ont précédés, associés de ceux qui vivent, providence de ceux qui viendront, la belle formule positiviste souligne le fait de la continuité sociale. Les traces, même modestes, de la conduite participative, font que nous ne mourrons pas totalement. Planter à nos âges ? — assurément puisque nous savons avec le fabuliste que nos arrière-neveux nous devront cet ombrage. Et que dire de la pérennité de Socrate ? « il n'est pas mort, il vit en Platon. Platon n'est pas mort, il vit en Alain... » Quel plus bel éloge André Maurois pouvait-il adresser à l'auteur des Propos sur le Bonheur[12], son Maître ?

INSATISFACTION IRRÉDUCTIBLE

Beau discours, mais prononcé post-mortem ! C'est-à-dire une fois contrariée sans rémission, la tendance de tout être à persévérer dans l'être et, d'abord, dans son être propre. Demeure donc, en général, une résistance irréductible face à la perspective de la mort et qui maintient peu ou prou le malaise profond que nous désirons atténuer.

À ce refus inopérant s'ajoute souvent le sentiment d'impuissance, devant la brusque accélération des progrès scientifiques et des applications techniques, depuis quelques décennies. Il n'est pas jusqu'aux modifications du langage quotidien et à l'évolution rapide des mœurs qui ne renforcent l'inadaptation et, par suite, l'incertitude de l'individu vieillissant.

On observe une sorte de « crispation de l'individualité sur elle-même », selon la formule du philosophe Roger Mehl[6]. Ce qui s'entend de deux façons : la réaction de défense maladroite de la personne, son érection en fin absolue et irremplaçable. Pour elle, la perte d'un être cher est assurément irréparable. Mais quid de l'équilibre du proche survivant qui n'en peut mais ?

LES POSSIBILITÉS D'ATTÉNUER LE SENTIMENT DE DÉRÉLICTION

Nous disposons concurremment de plusieurs axes de réflexions récapitulées ci-après :

L'analyse diachronique et synchronique des divers comportements de l'humanité offre à chacun des éléments d'une conception rassérénée. Au lieu d'informations disparates, de stéréotypes venus on ne sait d'où pour alimenter des schémas conscients ou subconscients, nous voici à même de parvenir à une compréhension plus satisfaisante des mortels que nous sommes. Une des conditions du mieux-vivre et du mieux-mourir semble-t-il, puisque la mort, difficile à admettre d'ordinaire, apparaît désormais nécessaire.

Que l'on se souvienne, avec l'historien Philippe Aries[13] de la simplicité avec laquelle les rites funéraires étaient pratiqués jadis. Que l'on suive les mouvements pendulaires des mentalités qui, parfois, privilégient le destin commun de l'espèce et, parfois, le sens de la biographie personnelle. Que l'on déplore de nos jours « cette mort sale, inversée, médicalisée ». La mise en perspective de l'ensemble de ces données paraît susceptible de modifier le statut de la mort, et d'abord la force regrettable du tabou. On faciliterait alors « la sortie... digne d'un vivant apaisé », en connaissance de cause. S'informer sur les façons de vivre avec la Dame-à-la-Faux constitue un apprentissage essentiel, non pas du mourir (Louis Porcher), mais de l'approche du trépas.

La méditation religieuse, telles formes de prière, atténuent l'incertitude ou la révolte chez le croyant. Interviennent en l'occurrence des éléments formels et un contenu. Le matérialiste parle d'opium du peuple en songeant aux effets rassurants de certaines pratiques. Telles attitudes corporelles impliquent une action psychique et telles Écritures une « révélation » qui dissipe le mystère du séjour des ombres. Les religions majoritaires en Occident mettent, de leur côté, l'accent sur diverses formes d'immortalité, ainsi la foi facilite-t-elle, en principe, le grand passage. Comme il ne s'agit ici que d'une analyse objective et non d'une évocation spiritualiste, bornons-nous à ajouter que les termes du discours rituel : — Notre Père, Notre Mère l'Église, le Bon Dieu, le Pasteur et ses brebis, le Peuple Élu — Le Seigneur me dirige « dans de verts pâturages, près des eaux paisibles » — Il restaure mon âme[14] — apportent aux fidèles plus que de l'apaisement, une certitude. Retour à la mère chaleureuse et au père protecteur, dirait probablement le psychanalyste.

La réflexion philosophique recèle souvent, elle, une double vertu : elle éclaire en principe le penseur et trace divers itinéraires vers la sagesse. Platon accorde la primauté au monde des Idées qui seules se perpétuent. Épictete en appelle à notre dignité stoïque : « Supporte et abstiens-toi ». Descartes découvre les conditions de la certitude. Auguste Comte et Marx définissent l'Homme par son action. Husserl expose une méthodologie phénoménologique pour accéder « à l'essence à l'intérieur d'une intuition pure »[15]. Pour les privilégiés qui bénéficient de ces apports, le moyen se présente de sortir de la confusion, de l'incertitude et de la seule incantation magique.

Avec les processus de la filiation, de la transmission du patrimoine matériel et moral, l'individu investit son avoir, son savoir et son pouvoir dans des réalisations qui, espère-t-il, lui survivront. Se perpétueraient ainsi une partie essentielle de soi-même, à tout le moins des choix, un style, une empreinte. À condition que le groupe dépositaire du rite, du mot, de l'outil, s'institue, dans sa pérennité, comme le conservateur attentif du bien considéré. Or, il est vrai que pour les sociétés de production effrénée, l'objet devient vite obsolète. Et que dire des empires et des civilisations instables ou disparus ? Mais, tout compte fait, si l'individu limite ses espoirs dans le temps et l'espace, s'il observe le besoin de ressourcement des jeunes générations, il se réjouira d'une certaine continuité.

Il n'est pas indiqué de s'étendre enfin sur la création littéraire, plastique ou musicale. Domaine de l'expression du moi profond, de ses réactions affectives et de ses capacités imaginatives ou oniriques, au service de ses attentes essentielles. L'œuvre authentique représente à la fois un don généreux, une parade contre la disparition et l'oubli de son auteur, l'assurance d'une présence prolongée, comme une victoire, même fragile, contre la mort. L'Enseigne de Gersaint[16], exposée récemment au Grand Palais, à Paris, révèle, à l'occasion du tricentenaire de sa naissance, tout le profond attachement de Watteau à la vie. Il sait qu'il mourra prématurément de phtisie, mais il affirme que l'amour échappe au dérisoire. Aussi place-t-il au centre du tableau cette passante blonde, échappée de quelque fête galante, ou de sa dernière étreinte, et qu'il confie, en somme, au nouveau chevalier servant. L'avenir du peintre réside, certes, dans la sauvegarde de son tableau et, par là, dans la force créatrice de son renoncement même.

Où l'on perçoit, semble-t-il, le fait que le legs le plus précieux réside dans une certaine vision du beau, du bon, du vrai, du juste, c'est-à-dire dans la sauvegarde des valeurs les plus élaborées de l'humanité.

Il existe, en somme, bien des moyens, pour l'être vieillissant, de surmonter son incertitude. Reste à savoir s'ils sont aisément accessibles.

Contrairement à la croyance commune, s'il est bon d'avoir pleinement vécu, il n'est pas dit que l'on maîtrisera par là-même la désadaptation qui résulte du retrait professionnel et de l'avance en âge avec, en toile de fond, la mort.

Il paraît donc nécessaire de préconiser une véritable formation des séniors, si l'on estime qu'il convient de les inciter à une élaboration personnelle d'un art de vie.

Un art de vie après la cinquantaine

CHOISIR SA VIEILLESSE

La solution de la crise apparue entre la cinquantaine et la soixantaine réside, sans plus attendre, dans la recherche d'un équilibre conjugal, familial, social, personnel et humain — équilibre pour lequel on manque de modèles préétablis. — En fait, aider l'individu, au sortir de sa maturité, à choisir lui-même sa vieillesse, c'est l'orienter vers un effort conscient et méthodique de prévention des facteurs de risque déjà exposés, afin que l'espérance accompagne aussi le tiers-temps de sa vie. Peut-on laisser la maladie, le désœuvrement, accélérer les processus de déclin ? La réponse ne devrait souffrir aucune ambiguïté.

MIEUX VAUT PRÉVENIR QUE GUÉRIR

Il faut se borner à rappeler, dans le cadre de la présente étude, les trois niveaux classiques de toute prévention. Et l'on voudra bien se reporter aux schémas qui en illustrent les contenus. Il va de soi que la situation primaire mérite toute notre attention préférentielle. Cf. page 19 bis.

Cf. page 19 bis.

MISE EN PLACE D'UNE FORMATION

Elle comporte une suite nécessaire à la formation permanente, surtout professionnelle, de l'adulte. Dans l'espace de liberté, offert désormais aux approches de la sénescence, elle revêtira un style attrayant, non rigoureusement didactique, elle inclura le loisir, cela va de soi, ainsi que la vie associative.

À la base, une observation médico-psycho-relationnelle du sujet quinquagénaire. D'où résulteront une orientation vers des activités de groupe restreints, une communication effective fondée sur la relation ascendante et descendante des données, jusqu'à leur traitement personnel, après le détour par le collectif ami.

Tableau 1
Prévention et formation à un art de vie après 50 ans.

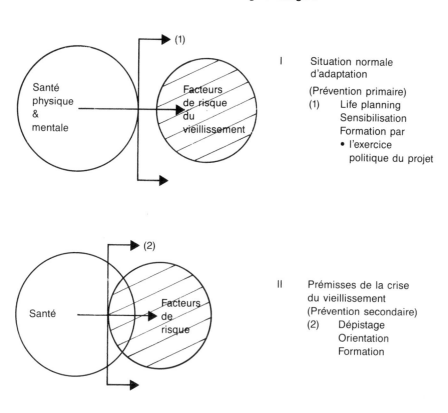

Les 2 domaines de la gérontologie :

Santé physique & mentale → Facteurs de risque du vieillissement

(1)

I   Situation normale d'adaptation

(Prévention primaire)
(1)   Life planning
      Sensibilisation
      Formation par
      • l'exercice
         politique du projet

Santé → Facteurs de risque

(2)

II   Prémisses de la crise du vieillissement
(Prévention secondaire)
(2)   Dépistage
      Orientation
      Formation

Domaine de la gériatrie :

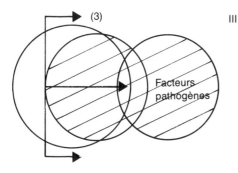

III   État pathologique
(Prévention tertiaire)

(3)   Thérapeutiques médico-
psychologiques —
Lutte contre le
développement des
séquelles, incapacités
et handicaps.
Animation en institutions
d'accueil.

Une politique du projet fera échec à la vacuité menaçante. Plus que d'une préparation à la retraite, il s'agira d'un plan de vie analogue au life-planning américain, susceptible de valoriser à nouveau les capacités réflexives, expressives et créatives, de renouveler la confiance en soi et d'aider à répondre à sa propre interrogation existentielle. Il ne s'agit ni de se laisser vivre, ni de se résigner à mourir, mais de substituer à la tension compétitive du producteur, la définition de sa propre finalité, à travers la tentative terminale de son accomplissement. Tout un art de vie, qui peut déboucher sur une conception sereine de la mort et sur laquelle nous clôturerons notre chapitre.

Mystère de la mort et sérénité de l'Homme vieillissant

ESSAI ONTOLOGIQUE

Différentes approches positives peuvent être alors retenues quant à la participation ontologique du mourir.

Même si le terme reste indéterminé, la connaissance de la durée moyenne fait apparaître l'approche de la mort comme un appel à l'activité et au dépassement de soi. Dans sa condition d'être-dans-le-monde, l'Homme se trouve amené à une appréciation plus gratifiante de son statut d'être-pour-autrui. Ainsi l'instant, en particulier celui de la disparition d'un proche, est à même de retrouver toute sa densité.

C'est ici que le philosophe Jankelevitch nous éclaire par son étude approfondie sur « La Mort »[3], à partir de la prise de conscience intime du mystère, sous un triple aspect :

— l'Effectivité, à même d'entraîner la conversion à l'événement destiné à advenir pour de bon,

— l'Imminence, qui traduit l'avènement de l'événement — la mort n'est plus une éventualité abstraite,
— le Concernement personnel, c'est-à-dire la réalisation, non plus sous la forme d'un raisonnement, mais comme intuition instantanée pour ma « personne irremplaçable... incomparable ».

La philosophie, par delà la science utile et l'expérience nécessaire, joue ici tout son rôle : aider au dépassement de la « partialité égocentrique ». Raison, justice et sagesse, sa vocation demeure de remettre à leur vraie place les événements de ma mort propre. « Savoir mourir nous affranchit de toute subjectivité et contrainte », écrivait déjà au XVIème siècle l'auteur des Essais.

PLÉNITUDE ET SÉRÉNITÉ

Viser la plénitude et s'entourer des conditions favorables à une véritable écologie humaine du vieillissement, orienter sa liberté temporelle vers l'accomplissement de son destin, c'est créer les conditions d'émergence de la sérénité au cours de son propre cheminement terminal.

Le désir subsiste, heureusement, et sous ses formes multiples. Mais il oriente vers « les seuls possibles... encore à notre portée » (R. Mehl), il maintient le vouloir-vivre dans les limites de nos certitudes. Ni incertitude confuse, ni démission ou specticisme, mais l'apaisement. Alors l'accord final peut couronner l'existence, à l'horizon d'un soir serein.

CONCLUSION

Devant le caractère inéluctable et mystérieux de la mort, nous nous sommes demandés s'il est possible d'apprendre, peu à peu, à l'accueillir avec lucidité, avec simplicité, avec sérénité.

Avec lucidité, car il serait dramatique de nous laisser subtiliser notre mort — Avec simplicité, car il existerait une possibilité réelle d'une conception personnelle informée — Avec sérénité, car chacun souhaiterait parvenir à une sorte de consentement réfléchi, au terme d'une existence signifiante, accordée à la loi de notre finitude. L'être vieillissant et informé ne s'embarque pas — autant que faire se peut — in extremis, mais à chaque instant qui passe.

La gérontologie et la philosophie peuvent et doivent être mises au service d'une préparation salvatrice au troisième temps de notre vie. Alors l'interrogation sur la mort qui colore profondément cette période, trouvera une réponse adaptée à chacun, quand l'existence dévoilée n'apparaîtra plus comme un problème à résoudre (R. Mehl), à partir du moment où l'on admet une limite au dédoublement réflexif.

Et c'est une fois encore Montaigne, toujours vivant parmi nous, qui nous confie in fine son message précieux : « La vie... je me compose à la perdre sans regret, mais comme perdable de sa condition... À mesure que la possession de vivre est plus courte, il me faut la rendre plus profonde et plus pleine. » Et chacun de s'attendre, à l'instant suprême, moins à un accomplissement absolu qu'à un achèvement suffisant.

RÉFÉRENCES

1. Extrait des Propos recueillis par F. Forestier. Magazine L'Express du 17,23-5-85.
2. Jacques Gaucher, Thèse de Doctorat en Psychologie : Lyon II, 1982, cf. Gérontologie et Société, n° 22, octobre 1982, p. 21, Sq.
3. Vladimir Jankelevitch. La Mort — Flammarion Edit., Paris, 1977.
4. Michel Philibert, in Gérontologie 82, n° 42, avril 1982, p. 12.
5. Christian Chabanis : « La mort, un terme ou un commencement », Fayard Edit., Paris, 1982.
6. Roger Mehl : « Le Vieillissement et la Mort », P.U.F., Paris, 1962.
7. Docteur Guillaumot — Son article sur « Les difficultés psychiatriques pour la personne âgée... », Gérontologie et Société, n° 22, op. cité.
8. Professeur Roger Mucchielli, in Lexique de Psychologie, E.M.E. et E.S.F. Edit., Paris, 1969.
9. Louis Porcher, in l'Éducation du 4.5.1978, p. 36.
10. Pierre Mannoni : article « Peur, angoisse, fantasmes chez les personnes du troisième âge », in Cahiers de la Méditerranée 24/25, de juin-décembre 1982, p. 131.
11. Agnès Debert : cf. l'article « Survol de la mort à travers les temps et avec Dieulafoy », in Gérontologie 83, n° 47, juillet 1983.
12. Alain : Propos sur le Bonheur, Gallimard Edit., Paris.
13. Philippe Aries : Essais sur l'histoire de la mort en Occident, du moyen-âge à nos jours, Edit. du Seuil, Paris, 1975. Cf. également : L'Homme devant la Mort, Edit. du Seuil, 1978.
14. Psaumes XXIII, 1 - 3.
15. Edmund Husserl, in Idées.
16. Lire le n° 9 — septembre 1984 — de la revue Esprit, l'article de Paul Thibaud : « L'art de mourir d'Antoine Watteau ».

fin du chapitre 15.

6
CULTURE ET CRISES DE LA VIE ADULTE

6.1

Le langage
de la psychopathologie
de l'adulte

(paradigmes, modèles et scientificité)

ROLAND DORON

INTRODUCTION

La communication scientifique et son contexte culturel

Notre domaine se situe entre le biologique et le culturel : « l'objet de la psychologie clinique, et donc de la psychopathologie est l'interaction et non l'action. On a également souligné de plus en plus, la fonction de communication de l'interaction » (Widlocher, 1982). Il en résulte de nombreux problèmes épistémologiques dans la mesure où, pendant longtemps, on a cherché à fonder la psychologie comme science exacte en la calquant sur la physique ou les sciences naturelles (Helmholtz-Watson) : « le paradoxe de ces attitudes vient du fait que, quel que soit le comportement étudié, toute observation, toute interprétation exige un traitement subjectif par un observateur introspectif... Aucune mesure, aucun calcul issus de la machinerie (hardware) des sciences exactes n'accèdent à notre compréhension sans subir une transformation subjective à travers le système d'analyse (software) du cerveau »

(MacLean, 1974). Scientifiquement, il est donc indispensable de considérer le « cerveau subjectif » par lequel la psychologie objective prend sa source dans la psychologie subjective : « toute méthode d'investigation doit s'adapter aux caractéristiques de son objet et doit en tout cas les respecter, plutôt que vouloir réduire l'objet étudié aux possibilités de la méthode ou de la technique utilisée » (Nuttin).

Si toute description de l'univers implique celui qui l'observe, le cas particulier de la psychopathologie accentue certaines conditions générales de la recherche : là, plus qu'ailleurs peut-être, des problèmes éthiques rencontrent ceux de la science et, d'autre part, elle se mêle à l'existence « in vivo », de l'organisation moléculaire à l'organisation sociale. Nous avons besoin d'une « épistémologie des choses vivantes » qui répond moins au « *que* savons-nous ? » qu'au « *comment* savons-nous » (Foerster).

Pour situer plus spécialement la psychopathologie de l'adulte, et la complexité des situations cliniques qui constituent le cadre du praticien (diagnostic, thérapeutique) et du chercheur (formulation des termes du problème et administration de la preuve), rappelons tout d'abord que nous sommes trois fois psychologues, car il existe trois psychologies :

1) la psychologie naturelle du sens commun : elle assure notre adaptation quotidienne.
2) la psychologie philosophique, qui fut toujours et reste encore une élaboration réflexive de la première. Elle en vise la systématisation.
3) la psychologie scientifique qui vise l'objectivité.

À chaque niveau, s'ébauchent des progrès dont l'articulation aboutit à la psychopathologie actuelle :

— *la psychologie naturelle* accomplit le passage de l'implicite à l'explicite : le jeune enfant (Wallon) sait manipuler les personnes avant les choses ; puis les symboles du langage permettent de traduire le vécu par des expressions qui décrivent les situations et les réactions. Finalement, « chacun voit autrui mieux que lui-même à travers des traits dont le prototype est « gentil-méchant » dans le vocabulaire enfantin » (Fraisse). Cette connaissance naturelle culmine dans la littérature (Sophocle ; Shakespeare ; Molière ; Proust, etc...) qui dégage des « types ».

— *la psychologie philosophique* : celle de Platon, Descartes, Hyme, Kant, Bergson et Husserl, etc... Même si la science ne peut répondre aux questions de la philosophie envisagée comme « un discours cohérent qui porte sur toute la réalité » (Eric Weil), celle-ci lui a ouvert de nombreuses et fructueuses voies de recherche. Et, de plus, l'épistémologie (réflexion critique sur l'histoire et les méthodes des sciences), comme nous l'avons vu plus haut, conduit la science à s'interroger sur ses rapports à la réalité.

— *la psychologie scientifique,* comme les autres sciences, c'est d'abord « l'union des travailleurs de la preuve » (Bachelard). Mais si elle se définit par la prétention illimitée de dégager un ensemble de lois, elle ne « s'attaque à la réalité qu'à partir de faits précis et limités qu'elle met en relation les uns avec les autres » (Fraisse). Ces tentatives rencontrent les projets de la psychopathologie sur plusieurs points fondamentaux : mise à jour des erreurs, des contradictions, des illusions ; découverte des motivations qui, parfois, les expliquent ; élaboration, en partant de la psychologie naturelle, d'un vocabulaire plus pertinent : « le livre de la nature est écrit en des caractères différents de ceux de notre alphabet » (Galilée).

La synthèse de ces deux premiers paragraphes débouche sur une évidence : le travail de la psychopathologie, compte-tenu de l'intrication de ces trois psychologies chez le patient comme chez le praticien, consistera dans une large mesure à en reconnaître les traces, à en identifier les limites, à préciser leur signification et leur portée. Il en va ainsi, au cœur même de la clinique, pour la notion de personnalité : « celle-ci a-t-elle une unité ? Si elle existe, est-elle substantielle ou fonctionnelle ? La psychologie scientifique apporte des éléments de réponse, mais peut-elle passer la limite et ne pas tenir compte de la psychologie philosophique, sauf à décider que ces problèmes ne relèvent pas de la science, mais de la seule philosophie. Mais il s'agit là d'une opinion qui est déjà philosophique » (Fraisse).

Puisque l'actualité est pénétrée de résurgences du passé et d'ouvertures vers l'avenir, définissons les concepts indispensables pour caractériser cette situation : « les paradigmes » et les « modèles ». Selon Kuhn, les ressemblances et les différences entre ces deux notions sont les suivantes : « le terme *paradigme* est utilisé dans deux sens différents. D'une part, il représente tout l'ensemble de croyances, de valeurs reconnues et de techniques qui sont communes aux membres d'un groupe donné. D'autre part, il dénote un élément isolé de cet ensemble : les solutions concrètes d'exigences qui, employées comme *modèles* ou exemples, peuvent remplacer les règles explicites en tant que bases de solutions pour les exigences qui subsistent dans la science normale » (Kuhn, 1983). Pour cet auteur, le paradigme relève de la sociologie de la connaissance tandis que le second sens du paradigme (le modèle) touche à l'épistémologie puisqu'il s'agit d'« accomplissements passés pouvant servir d'exemples » (Kuhn, 1983).

Avant d'examiner dans cette double perspective quelques questions spéciales de notre discipline, voyons maintenant comment son développement général a préparé les recherches récentes. Nous nous efforcerons de distinguer les faits socio-historiques qui correspondent aux paradigmes et les méthodes cliniques qui régissent le fonctionnement des modèles.

Dans le premier temps, marqué par la suprématie de l'école française, deux exemples s'imposent :

Bayle soutient en 1822 sa thèse : « Recherches sur les maladies mentales », qu'il complète en 1826 par son « Traité des maladies du cerveau et de ses membranes ». Au moment donc où naît la méthode anatomo-clinique, on isole en psychiatrie une entité qui répond beaucoup mieux au modèle médical que la trop vague aliénation « essentielle ». La « paralysie générale » en effet :

1) a une cause : l'arachnitis chronique
2) a une symptomatologie spécifique (signes moteurs et psychiques)
3) a une évolution particulière en trois phases : délire monomaniaque avec exaltation, délire maniaque avec idées dominantes puis démence.

Ainsi la classification de Pinel, qui voyait dans ces formes cliniques trois maladies différentes, se trouvait remplacée par un modèle évolutif assurant l'unité d'une même entité pathologique.

Morel publie en 1852-53 le « Traité des dégénérescences physiques, intellectuelles et morales de l'espèce humaine » et en 1857 son « Traité des maladies mentales ». Il est le père de la notion d'endogénéité : pour la première fois est présenté un modèle biologique général de l'étiologie des maladies mentales, tenant compte de l'hérédité et du milieu, de la nature et de la culture : il décrit « la démence précoce ». Ce modèle fut consolidé par *Magnan* qui publie un « Traité sur l'alcoolisme » en 1874 : pour lui les facteurs dégénératifs provoquent éventuellement une régression entraînant un état pathologique ; les termes de « dégénéré » et de « déséquilibré » sont interchangeables.

Puis *Kraepelin* (1856-1926) « est le représentant le plus typique d'un abord de la psychiatrie considérée comme une branche des sciences de la nature. Son but était de clarifier la classification des manifestations pathologiques, de créer une nosologie cohérente, phase précédant nécessairement une recherche des causes, des mécanismes et des traitements. Pour lui le primat revenait à l'observation soigneuse, à l'empirisme clinique » (Pichot, 1983). La huitième édition de son monumental « Traité de Psychiatrie » (1909-1915) s'imposera progressivement, se heurtant malgré tout à de fortes résistances :

— en Allemagne où l'idée de « maladies » définies « par leur évolution, et relevant d'une étiologie précise même si celle-ci n'était pas encore connue avec certitude, s'opposait aussi bien à l'idée de « Psychose unique » qu'au concept de syndrome pouvant être produit par des causes différentes » (Pichot, 1983).

— en France où l'on reproche à sa classification de n'être pas systématique et de se réduire à une simple nomenclature, alors qu'il existe un concept théorique unificateur, celui de la dégénerescence (doctrine de Magnan).

Mais, grâce à Kraepelin, la psychopathologie allemande s'assura une prééminence internationale, tandis que l'école française, au moins dans le domaine de la nosologie, se coupa de ce grand courant jusqu'à aujourd'hui.

Il est aisé de déchiffrer cette histoire au moyen des concepts de Kuhn. L'impact des traditions culturelles est évident : nous avons souligné l'importance des Traités ; il faut ajouter celle des mouvements sociaux. La Révolution Française s'interroge sur la capacité des citoyens à participer à la vie publique par leur vote : un être déraisonnable peut-il voter ? Au surplus, la Raison du 18e Siècle est aussi celle qui construit la science ; comment distinguer les uns des autres ceux que la Société doit confier soit à la justice soit à la médecine ? : « avec le nouveau statut du personnage médical, c'est le sens le plus profond de l'internement qui est aboli : la maladie mentale dans les significations que nous lui connaissons maintenant est alors rendue possible ». En même temps que des Asiles, on édifie des Centres de recherche, on transforme des architectures périmées : c'est ainsi qu'à Paris Charcot se voit attribuer un lot de personnes internées dans un bâtiment en démolition à la Salpètrière, et se trouve contraint de les classer. Dans ces conditions, la folie, en justifiant un traitement social particulier suggère l'unité de la Psychose, en même temps que la diversité de ses aspects, désormais systématiquement descriptibles, en des lieux réservés.

Les paradigmes, toutefois, que nous venons de voir s'élaborer au sein des Écoles, des Institutions et des Lois, supposent des modèles de pensée technique, à une époque où l'on prend conscience des limites du traitement moral de la folie. On est d'abord confronté à un choix professionnel : quand il s'agit de recruter un professeur ou un chef de service, prendra-t-on un médecin confirmé par un long exercice à l'hôpital général ou un médecin « aliéniste », moins rompu aux habitudes universitaires ? Il existe aussi des différences de génération et de formation personnelle : le très jeune Bayle adopte spontanément les pratiques du jeune et brillant fondateur de la méthode anatomopathologique : Laennec. La pensée de Morel, esprit profondément religieux, est « mise sous l'invocation de la Genèse » (Pichot). L'existence de la dégénérescence est dûe au « péché originel qui avait rendu l'homme créé parfait par Dieu, accessible aux atteintes du milieu ». Même si cette considération théologique fut abandonnée plus tard par Magnan, la doctrine de la dégénérescence souffre avant tout de l'acceptation d'idées pré-mendéliennes » (Pichot).

Si nous reprenons, un demi-siècle plus tard, le modèle anatomo-clinique de Bayle, nous le voyons transformé, avec Meynert (l'un des maîtres de Freud), en un modèle histo-physiologique (Clinique des maladies du cerveau antérieur — 1884). Il entreprend de superposer à la morphologie du système nerveux central de l'homme « une série d'interprétations psychologiques et psychopathologiques »... Le cortex est pour lui « le foyer fonctionnel de la formation du moi dans le cerveau »... « La vie affective est affectée par les fluctuations de la vascularisation cérébrale » (Pichot). Mais c'est Kraepelin qui, à la même époque « représente un tournant conceptuel fondamental » (Pichot) en renonçant au modèle syndromique pour adhérer « désormais systématiquement au concept médical de maladie, donnant le poids principal au critère évolutif » (Pichot).

On voit donc se dessiner un mouvement général qui au travers des institutions sociales (paradigmes, écoles) répartit les recherches psychopathologiques (modèles, laboratoires) sans que la relation des unes aux autres soit rendue nécessaire par une théorie scientifique de la folie. La maladie mentale n'est finalement qu'une *entité* caractérisée par :

« — des éléments descriptifs communs c'est-à-dire qu'elle correspond à la

fois à un syndrome défini, et à une évolution particulière ;
— des éléments pathogéniques identiques chez tous les sujets qui la présentent,
— une cause unique » (Pichot, 1965)

Ce serait une vue superficielle que de voir là de simples querelles de mots. Si en effet la science est bien une sorte de discours (« la science est une langue bien faite » disait Condillac), il ne suffit pas, pour en saisir l'esprit, de décrire les objets et phénomènes que désignent les mots, mais il s'agit de comprendre aussi comment s'instituent les écoles et pourquoi elles prennent la parole.

Du point de vue épistémologique, les difficultés de cette tâche ont été parfaitement caractérisées par Lagache : « qu'il s'agisse de théories générales ou de cas individuels, on n'arrive jamais, si l'on veut rester scientifique, à une synthèse totale et unique mais seulement à une pluralité de synthèses limitées ; la spécificité des faits et des concepts reste un instrument logique indispensable. Nous supposons que tout se tient, mais nous ne saurions pas le démontrer ; il suffit de sortir du champ pertinent où une proposition est valable pour que la solidarité de l'univers soit remise en question. La catégorie d'ensemble a une portée opérationnelle et non ontologique. Elle nous paraît seulement caractériser, plus que tout autre idée directrice, les difficultés, les besoins et les solutions de la psychologie d'aujourd'hui ». (Lagache, 1979).

LA MALADIE MENTALE, L'ÉVOLUTION ET L'HÉRÉDITÉ

On lit parfois dans les revues scientifiques que ce que nous savons de sérieux sur l'Homme date des cinquante dernières années ; cela conduit le psychologue à fixer son attention sur deux points : l'intervalle considérable qui sépare la constitution des grands paradigmes de la découverte de modèles opérationnels dans les disciplines autres que la sienne ; la conséquence de ce fait sur la psychologie actuelle elle-même, l'une des plus jeunes des sciences. Dans l'introduction précédente nous avons vu s'organiser, en psychopathologie, des concepts et des raisonnements à distance des deux grandes découvertes qui allaient fonder les sciences biologiques et humaines : l'évolution et l'hérédité. Quelle aide nous apportent-elles de nos jours ?

Rappelons que l'*évolution* biologique « c'est la variation, au cours du temps, de la diversité et de l'adaptation des populations d'êtres vivants » (Mayr, 1979). Pour Lamarck (1809) les organismes se transforment en s'adaptant aux circonstances. Darwin (1859) ajoute à cette hypothèse celle d'une ascendance commune aux organismes qui se ressemblent et celle de la sélection par la lutte pour la vie (Malthus). Les théories de ces deux auteurs ont le mérite de correspondre mieux aux faits observables que la conception des théologiens chrétiens (création de types fixes), mais elles ont acquis davantage de poids lorsqu'elles ont été complétées par celle de Mendel (inventée en 1865 et redécouverte en 1900) au sujet de l'*hérédité* (également opposée aux croyances de la Bible). Actuellement la «*théorie synthétique de l'évolution*» met à jour «la théorie de Darwin en tenant compte du mécanisme chromosomique de l'hérédité, des données de la génétique des populations, de la définition biologique de l'espèce et de nombreuses autres notions... Il n'y est fait nulle mention de l'hérédité des caractères acquis ; l'accent est mis sur le caractère graduel de l'évolution, sur le fait que c'est au niveau des populations que s'observent les processus évolutifs et, enfin, sur le rôle essentiel joué par la sélection naturelle» (Mayr, 1979).

De pareilles conceptions allaient avoir une influence déterminante sur la psychologie du XXe siècle, et spécialement sur la psychopathologie, puisqu'on a pu appeler Freud le «Darwin de l'esprit». En tout cas Darwin lui-même a conçu en même temps la biologie évolutionniste et une psychologie qui s'y accorde (continuité entre l'Homme et les animaux, évolution de l'intelligence, origine des instincts, expression des émotions, mémoire, association des idées, habitude, imagination, langage, motivations, créativité, volonté). En un sens, il a fondé la psychologie génétique et l'éthologie. En ce qui concerne la psychopathologie, il étudie les aspects irrationnels de la pensée et du comportement humains, les conflits inconscients, les rêves, la double conscience, la manie, le délire, la sénilité, la psychologie amoureuse et les phénomènes «psychosomatiques» : «la psychologie aura des fondements nouveaux : ceux de la nécessaire acquisition progressive de chacune des facultés mentales. La lumière se fera sur l'origine de l'Homme et sur son histoire» (Darwin, 1981) (1859).

En fait, ce fut Spencer (1820-1903) qui fit connaître l'évolutionnisme et inspira la médecine mentale après l'avoir appliqué aux sciences humaines. Son disciple Jackson élabora pour la psychiatrie un modèle «physiologique essentiellement hiérarchique avec trois niveaux anatomiques correspondant respectivement à la moëlle épinière, aux formations de la base du cerveau et au cortex, supports d'une hiérarchie fonctionnelle allant des aspects automatiques aux plus volontaires. L'atteinte pathologique frappe habituellement le niveau le plus élevé, le plus fragile parce que le plus récent, et en en supprimant l'activité provoque directement des symptômes négatifs et, indirectement, par la libération du niveau inférieur, des symptômes positifs» (Pichot, 1984). Les structures les plus élevées sont l'«analogue physiologique des organes de l'âme» (1881).

Ainsi se dégage une perspective nouvelle : les besoins fondamentaux de l'Homme correspondent à des «radicaux biologiques». Le cerveau de l'Homme d'aujourd'hui s'est constitué en superposant à chaque étape de l'évolution une formation nerveuse nouvelle venant «intégrer» les précédentes. Nos modes d'existence et de communication actuels sont imprégnés d'expériences ancestrales résultant d'une origine phylogénique commune (MacLean). Le développement privilégié des zones corticales nous permettrait la synthèse de l'ensemble, fonctionnant comme un tout de façon nuancée et originale. La valeur heuristique de cette hypothèse avait été entrevue par Freud qui fit plusieurs fois intervenir de façon explicite la phylogenèse et pensait que les troubles mentaux s'enracinent loin dans l'histoire de l'Homme, bien avant qu'il ne soit humain : « les programmes de comportement qui ont été mis en place et ont évolué sous des pressions sélectives aussi fortes et prolongées pendant des millions d'années, n'ont pas disparu en l'espace de quelques millénaires de la période historique. La persistance de l'attachement, de la périodicité, des communications non verbales en sont probablement les meilleurs indices. Les facteurs culturels ont pu inhiber ou modifier l'expression de ces programmes, ceux-ci n'en demeurent pas moins toujours présents... ils peuvent ressurgir dans des situations d'urgence, de panique et dans la pathologie neuropsychiatrique » (Demaret, 1979).

Dans ces conditions, nous sommes amenés à nous poser plusieurs séries de questions. Tout d'abord, au sein de la théorie synthétique de l'évolution, nous devrons distinguer les deux types de raisonnements qui cernent la maladie mentale : l'un pour inscrire la phylogenèse dans l'ontogenèse, l'autre pour apprécier la transmission d'une génération à l'autre. En second lieu, nous devrons nous interroger sur les nouvelles significations de l'évolution et de l'hérédité dans la double perspective de la psychopathologie clinique et de la biologie « transformiste », dont nous venons de voir qu'elles ont en commun ce caractère « dynamique » par où elles s'opposent aux thèses fixistes ou « essentialistes ».

Il est possible que certains traits décrits en psychiatrie aient eu une valeur adaptative au milieu naturel : c'est dans les luttes passées de notre espèce pour sa survie que prennent leur source les composantes génétiques des maladies mentales. Huxley (1964) note que la fréquence élevée (1/100) de la *schizophrénie,* par exemple, dans la population générale fait penser à des avantages aussi bien chez les sujets malades que chez les porteurs sains (à charge génétique moins forte ou vivant dans un milieu favorable). Les schizophrènes sont très résistants aux traumatismes, à la douleur, aux allergies, aux brûlures, aux infections. Ces remarquables qualités ont pu avoir une grande importance dans la préhistoire. Heston (1966) et Karlsson (1968) ont observé des sujets surdoués dans des familles de schizophrènes. Mayer-Cross (1969) estime que, dans des conditions d'environnement hostile certains traits (schizoïde, méfiance) peuvent s'avérer bénéfique (circonstances de guerre, d'agression, de terreur...). En évoquant Ulysse, héros de l'Odyssée (rusé, distant, prévoyant et méfiant), on a proposé de substituer l'expression de « personnalité odysséenne » à celle de personnalité « schizoïde-paranoïaque » (Demaret, 1979).

La *psychose maniaco-dépressive* a la même fréquence élevée (1/100) que la schizophrénie dans la population générale, mais il a fallu attendre Kraepelin (1899) pour l'identifier tellement ses deux aspects successifs sont totalement opposés, alors qu'ils ont un « lien secret » (« folie circulaire »). Cette maladie paraît essentiellement endogène et la plus nettement « héréditaire » en psychiatrie (Mendlewicz, 1978). En effet, son déclenchement, ainsi que l'alternance de l'humeur n'ont pas de cause évidente dans l'entourage. Par ailleurs, dans les familles où se trouvent des maniaco-dépressifs on remarque souvent des sujets d'un dynamisme notable, d'un statut enviable sur le plan intellectuel, social, politique ou autre. Quant aux malades eux-mêmes, ils sont assez fréquemment des personnes d'élite, rencontrées dans l'histoire des arts, de la littérature et de la politique : ils ont pu mener une existence hautement productive dans l'intervalle de leurs accès. Cela peut être l'indice de prédispositions utiles. D'autant plus que leur résistance physique fait penser à des « mécanismes adaptatifs sous-jacents » (Demaret, 1979).

On a alors situé la réponse dépressive dans une perspective darwinienne. Pour Engel (1962), « le repli dépressif constitue... une attitude protectrice de retrait, une forme d'hibernation qui permet au sujet de survivre quand il ne dispose plus de la faculté de lutter » (Widlöcher, 1983). La psychopathologie ne borne plus ses constats au cadre étroit des sentiments vécus et conscients. La dépression des psychiatres est plus que la « tristesse des psychologues », mais « une réponse insérée à une situation catastrophique qui vient désorganiser l'ensemble des schémas d'activité et d'échanges » (Widlöcher, 1983). Ainsi les travaux de Spitz (dépression anaclitique du nourrisson humain), de Bowlby (1978-1984) et de Harlow (jeunes humains et jeunes primates) rejoignent-ils à un niveau plus général la réflexion des psychanalystes au sujet du deuil pathologique. L'interprétation de Guntrip (1962) « permet de porter une attention nouvelle à l'aspect dévitalisé des personnalités dépressives et invite à rechercher l'explication de la fatigue et de l'épuisement de ces patients autrement qu'en invoquant le simple effet de la tristesse. Le désir de régresser vers une attitude d'abandon devient la réaction fondamentale à l'expérience de perte. Lorsque la capacité de lutte prédomine, la culpabilité, l'auto-dépréciation et les manifestations délirantes demeurent au premier plan. Mais quand ces possibilités se révèlent insuffisantes, le « retrait devient la seule solution » (Widlöcher, 1983).

Les modes de transmission génétique des maladies mentales peuvent maintenant être étudiés scientifiquement, même si les résultats de ces travaux suscitent toujours des commentaires idéologiques. Il existe une incidence familiale assez nette de la schizophrénie (études d'adoption, études de jumeaux) : « la fréquence de la schizophrénie est habituellement estimée à 1% dans la population générale. Le risque morbide est d'environ 10% chez les frères et sœurs de schizophrène ; il est d'environ 12% chez les enfants de schizophrène : il est d'environ 6% chez les parents de schizophrène. Il est de 3 à 4% chez les oncles et tantes, neveux et nièces, cousins et cousines, petits-enfants de schizophrène. Chez les enfants de deux schizophrènes, le risque morbide s'élève à 30-40%... Dans les études d'adoption, on retrouve des risques morbides tout à fait similaires : 13,9% de schizophrénie chez les ascendants collatéraux biologiques de 33 schizophrènes dans l'étude de   s.s. Kety (1975) ;

10% de schizophrènes chez les enfants de 50 schizophrènes dans l'étude L. Heston (1966)... Par conséquent, l'adoption ne paraît pas diminuer le risque familial de schizophrénie quand on écarte un enfant de sa famille» (Debray, 1981).

L'examen critique de ces recherches conduit à penser qu'elles ne parviennent pas complètement à «éclairer la nature de ce facteur génétique, ni la nature des facteurs environnementaux coexistants. En aucune façon, on ne peut en déduire un mode de transmission particulier» (Debray, 1981). On rencontre à ce propos deux séries de difficultés : celles qui tiennent à l'utilisation du modèle actuel de l'hérédité en psychologie (nous y reviendrons tout à l'heure) ; celles qui tiennent au langage de la psychopathologie : il faudrait être d'accord sur les critères cliniques de la maladie et sur les critères du pathologique dans l'entourage du malade. Actuellement, «il demeure difficile de travailler sur la schizophrénie considérée comme un tout» (Debray, 1981) et la génétique s'efforce de préciser les *limites* de la maladie. Le concept de *spectre* symbolise ce modèle récent : «le facteur génétique qui prédispose à la schizophrénie ne prédispose sans doute pas qu'à la schizophrénie, mais à bien d'autres troubles» (Debray, 1981) (psychoses délirantes, états-limites, personnalités pathologiques non névrotiques) (Reuchlin, 1973).

En ce qui concerne la psychose maniaco-dépressive (fréquence de 1% dans la population générale) les études montrent que chez les ascendants, frères et sœurs du malade, le «risque» est de 10 à 20%. Il est de 50 à 100% chez les jumeaux vrais et de 15 à 20% chez les faux jumeaux. La méthode d'adoption confirme le poids du facteur génétique : «on observe, pour un sujet adopté atteint, que le risque est plus grand chez les parents biologiques (30% environ) que chez les parents d'adoption (12%). Ce second chiffre, très supérieur à la moyenne générale, montre d'ailleurs l'importance des facteurs de l'environnement et des conditions de vie» (Widlöcher).

Quant à la transmission de la maladie, elle paraît assurée par un gène situé sur le chromosome X dans certaines familles mais «ce mécanisme ne peut s'appliquer à toutes les dépressions, ni même à toutes les dépressions bipolaires» (Widlöcher). En fait, «on s'oriente donc vers une théorie polygénétique de la transmission du risque dépressif» (Widlöcher). De toute façon, l'imprécision des critères et le flou des classifications, une fois de plus, font obstacle à un raisonnement rigoureux. Winokur (1969) a proposé de subdiviser les dépressions monopolaires en deux groupes : « le spectre de la maladie dépressive... qui débute précocement, plus fréquente chez la femme (et qui s'observe dans les familles où existent des antécédents d'alcoolisme et de désordres psychopathologiques), et la maladie dépressive proprement dite..., plus fréquente chez les hommes et à début tardif » (Widlöcher). On peut donc penser que le risque génétique tient probablement à plusieurs gènes et qu'il intéresse l'ensemble des dépressions, associé à d'autres facteurs de risque.

Les études précédentes montrent que l'hérédité n'est qu'une des «dimensions» de certains phénomènes pathologiques : conclusion bien différente des descriptions « fatalistes » c'est-à-dire étroitement déterministes offertes à la fin du siècle dernier. Freud lui-même, après avoir adhéré à cette époque aux théories qui rangeaient l'hystérie parmi les maladies liées à une dégénérescence héréditaire, lui conserve un rôle au 20e siècle, après l'invention de la psychanalyse. À propos des facteurs « héréditaires » il écrit en 1915 qu'il n'est pas facile de les distinguer des facteurs « accidentels » : « du point de vue théorique, on sera toujours porté à surestimer les premiers, tandis que dans la pratique thérapeutique l'importance des seconds prévaudra ». Et il avait déjà affirmé en 1912 : « nous refusons d'établir une opposition essentielle entre les deux séries de facteurs étiologiques et admettons plutôt l'existence d'une action des deux dans la production des résultats observés ». Il admet d'ailleurs, comme tous ses contemporains, l'hypothèse fausse de Darwin concernant l'hérédité des caractères acquis : il a toujours cru à l'existence de traces mnésiques héréditaires, à un héritage phylogénique de fantasmes primitifs ou « originaires ».

En 1981, Bergeret a caractérisé le point de vue du psychanalyste sur l'hérédité en psychopathologie : « pour le psychanalyste, la réalité prise en considération demeure sélectivement la réalité psychique, c'est-à-dire la réalité intérieure formée à base de représentation du registre imaginaire. C'est le sujet imaginaire, le corps imaginaire, l'objet imaginaire, le comportement relationnel imaginaire qui intéresse spécifiquement le psychanalyste... Pour le psychanalyste, l'hérédité concerne la part de l'imaginaire qui ne serait pas acquise dans la seule expérience relationnelle post-natale » (Bergeret, 1981). Pour lui, la théorisation de la génitalité par Freud est incontestable, mais il existe, en deçà de l'Oedipe, d'autres structures plus primitives, pouvant être considérées comme innées (au sens des instincts des animaux et des fantasmes primitifs de Freud) ; elles « apparaissent comme porteuses d'inscriptions présymboliques œdipiennes mais non encore amorcées, non encore efficientes, non encore opératoires tant que n'a pas joué une interaction spécifique dans la relation entre l'enfant et l'entourage » (Bergeret, 1981).

Ces *fantasmes primaires* « surviendraient à la fois à partir d'*éléments préstructuraux héréditaires* (mis en évidence par les éthologistes dans l'étude de la genèse de la communication mère-enfant) et à partir de *modèles parentaux* qui induiraient une action élaboratrice » (Bergeret, 1981) (épigenèse interactionnelle). Ces fantasmes primaires ne sont de nature ni génitale ni agressive « mais essentiellement de l'ordre d'une *violence fondamentale* qui imprègne toute relation précoce sujet-objet, sans amour et sans haine, dans une dialectique purement narcissique primaire : lui ou moi ? Survivre ou mourir ? Survivre au risque de tuer l'autre ? » (Bergeret, 1981).

Nous suivons mieux maintenant le fil directeur qui conduit de Darwin à Freud. Que ce soit dans les *Études sur l'hystérie* (où il suggère en 1895 que les affects hystériques et l'usage de la langue ont une origine phylogénique commune), où dans celle sur l'*Aphasie* (1891) où il adopte les vues de Jackson, il choisit un modèle dynamique, interpsychologique et temporel qu'il expose clairement en 1905 : « normalement, l'enfant passe sans difficultés par les diverses phases de l'organisation sexuelle, sans que celles-ci puissent être décelées par autre chose que des indices. Ce n'est que dans les cas pathologiques qu'elles s'accusent et deviennent facilement reconnaissables... Tous les troubles morbides de la vie sexuelle peuvent, à bon droit, être considérés comme résultant d'arrêts dans le cours du développement».

Darwin et Freud insistent sur le fait que le développement d'un être vivant est toujours un système d'interactions avec l'entourage : il a pour support, dans le cas de l'enfant humain, les vécus historiques, familiaux et personnels. Misès a montré qu'il est possible de repérer les chaînons par où s'exerce l'influence de l'hérédité : les virtualités inscrites dans l'équipement génétique se trouvant intégrées dans un nouveau registre. Ainsi en est-il du pouvoir de sélection, de modulation exercé par l'environnement dans le cas d'enfants nés par insimination artificielle par donneur (Misès, 1981).

Ce n'est donc pas un artifice méthodologique que de resituer le développement de l'espèce humaine et de chaque Homme individuel dans l'élan plus général de la vie, même si le progrès des connaissances s'inscrit à contrecourant de l'idéologie pseudo-scientifique du siècle dernier. En fait, la biologie et la psychologie se rejoignent pour souligner la singularité de chaque individu et son autonomie relative : « avec les mammifères se relâche de plus en plus la rigidité du programme de l'hérédité... La capacité d'intégration augmente avec le cerveau. On voit même apparaître une propriété nouvelle : le pouvoir de se libérer de l'adhérence aux objets, d'interposer une sorte de filtre entre l'organisme et son milieu, de symboliser... Chez l'Homme, le nombre de réponses possibles devient si élevé qu'on peut parler de ce libre-arbitre cher aux philosophes. Mais la souplesse n'est jamais sans limites. Même lorsque le programme ne donne à l'organisme qu'une capacité, celle d'apprendre par exemple, il impose des restrictions sur ce qui peut être appris, sur le moment où doit avoir lieu l'apprentissage et dans quelles conditions » (Jacob, 1970).

LE SUJET ET SON CORPS : L'ILLUSION D'UN DIALOGUE

Les considérations précédentes, qui visent à situer la réflexions des cliniciens dans l'évolution de la vie et l'histoire de la culture aboutissent à une constatation qui fait problème : la psychologie, depuis qu'elle existe, a eu bien des objets différents. Science de l'âme pour Aristote, elle est devenue science des faits de conscience avec Descartes, science de l'inconscient pour Freud, science du comportement avec le behaviorisme de Watson, science des conduites pour Janet, etc... Une psychologie du corps ne paraît impossible qu'à ceux qui séparent le corps et l'esprit et les opposent. Le corps dont nous parlons est le corps animé » (Maher).

Mais les rapports intimes de la psychologie et du corps ne définissent pas seulement un objet pour une nouvelle science ; ceux qu'elle entretient avec la psychanalyse en font un objet paradoxal (Doron) : Freud invente sa méthode en se laissant guider par ce qu'il apprenait à lire sur lui (les symptômes), et en même temps, aussi, en le soustrayant à l'examen clinique habituel (ne pas voir, ne pas toucher) : « c'est le fantasme qui assure la singularité d'une personne et constitue la charpente de ce qu'on nomme individu. En somme, la psychanalyse substitue le fantasme à ce qu'on repérait communément en tant que *sujet* : la singularité de la construction d'un appareil de désir qui prend la place du référent subjectif » (Ribot).

L'anthropologie nous permet de comprendre cette situation en montrant que la notion de corps n'apparaît dans le monde primitif que par une *acculturation* : « les peuples qui *sont* leur corps ne peuvent le *penser* » (Descamps). C'est alors en formulant des hypothèses concernant le psychisme archaïque de l'espèce et de l'individu que nous pourrons élaborer la clinique de l'adulte actuel : « dans la clinique comme dans la théorie, nous sommes donc amenés à considérer que le champ psychanalytique s'établit dans une coupure, qui laisse à l'un de ses bords le corps biologique, pour en assurer *de l'autre côté* la reprise dans un langage, dans un système de signes » (Gantheret).

C'est pourquoi, dans un premier temps, nous évoquerons quelques auteurs qui ont repéré dans ce cas les problèmes posés aux psychologues. Toute science est analytique, mais toute connaissance n'est pas scientifique. De nos jours, nous vivons avec une connaissance au moins implicite de notre corps de sorte que nous avons tendance à invoquer « ce monstre : une *expérience vécue* qui engendrerait d'elle-même sa propre connaissance » (Pontalis). Les recherches scientifiques envisagent le corps selon différentes perspectives, chacune délimite son champ par ses méthodes propres, de sorte qu'elles nous offrent une représentation d'ensemble en mosaïque. D'où « le souci, possible, parallèle, fantasmatique, d'avoir à assurer la restauration d'un corps » (Rosolato).

Les images du corps. Bravant jadis l'interdiction de disséquer les morts, l'anatomie met maintenant à notre disposition des images du corps, mais il manque à ce cadavre « la propriété qu'a le corps d'éprouver le plaisir, la douleur, dans un déploiement libidinal qui comporte un jeu complexe non seulement des conflits pulsionnels, de moyens sur lesquels s'appuie le désir, mais aussi d'irréductible détermination de langage » (Rosolato). Cette expérience vécue souligne ce qu'a d'inadéquat la connaissance objective et introduit dans la relation au clinicien la demande illimitée et inassouvie d'une parfaite santé évidemment située au-delà de son savoir.

Il existe aussi une anatomie fantasmatique qui sous-tend les activités mentales selon le développement génétique : corps de l'oralité (morcellement, incorporation...), corps de l'analité (échange et agressivité), corps phallique (castration). Cette anatomie imaginaire se situe parfois sur un plan médical patent pour donner du corps une représentation trompeuse (hystérie, hypocondrie) : « si les sciences médicales et leurs explorations instrumentales ignorent l'importance, l'activité permanente de ces images du corps, elles restent, en tant que savoir visé, une référence majeure pour le malade même qui s'appuie sur une méconnaissance postulée afin d'y affirmer la sienne» (Rosolato).

Il reste qu'il existe une image du corps fondée sur des *gnosies* plutôt que sur ces investissements : la neuropathologie suppose un sentiment de la présence du corps dont elle étudie les troubles et les composantes. La notion de schéma corporel inventée par Schilder (1925) a été réaménagée par De Ajuriaguerra qui y distingue des niveaux d'organisation :

— notion sensorio-motrice (corps agissant)
— notion pré-opératoire (ébauche d'une activité symbolique)
— notion opératoire (espace objectif représenté)

«un même principe préside donc à une double fonction : satisfaction des besoins et constitution des structures» (Angelergues) au moyen de schèmes (Piaget).

Le psychologue se trouve ainsi au carrefour de deux domaines : celui des activités mentales qui organisent les conduites, celui des pulsions qui les animent. La richesse de la clinique nous commande de ne pas les séparer et d'en apprécier les articulations suivant les cas : «je crois que l'image mentale du corps propre est produite par un processus biologique fondamental : la contradiction dialectique, la lutte entre hallucination et perception dans la conquête de la réalité et du plaisir... Les produits constitutifs de l'image mentale du corps propre ont, dans le meilleur cas, une cohérence fonctionnelle efficace, mais non une cohérence morphologique. Peut-on donc parler d'*une* image» ? (Angelergues).

Les signes du corps. Ils ont été systématiquement étudiés depuis l'origine de leur discipline par les médecins (séméiologie), puis repris dans une nouvelle perspective lorsque la médecine devient scientifique (19e siècle) : «une grammaire des signes s'est substituée à une botanique des symptômes» (Foucault). Foucault caractérise ainsi ce passage : «le symptôme devient... signe sous un regard sensible à la différence, à la simultanéité ou à la succession, et à la fréquence... Le regard clinique a cette paradoxale propriété d'*entendre un langage* au moment où il *perçoit un spectacle*» (Foucault). Et il précise ce que cette transformation du regard médical sur le corps signifie pour le psychologue : «la maladie se détache de la métaphysique du mal à laquelle... elle était apparentée... de l'expérience de la Déraison sont nées toutes les psychologies et la possibilité même de la psychologie ; de l'intégration de la mort dans la pensée médicale est née une médecine qui se donne comme science de l'individu» (Foucault). Et si la santé remplace le salut, la pensée médicale est engagée dans le statut philosophique de l'Homme. Elle «ouvre la source d'un langage qui se déploie indéfiniment dans le vide laissé par l'absence des dieux», c'est-à-dire le langage de la science : «l'organisation de l'objectivité à partir des valeurs du signe, la structure secrètement linguistique du donné» (Foucault).

Les signes du corps ce sont aussi « ceux qui appartiennent à la morphologie, dans le geste, l'allure, et la posture, avec la place et la distance que prend le corps par rapport aux autres corps » (Rosolato). Ils établissent des communications non verbales déjà étudiées par Darwin et, de nos jours par les éthologues : la posture est, par exemple, un indicateur privilégié de l'attitude affective fondamentale (Lorentz) ; elle nous communique les intentions de rapprochement, d'accueil ou de défi, de rejet et de menace ; elle module le degré d'intimité. Le corps humain est capable d'assumer de très nombreuses postures : les cultures choisissent celles qu'elles vont adopter.

Les applications de ces recherches en psychopathologie clinique ne manquent pas. Depuis longtemps on a noté que la disparition des expressions faciales dans les maladies mentales graves font partie du tableau clinique : stupeur, catatonie. Les analyses phénoménologiques de Minkowski dans le cas de la schizophrénie se regroupent autour de la notion de « perte du contact vital avec la réalité » ou opposant la schizoïdie à la syntonie : « les concepts ordinaires, élaborés par la physiologie et la psychologie, tels que excitation, sensation, réflexe, réaction motrice... etc... passent à côté sans l'atteindre... le contact vital avec la réalité vise bien davantage le fond même, l'essence de la personnalité vivante, dans ses rapports avec l'ambiance... non pas par des contractions musculaires, mais par des actes, par des sentiments, par des rires ou des larmes, qui viennent se poser sur les flots du devenir ambiant » (Minkowski). Il cite à ce propos Divry, qui résume bien l'essentiel de leur pensée commune : « le moi conscient représente cette sensation intime d'une sorte de centre dynamique, de fonction psychique synthétisante, nous donnant la notion de l'existence de notre propre corps, dans sa valeur physique et psychique, et qui, en même temps, est capable de recevoir, en les assimilant, des données du monde extérieur et d'agir en retour sur lui » (Minkowski).

Des recherches plus récentes en psychologie sociale soulignent les significations véhiculées par le corps, ses attitudes et ses aspects, dans les relations inter-personnelles : « les plus beaux individus des deux sexes sont supposés être plus aimables, plus sensibles, plus flexibles, plus confiants en eux-mêmes et avoir plus d'amis que les moins beaux. On les conçoit en outre plus maîtres de leur destin, plus conscients de leurs objectifs, moins influençables que les individus laids » (Maisonneuet et Bruchon-Schweitzer). Tout se passe comme s'il existait un stéréotype « ce qui est beau est bon » ; son inscription dans la conscience collective entraîne des comportements différentiels envers les individus beaux et laids. Dans les milieux éducatifs les beaux élèves sont surestimés ; dans les milieux thérapeutiques on a pu observer aux USA en 1974 une tendance à accorder des psychothérapies aux malades les plus beaux et à réserver la chimiothérapie aux moins beaux des patients (Maisonneuve et Bruchon-Schweitzer). Cette perception des qualités esthétiques de son corps par le sujet lui-même n'atteint que chez l'adulte une corrélation très significative avec les appréciations de ses pairs, et la beauté auto-perçue est prédictive de l'estime de soi : « ainsi, les sujets se jugeant beaux se perçoivent plus favorablement et témoignent de relations sociales et sexuelles plus satisfaisantes que les sujets se trouvant laids » (Maisonneuve et Bruchon-Schweitzer).

On voit immédiatement le poids de l'ensemble de ces constatations au sein de la relation malade-clinicien, en même temps que dans les rapports de l'individu et de son milieu. C'est pourquoi il est temps de s'interroger sur l'émergence du sujet dans le système de ces interactions.

S'il existe bien, comme tout l'indique, un archéopsychisme immergé dans les expériences corporelles précoces ou primitives, l'origine du sujet touche au narcissisme » comportement par lequel un individu traite son propre corps de façon semblable à celle dont on traite d'ordinaire le corps d'un objet sexuel » (Freud). Ce qui est en effet en cause dans la constitution du sujet c'est, d'une part, le problème de ses limites et, d'autre part, la question de la portée de ces phases formatrices pour son équilibre ultérieur. Si la composante narcissique de l'identification nous renseigne sur la conscience du corps et sur la conscience de soi, nous pourrons mieux établir la continuité du normal au pathologique et sans doute mieux comprendre aussi pourquoi la pathologie de l'adulte en porte autant la marque : « la problématique narcissique est devenue plus importante, plus répandue que la problématique oedipienne. Le Surmoi post oedipien n'est du même coup qu'ébauché, laissant le champ libre au Surmoi archaïque, persécutif et destructeur » (Anzieu).

Pour Lacan, concevoir l'origine du sujet, c'est « manifester la connexion d'un certain nombre de relations imaginaires dans un comportement exemplaire d'une certaine phase du développement » (Lacan).

Comme l'a rappelé Freud en effet, le nourrisson humain est un « prématuré », et c'est « en fonction de ce retard de développement que la maturation précoce de la perception visuelle prend sa valeur d'anticipation fonctionnelle » (Lacan). L'identification archaïque à la forme humaine est le noeud imaginaire essentiel du narcissisme. On sait, aussi qu'à cette première donnée biologique s'ajoutent celles qui concernent l'effet de la forme spécifique du congénère (pigeons, criquets...). Lacan caractérise donc le « stade du miroir *comme une identification*... ; à savoir la transformation produite chez le sujet, quand il assume une image... situation exemplaire... où le je se précipite en une forme primordiale, avant qu'il ne s'objective dans la dialectique de l'identification à l'autre et que le langage ne lui restitue dans l'universel sa fonction du sujet » (Lacan).

Spitz développe également ses hypothèses au plus près de la biologie du nourrisson en parlant d'*embryogenèse du moi* : « les assertions de Freud concernant la nature de l'énergie psychique, la séquence des phases libidinales et l'élaboration de la structure psychique constituant le fondement de mes considérations » (Spitz). Pendant les trois premiers mois (stade non-différencié) « il n'y existe aucune différenciation entre le psychique et le somatique, entre le moi et le ça » (Spitz). Puis, aux alentours du troisième mois « le sourire de l'enfant en réponse aux stimuli est l'indice de cette transformation ». À cet âge, tout visage un tant soit peu mobile induit ce type de réaction. Il s'agit d'un percept à caractère de *gestalt* et non d'une réponse adressée à un individu spécifique. La configuration, supposée en mouvement, contient les yeux, le nez, le front. Cette *gestalt* est la première perception visuelle que l'enfant reconnaît avec certitude, et à laquelle il réagit par un comportement affectif spécifique. Cette réponse est l'indice que l'enfant a détourné son intérêt d'une réception exclusive de stimuli endogènes vers celle de stimuli exogènes, liés à l'environnement. Il a évolué du stade narcissique primaire — celui de la non différenciation — vers le stade suivant qui voit s'établir des relations avec le milieu » (Spitz). Cette description comportementale a sa correspondance dans les deux topiques : d'une part on assiste à l'inscription de traces mnésiques dans le préconscient (distingué de l'inconscient et du conscient) et, d'autre part, les composants du moi et du ça se séparent simultanément : « ce moi canalisera les décharges du ça, les inhibera ou les facilitera selon les cas » (Spitz). Tel est le *premier organisateur* psychique.

Puis, en observant et en raisonnant de la même façon, on localise entre six et dix mois le *second organisateur* psychique (formation de l'objet libidinal spécifique) et, à l'entrée dans la seconde année apparaît le *troisième organisateur* traduisant en général en même temps dans notre aire culturelle l'accès à la marche et au langage (évolution des gestes sémantiques et des mots globaux vers l'utilisation des symboles et le déclenchement d'opérations mentales illimitées).

La très grande valeur heuristique de la nouvelle conceptualisation dûe à ces deux auteurs a conduit à de nombreuses recherches dont nous aurons plus tard à apprécier la portée scientifique. Pour l'instant nous nous bornerons à considérer le plus significatif pour les psychologues de leurs points d'aboutissement actuel : « si la parole a un sens, c'est de donner un sens au corps. Nous sommes bien en deçà de ce que Michel Foucault a voulu exprimer par son titre célèbre : *Les mots et les choses* — avant de dénommer et de classer les choses, la parole parle des lieux imaginaires du corps, et elle parle ainsi avec le double ou triple sens qui la caractérise, car elle parle à partir d'eux, elle parle à leur sujet et elle parle pour eux. » (Anzieu).

Pour bien saisir l'émergence du sujet au travers de l'élaboration de ce processus secondaire, il faut en revenir à une distinction établie par Freud entre les mécanismes de la perception qui définissent les limites du moi au sein de la géométrie des corps biologiques et les mécanismes de *projection* qui les envisagent à la manière d'une défense psychique : « le Moi-réalité débutant qui, au moyen d'un bon indice objectif, est parvenu à distinguer l'intérieur de l'extérieur, se mue en un Moi-plaisir purifié qui place au-dessus de tous les autres le caractère de plaisir. Du monde extérieur, il fait deux fractions : l'une constitue la part plaisir qu'il s'est incorporé, l'autre, le reste, lui demeure étrangère. Le Moi a ainsi détaché de lui-même une partie qu'il projette dans le monde extérieur et qu'il ressent comme hostile » (Doron).

C'est pourquoi, en psychologie projective, les travaux de Fisher et Cleve-land sur l'image du corps et la personnalité ont isolé au test de Rorschach les variables d'Enveloppe et de Pénétration. Pour Anzieu, cette image des limi-tes du corps est « une représentation élaborée assez précocement par le Moi lui-même en pleine structuration » (Anzieu) et il adhère alors à l'hypothèse d'Angelergues pour qui il s'agit d'un « processus symbolique de représenta-tion d'une limite qui a fonction d'*image stabilisatrice* et d'enveloppe protec-trice... la fonction des limites rejoint l'impératif d'intégrité » (Anzieu). La notion de moi-peau rassemble toutes ces acquisitions : « Par Moi-peau, nous dési-gnons une figuration dont le Moi de l'enfant se sert au cours des phases pré-coces de son développement pour se représenter lui-même comme moi à partir de son expérience de la surface du corps. Cela correspond au moment où le Moi psychique se différencie du Moi corporel sur le plan opératif et reste confondu avec lui sur le plan figuratif. » (Anzieu).

Cent ans après Ribot qui contestait en psychologie la valeur du moi des philosophes largement fondé sur le dualisme cartésien, nous avons à renon-cer définitivement à l'hypothèse de la psycholgie académique « d'un sujet unifié et unifiant, d'un sujet pouvant se reconnaître comme *soi-même,* comme soi et même, c'est-à-dire comme unité et continuité, certes précaire, labile, alté-rable, mais qui serait susceptible d'échapper dans son être à l'*irréductibilité* du conflit, à l'*altérité* de l'inconscient, à l'*inconciliabilité* des représentations, à la *partialité* des pulsions, à la *multiplicité* des identifications » (Pontalis). Un dualisme de type cartésien, en effet, situe l'expérience de la pensée au cœur d'une substance spirituelle distincte du corps matériel, mais susceptible cepen-dant d'y gouverner « ainsi qu'un pilote en son navire » : « la relation à notre corps procède du même anthropomorphisme qui fait attribuer aux divinités des réactions parentales bonnes ou mauvaises. D'où cette position craintive que nous pouvons avoir de *ses* réactions à notre détriment, d'où notre espoir qu'*il* veuille bien aller mieux » (Lavie). Curieusement, il semble que le décou-page scientifique en mécanismes encourage une idéologie de la santé mas-quant la question de savoir à quoi *répondent* ces mécanismes, à qui est *dédié* ce langage analytique. La psychopathologie clinique, loin de rechercher *dans le passé* le premier maillon d'une chaîne indéfinie de causes impersonnelles, au lieu de tenter un impossible dialogue avec une machine corporelle, oriente notre attention vers « des termes parentaux par rapport auxquels l'Homme peut dès lors tenter d'avoir prise sur ce qui constitue le *présent* de sa relation au monde et à son corps » (Lavie).

LA LANGUE CLINICIENNE :
LA SYMBOLIQUE DES CHERCHEURS ET LA PAROLE DES SOIGNANTS

Résumant la difficulté essentielle de l'analyse des données lorsqu'on veut étudier la naissance psychologique de l'être humain Mahler écrit : « le moment de la naissance biologique du nourrisson et celui de la naissance psychologique de l'individu ne coïncident pas. La première est un événement dramatique, observable et bien circonscrit. La seconde est un processus intrapsychique qui se déroule lentement » (Mahler). Nous sommer alors en présence de plusieurs apories :

— comment peut-on passer de ce qui s'*observe* à ce qui s'*infère* ?

— comment peut-on articuler une psychologie d'inspiration évolutionniste fondée sur le *temps* et une théorie de l'appareil psychique qui suppose un inconscient *intemporel* ?

— parmi les différents facteurs qui affectent et composent le vécu d'un sujet *dans l'instant,* comment identifier celui ou ceux qui préfigurent son équilibre *dans l'avenir* ?

— si dans cet instant l'aspect *événementiel* de l'histoire est moins significatif que son envers *fantasmatique,* comment peut-on repérer l'un dans l'autre ? (cf. première aporie).

Nous avons évoqué ailleurs (Doron), et d'une façon plus générale, ces embarras méthodologiques. Nous y revenons maintenant à propos du problème particulier qui nous préoccupe, et nous verrons à plusieurs exemples que la pierre d'achoppement est bien l'emploi nécessaire d'un double langage : celui des chercheurs et celui des soignants.

Comme l'a rappelé Widlöcher, Ribot avait vu l'intérêt de suivre à la fois 'organogenèse du système nerveux et l'ontogenèse des expériences individuelles. Dès la fin de la vie foetale « une sorte de sens du corps doit s'être produit, consistant en un vague sentiment de bien-être ou de malaise... et quand la vie psychique, sortie elle aussi de la période embryonnaire, est formée, l'esprit peut être comparé à une riche tapisserie où la trame a complètement disparu » (Ribot). Toute la psychologie moderne a adopté cette orientation génétique. Lagache a tenu à marquer à cet égard l'importance de Mowrer, dont les principes fondent notre psychologie dynamique :

1) tout comportement vise un but : il est fonctionnel.
2) il implique un choix dans une situation de conflit.
3) il est une réponse à une situation donnée, indissociable du contexte.
4) l'organisme tend à maintenir une cohérence interne et une impression subjective de conformité à une certaine image de soi.

L'idée d'une « force » sous-jacente à ce modèle, que ce soit chez Janet, Lewin ou Freud est purement descriptive et n'implique pas la connaissance de sa nature. Chez ce dernier : le concept de *pulsion* nous « apparaît alors comme un concept-limite entre le psychique et le somatique, comme un représentant psychique des excitations émanées de l'intérieur du corps et parvenues dans l'âme, comme le degré de travail imposé au psychologue par suite de son lien avec le corporel » (Freud). On saisit bien là le caractère opérationnel de la notion ; elle a d'ailleurs prouvé sa valeur heuristique pour le clinicien.

Bien loin de réduire la psychologie à la biologie, elle s'articule au concept corrélatif de *libido* qui se détourne lui-même du modèle hydraulique de la décharge pour y substituer le modèle interpsychologique de l'identification précoce : «parler de libido est une façon de dire : 1° que le but de l'appareil psychique est la recherche de plaisir et l'évitement de la souffrance ; 2° que le plaisir est provoqué, chez les êtres humains, non pas par des actions ou des états, mais sur les fantasmes purement psychiques qui trouvent à se satisfaire à l'occasion de ces situations et de ces états ; 3° que les plaisirs humains se répartissent selon un continuum qui va de la sensibilité diffuse de la peau et de plaisir, virtuellement érotique, du fonctionnement des organes biologiques à la décharge sexuelle paroxystique de l'orgasme adulte ; 4° que tous les mécanismes de la pensée sont acquis par étayage sur une fonction biologique (quand celle-ci est source de plaisir) et par figuration symbolique métaphorique ou métonymique de cette fonction» (Anzieu).

Mais si l'élaboration de nouveaux concepts (pulsion, libido) peut éviter l'enlisement de la clinique dans la biologie, il convient aussi d'éviter des erreurs du même genre du côté de l'histoire (anamnèse des cas) : «ce point de vue du développement est, en fait, une perspective historico-étiologique et non une vue authentiquement génétique» (Widlöcher). Le chercheur dispose, de l'extérieur, des modèles successifs décrits dans les *Trois essais sur la théorie de la sexualité*. Le thérapeute, pendant la cure du sujet adulte, s'efforce de reconstruire le passé en partant de ses traces actuelles — Il y a là une source de contre-sens sur l'état du sujet : «en effet, en réduisant la causalité de l'état actuel à ce modèle infantile, on souligne l'identité entre l'enfant mythique de la reconstruction et l'enfant modèle de l'histoire, et on risque d'accorder une place excessive dans la dynamique et la technique de la cure à la reconstitution du passé ou à la réparation au détriment de l'organisation dynamique actuelle» (Widlöcher). La tentation est encore plus grande si, pour des raisons de prévention et d'hygiène mentale on procède en sens inverse en cherchant à identifier à l'avance les «enfants vulnérables» : «la conceptualisation du temps dans l'avant-coup de l'enfance est encore peu assurée ; la signification d'un événement dépend entièrement de sa date... La catégorisation prospective méconnait le temps, elle est alors non pas hypothèse mais préjugé de la recherche. Le clinicien connaît les méfaits de tels préjugés. Le jeu entre structure synchronique et diachronique est un espace de travail irremplaçable» (Gutton).

Prenons maintenant l'exemple concret d'un polémique récente à propos de l'origine du sujet humain et des découvertes de Bowlby sur l'*attachement*. Selon Zazzo, ce psychanalyste soucieux de répondre aux exigences de vérification de la méthode expérimentale annoncerait la mort de la psychanalyse, ou sa seconde naissance en la faisant accéder à sa maturité scientifique : elle serait alors débarrassée d'hypothèses encombrantes, de la libido, de l'inconscient. En ce qui concerne l'oralité, certaines données de l'éthologie animale montrent que «l'attachement à la mère par la bouche, forme primaire d'attachement, constituerait un type inné de lien » (Widlöcher) ; on peut établir qu'il existe aussi un « besoin de stimulation cinesthésique et tactile et celui d'entendre la voix maternelle » (Widlöcher). On peut enfin contester la théorie freudienne des pulsions.

Or si l'on tient compte à la fois, ainsi que nous l'avons fait, des progrès de la biologie et de la psychanalyse depuis Freud, on constate, comme celui-ci le supposait d'ailleurs, que la première ouvre les voies à la seconde bien plus qu'elle l'absorbe. Mais il faut pour cela tenir compte de l'hétérogénéité des niveaux d'analyse : l'enrichissement de la clinique psychanalytique s'est fait en récusant toute équivalence possible d'un vocabulaire à l'autre : — « il n'est pas certain que les expériences réelles du nourrisson se retrouvent toutes de la même manière dans les fixations archaïques de l'adulte... la primauté de l'oralité relève peut-être des effets de l'*après-coup* ? » (Widlöcher).

— les psychanalystes eux-mêmes (Ribble, Anzieu) font état de fantasmes archaïques liés à la peau et à la voix.
— les pulsions enfin n'ont de sens en clinique qu'à travers une activité de symbolisation sans cesse en éveil dès le début de la vie mentale : « ce sont des programmes d'action qui motivent la conduite instinctuelle et non les substances chimiques. Celles-ci ne servent que de médiateurs » (Widlöcher).

Au total, le clinicien reste sensible à la continuité comme aux avatars d'une histoire qui s'exprime dans les symboles d'une culture humaine ; les défenses, les identifications constituent un matériel hétérogène : « le schéma de comportement qui cherche à se réaliser correspond bien à la pulsion au sens biologique du terme. Mais la représentation de sa réalisation, souvenir ou construction imaginaire, constitue l'expérience interne qui se prête à l'investigation analytique » (Widlöcher). Dans ce champ, l'incidence du vocabulaire éthologique est nul : d'ailleurs, n'est-il pas lui-même largement anthropomorphique ?

La phrase précédente qui vient d'attirer notre attention sur les conditions dans lesquelles les sciences construisent leur langage, et par conséquent les objets de leur expérience, nous conduit à relancer maintenant le débat non plus du côté de la pluralité des vocabulaires mais de l'acte unique fondateur du langage : la parole symbolisante.

Notons tout d'abord que, même chez Descartes, dont on dénonce parfois le dualisme (cf. fin de notre partie n° 3), la *distinction* des substances n'est qu'un moment d'une réflexion qui souligne par ailleurs l'*union* : « ce corps » que « par un droit particulier j'appelais mien... je lui suis conjoint très étroitement et tellement confondu et mêlé que je compose comme un seul tout avec lui » (Descartes). Descartes est conscient de l'importance vitale des impressions qualitatives qui nous renseignent sur les « diverses façons » dont les objets « nous peuvent nuire ou profiter » (Descartes), et sur celle des sentiments de la vie morale qui affectent « une seule personne qui a ensemble un corps et une pensée » (Descartes). Toutefois, cette dimension de l'existence n'est pas celle de la connaissance : pour acquérir celle-ci il faut une méthode, c'est-à-dire une activité intellectuelle dont le dualisme est l'un des produits symboliques.

Il n'en va pas autrement aujourd'hui : « il est difficile de parler de ce corps qui se dégage progressivement de l'expérience du sujet et dont corrélativement le sujet tente de se dégager... si ce n'est précisément en le *symbolisant* ; ni à l'âge d'homme ni sans doute pour l'enfant au berceau, je ne vois d'autre saisie possible du corps si ce n'est par le moyen de sa symbolisation. On a beau tenter de se référer à quelque *vécu* primitif de primordial... je ne vois aucun de ces moments qui puisse être saisi autrement que sous l'angle d'une expérience symbolique, en un mot d'une expérience signifiante » (Leclaire).

Les travaux de Bower et Papousek permettent de généraliser dans ce sens ce qu'avaient ébauché Spitz, Mahler et Bowlby : « il y a de nombreuses années, on pensait que les bébés souriaient parce qu'ils associent les visages au soulagement des malaises de la faim et de la soif. On démontra que ce n'est pas le cas dans une recherche assez curieuse où un couple de jumelles fut élevé sans jamais avoir l'occasion de voir un vrai visage humain... Néanmoins, elles commencèrent à sourire à l'heure — comme les bébés normaux à l'âge conceptionnel de quarante six semaines. Nous aboutissons à la même conclusion si nous regardons les prématurés. » (Bower) Les activités cognitives de communication sont donc très précoces : « ce qui est important, c'est la relation entre un comportement donné et un événement dans le monde extérieur. Les bébés apprennent, en fait, jusqu'à ce qu'ils découvrent exactement lequel de leurs comportements provoque l'événement. À ce moment-là, on observe un vigoureux sourire et des vocalisations qui ne sont pas dirigés vers l'événement particulier, mais semblent plutôt traduire quelque plaisir intérieur. » (Bower) Si l'on aborde ensuite les relations avec la mère, il faut partir du fait que « le nouveau-né... est prêt à interagir avec n'importe qui de toute façon. À travers le temps, chaque couple mère-enfant développe un style de communication particulier... Schaffer suggère que la caractéristique qui détermine si oui ou non un adulte particulier deviendra objet de l'angoisse de séparation du bébé est l'attention sociale que cet adulte témoigne à l'enfant. » (Bower) Les soins physiques donnés par la mère ne sont que le support et l'occasion d'une interrelation privilégiée : lorsqu'elle s'absente le bébé est isolé des autres adultes par le développement même des moyens de communication qu'il partage avec sa mère. » (Bower) D'ailleurs « l'angoisse de séparation décline lorsque l'enfant commence à parler, — et elle décline pas à pas à mesure qu'il maîtrise le langage et que se développe sa capacité à communiquer avec ceux qui l'entourent. » (Bower) Notons au passage que ces observations confirment l'hypothèse de Freud pour qui l'élaboration psychique de l'expérience par le processus secondaire est articulée précocément aux processus primaire : leur distinction est une « fiction théorique » (Freud), mais non un phénomène historique et génétique.

Nous voici parvenus à un carrefour où s'entrecroisent, au moment de l'éveil du sujet, la parole confortante de la mère et la maîtrise de l'enfant sur son entourage : c'est aussi le moment où se noue son autonomie et son narcissisme, conditions d'un dialogue illusoire ou authentique. Pour examiner les difficultés du « double langage » indispensable pour exprimer ces faits, nous partirons de deux textes de Lacan. Le premier est un coup d'œil général sur les sciences : « en particulier, il ne faudra pas oublier que la séparation en embryologie, anatomie, physiologie, psychologie, sociologie, clinique n'existe pas dans la nature et qu'il n'y a qu'une discipline : la *neurobiologie* à laquelle l'observation nous oblige d'ajouter l'épithète d'*humaine* en ce qui nous concerne. » (Lacan) Le second définit le champ de la psychanalyse : « ses moyens sont ceux de la parole en tant qu'elle confère aux fonctions de l'individu un sens ; son domaine est celui du discours concret en tant que réalité transindividuelle du sujet ; ses opérations sont celles de l'histoire en tant qu'elle constitue l'émergence de la vérité dans le réel. » (Lacan)

Nous pouvons tenir pour établi, en continuité avec ce que nous avons déjà appris, que l'émergence du sujet psychologique ne le condamne nullement en effet à n'être qu'un épiphénomène du corps dans la perspective d'un déterminisme mécaniste laplacien. L'épistémologie de la complexité qui accompagne la science actuelle renonce au modèle de l'homme enfermé dans son corps et l'ouvre au contraire au sein des systèmes auto-organisateurs : « la conscience volontaire et le vouloir émergeant à la conscience sous forme de désirs et de pulsions doivent être compris comme les résultats syncrétiques d'interactions entre conscience-mémoire du passé, et vouloir inconscient auto-organisateur de l'avenir... Plus la mémoire corticale occupe une place importante dans le système, plus ses possibilités d'interaction avec les processus auto-organisateurs sera grande et donc plus les manifestations d'une conscience volontaire sembleront évidentes — de même d'ailleurs que les phénomènes de dévoilement de l'inconscient. » (Atlan) Tel peut être le langage du chercheur qui envisage la situation générale au sein de laquelle se dégage tout sujet psychologique.

Mais le thérapeute, lui, a affaire à un sujet singulier qui lui adresse sa demande particulière. Si la biologie elle-même, comme le montrent les travaux de Jacquard sur la génétique, n'exclut plus celui-ci du domaine de la science, il reste que la psychanalyse l'accueille à son niveau propre, celui de la symbolisation : « il n'y a de demande qui ne passe à quelque titre par les défilés du signifiant. » (Lacan) Or le langage ajoute à la dépendance biologique du sujet « justement en ceci que par et à travers lui, les besoins se sont diversifiés et démultipliés au point que la portée en apparaît d'un tout autre ordre... au point que ces besoins soient passés au registre du désir. » (Lacan) C'est pourquoi « l'inconscient est ce chapitre de mon histoire qui est marqué par un blanc ou occupé par un mensonge ; c'est le chapitre censuré. Mais la vérité peut être retrouvée ; le plus souvnet déjà elle est écrite ailleurs. » (Lacan) Toute psychopathologie se fonde sans doute dans la théorie de cette inscription.

Ce n'est pas notre propos d'entrer ici dans les argumentations qui opposent les différentes écoles — chacune proposant son modèle — et nous nous contenterons de dessiner un panorama permettant de profiler les troubles mentaux dans leur contexte. Reprenons pour cela l'intuition fondamentale de Lacan : « nous croyons... pouvoir désigner dans l'imago l'objet propre de la psychologie... Une forme de causalité la fonde qui est la causalité psychique même : l'identification, laquelle est un phénomène irréductible. » (Lacan) Une intuition de ce genre comporte une profonde ambiguïté, puisqu'elle utilise, le mot de *causalité* pour désigner la relation par laquelle le sujet prend son sens dans l'Autre : les significations, elles, irréductibles, sont-elles assimilables à des causes ? ne ramène-t-on pas alors l'herméneutique à l'énergétique ? l'interprétation à l'explication ? (Ricoeur) D'autre part l'importance privilégiée accordée par Lacan au langage apparaît douteuse aux linguistes eux-mêmes : « le propre du langage est de n'exprimer que ce qu'il est possible d'exprimer. Ceci n'est pas une tautologie. » (Benveniste) Si l'on peut reconnaître, avec de Saussure et Lacan, que tout système linguistique est fait d'oppositions pertinentes, il n'est pas moins vrai qu'aussi « originel » ou « primitif » qu'on le voudra « un langage est d'abord une catégorisation d'objets et de relations entre ces objets... tout paraît nous éloigner d'une corrélation *vécue* entre la logique onirique et la logique d'une langue réelle. » (Benveniste) La symbolique repérée par Freud est à la fois :

— infra-linguistique, car « elle a sa source dans une région plus profonde que celle où l'éducation installe le mécanisme linguistique. » (Benveniste)
— supra-linguistique « du fait qu'elle utilise des signes extrêmement condensés qui, dans le langage organisé, correspondraient plutôt à de grandes unités du discours qu'à des unités minimales. » (Benveniste)

Mais ce qui est le plus caractéristique, c'est que l'intérêt du clinicien se porte davantage sur le surgissement du sujet dans sa parole que sur les procédures générales de la langue qui l'insèreront parmi tous les sujets « grammaticaux ». Comme nous l'avons vu plus haut l'analyse n'est pas la mise à jour des causes historiques qui ont fait du sujet ce qu'il est : « on comprend que Freud ait pu déclarer que le maniement du transfert présente des difficultés singulièrement plus graves que l'interprétation des associations. » (Ricoeur) La psychanalyse c'est essentiellement l'analyse du transfert : « on ne s'étonnera jamais assez de cette audacieuse trouvaille : traiter la relation intersubjective comme *technique*. » (Ricoeur)

Rien ne justifie en somme l'absolutisme du langage : il y a une ouverture à l'être qui n'est pas proprement linguistique. En deçà du langage institué, il existe une puissance significative des sujets parlants, et leur exigence de communication. Cette remarque de Pontalis est le fondement même de la psychopathologie dans l'archéologie du sujet : « dès lors surgit la face de l'Homme caché par le concept rassurant et émollient de sapiens. C'est un être d'une affectivité intense et instable qui sourit, rit, pleure, un être anxieux et angoissé, un être jouisseur, ivre, extatique, violent, aimant, un être envahi par l'imaginaire, un être qui sait la mort et ne peut y croire, un être qui secrète le mythe et la magie, un être possédé par les esprits et les dieux, un être qui se nourrit d'illusions et de chimères, un être subjectif dont les rapports avec le monde objectif sont toujours incertains, un être soumis à l'erreur, à l'errance, un être lubrique qui produit du désordre. Et comme nous appelons folie la conjonction de l'illusion, de la démesure, de l'instabilité, de l'incertitude entre réel et imaginaire, de la confusion entre subjectif et objectif, de l'erreur, du désordre, nous sommes contraints de voir qu'*homo sapiens est homo demens.* » (Morin).

S'il est en effet probable qu'un risque de déséquilibre menace l'Homme du dedans, ce n'est pas seulement la parole des patients qui est à définir avec soin ; c'est aussi celle des cliniciens. C'est ce qu'avait compris Freud en pressentant les limites de son auto-analyse et en préconisant plus tard l'analyse didactique des futures thérapeutes : car il ne suffit pas de déchiffrer la symbolique de ses propres rêves ; encore faut-il se donner les moyens d'accéder à l'inconscient d'autrui en repérant les résistances personnelles qui y font obstacle. En particulier, l'extension de la psychanalyse à de nouveaux champs (enfants, psychotiques...) rend nécessaire la prise en compte du « contre-transfert », c'est-à-dire de « l'ensemble des réactions inconscientes de l'analyste à la personne de l'analysé et plus particulièrement au transfert de celui-ci » (Laplanche et Pontalis). Balint a ensuite développé au profit des médecins généralistes ses célèbres groupes de formation capables de les rendre attentifs aux négociations inconscientes qui animent le dialogue du malade avec son médecin. Celui-ci « peut se rendre compte que de tels patients offrent, pour ainsi dire, ou *proposent diverses maladies* ; et ils continuent à en offrir de nouvelles jusqu'à ce que survienne, entre eux et le médecin, un accord au terme duquel l'une de ces maladies est admise comme justifiée pour les deux parties » (Balint) Les recherches de Bensaïd, en France, on repris cette tradition et l'on conçoit qu'elle peut aider aussi à la formation des psychologues, de plus en plus souvent appelés à travailler auprès de patients « non psychiatriques ».

Mais il existe aussi des problèmes lorsque les cliniciens veulent parler entre eux de leurs malades. Ils ont été abordés au cours de plusieurs enquêtes internationales conduites par les psychiatres et on abouti, en particulier, au DSM III (Manuel diagnostique et statistique des troubles mentaux) qui se détourne de toute théorie et s'efforce à une sémiologie très précise (cf. Kraepelin), privilégiant le « syndrome » plutôt que la « maladie ».

La parole des soignants, enfin, ne prend pas son sens uniquement au sein de la clinique. Elle se situe aussi au niveau épistémologique, au moins dans deux domaines principaux :

— celui de la santé : être malade, c'est vraiment pour l'Homme vivre d'une autre vie et, de même qu'il y a des « maladies », il y a aussi des « santés ». Chacun de nous a la sienne. (Canguilhem)

— celui de la compatibilité des modèles : « le problème de l'interdisciplinarité, ce n'est plus l'étude d'un même problème puisque ce sont des coupes différentes dans la réalité qui sont visées » (Noizet, 1981)

Au total, ce que nous retrouvons d'essentiel au moment de conclure, avait déjà été esquissé plusieurs fois ; c'est le problème de l'unité de la psychologie, du morcellement du sujet par les techniques, du risque de perdre ce « paradigme humain » du fait de la multiplicité des « modèles » : « mais l'interdisciplinarité, ce n'est que tirer des conclusions hâtives et faire des sauts périlleux d'une discipline à l'autre. C'est d'abord *écouter l'autre*. Exprimée dans les formes plus abstraites de la philosophie des sciences, cette règle pourrait se traduire ainsi : « l'élaboration de la situation clinique conduit à une intégration dynamique, plus ou moins valable, de la structure du moi ; cette structure du moi est alors prise comme paradigme culturel, autour duquel tourneraient les institutions et les actions sociales. » (Granger) À ce titre d'ailleurs, la psychologie participe des « nouvelles alliances » de toute science : « le savoir scientifique, tiré des songes d'une révélation inspirée, c'est-à-dire surnaturelle, peut se découvrir aujourd'hui en même temps *écoute poétique* de la nature et processus naturel dans la nature, processus ouvert de production et d'invention, dans un monde ouvert, productif et inventif. Le temps est venu de nouvelles alliances, depuis toujours nouées, longtemps méconnues, entre l'histoire des hommes, de leurs sociétés, de leurs savoirs et l'aventure exploratrice de la nature. » (Prigogine et Stenghers)

RÉFÉRENCES

ANGELERGUES. Réflexions critiques sur la notion du schéma corporel in *Psychologie de la connaissance de soi*. P.U.F., p. 222, 241.

ANZIEU. La peau : du plaisir à la pensée in *L'Attachement*. Delachaux, p. 153.

ANZIEU. *L'auto-analyse de Freud*. P.U.F., II, p. 751.

ANZIEU. *Le corps et le code dans les contes de J.L. Borgès*. in *N.R.P.*, n° 3, p. 201.

ANZIEU. Le moi-peau in *N.R.P.*, n° 9. Gallimard, p. 203, 204, 207.

ATLAN. Conscience et désirs dans des systèmes auto-organisateurs in Morin alt. *L'unité de l'homme*. Seuil, p. 194, 195.

BALINT. *Le médecin, son malade et la maladie*. P.U.F., p. 19.

BENSAÏD. *La consultation. Le dialogue médecin-malade*. Denoël.

BENVENISTE. Remarques sur la fonction du langage dans la découverte freudienne in *Problèmes de linguistique générale*. Gallimard, I, p. 83 et 86.

BERGERET. L'hérédité en psychopathologie. Point de vue du psychanalyste in *Annales médico-psychologiques*. 1981. 139 n° 2, pages 148, 150 et 152.

BERGERET. *La violence fondamentale*. Dunod, 1984.

BOWER. *Le développement psychologique de la première année*. Mardaga. p. 57, 58, 59, 77, 72, 75, 77.

BOWLBY. *Attachement et perte*. 3 tomes, P.U.F., 1978-1984.

CANGUILHEM. *Essai sur quelques problèmes concernant le normal et le pathologique*. Les Belles Lettres.

CASSOU ET COLL., Génétique et schizophrénie in *Psychiatrie de l'enfant*. XXIII.1. P.U.F., 1981.

DARWIN, in Sulloway. *Freud biologiste de l'esprit*. Fayard, 1981, p. 231.

DEBRAY, Q. in Pichot. *Actualités de la schizophrénie*. P.U.F., 1981, p. 135, 136. Ibidem, p. 137, 142 et 139.

DEMARET. *Ethologie et psychiatrie*. Mardaga, 1979, p. 37.
Ibidem, p. 25 à 35.
Ibidem, p. 113.

DESCAMPS. *Le corps dans le monde contemporain*. I, p. 8, Thèse d'État.
Ibidem, p. 67.

DESCARTES. Méditation sixième in *Oeuvres et Lettres*. Gallimard, p. 326.

DESCARTES. *Les passions de l'âme*. article 52, Ibidem, p. 723.

DESCARTES. *Lettre à Elisabeth du 28 juin 1643*. Ibidem, p. 1159.

DIATKINE. Ibidem, p. 136, cf. aussi Freud. *Métapsychologie*. Gallimard, p. 24, 25.

DORON. *Éléments de psychanalyse*. P.U.F., p. 148.

DORON. *Éléments de psychanalyse*. P.U.F., p. 158, 59.

DORON. *Éléments de psychanalyse*. P.U.F., (Conclusion).

FOUCAULT. *Naissance de la clinique*. P.U.F., p. XIV, 93, 108.
Ibidem, p. 198 à 201.

FOUCAULT, *Histoire de la folie à l'âge classique*. Plon, 1961, p. 281.

FOUCAULT, *Histoire de la folie à l'âge classique.* Plon, 1961, p. 281.

FRAISSE, Il y a trois psychologies in *Bulletin de Psychologie,* XXXVII.6/10, p. 266.

FRAISSE, ibidem p. 267 et 269.

FREUD, S. *L'interprétation des rêves.* P.U.F., p. 513.

FREUD, S. Les pulsions et leur destin in *Métapsychologie.* Gallimard, p. 33.

GANTHERET. Remarques sur la place et le statut du corps en psychanalyse in *Nouvelle Revue de Psychanalyse.* n° 3, Gallimard, p. 146.

GRANGER. *Pensée formelle et sciences de l'homme.* Aubier, p. 194.

GUTTON. Événement théorique et événement advenu in *Psychanalyse à l'Université.* n° 29, p. 161.

KUHN, *La structure des révolutions scientifiques.* Flammarion, 1983, p. 238-239.

JACOB, F. *La logique du vivant.* Gallimard, 1970, p. 338, 340.

LACAN. *Écrits.* Seuil, p. 185, 186.

LACAN. *Écrits.* Seuil, p. 188.

LACAN. *Écrits.* Seuil, p. 237 et 257.

LACAN. *Écrits.* Seuil, p. 811, 812, et 259.

LACAN. Le stade du miroir comme formateur de la fonction du Je... in *Écrits.* Seuil, p. 94.

LAGACHE, *Oeuvres* II. P.U.F., 1979, p. 332.

LAPLANCHE et PONTALIS. *Vocabulaire de la psychanalyse.* P.U.F., p. 103.

LAVIE. Notre corps ou le présent d'une illusion in *N.R.P.* n° 3. Gallimard, p. 36.

LECLAIRE. *Démasquer le réel.* Le Seuil, p. 35.

LECLAIRE. L'inconscient et le corps in *L'âme et le corps.* Fayard, p. 103.

MacLEAN, in Morin et col., *L'unité de l'homme.* II. Seuil, 1974, p. 137.

MacLEAN, *le « triune brain ».* (cf. Demaret, p. 38).

MAHLER. *La naissance psychologique de l'être humain.* Payot, p. 15.

MAISONNEUVE et BRUCHON-SCHWEITZER. *Modèles du corps et psychologie esthétique.* P.U.F., p. 86.

MAISONNEUVE et BRUCHON-SCHWEITZER. Aspects esthétiques et iconiques du corps in Frances. *Psychologie de l'art et de l'esthétique.* P.U.F., p. 251 et 253.

MAYR, L'évolution in *Pour la Science.* Numéro Spécial, Belin, 1979, p. 6. Ibidem, p. 12.

MINKOWSKI. La schizophrénie. Payot, p. 82, 83 et 129.

MISÈS. Génétique et psychopathologie de l'enfant in *Annales Médico-psychologiques.* 1981. 139, n° 2, p. 142. cf. Doron, Polycopié *Structure de la personnalité et capacité du changement.* Fiche n° 4, p. 3.

MORIN. *Le paradigme perdu : La nature humaine.* Seuil, p. 123, 124.

NOIZET in *Revue de psychologie appliquée.* XXXI, n° 2, 1981, p. 139.

NUTTIN, in Fraisse. op cit., p. 133.

PICHOT, *Un siècle de psychiatrie.* Roche, 1983. p. 71-75.

PICHOT, op. cit., p. 19.

PICHOT, op. cit. p. 55.

PICHOT, op. cit. p. 72.

PICHOT, *Un siècle de psychiatrie.* Roche, 1984, p. 44.

PONTALIS. Naissance et reconnaissance du « self » in *Psychologie de la connaissance de Soi.* P.U.F., p. 272.

PONTALIS. *Après Freud.* Julliard, p. 25, 26. Note 7.

PONTALIS. *Après Freud.* Julliard, p. 101, 102.

PRIGOGINE et STENGHERS. *La nouvelle alliance. Métamorphose de la science.* Gallimard, p. 296.

REUCHLIN. *L'hérédité des conduites.* P.U.F., 1973.

RIBOT. *Les maladies de la personnalité.* Alcan, p. 75.

RICOEUR. *De l'interprétation, essai sur Freud.* Seuil, p. 95 sq.

RICOEUR, Ibidem, p. 403, 395.

ROSOLATO. Recension du corps in *N.R.P.* n° 3, Gallimard, p. 5, sq.

Ibidem, p. 17.

SPITZ. *L'embryogenèse du moi.* Ed. Complexe, p. 9, 13, 14, 19.

Von FOERSTER, in Morin, op. cit., p. 140.

WIDLÖCHER. in *L'attachement.* Delachaux, p. 89, 90, 91, 96.

WIDLÖCHER. Le point de vue du développement in *N.R.P.* n° 19. Gallimard, p. 69, 70. cf. aussi Doron. *Éléments de psychanalyse.* P.U.F., chap. VIII, p. 148 sq.

WIDLÖCHER, in Fraisse. *Psychologie de demain.* P.U.F., 1982, p. 204.

WIDLÖCHER. *Les logiques de la dépression.* Fayard, 1983, p. 235.

Ibidem, p. 233, 234.

WIDLÖCHER, op. cit., p. 177, 179, 181 et 182.

6.2

Apport des moyens culturels à la résolution des crises de la vie adulte

PIERRE-CHARLES MORIN

INTRODUCTION

Ce chapitre se propose d'examiner une question dont la conclusion va tellement de soi qu'elle ne paraît pas avoir soulevé de curiosité particulière chez les psychologues — celle de l'importance d'une relation vivante entre les moyens culturels qui s'offrent à l'individu et sa capacité de faire face aux crises de sa vie adulte. Vérité quasi pléonastique de l'équilibre humain se maintenant grâce à une affiliation constante avec les apports culturels de la communauté sociale, il n'en reste pas moins que ce rapport est demeuré au niveau d'une constatation générale et ambiguë. La première partie de cette réflexion tentera de définir avec précision et nuance en quoi consistent les moyens culturels dont nous parlons et sous quelles formes ils se présentent, comment ils s'introduisent dans la vie adulte. La deuxième partie portera sur l'action de recherche de la culture, et sur les façons spécifiques par lesquelles cette action opère et transforme les épisodes critiques de la vie adulte. En troisième lieu, l'on précisera les limites de ces apports culturels de même que les dangers que comporterait une centration exclusive sur certains types de relations à la culture, et l'on terminera cet exposé sur les conditions d'une culture vivante et ressourçante pour l'adulte en situation de crise.

DÉFINITIONS

De prime abord, il paraît difficile de cerner ce qu'est la culture : chacun pourrait y aller de son entendement et forcément, il n'est pas le même d'une personne à l'autre, puisqu'il n'y a pas, sur un plan subjectif, deux cultures identiques ; l'on est toujours porté à définir un phénomène à partir de son expérience propre, ce qui, comme l'a affirmé Linton (1977), ne laisse qu'une conscience vague de son existence, tel un habitant du fond des mers qui ne ferait la découverte de l'eau qu'au moment où, entraîné vers la surface, il entrerait en contact avec l'atmosphère. L'on peut provisoirement adopter une définition très large de la culture, qui tend à regrouper les phénomènes d'expression humaine, sans lesquels l'être humain ne vivrait pas sa dimension propre, et ne pourrait entrer en contact avec ses contemporains qu'à l'occasion de nécessités biologiques les plus élémentaires. La caractéristisque propre de la culture, par rapport à la nature, c'est qu'elle humanise tout ce qu'elle touche, aussi bien les besoins de l'Homme que les moyens de les satisfaire. Elle les modifie en lui permettant de transcender l'ordre naturel et les transforme ainsi en forces et formes de vie nouvelles grâce auxquelles *de nouveaux terrains de la nécessité sont conquis à l'aide de l'outil toujours plus perfectionné de la connaissance et de la liberté...* (Tanase, 1974). La culture est un concept vaste, recouvrant des réalités très diversifiées et souvent opposées, issues de la variété des typologies et des intérêts humains, depuis les arts jusqu'aux plus humbles accessoires de la vie quotidienne.

Elle est donc le signe d'une ouverture au monde, la concrétisation d'un lien essentiel avec son milieu ; elle va du partage plus ou moins passif des caractéristiques d'une époque avec ses modes et ses coutumes, façons de vivre, de symboliser et d'apprécier, en passant par une participation plus active, où l'on vibre par ses réalisations, jusqu'à l'initiative menant à la création de styles et d'usages nouveaux. C'est un dialogue intérieur de l'action-pensée, constitué par un ensemble de symboles reçus en héritage et développés de façon personnelle dans un contexte historique donné, en rapport interactif avec son milieu. C'est un dépôt vivant, en changement presque constant, de toutes les significations reçues et inventées par la personne. L'exemple le plus frappant est la parole, qui *trace l'itinéraire de la conquête de soi... créatrice de celui qui veut l'utiliser* (Vidil, 1977). Chacun en reçoit les signes et les structures constituant une richesse personnelle et collective, dont l'expression poétique est la forme la plus élevée. L'Homme y affirme sa rationalité et y exprime la vision de son être-au-monde.

De l'émotion au symbole

On conçoit aisément que l'articulation plus ou moins nette et ample de ce dépôt facilitera — ou retardera — l'expression de soi, en mettant à la disposition de la personne les signes qui peuvent dépeindre avec les nuances les plus appropriées ses réactions affectives. La libération des élans et des servitudes intérieures passe par le réseau des symboles disponibles, et il y va de la santé de l'adulte d'amplifier et d'améliorer ses propres moyens d'expression, idée que Jung a particulièrement développée (Jung, 1963, 1971 ; Rychlak, 1973).

Examinant les processus en cause dans la relation d'aide, Gendlin (1975) souligne le lien interactif entre l'émotion et le symbole, comparant le processus de changement intérieur à une fermentation émotionnelle précédant le déploiement de l'expression de l'expérience intérieure. On peut dire que la reconnaissance de notre complexité émotive alimente nos reformulations de nous-mêmes, et entraîne le choix de symboles verbaux, ou non-verbaux, de plus en plus précis et congruents (Rogers, 1969), répondant au besoin ressenti d'une formulation plus authentique de soi. Cela est vrai dans la vie de tous les jours, comme en relation d'aide.

Il est aussi vrai d'affirmer que l'acquisition des signes donne la possibilité immédiate de façonner et de clarifier les infimes facettes du vécu émotionnel, tels le oui et le non du tout jeune enfant. Même si ces deux significations explicites sont à leur origine ancrées dans la physiologie la plus élémentaire du nourrisson, comme l'a démontré René Spitz (1976), ils acquièrent à leur début le statut de commentaire socialisé de ses états de contentement ou d'insatisfaction, et ils constituent un premier véhicule de compréhension et d'adaptation mutuelle entre l'entourage et l'enfant. Il s'agit d'un processus d'élaboration circulaire entre le ressenti intérieur et le « monde objectal », qui par son intériorisation devient le modèle de l'incessante recherche organismique d'articulation de l'individualité.

Individualisation et culture

La personnalité qui s'individualise se cultive ; la maturité devient le pivot central d'une authentique culture, et s'articule sans s'y confondre aux valeurs sous-tendues par un milieu social donné. Ainsi, ce qu'on appelle la culture québécoise propose une diversité d'images variées mais cohérentes de l'évolution attendue des jeunes qui grandissent, et qui franchissent les diverses étapes de la vie, telles que reconnues par Erickson (1963), mais accommodées aux valeurs idiomatiques de ce milieu ethnique. Chacun possède en propre les caractéristiques de son individuation, et ce n'est qu'à l'âge adulte que les acquis culturels actualiseront la constellation des potentialités de chaque être, particulièrement à la période dite de l'« après-midi de la vie » (Jung, 1963), où un retour sur les aspects de soi laissés dans l'ombre s'amorce, et permet à l'adulte de reprendre en mains les aspects négligés ou non développés de son identité. C'est alors qu'on assiste à une véritable récupération de frontières inconnues de soi (Mayer, 1978), sorte de métamorphose progressive, parfois brutale et dramatique où l'adulte tente de relancer son intérêt dans la vie, et d'accomplir son destin.

La culture est une nourriture qui donne un sens à la vie, et elle agira ainsi dans la mesure ou son ingestion a été préparée par voie de transmission de significations fondamentales, telles les traditions et valeurs ethniques. C'est ainsi qu'une culture qui rejette ces valeurs tend à considérer l'Homme et sa vie avec pessimisme et désabusement, et que, par réaction, l'espoir peut également inspirer même les temps les plus sombres, selon la vision des principaux protagonistes culturels de notre milieu. On assiste alors à l'élargissement de cette vision en chaque adulte qu'un désir de participer à la créativité de son temps encourage à garder contact avec les forces vives de son milieu, et à apporter sa contribution, même si c'est parfois à des causes qui paraissent mal engagées. Nous parlons de culture-action davantage que de culture-érudition, qui comporte le risque de la méticulosité et du maniérage. L'action suggérée ici en est une de solidarité, d'intérêt, et de recherche de partage des meilleures expressions de soi.

Culture et loisirs

Un tel entendement de la culture comme nourriture propre à donner un sens à la vie n'exclut surtout pas l'aspect récréatif et corporel d'une telle expérience intime s'enracinant dans les fibres biologiques de l'être. La culture n'est pas seulement le résultat d'apprentissages intellectuels et sociaux multiples ; elle est présente à titre de besoin dès la naissance de l'être, comme l'est sa disposition au jeu, et au dépassement de soi (Pronovost, 1983). Aussi, la recherche de loisir est-elle un phénomène central de la culture, et doit bien sûr être portée au compte de notre définition, et de notre affirmation du fait culturel comme moyen d'équilibre à travers les crises de l'âge adulte. Cette recherche comporte des rôles sociaux reconnus dans l'organisation communautaire, prenant appui sur le besoin de s'humaniser ; elle augmente avec l'âge, à partir de la constatation que les rôles attenants au travail et à la famille ne remplissent plus l'essentiel du mandat de l'identité individuelle (Kaplan, 1979). Si le jeu constitue le moyen par excellence d'apprentissage des usages et des logiques humaines, au point de se confondre au processus même d'assimilation de ces héritages, il n'en demeure pas moins un phénomène étonnant par ses manifestations, toujours empreintes de jouvence et de fantaisie, de gratuité et de détour pour le plaisir du détour. L'on peut affirmer que cette période de la vie qu'Erikson (1959) nomme stade de l'initiative se caractérise au plus haut point par l'acquisition des ritualisations déterminantes d'un milieu culturel donné : âge des contines et des premières chansons, de la découverte de l'expression de soi à venir dans les futurs grands jeux de la vie. Il est patent que c'est à partir de cette époque que s'étaye la liberté ou le conformisme inhérents aux productions culturelles à venir, et plus d'un artiste y aura acquis la certitude de sa capacité stylistique propre, ou y sera au contraire mort-né.

Culture et enfance

Bien que l'on soit porté à souligner la valeur d'élévation de la culture adulte à l'apogée de sa maturation, il convient de souligner sa conformité avec le monde ludique et imaginaire de l'enfance. La recherche de nourritures symboliques s'observe très tôt en l'être, et témoigne de l'activation des réseaux primordiaux de la conscience humaine. Il n'est que de refaire avec Rhoda Kellogg (1969) le cheminement du graphisme chez le tout jeune enfant pour découvrir l'empreinte étonnante d'un sens esthétique précoce indéniable, nous mettant en contact avec les origines définitivement innées et universelles des manifestations culturelles. Son étude fortement documentée de plus d'un million de dessins d'enfants de plusieurs ethnies fait saisir la structuration progressive et la richesse expressive de ces gribouillis qui paraissent de peu de valeur aux yeux inattentifs des adultes. Elle nous met en contact direct avec le besoin qu'éprouve profondément l'être à ses débuts dans la vie, de trouver les résonnances mutuelles et les réciprocités cognitivo-affectives dans son monde d'accueil, propres à alimenter sa croissance culturelle.

Plus qu'une culture de masse

Les humains de notre communauté sociale sont unis bien sûr par l'ensemble des connaissances et des structures collectives qu'ils partagent, que ces connaissances et structures soient linguistiques, intellectuelles, sportives, techniques, religieuses, esthétiques, etc. C'est une culture de masse, que nous recevons de la naissance à la mort, qui définit une bonne part de notre vie pratique, de nos pensées, de nos motivations, voire de notre sens communautaire. Cette culture baigne dans l'inconscient collectif, et constitue un héritage majeur, définissant une bonne part de notre identité dès la naissance. L'ensemble des coutumes et des valeurs groupales communiquées dès la tendre enfance, contribue à façonner l'héritage social, en une sorte de commun dénominateur qui évolue tout au long des générations au point d'entraîner des différences marquées entre celles-ci. Cette culture de masse marque les frontières des groupes sociaux petits et grands auxquels nous adhérons, et délimite notre territorialité depuis le clan familial en passant par le village, la ville, dépassant finalement la nation, pour atteindre jusqu'aux grands courants des mondes occidentaux, et orientaux.

Les étapes de vie que traverse l'adulte sont elles-mêmes façonnées par les dictées de la culture de masse ; les idéaux qu'il a poursuivis, ou auxquels il a renoncé, les succès, les échecs qu'il a rencontrés ont leur origine dans ce support impersonnel : Le message d'une chanson populaire peut être souvent considéré comme le résidu d'un rêve collectif dont l'adulte en crise ne pourra s'abstraire ; il fait partie de ces désenchantements de la vie, il est presque fondu à ce courant, il en est un élément souffrant, et c'est à la surface de cette réalité d'ensemble que surnagera sa petite coque personnelle.

Difficile donc, de dire où commence la culture personnelle, puisqu'elle émerge de la culture de masse, tout en influençant par la suite cette culture populaire. Cette distinction mérite cependant d'être maintenue, car apparaît le phénomène d'opposition à la culture de masse au nom même de l'individualisation, et toute fidélité à soi, tout maintient de son identité entraîne tôt ou tard une confrontation des deux aspects : le goût personnel refuse souvent le prêt-à-porter, l'expression verbale demeure un dépassement des clichés collectifs. Inversement, il se fait beaucoup de conditionnement, de normalisation, de remise au rang, au nom de la culture populaire. Ces deux aspects de la culture peuvent être d'un grand support dans les étapes critiques de la vie, et nous allons examiner plus loin comment cela se peut.

L'image d'un petit bateau sur l'eau vient à l'esprit, lorsqu'on essaie de visualiser le déferlement contemporain de la culture de masse. Ce petit bateau c'est la personne qui essaie d'établir et conserver son parcours, se ré-ajustant aux réalités inévitables des marées, des courants et des vents changeants. Cette culture du groupe qui s'impose par les tout-puissants média de communication, elle étouffe, elle envahit, et elle risque d'écraser l'individu (Jung, 1961). Elle existe comme une eau fondamentale, avec ses haut-fonds et ses abîmes, commandée par le goût collectif et viscéral de l'adolescence, et aussi par des énormes pouvoirs commerciaux, se cachant derrière les succès de l'heure. On entend souvent dire, « cette chanson a fait le tour du monde : elle s'est vendue à plus de cinq millions d'exemplaires ».

La culture de l'adulte regardant le monde qu'il traverse, et vivant les tournants critiques de sa vie, est mêlée profondément à cette eau lourde mais ne s'y confond pas. Partant du courant contemporain, dont il reconnaît parfois les impasses et les aveuglements, il s'avance en son devenir personnel, il s'annonce en prophète de son être valable au monde, par ce qu'il édifie de propre à lui-même, en sa mémoire et sa créativité. Et l'immensité de son potentiel à savoir être et à savoir faire devient un autre océan, face à celui qui le supporte. À un infini de culture sociale, peut répondre un infini jamais achevé de réponses et d'affirmations bien à soi, et de soi.

Source de plaisir et...

La culture dont nous parlons est une inépuisable source de plaisir : chaque « possession », chaque découverte, créent un état de joie, parce que l'être se sent vibrer et reconnaît affectivement la valeur de ces objets intérieurs, valeur esthétique et valeur d'identité. Cette joie, elle est évocable en tout temps : si je veux me faire plaisir, je cherche en moi la musique que peut m'inspirer ce cap, ce lac, ce fleuve de mon enfance, où se conjuguent les forces douces de la planète devenue coin de terre, et du paysage devenant univers. Source de joie immédiate, de vibrations émotives subtiles, fragiles, elle est la trace inaltérable laissée par la dynamique plaisir-souffrance de ceux et celles qui ont vécu avant nous, gravant leurs messages d'appréciation du vécu de leur temps. La culture est finalement le véhicule de l'espoir : tout ce que l'on invente de valable répond au vœu secret en soi de communication avec un monde que l'on veut voir s'améliorer, et auquel on tente de transmettre quelque chose qui correspond au meilleur de soi. La culture est donc en partie une projection des valeurs auxquelles on croit le plus ; la plupart des objets culturels qui sont conservés et vénérés par la suite ne sont-ils pas choisis pour la qualité authentique de leur représentation du passé, autant que leur prophétisme plus ou moins latent à l'égard des temps à venir ? La culture telle que nous l'entendons serait donc constituée de l'ensemble organisé, hiérarchisé, des signes balisant l'itinéraire d'un art de vivre particulier à un être, dans une société et en un temps historiques donnés.

COMMENT METTRE LA CULTURE À SA PORTÉE

L'éveil de l'intérêt pour une telle chose culturelle serait-il réservé au monde de l'école, et les adultes seraient-ils condamnés à parcourir de façon bête et méchante leurs itinéraires semés d'embûches appelés crises ? Une fois l'effort de l'adolescence et de ses fidélités passés, devrait-il être de stricte observance pour l'adulte de se contenter de la culture des média, de se limiter à la connaissance des objets d'intérêt collectif dictée par le conformisme communautaire ? À la base de l'acquisition de la culture, il existe une attitude de désir qui transforme les éléments de la culture de masse en phénomènes propres, idiographiques ; Utrillo habita les mêmes murs lépreux que les gens de son quartier, il y but les mêmes alcools, mais il y vit davantage et convertit un monde pitoyable en une vision picturale unique, atteignant toutes les sensibilités, en lui conférant cette qualité émotive poignante, teintée de nuances albâtres.

Pour l'adulte, le premier moyen qui ouvre la porte paraît être un revivescence de la faim de symboles, émanant de la prise de conscience, la plupart du temps douloureuse, d'un vide d'expression de soi, au-delà des préoccupations matérielles du travail et de la sécurité. Cette faim de plénitude s'activerait plus aisément dans un contexte suffisant d'accomplissement personnel et de réalisation des objectifs fondamentaux de la survie, comme l'a avancé Maslow (1972).

La prise de conscience d'un besoin d'une culture personnalisée serait un phénomène d'amour non possessif (Fromm, 1978), se situant par delà la recherche de la stricte satisfaction des nécessités de base ; cependant ce processus s'ébranlerait chez l'adulte à partir de cette recherche du confort et du reconfort, comme la faim de symboles s'annonce en continuité avec le désir de satiété. D'ailleurs il a été observé dès les premières heures de la vie que le nourrisson pouvait justement s'adonner à la curiosité et l'attention non sélective à la suite répétée de la tétée. Rapprochement surprenant, pourtant il n'est pas aberrant de transposer et d'adapter ces observations à l'accomplissement adulte, mais il faut ajouter que les valeurs absorbées pendant l'enfance et l'adolescence peuvent faciliter, ou obstruer, ce retour à la recherche d'une expression personnelle ; l'on ne peut que souhaiter le temps gagné par ceux et celles qui ont acquis tôt ce sens des valeurs symboliques au sein de familles qui ont su les transmettre de façon intégrée à la vie quotidienne.

Pour l'adulte, l'on peut faire l'hypothèse du choc de la rencontre et de la redécouverte, que l'on voit émerger de la sagesse populaire en dictons ou chansons confrontant jeunesse et âge mûr, telles les recommandations d'unJos Montferrand à un quelconque Ti-Jean susceptible de se casser le cou, s'il ne prend pas le temps d'y regarder mieux dans cette vie pleine de traquenards. Ne serait-ce pas un signe de ce vieillissement permettant une ouverture nouvelle de l'espoir, que la redécouverte ressentie des choses que l'on savait depuis toujours : nous croyions connaître la vie et les êtres, erreur ! Nécessaire désabusement d'adulte en quête de sens et de valeur que la prise de conscience du quasi-vide esthétique de sa propre vie, et aussi du besoin de goûter les êtres et les choses, d'observer en métaphysicien tout ce qui l'entoure, à l'écoute plus posée de ses propres intuitions confinant au retour du sens religieux. C'est là l'hypothèse très large d'une mutation progressive, parfois brutale et névrosante, participant aux crises de la vie adulte, sans que l'on puisse préciser le quand et le comment de sa venue en soi. Et cette hypothèse mérite d'être avancée, susceptible qu'elle est d'éclairer les phases proches à venir d'un monde vieillissant et dont la pyramide des âges va éventuellement s'inverser. Ce choc de la rencontre est en voie de passer au statut de phénomène nomothétique, car qui dit vieillissement infère le silence à venir de la mort, aiguillon collectif à trouver le sens de l'existence, propre à redonner confiance.

Pas n'importe quoi

Notre propos n'est pas de rappeler à l'adulte l'énorme quantité de moyens d'enrichissement culturels à sa disposition : ces choses sont connues, publicisées, mais certainement pas utilisées à leur pleine valeur. Une chose frappe cependant : si les moyens de diffusion de la culture n'ont jamais été aussi perfectionnés et abondants, par contre, l'impression fâcheuse qui émerge en est une de vaste cacophonie où se manifestent sans discernement tous les genres, pêle-mêle, du discret chef-d'œuvre à la tapageuse production au goût de l'heure. Il importe donc de développer un discernement adulte dans le choix des objets culturels, d'en venir à reconnaître avec certitude et nuance les expressions symboliques qui nous conviennent et qui représentent avec chronicité ce que notre vie aura revêtu d'unique, que ce soit à travers des souffrances où des réalisations d'importance. De même qu'il ne serait pas conseillé, surtout dans les périodes critiques de conflit, d'écouter tous les conseils, ou de s'adresser au premier thérapeute venu, de même, on ne constituera ce bon ami intérieur du plaisir culturel, dégagé du désir de posséder, qu'avec le même sentiment d'affinité que l'on s'efforce d'exercer dans le choix d'une personne intime. Et cet ami là, pour reprendre l'expression de Schofield (1964), on n'a pas à le payer, il est toujours disponible.

L'on peut même y manifester des exigences particulières et rejeter ce qui n'est pas ressenti comme un bon aliment ; telle musique, tel roman, telle poésie, etc. peut irriter profondément. Une culture personnelle a un sens, et ne consiste pas à tout collectionner. Il existe cependant des agacements tolérables, et que notre vie intérieure reconnaît comme nécessaires à un ébranlement salutaire : un rythme peut énerver, mais communiquer une énergie nettement requise par notre organisme ; les opinions confrontantes d'un auteur peuvent nous faire réagir fortement et prendre conscience d'un excès de confort intérieur, soutenu par des schèmes de pensée devenus monotones, stériles et pris pour acquis.

Présence interne

Contre l'aridité de la solitude, que les adultes expérimentent fréquemment, du fait d'un départ, d'une rupture, d'enfant qu'on ne peut plus retenir, ce bon ami constitue une véritable présence intérieure, et permet un dialogue avec la sagesse des temps. Cet échange avec le fond de soi peut transformer l'expérience de la solitude en un accès à des certitudes consolatrices et des réponses définitives aux questions existentielles les plus angoissantes. L'image d'un fidèle compagnon ne vient-elle pas lorsqu'on fait la lecture d'un livre excellent ? Il y a analogie entre la création de fantasmes suscités par la présence d'un tel ami et les dispositions affectives et associations d'idées suscitées par l'affinement de soi.

L'activation de la vie intérieure par de telles nourritures culturelles multiplie les facettes du vécu et chasse le sentiment d'ennui. Ainsi, l'écoute d'une musique accordée à soi, concert, exécution, participation ou simple recueillement de l'audition, engendre une acuité affective, et une entrée en contact avec ses dispositions émotives profondes qui vitalisent le sentiment d'une existence signifiante. Certaines pages de poésie, certains rythmes, certaines mélodies font vibrer l'être et entraînent une fièvre de découverte, qui peut bouleverser et transformer notre vision de la vie, en provoquant une rencontre avec des dimensions de nous-mêmes négligées, voire oubliées.

Nul ne l'a mieux exprimé que Schubert en ce court lied à la Musique, dont le mélodie traduit à la perfection l'émotion, empreinte de naïveté romantique :

O Art sublime, comme tu as su, dans les heures sombres
Où la ronde infernale de la vie m'étreignait,
Me réchauffer le cœur d'une flambée d'amour
Et m'élever vers un monde meilleur.

Souvent un soupir échappé de ta harpe,
Douce harmonie, sacrée, venant de toi,
M'a révélé le paradis des temps meilleurs,
O Art sublime, pour cela, je te remercie !

(An die Musik, D. 547, op. 88, nº 4)

Bien sûr, ces remerciements reviennent en bonne part au musicien lui-même, et quelle musique extraordinaire il a su tirer de cette pure projection de son ami Schobert. De telle œuvres immortelles semblent plonger au-delà du « je » de la seule personnalité du musicien-poète et nous annoncer vraiment des « temps meilleurs ». La rencontre peut cependant aller du bouleversement irradiant à un accablement non sollicité lorsqu'elle met en présence d'émotions enfouies, et le choc peut être douloureux lorsque l'adulte se voit en présence d'une dissonance personnelle rejetée de l'ordre établi jusqu'à ce jour. Ce choc, s'il est apparu comme venant du bon ami intérieur, demeure bienveillant et enrichit par le questionnement entraîné, transmettant un message d'agrandissement et de libération d'une illusion. Le choc de la rencontre culturelle peut renouveler les forces psychiques et prépare à d'autres confrontations âpres de la vie, celles qui ne sont pas voulues. Si bien que l'acquis culturel constitue comme une enveloppe protectrice, une toile de fond sur laquelle prennent sens plus facilement, les événements tristes et les catastrophes inévitables du parcours adulte.

Pas n'importe comment

N'y aurait-il pas un danger à considérer les moyens culturels uniquement sous l'angle de biens de consommation qu'il suffirait d'ingérer pour calmer les effets d'une crise ? La culture peut en venir à constituer une sorte de drogue qu'il suffirait d'accumuler en soi pour que s'estompent les aspérités d'une problématique personnelle. S'étourdir a souvent été donné en recette de bonheur : mais le caractère peu authentique de telles expressions culturelles a tôt fait d'en trahir la superficialité. Se cultiver implique une sélection active et parfois un rejet des moyens inappropriés à ses goûts et besoins. Ce processus de sélection interne et de choix délibéré peut être considéré comme une interaction vive entre individu et culture, reflétant le dynamisme vital de la personne. Ainsi, l'adepte de soirées théâtrales ou symphoniques pourra examiner ses impressions et ses réactions face à la représentation et en tirer plusieurs constatations intéressantes, en particulier sur l'état actuel de ses capacités de tolérance et d'échange. A-t-il tout simplement engouffré l'événement culturel sans pouvoir identifier les émotions déclenchées ? Il peut alors se soupçonner d'être porté à une acceptation conformiste, ou s'inquiéter d'une relative absence de résonance personnelle vis-à-vis la communication vécue, et de telles hypothèses pourraient se multiplier. Mais l'avantage pour cette personne d'assister, même passivement, à tel événement culturel, c'est de pouvoir extérioriser cette délibération et faire le point avec tout autre spectateur ou auditeur, sur les impressions déclenchées.

Une gymnastique du « je »

L'immersion culturelle entraîne donc l'ego dans une perpétuelle remise en service de ses fonctions d'apprentissage social et cognitif, en le mettant au contact d'expériences nouvelles pour le plaisir de la chose (Morin, 1964 ; Bellak, 1973), empêchant ainsi l'ankylose, responsable pour une bonne part de l'incapacité apparente de l'adulte de la quarantaine à se renouveler et à prendre des initiatives. Une telle gymnastique met en activité des ressources négligées par les routines qui envahissent la vie adulte, et contribue à l'effort constant de valorisation et d'intégration que l'ego ne cesse d'assumer dans sa poursuite d'autonomie et de synthèse personnelle (Blanck, 1979).

L'adulte qui accepte de mobiliser ses énergies par un choix d'activités culturelles aimées, et qui vit les impressions affectives profondes qu'elles soulèvent souvent en lui, ne se laisse pas absorber par sa crise existentielle ; il se protège de cette angoisse typique du milieu de la vie, *de devenir un raté qui attend qu'on se débarrasse de lui, et qui cherche à se décharger de ses responsabilités sur les autres* (Sheehy, 1975). Au contact répété de ces actions culturelles, le sens admiratif, et critique, que développe ainsi l'adulte, et qu'il tente de justifier par voie d'analyse, lui est d'un précieux secours lorsqu'il en vient à définir les constats de ses résonnances intérieures, par rapport à celles de ses proches. Ce brassage idéo-affectif est un soutien puissant à son auto-détermination, véritable exercice incessant des composantes de son identité, face aux difficultés de vivre. Une élaboration plus approfondie du discours intérieur, induit par l'événement culturel dont on est témoin, ferait ressortir la puissance thérapeutique d'une communication personnelle qui s'établit avec le public anonyme, joignant la plus grande solitude à la plus grande impression de fusion. Il est frappant d'ailleurs de constater l'énorme besoin de parler que déclenche dans un auditoire l'attention soutenue que réclame une écoute recueillie.

Catharsis

Le fait de se joindre à cette immense abréaction culturelle d'un entr'acte fait vivre un effet cathartique évident par rapport à l'ensemble du vécu critique des derniers jours. Bien sûr, on objectera à juste titre que cette catharsis comporte une dimension de superficialité que ne démentirait pas une observation le moindrement perspicace des propos échangés. Mais ainsi est fait le théâtre de la vie socioculturelle, reflétant le meilleur et le pire, agitant et malaxant les ingrédients, variés à l'infini, de l'existence humaine. On pourrait donc accorder une valeur sociothérapeutique à un simple café-concert, s'il s'y déclenche cette interaction magique que l'on observe souvent entre artistes et publics, comme en un vaste et vif échange affectif et esthétique. Il y a là un apport synergétique aux dimensions parfois extraordinaires alors qu'on assiste à un phénomène de communion humaine qui fait toucher à la transcendance de la communication et du partage d'émotions, scellées dans une fusion extra-temporelle. Ici se confondent enrichissement personnel et contribution à la culture, puisqu'il s'agit d'un seul et même phénomène de symbolisation de la condition humaine et du quotidien. Est-il alors seulement possible de mesurer l'importance de telles expériences transpersonnelles quand vient le temps adulte de savoir et pouvoir surmonter les épreuves que l'on appelle « crises » ou étapes de la vie ?

Je ne sais pas si l'on peut attribuer le même pouvoir restructurant à d'autres formes d'échanges culturels, mais il est possible de procéder analogiquement pour déterminer par exemple la valeur socio-prophylactique d'événements sportifs ou carnavalesques, encore que l'on puisse supposer que la catharsis en question n'atteint ni les mêmes besoins esthétiques, ni les mêmes niveaux de symbolisation. On peut aussi avancer que face à une crise personnelle l'adulte n'y trouvera pas nécessairement la même qualité de rééquilibration, et que certaines démonstrations culturelles peuvent induire au contraire des impressions négatives de désorganisation ou de dégoût, surtout si elles stimulent le public au déchaînement d'agressivité brutale. Il y aura lieu de revenir plus loin sur cette question du choix des apports culturels selon les dispositions et les éléments critiques de la vie adulte.

Culture et solitude

Celui, celle qui a pu contracter une telle habitude de participation avec discernement possède, dans le plus fort d'une crise existentielle, une poussée à combler le guet-apens de l'insignifiance. Se trouver seul, c'est ressentir avec plus d'acuité un cortège d'impressions, de délaissement et d'indifférence du monde envers soi ; il s'y profile souvent, comme le rappelle Yalom (1980), la perception de l'inéluctabilité de la mort. Lors d'une telle crise dépressive, la personne disponible à l'acquisition culturelle est susceptible de conserver le goût de s'exprimer, d'échanger, de créer, de combler le vide ressenti.

Au-delà des conventions de son époque, l'adulte en crise, a retenu en soi un précieux fil d'Ariane, qui le conduit vers les chemins essentiels, ceux qui évitent les détours de la futilité et du superflu, les trompe-l'œil de l'accumulation de sécurité, le faux respect des insignes d'honneur et de prestige. L'estime de soi, ébranlée par des constats d'échecs et d'erreurs de trajet, ne s'effondre pas, mais s'appuie sur la certitude de rester en contact avec l'essentiel.

Quel est cet essentiel ? La culture telle que nous l'entendons ne se passe pas d'une contribution à son actualisation collective. Il n'est pas de bien durable de cet ordre si fragile qui n'exige l'apport des membres souvent anonymes d'une collectivité ; ceux et celles-là qui ont ressenti à fond l'importance de leurs gestes participatifs, si minces et faibles leur semblent-ils, ne se connaissent souvent pas, ou si peu, mais partagent cependant de façon spontanée, et à travers une part d'inconscience transpersonnelle, leurs désirs de protéger et faire vivre les expressions culturelles qu'ils chérissent au-dessus de leurs problématiques individuelles, tel ce prisonnier qui partageait son pain sec avec ses seuls amis les oiseaux, malgré les tyrannies de son geôlier. L'adulte qui se cultive demeure convaincu que malgré l'isolement et les absurdités corrosives qu'il constate dans le sens de son vécu, il demeure relié au monde de la vie par son désir de contribuer à ses institutions les plus crédibles. L'on comprendra aisément d'ailleurs que ces valeurs vont chercher leur subsistance permanente à un niveau d'aspiration mystique, sinon religieuse.

Culture : décentration de soi

Cette contribution à la survie des meilleures valeurs qu'ait créé l'esprit humain constitue une décentration de soi, ou déréflexion (Frankl, 1978), que négligent souvent les adeptes d'une analyse enchaînée aux manifestations du Moi et de ses problèmes d'évolution. Les crises de la vie adulte ont ceci en commun qu'elles se signalent par une souffrance, une fuite énergétique du « je », dont le regard plus ou moins sévère sur Soi lui renvoie des images d'incertitude et d'affaiblissement des pulsions vitales, d'assombrissement et de désillusions par rapport aux êtres les plus signifiants de son entourage. Dans un milieu où les moyens culturels sont peu accessibles, il devient difficile pour une personne de se détacher de ses difficultés. Cette centration sur soi risque d'être anti-thérapeutique et de se prolonger en désespoir ou en désabusement potentiellement suicidaire. Aussi, devons-nous rappeler l'importance qu'attachait Adler (1973) à cette participation à la communauté humaine dont la culture constitue le véhicule majeur, comme source de rééquilibration. Comme le dit Charles Vidil (1977), la culture résulte de l'obligation où nous sommes de vivre en commun. Ce délicat processus doit une bonne part de son pouvoir bénéfique au fait de la décentration, et de l'acceptation du plus important que soi.

Ce processus de décentration, analogue à ce que d'aucuns appellent « distractions » — et c'est souvent ainsi que l'on désigne les objets culturels — trouve cependant une dimension combien plus pénétrante et essentielle que ne le laisse supposer ce terme, qui met cependant en relief la fonction inhibitrice d'une attention trop soutenue à sa propre personne. S'oublier, c'est-à-dire, mettre de côté, voire nier, certaines nécessités jugées élémentaires dont la satisfaction supprimerait la sensation irritante de l'état de crise, pour concentrer ses énergies sur un autre essentiel, celui de sa mise en rapport avec une expression culturelle privilégiée, voilà à quoi aboutit cette fonction décentrante, qui, selon la pensée de Maslow (1972) émane des besoins supérieurs de la conscience humaine. Et en temps de crise adulte, on peut constater une rétroaction partielle, parfois presqu'entière, des valeurs « B » aux valeurs « D » ; c'est-à-dire que des satisfactions d'ordre transpersonnel, esthétique, peuvent combler pendant une période difficile, des carences d'affection ou de sécurité. Et cette opération compensatoire n'est possible que *via* la décentration signalée ici, qui est une façon quelque peu négative de formuler l'attrait profond qu'exerce le moyen culturel, choisi, aimé, catalyseur parfois hypnotique de l'énergie vouée à l'expression de soi. Et c'est bien là le paradoxe de cette substitution d'intérêts supérieurs aux trivialités de la vie et accidents de parcours, souvent responsables des échecs précurseurs de la plupart des crises adultes : c'est qu'en s'abstrayant, par la mise de soi au service d'éléments culturels précis, d'une perception par trop démoralisante de la médiocrité plus ou moins grande du mode de vie atteint dans l'âge adulte, la personne se cultivant, exprime le meilleur d'elle-même, et enrichit son milieu social de l'expression même de sa souffrance.

Spécificité des réponses culturelles

S'il est quelque peu arbitraire de préciser des types de crise adultes, il est encore plus hasardeux de vouloir spécifier quelles seraient les réponses culturelles les plus adéquates en fonction de celles-ci : à chacun sa recette, pourvu qu'elle ait un sens, qu'elle appartienne à un style de vie, et à une organisation personnelle orientée vers les buts vitaux qui sous-tendent ces styles (Adler, 1975). Cependant, nous essayerons d'établir une correspondance entre la nature générale de certaines crises que l'on rencontre le plus souvent dans l'expression même des adultes, et les réponses qu'ils peuvent inventer ou écouter en eux-mêmes, en rapport avec divers ressourcements culturels.

NATURE DE LA CRISE	TYPES DE RÉPONSE
En dehors de mes fonctions, je n'ai pas de signification, je ne suis rien.	— Ma relation à un groupe culturel me certifie une place, et j'y peux développer une compétence de mon choix, sans comptes à rendre.
Je ne m'appartiens plus ; je suis devenu(e) un bourreau de travail	— Place à une activité culturelle relaxante, et différente de mes activités quotidiennes. Place à la gratuité de mes relations, et à une forme enrichissante de temps perdu.

J'ai atteint les limites de mes compétences, je suis épuisé(e), sur une voie d'évitement.

— En renouvellant mes intérêts culturels, je me ressource, je modifie le champ de mes compétences ; j'ai autre chose à développer en moi.

Mon milieu de travail est dur, sans pitié ; je ne m'y sens pas respecté(e).

— La musique, les beaux-arts, le théâtre, la littérature me donnent des points de repère. D'autres sont comme moi, je peux partager mes sentiments avec eux.

Mon travail ne me dit rien, je n'y trouve pas de satisfaction.

— Quel intérêt profond ai-je mis de côté ? Ne puis-je réorienter travail ou carrière en ce sens ?

Je suis en chômage, j'ai perdu espoir ; l'on fait peu cas de moi.

— Je peux témoigner de ma condition par des moyens d'expression qui me sont propres. Une occupation culturelle m'attend ; je peux m'y employer sans limite, et me rendre utile de cette façon.

Je me trouve isolé(e), oublié(e), sans ami(e)s véritables.

— Les moyens culturels me mettront en contact avec de nouveaux amis. J'ai des goûts à exprimer et des êtres attendent de les partager, et de les vivre avec moi.

J'ai vieilli et suis hors du circuit social. On fait peu de cas de moi.

— Ma culture est une valeur qui

trouvera des gens intéressés, même chez les jeunes. L'histoire que j'ai vécu est communicable, et mérite que j'organise mes souvenirs.

Je suis devenu(e) marginal(e), ma vie est monotone et sans but.

— La culture peut m'apporter une abondance de réponses symboliques qui stimulent ma curiosité, ma marginalité peut trouver une expression belle et intéressante.

Je vis en surface, mes proches ne me connaissent pas sous mon vrai jour.

— Je peux me faire connaître en profondeur par le choix de mes activités culturelles, et ce que j'y exprime, sans m'attarder au « qu'en dira-t-on ».

Je suis séparé(e) ; ma vie n'a plus de sens.	— Il est temps de me décentrer de mes problèmes, et de remplir les vides de ma vie actuelle en me tournant vers les groupements et activités de mon milieu qui me plaisent.
Ceux et celles que j'aime m'ont quitté ; je suis abandonné(e).	— En m'occupant de ma culture, je ne m'abandonne pas à la tristesse, et je puis développer de nouveaux liens ; ma progression personnelle me réserve des surprises.
Je suis malade, je vois venir le terme de ma vie.	— J'ai besoin que l'on m'aide à trouver dignité et réconfort ; mais je ne suis pas que malade, et je puis laisser se développer en moi une forme de vie nouvelle...

Bien sûr, il s'agit là d'une liste de réponses schématisées et que chacun peut personnaliser et modifier à son aise en fonction de son vécu. Une telle délibération constitue un procédé naturel et peut devenir, si elle est pratiquée régulièrement, une source de réflexion personnelle et de dialogue intrapsychique propice à une mise en situation dans la réalité. D'ailleurs, elle correspond à une délibération déjà familière à la plupart ; la rendre explicite peut en augmenter l'efficacité et l'étendue. L'on doit éviter d'en faire un livre de recettes faciles ou de conseils sans valeur, et considérer que chacun est responsable de l'authenticité et de la mise en pratique de ses choix.

La pratique d'une telle forme de réflexion fait appel aux ressources rationnelles de la personne, et les avantages à en tirer en sont limités d'autant, si ce discours n'est pas appuyé sur un fondement émotif suffisamment solide pour qu'une transformation énergétique rende ces apports opérants en termes d'action. La psychologie existentielle (Frankl, 1965 ; May, 1972 ; Yalom, 1980) considère l'adulte responsable de son destin, et premier maître d'œuvre de la résolution des crises de sa vie. Le postulat ici avancé consiste à rappeler que la signification de cette vie trouve des réponses valables par une adhésion relativement constante de l'adulte à une culture épanouissante. Dans le cas de crises d'importance, où une telle dialectique interne ne suffit pas à alimenter le plaisir de vivre de la personne, la consultation d'un psychothérapeute s'impose, et constitue par elle-même un autre ordre d'apport culturel typique de notre milieu. Mais la psychothérapie qui s'ensuit n'est pas destinée à remplacer l'adhésion culturelle, au contraire. Elle en est un objectif majeur, et elle suggère aussi que le psychothérapeute encourage implicitement ce retour aux sources du langage corporel et symbolique, en étant lui-même un participant actif aux valeurs culturelles qui lui sont appropriées. On trouvera de tels usages de la culture dans les applications thérapeutiques les plus récentes, telle l'approche stratégique de Cloé Madanes (1984). Cet auteur introduit dans son approche une couleur humoristique, toujours en contact avec les propensions culturelles du client, et l'on peut citer l'exemple d'une des recommandations qu'elle en tire : elle prescrit à un jeune adulte de transposer sa problématique personnelle vis-à-vis de l'autoritarisme paternel, en synopsis d'un opéra allemand !

LIMITES ET DANGERS

Les pratiques culturelles variées ne doivent pas être prises pour des remèdes-miracle à toute problématique existentielle. Il y a lieu d'en situer les limites, voire les pièges qu'entraînerait la prétention d'en faire une panacée à tous les maux adultes.

La culture qui isole

Une première erreur serait de ne concevoir comme valables que des manifestations culturelles élitiques. L'apport que nous soulignons ne serait alors accessible qu'au petit nombre, et l'on pourrait douter de sa valeur préventive et thérapeutique : trop d'exemples s'offrent de personnes cultivées qui ne semblent pas avoir maîtrisé, les passages critiques de leur évolution adulte. Dans plusieurs cas, l'on peut se demander si leurs adhésions culturelles n'ont pas entraîné la crise elle-même par l'isolement relatif dans lequel elles se sont retrouvées, du fait d'y avoir consacré une part excessive de leurs énergies. À cela une première réponse consiste à rappeler l'étendue de la définition que nous donnons au phénomène culturel, et qui inclut la culture populaire. Les exemples de déséquilibre que l'on peut apporter confirment simplement que les difficultés de relation à soi-même et aux autres, trouvent leur prolongement naturel sur le plan culturel, et que des restrictions relationnelles excessives trouvent leur corollaire dans certains hermétismes cognitifs, où la vie est raréfiée. La culture, à quelque fine pointe du savoir qu'elle puisse parvenir, ne peut se substituer à la rencontre humaine : elle n'en est que la manifestation. Son rôle devient supplétif lorsque ces liens s'affaiblissent temporairement, mais sans interférence ni abandon des contacts interpersonnels. La culture véritable dirige l'être vers le tissu social et l'incline à s'y relier. Même au plus fort d'une crise noogène (Frankl, 1965), où l'adulte, assailli de doutes, ne sait plus trop à quoi rime son existence, sa recherche d'un nouvel équilibre passera par l'appui de la collectivité et le sentiment social (Adler, 1975). Cet appui lui permettra de se poser de nouveaux objectifs de perfectionnement personnel, pour se maintenir dans le sillage de l'évolution créatrice (Bergson, 1948). D'autre part, un déséquilibre plus ou moins profond peut s'ensuivre lorsque toutes les énergies créatrices sont drainées au service exclusif d'une activité, à quelque niveau qu'elle se situe, et l'on éprouve l'embarras du choix si l'on veut rappeler quelques exemples tristement célèbres d'êtres de génie qui ont versé dans une psychopathologie manifeste à un tournant crucial de leur vie : Gauguin, Van Gogh, Beaudelaire, Hemingway, Nelligan... Ce serait cependant mal poser le problème de l'équilibre psychique de l'adulte que de le ramener à un point de vue médical et normatif (Joshi, 1983). Pour toutes ces personnes créatrices, l'on peut se demander si les crises existentielles qu'elles ont eu à affronter auraient été mieux traversées sans leur engagement profond envers un mode d'expression choisi entre tous les autres, et si elles n'en ont pas mis la quintessence positive à la portée de la collectivité pour l'élévation de ses membres. Il faut convenir cependant d'une vulnérabilité plus grande chez des êtres voués à une véritable passion culturelle, tant par ce qu'ils exigent d'eux-mêmes que par l'incompréhension de leur milieu, portant aux échecs et aux découragements. S'il s'agit là de véritables dangers qui guettent ceux et celles qu'attirent les exigences d'un champ culturel privilégié, la solution n'en est pas tant de limiter générosité et énergie à y consacrer, mais d'apporter une plus grande attention à ces fragilités potentielles et à la diversification des intérêts qu'on devrait leur opposer. L'importance de la tolérance et du support de l'entourage est à souligner, et des initiatives groupales en ce sens constituent les meilleures réponses à de telles limitations.

La culture n'est pas une norme

Notre propos s'éloigne donc radicalement d'une vision normative de l'équilibre humain, et nous pensons qu'affronter la vie implique des passages présentant les caractéristiques d'un état pathologique, tel que l'a formulé Dabrowski dans sa théorie de la désintégration positive (Dabrowski, 1972). La souffrance scandalise et provoque le besoin de se distancer de phénomènes douloureux et inquiétants en leur attribuant une identité syndromatique qui les écarte du cheminement humain, comme incidents de parcours à éviter et redouter, parfois au détriment de la créativité qu'implique ces risques à prendre. Il n'est d'ailleurs pas inutile de rappeler ici que les spécialistes de la santé mentale ne sont pas plus à l'abri de ces soubresauts du développement personnel que le reste des mortels (Szasz, 1978). Il serait d'ailleurs tout aussi opportun de souligner que la poursuite d'une culture personnelle fait partie des préoccupations de bien des cliniciens qui y trouvent des éléments importants de rééquilibration et de valorisation, en dehors d'un contexte de travail souvent ingrat, parfois décevant.

Dispersion et érudition

Autre danger, celui de la dispersion à travers un trop grand nombre d'activités culturelles. Certes l'érudition pure comporte la possibilité d'un excès, d'un isolement de la vie dans un savoir devenu possession, avec tous les rituels connus de la tendance à accumuler et collectionner (Fromm, 1978). Les symboles culturels deviennent alors des substituts de la réalité, constituant une survalorisation du monde de l'esprit et de l'abstrait, et l'on assiste à un désengagement social légitimé par des apparences précieuses. L'érudition ne devient un danger que là où elle camoufle un refus d'engagement, comme telle, elle a sa place dans la société, en ce qu'elle a pour fonction de préserver des formes de savoir qui risquent de se perdre ou de se disséminer : l'érudit rassemble de telles notions, un peu à la manière d'une bibliothèque vivante, et s'absorbe sans cesse dans cette activité. Il devient particulièrement utile lorsqu'on le consulte, et l'authenticité de son savoir poussé jusqu'à la minutie en fait une autorité dans un champ particulier des connaissances humaines et scientifiques. L'être dispersé se bornera plutôt à effleurer les apports culturels et à s'en servir comme un parement habile, mais de peu de profondeur. Il n'arrive pas à se convaincre lui-même d'une richesse qu'il est souvent conscient de ne pas posséder véritablement. Il se sert de ces distractions pour maquiller temporairement un vide qui aura tôt fait d'absorber le masque, d'autant plus qu'il s'étourdit sans s'arrêter à ses sources d'intérêt, butinant aux fleurs les plus connues et les plus rutilantes, sans pour autant se donner des priorités. La crise à traverser a pour effet de mobiliser le besoin d'authenticité de la personne, de l'amener à s'interroger sur son identité actuelle et sur les fondements de son être au monde, de sorte qu'une dispersion culturelle lui serait de peu de secours et risquerait de contribuer à une sensation de vide ou de trompe-l'œil.

L'appauvrissement culturel

Le plus grand danger réside cependant dans l'appauvrissement de la culture, et il est réel ; bien des gens succombent à la facilité des productions démagogiques des médias les plus accessibles, et se contentent du visionnement de leur télévision, culture de l'absence d'effort intellectuel, et de l'image infantilisante. Ce contact quotidien et répété pendant des années suscite une dépendance qui tient lieu de réflexion personnelle. C'est une culture-drogue qui rend passif tout en maintenant l'illusion d'un contact avec un monde tout artificiel, et qui n'est d'aucun support dans les coups durs de la vie adulte, puisqu'il ne prépare aucunement à l'initiative personnelle. C'est ainsi que l'on peut dénoncer l'habitude facilement observable en milieu institutionnel, de braquer des personnes malades à longueur de journées devant le petit écran et de les abrutir sous le prétexte de les faire se tenir tranquilles et leur procurer « un loisir » et une apparence de contact humain.

Mais une telle façon de « cultiver » l'être humain commence dès l'enfance et peut, selon l'expression de Gilbert Rapaille (1980) atteindre un stade de pourrissement, où l'être végétatif est programmé par la télévision et manifeste divers symptômes, dont les plus importants sont qu'il ne communique que par clichés appris, ne lit que des magazines de télévision, et devient extrêmement passif.

Cette culture de la médiocrité aboutit à un état de capitulation et d'aliénation de la personnalité : n'est-ce pas un mal déjà solidement installé chez bien des jeunes, et des moins jeunes dans notre milieu ? Ce que l'être humain réprime alors, ce ne sont pas ses désirs pulsionnels, mais ses aspirations au meilleur de soi, à sa créativité.

UNE CULTURE VIVANTE

Par opposition à cette forme de nivellement culturel, il faut insister sur la nécessité de choisir : s'élever au-dessus de l'assimilation facile propre à l'actuelle civilisation de l'image préfabriquée, opter pour une culture de la vie, de sa diversité et de ses exigences, qui suscitent toujours de nouveaux rapports avec autrui et avec soi-même. Le monde de l'imagerie intérieure n'est jamais épuisé : il génère sans cesse de nouvelles possibilités de création, il nous rappelle que tout ce que nous avons accumulé d'expériences importantes, d'épreuves signifiantes, et pourtant vite oubliées, du moins en apparence, n'est jamais perdu et se transforme au creuset de l'inconscient. L'adulte est bien plus victime de sentiments de pauvreté personnelle que d'une pauvreté véritable, et c'est en revivifiant sa mémoire du temps et en exprimant avec confiance les émotions que suscitent les images de ses souvenirs qu'il s'enrichit d'attitudes plus ouvertes et plus adaptées à sa réalité interne. Les plus grandes découvertes culturelles continuent de provenir de cette vie intérieure propre à la personne humaine, et constituent autant de révélations des infimes facettes de sa vie de fantaisie. Jérôme Singer fait bien voir cette origine de la culture :

> Une grande partie de la littérature valable de la civilisation occidentale fut l'œuvre de personnes portées à l'introspection et qui ont manifesté dans leurs créations poétiques ou leurs essais philosophiques, une attention très particulière à leurs propres sentiments et courants de pensée. L'individu dont la sensibilité s'est approfondie à même son imagerie intérieure ressentira plus vivement le choc de la reconnaissance et l'émotion joyeuse qu'entraîne la lecture des grands écrivains classiques, et des œuvre des poètes et romanciers contemporains.
>
> (Singer 1974, pp. 252-253).

Vers un dépassement de soi

L'idée de culture vivante implique une relation interactive constante entre le besoin d'expression la plus personnelle et les manifestations déjà universalisées ou qui tentent de dépasser le monde restreint de l'individu et que l'on retrouve dans les meilleures exécutions, celles qui ont pu atteindre un niveau esthétique, par la beauté de leur forme. Ce lien, allant de l'intériorité à la réalisation reconnue par la collectivité, ou en voie de l'être, est caractérisé par une recherche de dépassement de soi, partagé par ses membres ou certains d'entre eux. Cette recherche est une exploration de l'expression pour elle-même, affranchie de la parcimonie individuelle pour permettre la reconnaissance admirative de sa vérité et de sa justesse. Cette reconnaissance par les proches équivaut à une confirmation de la valeur du vécu personnel avec ses épisodes difficiles, de son caractère unique, irremplaçable ; elle constitue une expérience parfois paroxystique, du moins profonde et émouvante de validation de l'apport vital des épreuves subies et traversées. Elle constitue l'une des aspirations les plus fondamentales de la motivation humaine. C'est elle qui est à l'origine de toute accumulation de biens culturels au sein de la communauté. Un tel consensus collectif sur la valeur esthétique et authentique de ces biens vénérés démontre les forces synergiques énormes se profilant derrière ces symboles significatifs d'une ethnie et d'une civilisation qui se définit et s'y reconnaît. Et comme ce consensus trouve ses racines chez les individus, il souligne le rôle contributif de chaque adulte à l'identité de son milieu, c'est-à-dire à sa culture, vivante dans la mesure où elle est la synthèse des efforts de communication et de partage de petites ou grandes communautés humaines.

C'est lors de l'expression publique de ces créations culturelles qu'émergent ces affinités souvent ignorées et cachées dans l'inconscient collectif, et qui fait s'exclamer : « Je n'aurais jamais cru que mon intérêt pour telle œuvre, tel artiste, tel chanteur, était partagé par tant d'adeptes. Je me croyais isolé, et nous voilà légion ! ».

Culture vivante et durée

Mais ce phénomène de partage n'est pas immédiat, il suppose la plupart du temps chez l'adulte une lente et progressive intériorisation des manifestations culturelles de son époque et des temps antérieurs (Piettre, 1969). Connaître l'Histoire, ce devrait être une prise de contact avec les modes de vie de nos prédécesseurs, et une appréciation affinée des forces universelles et des obstacles particuliers auxquels ils ont eu à faire face ; et non pas, comme la formation scolaire le donne souvent à penser, la mémorisation de dates et de clichés devant tisser le fil de l'histoire officielle. Savoir d'où nous venons et quelles expériences nos ancêtres ont vécues, nous met à l'abri, paraît-il, de la réédition de leurs erreurs. Mais plus positivement, cette connaissance de nos liens avec le passé, et des crises collectives qu'on dû traverser les individus et les peuples dont nous sommes l'aboutissement, constitue un dépôt vivant, une sagesse propre à orienter l'adulte face aux crises personnelles de son destin. Et s'il y puise, il trouvera les sédiments de réponses inventives, marquées de tolérance et de compréhension, aux épreuves déroutantes que la vie contemporaine lui impose. Il n'aura pas à réinventer son parcours, comme s'il s'agissait d'une création issue de décisions arbitraires à puiser dans le catalogue des plus récentes modes sociales.

Vers la certitude de l'expression de soi

À cette personne de culture vivante, viendront des intuitions sur le sens profond à donner à cette crise déroutante, lui permettant de resituer les valeurs de son existence, de retrouver la joie de vivre et l'expérience d'une relation en trancendant l'incohérence de l'actuel. Une image précise nous vient de cette sagesse en acte, c'est celle d'une vieille dame, ballotée par de récents événements familiaux venus attrister le soir de sa vie, et qui, au jardin, dans un moment de simple joie familiale, se met à chantonner une romance d'autrefois. À ce moment précis, émane la certitude de la valeur de son vécu, et qu'elle a transmis l'essentiel du sens de sa propre vie. Un geste aussi simple témoigne, par sa grâce, d'une synthèse personnelle et créatrice. Ré-introduisant des éléments de son passé dans un présent devenu entièrement signifiant pour elle, et son entourage, elle nous communique une véritable leçon de vie, en un geste spontané la caractérisant pleinement. À ce moment précis, cette personne venait certes de résoudre une phase critique de son âge avancé.

Réconciliation des opposés : vers une synthèse

Dans la réconciliation des demandes contradictoires du milieu et des forces opposées en soi, que l'on nomme sagesse, jouerait une volonté de constance et de fidélité à soi, par la recombinaison synergique d'éléments culturels menacés de disparité ou de désintégration. Culture vivante implique synthèse en mouvement, et s'il est vrai que l'on peut observer une telle synthèse créative chez les meilleurs psychothérapeutes, comme l'a souligné Shostrom (1976), on peut également l'observer chez l'adulte qui a su transformer sa crise existentielle en valeur affirmative de sa recherche d'unité, et de vérité. Cet adulte aura trouvé un équilibre dynamique et rythmique entre les composantes divergentes de ses forces culturelles. À une culture de l'abstrait et de l'idée, on trouvera la plupart du temps, chez la personne actualisée, le contre-poids d'intérêts pragmatiques et incarnés ; à un monde intérieur où se déploie la sensibilité correspondra une force d'affirmation contrôlée et disciplinée. On trouve donc là la mise en œuvre de polarités culturelles équilibrantes, d'où l'attention aux manifestations corporelles n'est jamais absente. Comme le souligne Jacques Dropsy (1984), cette attention se prolonge en goût renouvellé et plus intense pour le « je suis » de la vie intérieure, combinaison d'une présence d'esprit claire et stable et d'une acceptation inconditionnelle de tout ce qui vit en soi. Mais cet état n'est jamais totalement apaisant et laisse alternativement place à de nouveaux élans : ceux du besoin de constamment symboliser la voix brute des émotions, plaintes, gémissements, cris de plaisir. L'équilibre n'est jamais entier, il laisse place à une interrogation se déplaçant sans cesse (Piettre, 1969), et transformant les acquis culturels passés en désir de renouvellement. Ce sont ces interrogations continues qui finissent par créer un climat d'affirmation à la fois sécurisant, serein, mais aussi ouvert au monde, constituant un milieu culturel « créativogène », comme l'a souligné Arieti (1976), tourné vers le devenir de l'être.

CONCLUSIONS

Sans nous laisser aller à un désenchantement aussi prononcé que celui de Steiner (1973), il nous reste à constater avec lui que cette culture vivante n'est pas synonyme de paix fleurie et d'existence tranquille, et qu'elle constate et pressent les catastrophes humaines et les aléas du progrès de notre civilisation. Pour la personne tourmentée par les blessures de sa crise existentielle, et atteinte par les violences, les incohérences, et l'indifférence de son époque, la culture est la voie de l'expression qui la console et lui fait accepter ces heurts, par l'adhésion à des valeurs plus grandes que celles du petit « je ». Le paradoxe est là : décentré de soi, l'être humain est plus en mesure d'accepter sa faiblesse et d'y découvrir un véritable mode personnel d'expression. Ce n'est plus un désastre privé qu'il doit affronter, son vécu se joint aux symboliques ancestrales et universelles qu'il se voit à son tour mis en demeure de vivre ; loin de se culpabiliser, il saura apprécier le courage animant la sagesse de sa culture aussi bien que celui qu'il peut trouver en lui-même. Cet apport se situe donc loin de l'*ego-trip*, ou de la suffisance rationalisante si souvent dénoncée par Jung (1961, 1963, 1964), et qui, devant les crises de la vie, constitueraient de nouvelles chimères plus insensées que celle d'où la crise adulte nous fait émerger. Cette mise en garde, nous nous devons d'en faire notre conclusion, car la psychologie et les stratégies psychothérapiques actuelles auxquelles elle donne naissance n'échappent pas non plus à l'engouement temporaire et à l'infatuation technique. Ce savoir peut également servir l'hédonisme calculateur des temps présents (Fromm, 1978), et risque d'y entraîner l'adulte en désarroi. Aussi nous trouvons-nous justifié d'avoir, tout au long de ce chapitre, rappelé avec insistance le rôle auto-thérapeutique d'une culture vivante, intégrée par des adultes capables de renoncer aux solutions évasives quant à leur responsabilité personnelle. Si l'âme de l'humain est semblable à l'eau, ainsi que Goethe et Schubert l'ont si admirablement dit et chanté, il se doit donc d'accepter son humble retour vers les réalités de la terre et les profondeurs de l'inconscient qui se manifestent dans les périodes difficiles de la vie, comme un éternel recommencement auquel on ne peut échapper.

RÉFÉRENCES

Adler, A. *Superiority and Social Interest,* édité par Ansbacher H. et Ansbacher R., New York : Viking Press, 1973.

Adler, A. *Le sens de la vie.* Paris : P.B.P. 1975.

Arieti, S. *Creativity : The Magic Synthesis.* New York : Basic Book, 1976.

Bellak, L., Hurvich, M. et Gediman, H. *Ego Functions in Schizophrenics, Neurotics and Normals.* New York : John Wiley and Sons, 1973.

Bergson, H. *L'évolution créatrice.* Paris : P.U.F. 1948.

Blanck, G. et Blanck, R. *Ego Psychology II : Psychoanalytic Developmental Psychology.* New York : Columbia University Press, 1979.

Dabrowski, K., Kowczak, A. et Piechowski, M.M. *La croissance mentale par la désintégration positive.* Québec : Ed. St-Yves, 1972.

Dropsy, J. *Le corps bien accordé.* Paris : Epi, 1984.

Erikson, E. *Enfance et société.* Neuchâtel : Delachaux et Niestlé, 1959.

Erikson, E. *Identity and the Life Cycle,* dans Psychological Issues, New York : I.U.P. 1959.

Frankl, V.E. *Man's Search for Meaning.* New York : Washington Square Press, 1965.

Frankl, V.E. *The Unheard Cry for Meaning : Psychotherapy and Humanism.* New York : Simon & Shuster, 1978.

Fromm, E. *Avoir ou être ?* Paris : Robert Laffont, 1978.

Gendlin, E.T. *Une théorie du changement et la personnalité.* Montréal : CIM, 1975.

Jung, C.G. *Un mythe moderne.* Paris : Gallimard, 1961.

Jung, C.G. *L'âme et la vie.* Paris : Bucher/Chastel, 1963.

Jung, C.G. *et al. Man and his Symbols.* Londres : Alden Books, 1964.

Jung, C.G. *Les racines de conscience.* Paris : Bucher/Chastel, 1971.

Jung, C.G. *Aïon : études sur la phénoménologie du Soi.* Paris : Albin Michel, 1983.

Joshi, P. « La santé mentale dans une perspective historique », dans : Joshi, P. et de Grâce, G.-R. et coll. *Conceptions contemporaines de la santé mentale.* Montréal : Décarie, 1983.

Kaplan, M. *Leisure : Lifestyle and Lifespan.* Philadelphia : W.B. Saunders, 1979.

Kellogg, R. *Analyzing Children's Art.* Palo Alto : Mayfield, 1969.

Linton, R. *Le fondement culturel de la personnalité.* Paris : Dunod, 1977.

Madanes, C. *Behind the One-Way Mirror.* San Francisco : Jossey-Bass, 1984.

Maslow, A. *Vers une psychologie de l'être,* Paris : Fayard, 1972.

May, R. *Le désir d'être : psychothérapie existentielle.* Paris : Epi, 1972.

Mayer, N. *The Male Mid-Life Crisis.* New York : Doubleday, 1978.

Morin, P. *Une étude phénoménologique des modes de fonctionnement du Moi chez le jeune délinquant.* Thèse de doctorat inédite. Université de Montréal, 1964.

Piettre, A. *La culture en question.* Paris : Desclée de Brouwer, 1969.

Pronovost, G. *Temps, culture et société*. Québec : Presses de l'Université du Québec, 1983.

Rapaille, G. *Le trouple*. Paris : Mengès, 1980.

Rogers, C.R. *Le développement de la personne*. Paris : Dunod, 1965.

Rychlak, J. *Introduction to Personality and Psychotherapy*. Boston : Houghton-Mifflin, 1973.

Sheehy, G. *Passages : les crises prévisibles de l'âge adulte*. Montréal : éditions Select, 1978.

Schofield, W. *Psychotherapy, The Purchase of Friendship*. Englewood Cliffs : Prentice-Hall, 1964.

Shostrom, E. *Actualizing Therapy*. San Diego : Edits, 1976.

Singer, J. *Imagery and Daydream Methods in Psychotherapy and Behavior Modification*. New York : Academic Press, 1974.

Spitz, R. *De la naissance à la parole*. Paris : P.U.F., 1976.

Steiner, G. *La culture contre l'homme*. Paris : Éditions du Seuil, 1973.

Szasz, T. *Le mythe de la maladie mentale*. Paris : Payot, 1978.

Tānase, A. *Culture-civilisation-humanisme*. Bucarest : éditions Méridiane, 1974.

Yalom, I. *Existential Psychotherapy*. New York : Basic Book, 1980.

Vidil, C. *Individu et société : réflexions sur l'homme et la culture*. Paris : La Pensée universelle, 1977.

Achevé d'imprimer à Montmagny
par les travailleurs des ateliers Marquis Ltée
en octobre 1986